La révolution psychanalytique

**Du même auteur**

ESSAIS

Introduction à la lecture de Kafka, *Le Sagittaire.*
Heinrich von Kleist, *L'Arche, collection « Les Grands Dramaturges ».*
Franz Kafka, *Gallimard, « Bibliothèque Idéale ».*
L'ancien et le nouveau, *Grasset, prix Femina-Vacaresco 1963.*
La révolution psychanalytique, *Petite Bibliothèque Payot.*
Sur le papier, *Grasset.*
Roman des origines et origines du roman, *Grasset, prix de l'Essai de l'Académie française 1972.*
D'Œdipe à Moïse : Freud et la conscience juive, *Calmann-Lévy.*
Livre de lectures I, *Grasset, prix des Critiques 1977.*
Seul comme Franz Kafka, *Calmann-Lévy, collection « Diaspora ».*
La vérité littéraire, Livre de lectures II, *Grasset, grand prix de la Critique littéraire 1981.*
En haine du roman, étude sur Flaubert, *Balland.*
La tyrannie de l'imprimé, Livre de lectures III, *Grasset.*
Le puits de Babel, Livre de lectures IV, *Grasset.*

TRADUCTIONS

Georg Christoph Lichtenberg : Aphorismes, avec une préface, *Club Français du Livre.*
Wolfgang Goethe : Les Souffrances du jeune Werther, *Club Français du Livre.*
Georg Büchner : *Théâtre*, (en collaboration avec Arthur Adamov), avec une préface, *L'Arche.*
Friedrich Nietzsche : Ainsi parlait Zarathoustra, *Club Français du Livre.*
Jacob et Wilhelm Grimm : Contes, avec une préface, *Club Français du Livre.*
Robert Walser : L'Institut Benjamenta, avec une préface,*Grasset.*
Franz Kafka : Journal, avec une préface, *Grasset.*
Préparatifs de noce à la campagne, *Gallimard.*
Correspondance 1902-1924, *Gallimard.*
Récits, in vol. V, Œuvres complètes, *Tchou.*
Lettres à Felice, *Gallimard.*
Lettres à Ottla et aux autres membres de la famille, *Gallimard.*

Petite Bibliothèque Payot

# Marthe Robert

# La révolution psychanalytique

## La vie et l'œuvre de Sigmund Freud

La première édition de cet ouvrage a été publiée en 1964 dans la Petite Bibliothèque Payot (collection Science de l'homme, dirigée par Gérard Mendel), en deux tomes. M. Robert renvoyant le plus souvent aux éditions originales des livres cités, les notes de bas de page n'ont pas été modifiées, mais une bibliographie des traductions parues a été ajoutée en fin d'ouvrage. La présente édition est augmentée d'une préface.

# PRÉFACE

La réédition d'un ouvrage aussi ancien que l'est *La révolution psychanalytique* place l'auteur devant un dilemme. Car ou bien il décide de tenir compte de tout ce qui a été écrit entre-temps sur le sujet, et le livre risque d'être déséquilibré par trop d'ajouts et de remaniements ; ou bien il choisit de ne rien changer, estimant que les précisions apportées par des documents plus récents ne touchent pas vraiment l'essentiel. C'est à ce dernier parti que je me suis rangée, j'y étais d'ailleurs poussée par une autre raison : *La révolution psychanalytique* ayant été d'abord conçue comme une série d'émissions radiophoniques — toutes entièrement rédigées sans aucune concession au langage parlé, ce qui serait impensable aujourd'hui, mais ne l'était pas au temps de l'ancien ORTF, où primait le souci de la qualité —, la remanier m'eût forcément conduite à en altérer, voire à en détruire tout à fait la forme primitive. Je me suis donc bornée à n'ajouter que les quelques notes qui m'ont paru s'imposer.

Le fait est que nous disposons maintenant d'un matériel plus abondant, et surtout plus divers qui, sans modifier ce que nous savions déjà de Freud, permet de préciser certains points de sa vie et de son œuvre. Je n'en ferai pas ici le recensement, je voudrais seulement rappeler très brièvement ce qu'il en était de la psychanalyse en France à l'époque où ce livre a été écrit. En gros, on peut dire que son influence se limitait aux milieux professionnels — deux sociétés, après la scission de 1953, un institut, émanation de la Société psychanalytique de Paris, où des élèves étaient formés.

Tous les textes importants de Freud étaient déjà traduits, mais, publiés par trois éditeurs différents, de façon plutôt anarchique ; ils répondaient plus aux besoins du moment ou au gré du traducteur qu'à un plan d'ensemble raisonné. Même à l'Institut psychanalytique, qui assurait un enseignement régulier, on les étudiait certes dans des séminaires, mais ni plus ni moins que ceux d'autres auteurs vivants ayant acquis une certaine autorité. On ne faisait pas encore un sort au moindre mot de Freud, sous prétexte qu'employé par lui, le mot le plus courant du vocabulaire allemand devenait automatiquement un terme freudien, et puis on ne confondait pas commentaire et traduction, ce qui fut le cas plus tard, avec ce résultat fâcheux que le Freud français, étouffé sous les gloses, devint bien moins lisible que l'original.

Faute d'être transmis par ce qu'on a appelé depuis les « média », les dissensions, ruptures et conflits qui ont marqué le mouvement psychanalytique restèrent longtemps ignorés du public. D'ailleurs que savait-on au juste, en dehors des milieux spécialisés, de la personne de Freud et de l'âpre combat qu'il avait mené ? Peu de choses, assurément. Le nom était célèbre, on le citait volontiers d'une traite avec celui d'Einstein, en se flattant toutefois de mieux comprendre les « complexes » et la « libido » que la théorie de la relativité (ce pourquoi Freud disait envier le physicien, que sa science ardue protégeait au moins contre la prétention de n'importe qui de juger ses idées). En 1962, date à laquelle le présent ouvrage a été composé, le très problématique « retour à Freud » préconisé par Lacan n'en était guère qu'à ses débuts. Lacan enseignait encore à Sainte-Anne et c'est seulement en 1963 qu'invité à faire un séminaire à l'Ecole normale supérieure, il vit se presser autour de lui professeurs, médecins, psychiatres, philosophes et tout ce que Paris comptait alors de notabilités. Désormais, la psychanalyse, presque entièrement identifiée avec le lacanisme, allait pour quelque quinze ans entrer sinon dans les esprits, du moins dans les façons de parler. Occupant le devant de la scène intellectuelle, elle allait aussi défrayer la chronique par les tempêtes qu'y déchaînaient périodiquement les questions de personnes bien plus au fond que les querelles d'idées. En 1964, l'élite parisienne était encore la seule à se laisser séduire par le disciple érigé en maître : elle se gorgeait des commentaires proposés par Lacan, à partir de traductions le plus souvent fantaisistes et d'excursions dans la philosophie dont Freud eût été au mieux ébahi, et au pire scandalisé. Cependant, en dépit de tout ce tapage, il n'y avait sur lui et son œuvre aucun livre français qui permît au lecteur intéressé de se familiariser avec la démarche freudienne, rien qui permît de suivre son cheminement spirituel et de mesurer l'importance de ses découvertes. Sans l'avoir spécialement cherché, *La révolution psychanalytique* venait à un moment opportun : elle comblait une lacune ; c'est sans doute ce qui explique en partie l'accueil chaleureux qui lui a été réservé.

La révolution dont j'ai voulu montrer ici les moments décisifs n'a évidemment pas pris fin avec la mort de Freud. Elle a continué plus ou moins activement selon les époques et les divers pays où elle s'est implantée. Jusqu'à quel point, et comment elle a agi, c'est ce qu'il n'est pas facile de préciser. Car les découvertes de Freud ont ceci de particulier qu'elles se prêtent aisément à une propagation hâtive, alors que la principale découverte — celle d'un inconscient qui nous rend en quelque sorte étranger à nous-même —, tout en influençant à notre insu nos sentiments, nos idées, nos conduites, reste, quoi qu'on en dise, un scandale pour l'esprit. En somme, on comprend parfois beaucoup trop vite ce que seule une longue pratique, et encore, permet d'approfondir et d'assimiler. Dans l'ensemble, la révolution freudienne risque donc toujours d'être faussée, sinon franchement trahie, dans deux directions opposées : d'un côté on la conçoit comme une espèce de remède destiné à fortifier le Moi, et la cure ne vise plus qu'à réadapter l'individu à son milieu, — ce qui est le cas, par exemple, aux États-Unis —, de l'autre, au contraire, fasciné par les gouffres où Freud s'est aventuré, on exalte l'inconscient et on se plonge avec délices dans tout ce qu'il comporte à la fois de créateur et d'irrationnel, ce qui conduit, comme on peut le voir aujourd'hui, à surévaluer l'imagination jusque dans ses pires excès et aberrations. Cette deuxième tendance paraîtra peut-être plus « révolutionnaire », ou en tout cas plus séduisante que la première, pourtant, à y regarder de près, c'est la plus rétrograde. Car Freud ne voulait pas nous enseigner à déchaîner nos instincts, il affirmait seulement qu'ils peuvent devenir dangereux pour la santé morale de l'individu quand les exigences de la civilisation les contraignent par trop à se réprimer. Il aspirait non pas à nous ensauvager, mais bien plutôt à nous aider à reconquérir sur le continent noir de notre vie psychique une part au moins de cette connaissance qui manque à la raison pour s'exercer avec plus de liberté.

Cela dit, et compte tenu de déviations qui en l'occurrence étaient peut-être inévitables, la psychanalyse peut se targuer d'avoir joué un rôle non négligeable, quoique difficile à déterminer, dans l'évolution dont nous sommes les témoins à la fois émerveillés et quelque peu effarés. Elle s'est ouvert quantité de domaines qui, pendant longtemps, lui étaient restés résolument fermés — la médecine, avec la psychosomatique, qui attire l'attention sur l'homme malade au moins autant que sur la maladie ; la psychiatrie, avec le traitement de certaines psychoses graves, considérées jusque-là comme inaccessibles ;

la psychologie, qui sans elle est désormais inconcevable ; enfin la pédagogie, où elle a changé du tout au tout le regard sur l'enfant des éducateurs et des parents, même de ceux pour qui Freud n'est tout au plus qu'un nom. Il n'est pas jusqu'à la compréhension des œuvres littéraires, et d'une façon générale des ouvrages de l'esprit, qui ne lui soit redevable — encore qu'on ne puisse pas mettre à son actif son influence sur le style de nos contemporains, car là, en grande partie par la faute de Lacan, mais même en dehors de lui, elle a puissamment contribué à la corruption de notre langage, qui déjà n'en avait pas besoin.

A en croire une rumeur actuelle, la psychanalyse aurait donné tout ce qu'on pouvait en attendre et son règne serait révolu. Bien entendu ce n'est qu'une apparence, en fait elle est seulement passée de mode, ce qui du reste devrait lui profiter, en la débarrassant de tout ce que sa vogue entraînait de faux et d'excessif. Loin d'être devenue caduque, elle a encore bien des préjugés à déraciner ; et même, à en juger par le réveil des fanatismes religieux et des mysticismes vagues, le succès des sectes de tous ordres et la tolérance de gens réputés raisonnables à l'égard des croyances superstitieuses et des pires rituels exotiques, on pourrait tenir que sur un point essentiel — je veux dire *l'assainissement de la pensée* —, la vraie révolution psychanalytique n'a pas encore commencé.

Marthe Robert
*avril 1988.*

# NOTE DE L'AUTEUR

*Le présent ouvrage est composé d'une série d'émissions radiophoniques qui ont été diffusées par la chaîne nationale (France III) de la Radiotélévision française, du 1er décembre 1962 au 30 juillet 1963. J'ai tenu à lui conserver la présentation et le mode de développement que justifiait sa destination première, en le complétant toutefois par des notes et d'indispensables références bibliographiques. Le texte lui-même n'a pas été remanié, mais, une ou deux fois, augmenté de quelques citations. Les textes de Freud et de certains auteurs allemands qui sont inédits en français ont été traduits par moi.*

*J'adresse ici mes chaleureux remerciements à Alain Trutat, qui a conçu le projet radiophonique et en a dirigé avec toute sa maîtrise la difficile réalisation ; à M. Henri Barraud, directeur de France III, pour la bienveillante impulsion qu'il a donnée à ce travail, ainsi qu'à M. Raoul Auclair, aux techniciens de la R. T. F. et aux comédiens dévoués qui ont contribué à le réaliser avec tout leur talent.*

## CHRONOLOGIE

| | | |
|---|---|---|
| Naissance de Jakob Freud | | 1815 |
| Naissance d'Emanuel Freud | | 1832 |
| Naissance d'Amalie Nathanson Freud | | 1835 |
| Naissance de Philip Freud | | 1836 |
| Second mariage de Jakob | juil. | 1855 |
| Naissance de John Freud | | 1855 |
| *Naissance de Sigismund Freud* | mai | 1856 |
| Jakob quitte Freiberg pour la Saxe | juin | 1859 |
| Freud, sa mère et sa sœur à Leipzig | oct. | 1859 |
| Installation de la famille à Vienne | | 1860 |
| Entrée de Freud au lycée | | 1865 |
| Visite à Freiberg | | 1870 |
| Episode amoureux avec Gisela Fluss | | 1872 |
| Entrée à l'Université | | 1873 |
| Voyage en Angleterre | | 1875 |
| Première publication scientifique | | 1877 |
| Sigismund change de nom et prend celui de Sigmund | | 1878 |
| Recherches au laboratoire de Brücke | 1876 | -1882 |
| Doctorat en médecine | | 1881 |
| Connaissance de Martha Bernays | avril | 1882 |
| Fiançailles | 17 juin | 1882 |
| Entrée à l'Hôpital général de Vienne | 31 juil. | 1882 |
| Entend parler du cas d'Anna O., cliente de Breuer | nov. | 1882 |
| Ébauche de la théorie des neurones | | 1882 |
| Freud devient assistant de Meynert | mai | 1883 |
| Installation de Martha à Wandsbeck | juin | 1883 |
| Freud se spécialise en neurologie | sept. | 1883 |
| Travaux sur la moelle | 1883 | -1885 |

| | | |
|---|---|---|
| Recherches sur la cocaïne | juin | 1884 |
| Séjour de Freud à Wandsbeck | sept. | 1884 |
| Communication de Koller sur l'anesthésie locale par la cocaïne | sept. | 1884 |
| Freud obtient une bourse d'études | juin | 1885 |
| Il détruit ses manuscrits | août | 1885 |
| Freud est nommé *dozent* | sept. | 1885 |
| Six semaines à Wandsbeck | sept. | 1885 |
| Arrivée à Paris | 13 oct. | 1885 |
| Départ de Paris pour Wandsbeck | 28 fév. | 1886 |
| Séjour d'études à Berlin | mars | 1886 |
| Début de la pratique médicale | 25 avr. | 1886 |
| Mariage | 14 sept. | 1886 |
| Freud fait la connaissance de Fliess | nov. | 1887 |
| Premier emploi de la suggestion hypnotique | déc. | 1887 |
| Freud va à Nancy, chez Bernheim | été | 1889 |
| Installation 19 Berggasse | été | 1891 |
| Publication des travaux sur l'aphasie et les paralysies infantiles | | 1891 |
| Freud commence à employer la méthode cathartique | | 1890 |
| Publication du travail en commun avec Breuer | | 1893 |
| Rupture avec Breuer | | 1894 |
| *Études sur l'hystérie* | mai | 1895 |
| Première analyse de rêve | 24 juil. | 1895 |
| Mise au point de la méthode des « associations libres » | 1892 | -1898 |
| *Esquisse d'une psychologie* | aut. | 1895 |
| Premier emploi du mot « psychanalyse » | mars | 1896 |
| Amitié avec Fliess | 1895 | -1900 |
| Première analyse des erreurs quotidiennes | août | 1898 |
| Rédaction de *La Science des rêves* | 1898 | -1899 |
| Publication de *La Science des rêves* | 4 nov. | 1899 |
| Rupture avec Fliess | août | 1900 |
| Première visite de Freud à Rome avec son frère | sept. | 1901 |
| Début de la Société psychologique du mercredi qui devient en avril 1908 La Société psychanalytique de Vienne | oct. | 1902 |
| Federn et Stekel commencent à pratiquer la psychanalyse | | 1903 |
| *Psychopathologie de la vie quotidienne* | | 1904 |
| Freud visite Athènes avec son frère | sept. | 1904 |

Début de la correspondance avec Bleuler ........................ sept. 1904
Affaire Fliess-Swoboda .................................................. 1904 -1906
Publication des *Trois essais sur la théorie de la sexualité*,
du *Mot d'esprit et ses rapports avec l'inconscient*,
et de l'analyse de *Dora* .................................................. 1905
Ernest Jones commence à pratiquer la psychanalyse ............ 1905
Début de la correspondance avec C. G. Jung ................ avril 1906
Freud reçoit la visite du premier étranger : Eitingon ....... jan. 1907
Visite de Jung et de Binswanger .................................. mars 1907
Jung fonde la Société Freud à Zurich ........................... sept. 1907
Visite d'Abraham à Freud ............................................. déc. 1907
Composition de la *Gradiva* .................................................. 1907
Visite de Ferenczi à Freud ............................................ fév. 1908
1er Congrès Intern. de Psychanalyse à Salzbourg ........... avr. 1908
Visite de A. A. Brill et de E. Jones à Freud .................... avr. 1908
Freud détruit sa correspondance .................................... avr. 1908
Abraham fonde la Société de Berlin .............................. août 1908
Visite de Freud à ses demi-frères en Angleterre ............ sept. 1908
Séjour de quatre jours avec Jung au Burghölzli ............. sept. 1908
Création du *Jahrbuch* .......................................................... 1909
Mariage de sa fille aînée Mathilde ................................. fév. 1909
Visite de Pfister à Freud ................................................ avr. 1909
Conférences à la Clark University, Worcester ... .. ....... sept. 1909
La Société viennoise quitte la Berggasse pour le Doktoren-
Collegium ............................................................ avr. 1910
Congrès de Nuremberg. Fondation de l'Association
psychanalytique internationale ................................... avr. 1910
Publication de *Léonard de Vinci* .................................... juin 1910
Voyage d'été avec Ferenczi ............................................ sept. 1910
Fondation du *Zentralblatt für Psychoanalyse* ................... oct. 1910
Lettre à Freud du P[r] Morichau-Beauchant de Poitiers .... nov. 1910
Fondation par A. A. Brill de la Société de New York ..... fév. 1911
Fondation par Ernest Jones de l'Association américaine
de Psychopathologie ................................................. mai 1911
Adler quitte la Société de Vienne .................................. juin 1911
Congrès de Weimar ....................................................... sept. 1911
Le P[r] Morichau-Beauchant publie dans la *Gazette des
Hôpitaux* le 1er article consacré en France à la
psychanalyse .................................................. 14 nov. 1911
Fondation d'*Imago* ....................................................... jan. 1912

Ernest Jones fonde le « Comité » ... juin 1912
Visite de Rome avec Ferenczi ... sept. 1912
Stekel quitte la Société de Vienne ... oct. 1912
Rencontre à Munich avec Jung et d'autres ... nov. 1912
Fondation de la *Internationale Zeitschrift für ärztliche Psychoanalyse* ... jan. 1913
Ferenczi fonde la Société de Budapest ... mai 1913
Congrès de Munich ... sept. 1913
Jung rompt avec Freud ... oct. 1913
Freud écrit *Totem et Tabou* ... 1913
*Contribution à l'Histoire du Mouvement psychanalytique* ... mars 1914
Jung quitte la présidence de l'Ass. Internationale ... avr. 1914
Démission de Jung ... août 1914
*Métapsychologie* ... mars-juin 1915
Dernières conférences à l'Université ... 1916 -1917
Fondation du *Verlag* par von Freund ... été 1918
Congrès de Budapest ... sept. 1918
Mort de Putnam ... déc. 1918
Freud commence *Au-delà du principe de plaisir* ... print. 1919
Esquisse de *Psychologie collective et Analyse du moi* ... mai 1919
Mort d'Anton von Freund ... jan. 1920
Fondation de la *Internationale Zeitschrift für Psychoanalyse*
Mort de Sophie, fille de Freud
Fondation de la Polyclinique de Berlin ... fév. 1920
Freud participe au Congrès de La Haye ... sept. 1920
Freud achève *Psychologie collective et Analyse du moi* . déc. 1920
Fondation de la Polyclinique de Vienne ... mai 1922
Visite de Schnitzler à Freud ... juin 1922
Freud participe au Congrès de Berlin ... sept. 1922
Première opération du cancer de la mâchoire ... avr. 1923
Publication de *Le Moi et le Ça*
Mort du petit-fils de Freud, Heinz. ... juin 1923
Opération radicale ... oct. 1923
Début des *Gesammelte Schriften* (1re édition des Œuvres complètes) ... été 1924
Rank rompt avec Freud ... août 1924
Mort de Josef Breuer ... juin 1925
Anna Freud entre au Comité ... juin 1925

| | | |
|---|---|---|
| *Inhibition, Symptôme, Angoisse* | | 1925 |
| *Ma vie et la Psychanalyse* | sept. | 1925 |
| Mort de Karl Abraham | déc. | 1925 |
| 70e anniversaire de Freud | mai | 1926 |
| Procès contre Reik | juin | 1926 |
| *Psychanalyse et Médecine* | | |
| Fondation de la Clinique de Londres | sept. | 1926 |
| Fondation de la Société Psychanalytique de Paris et de l'Institut français de Psychanalyse | | 1926 |
| Rencontre de Freud et d'Einstein à Berlin | déc. | 1926 |
| *L'Avenir d'une illusion* | août | 1927 |
| *Malaise dans la civilisation* | juin | 1929 |
| Ferenczi s'éloigne de Freud | aut. | 1929 |
| Dernières vacances hors de Vienne | été | 1930 |
| Prix Goethe | août | 1930 |
| Mort de la mère de Freud | sept. | 1930 |
| 75e anniversaire | mai | 1931 |
| Danger de récidive du cancer | juin | 1931 |
| Cérémonie à Freiberg, ville natale de Freud | oct. | 1931 |
| *Nouvelles Conférences sur la psychanalyse* | juil. | 1932 |
| *Pourquoi la guerre ?* (en collab. avec Einstein) | sept. | 1932 |
| Le *Verlag* passe à l'« Association Internationale » | | |
| Hanns Sachs quitte l'Europe | oct. | 1932 |
| Mort de Sandor Ferenczi | mai | 1933 |
| Autodafé des livres de Freud à Berlin | | |
| Début de *Moïse et le Monothéisme* | été | 1934 |
| Séquestre des stocks du *Verlag* à Leipzig | mai | 1936 |
| 80e anniversaire | mai | 1936 |
| Discours de Thomas Mann | mai | 1936 |
| Nomination de Freud à la *Royal Society* et autres distinctions | | |
| Première récidive du cancer | juin | 1936 |
| Noces d'or | sept. | 1936 |
| Découverte des lettres à Fliess | jan. | 1937 |
| Occupation de Vienne par les nazis | mars | 1938 |
| Freud décide d'émigrer. Départ pour Londres | juin | 1938 |
| Publication de *Moïse et le Monothéisme* | août | 1938 |
| Dernière opération | sept. | 1938 |
| Récidive du cancer, inopérable | fév. | 1939 |
| Mort de Freud | 23 sept. | 1939 |

il n'est nullement porté à la polémique : la psychanalyse est à ses yeux un fait de savoir, l'un de ces phénomènes intellectuels contemporains dont on ne peut nier sans mauvaise foi la valeur, ni le retentissement sur la pensée, les mœurs, les aspirations de notre époque. En somme, il n'est ni scandalisé, ni ironique, ni passionné, mais plutôt un peu blasé ; ce qu'il conteste est moins l'importance de notre sujet que la nécessité de s'y appesantir, car selon lui, on n'en a déjà que trop, et souvent fort mal parlé. Tandis qu'autrefois, il aurait peut-être été parmi ceux qui disaient à Freud : « Ce n'est pas vrai », ou bien encore : « Je ne puis l'admettre parce que cela est contraire à la religion », nous pouvons supposer qu'il nous dira maintenant : « Bah, nous savons tout cela depuis longtemps, on ne peut plus nous apprendre grand-chose sur nous-mêmes, ni, surtout, nous étonner... »

### L'AUDITEUR IMPARTIAL

Mais c'est vrai que nous savons tout cela, et que, pour ma part, je ne vois pas de raisons pressantes d'y revenir. Qui ne reconnaîtrait aujourd'hui que la ou les vérités découvertes par la psychanalyse relèvent souvent du simple bon sens et que, n'eussent été des préjugés tenaces et ridicules, on eût compris depuis longtemps qu'elles étaient vieilles comme le monde ? La psychanalyse elle-même nous a montré que les plus grands poètes et les penseurs les plus profonds les ont toujours pressenties, et même parfois audacieusement exprimées. Il n'y a plus là matière à s'échauffer, personne ne songe plus à nier la valeur thérapeutique de la psychanalyse dans certaines catégories de troubles mentaux, ni l'utilité de ses applications à divers secteurs spécialisés de la science et de la vie sociale : éducation des enfants, médecine, hygiène mentale, que sais-je encore. Ceci dit, si, il y a un demi-siècle, la psychanalyse a pu être pour certains une révélation bouleversante et pour d'autres une révolution scandaleuse, il me semble que cette époque est bien révolue. Toute cette agitation n'a plus de sens, ce qui en reste aujourd'hui est soit du ressort exclusif des divers spécialistes intéressés — et là nous serions mal venus de donner notre avis — soit du domaine de la plus triste vulgarisation, et celui-là, hélas ! échappe à notre emprise.

### M. R.

Je ne m'arrêterai pas tout de suite à votre premier argument, car le propos de ces émissions est précisément de le réfuter. Je remarquerai seulement qu'il n'est pas nouveau, lui non plus. C'est bien souvent qu'après avoir lutté âprement pour ne pas accepter une vérité nouvelle, on en est venu à la déclarer connue depuis longtemps et frappée de péremption, dès qu'il ne fut plus possible de la nier. Mais passons à votre dernier point : il est exact que la psychanalyse déroute souvent le grand public par deux aspects à première vue bien difficiles à concilier. D'un côté, en effet, elle apparaît comme le domaine strictement réservé d'une sorte d'initiation, car elle ne peut être connue véritablement que par celui qui la pratique, soit comme médecin, soit comme patient ; de l'autre, elle se donne pour un moyen d'explication et de recherche quasi universel, s'appliquant en quelque sorte par-dessus les frontières des disciplines scientifiques. D'un côté, donc, c'est une science, et comme telle, elle tend à circonscrire exactement sa méthode, son objet et son champ d'action spécifiques ; de l'autre, c'est une doctrine psychologique qui, ayant acquis des certitudes par le moyen de l'observation et de l'expérience, pense avoir le droit de les appliquer à toute l'activité psychique de l'homme, sans tenir compte des différentes rubriques sous lesquelles on classe ses produits. S'il est vrai que, comme on l'a dit, la psychanalyse est la doctrine qui tient la vie pour un phénomène plein de sens jusque dans ses déchets et ses à-côtés, alors elle n'est nulle part déplacée, elle a son mot à dire sur toutes les manifestations de la vie, sur tout ce que la vie crée en fait de formes et de systèmes, d'idées et de sentiments. Mais s'il lui faut traiter de tout cela, il est clair qu'elle doit renoncer à s'adresser aux spécialistes pour parler clairement à tout le monde. C'est ce qu'elle a fait depuis ses origines, sans trop craindre les risques de se vulgariser.

L'AUDITEUR IMPARTIAL

Vous reconnaissez la contradiction, mais je ne l'en juge pas moins gênante.

Comment expliquerez-vous que la psychanalyse puisse être présentée tantôt comme une science ésotérique, à tout le moins difficilement connaissable ; tantôt comme quelque chose qui peut s'adresser directement à chacun, pour lui expliquer non seulement ses rêves et ses menus gestes quotidiens, mais ses amours, ses convictions, sa foi et ses doutes ? Ces deux prétentions sont peut-être justifiées séparément ; à mon avis, elles ne peuvent être maintenues ensemble.

*révolue, pendant laquelle la médecine avait été dominée par les spéculations de ce qu'on appelle la « philosophie de la nature », les abstractions avec lesquelles la psychologie est contrainte de travailler leur paraissaient nébuleuses, fantastiques, mystiques ; mais ils refusaient tout crédit aux phénomènes singuliers qui eussent pu fournir un point de départ à leur recherche. Les symptômes de la névrose hystérique passaient pour le résultat de la simulation, les manifestations de l'hypnotisme pour de la fumisterie. Même les psychiatres, qui eussent pu observer les phénomènes les plus extraordinaires et les plus surprenants, répugnaient à se pencher sur leurs détails et à suivre la trace de leurs enchaînements. Ils se contentaient de classer les symptômes morbides et, là où cela se pouvait, à la rigueur, de les ramener à des causes somatiques, anatomiques ou chimiques. Au cours de cette période matérialiste, ou pour mieux dire, mécaniste, la médecine a accompli de magnifiques progrès, mais aussi elle est restée singulièrement myope pour le plus noble et le plus difficile des problèmes humains*[1]...

M. R.

Vous voyez que l'autorité médicale de la psychanalyse n'a pas été admise sans d'âpres luttes. Les médecins, qui prenaient l'hystérie pour de la simulation et niaient la réalité de la suggestion, n'hésitèrent pas ensuite à reprocher à Freud d'user de la suggestion pour soigner ses malades, et de tirer de là le plus clair de ses résultats. Mais la médecine ne fut pas la seule à rejeter ce qui lui paraissait menacer ses certitudes les mieux ancrées ; pour d'autres raisons, et avec autant de passion, la philosophie en fit autant :

*Il est compréhensible qu'avec de telles conceptions, les médecins n'aient pu trouver la psychanalyse à leur goût... En revanche, on aurait pu croire que la nouvelle doctrine obtiendrait d'autant plus facilement l'agrément des philosophes. Ceux-ci, en effet, étaient habitués à introduire dans leurs explications du monde des concepts abstraits — les mauvaises langues disaient : des mots vagues —, ils n'avaient donc pas lieu de s'offusquer de l'extension que la psycha-*

1. *Die Widerstände gegen die Psychoanalyse* ( « Les Résistances contre la psychanalyse ») *G. W.*, Imago Publishing, London 1948, tome XIV, 102.

*nalyse s'apprêtait à donner au domaine de la psychologie. Mais là survint un autre obstacle. Le monde psychique des philosophes n'était pas celui de la psychanalyse. Dans leur écrasante majorité, les philosophes n'appelaient psychique que ce qui portait la marque de la conscience. Pour eux, la vie psychique coïncidait exactement avec le conscient. Ou plus exactement, l'âme ne pouvait avoir d'autre contenu que les phénomènes conscients, et par conséquent la science de l'âme, la psychologie, ne pouvait avoir d'autre objet*[2].

M. R.

Après avoir décrit cette situation qui, en 1925, date du texte auquel nous empruntons ici, était bien loin d'avoir perdu toute actualité, Freud examine ce qui, dans sa théorie de l'inconscient, motiva longtemps la méfiance de la philosophie :

*Ainsi, que peut dire le philosophe à une doctrine qui, comme la psychanalyse, affirme au contraire que l'âme est inconsciente en soi ; que la conscience est une qualité qui peut s'ajouter ou non aux actes psychiques isolés, sans que ceux-ci soient modifiés si elle leur manque éventuellement ? Il dit bien entendu que la notion d'un psychisme inconscient est une monstruosité, une « contradictio in adjecto », et se refuse à voir que ce jugement ne fait que répéter sa propre définition de l'âme peut-être trop étroite. Le philosophe n'a pas de peine à être sûr de lui, car il ignore le matériel dont l'étude a obligé le psychanalyste à croire aux faits psychiques inconscients. Il ne s'est pas occupé de l'hypnose, n'a pas tenté d'interpréter les rêves — comme le médecin —, il tient du reste les rêves pour les produits absurdes de l'activité mentale dégradée par le sommeil ; c'est tout juste s'il soupçonne qu'il existe des choses comme les obsessions et les idées délirantes, et il serait dans un fâcheux embarras si on lui demandait d'expliquer ces faits à partir de ses propres postulats psychologiques. Le psychanalyste, lui aussi, refuse de dire ce qu'est l'inconscient, mais il peut se référer au monde des phénomènes dont l'observation l'a forcé à en admettre l'existence. Le philosophe, qui ne connaît pas d'autre observation que celle qu'il pratique sur lui-même, ne peut pas le suivre sur ce terrain. C'est ainsi que de sa position intermédiaire entre la médecine et la philosophie, la psycha-*

2. *Ibid.*, 103.

*nalyse ne retire que des inconvénients. Le médecin la regarde comme un système spéculatif et n'admet pas que, comme toute autre science naturelle, elle repose sur l'observation patiente et laborieuse de faits appartenant au monde de nos perceptions. Le philosophe, qui la mesure à ses propres systèmes artistiquement construits, trouve qu'elle part d'hypothèses impossibles, et reproche à ses concepts fondamentaux leur manque de clarté et de précision*[3].

L'AUDITEUR IMPARTIAL

Le conflit rappelé ici de façon si vivante n'a plus guère qu'une valeur historique. Était-il évitable ? Que des idées aussi audacieuses et aussi impossibles à classer aient provoqué beaucoup de remous, cela se conçoit, après tout ; toute nouveauté vraiment importante a des commencements difficiles.

M. R.

Freud l'admettait volontiers. Il niait seulement que les attaques grossières et parfois haineuses dont il était l'objet n'eussent pas d'autre cause que l'intérêt scientifique. La psychanalyse, en effet, lui suggérait une autre explication :

*La situation exposée plus haut suffisait bien à expliquer que les milieux scientifiques eussent accueilli la psychanalyse en hésitant, et de mauvais gré. Mais elle ne permet pas de comprendre comment la polémique put en venir à ces explosions de rage, de moqueries et de sarcasmes, comment on put passer outre dans les discussions à toutes les règles de la logique et du bon goût. Une telle réaction laissait deviner qu'il ne pouvait pas y avoir là uniquement des résistances intellectuelles ; que des forces affectives violentes avaient été réveillées ; et de fait, il ne manque pas de choses dans le contenu de la doctrine analytique à quoi l'on puisse imputer un pareil effet sur les passions, non point seulement des savants, mais des hommes*[4]...

3. *Ibid.*, 103 et suiv.
4. *Ibid.*, 104.

Il est vrai que si l'on se reporte à cette époque à peine révolue, on conçoit mal qu'avec un contenu souvent fort indigent, les controverses soulevées par la psychanalyse aient pu prendre une tournure si excessive et si hargneuse. Personnellement, je ne me chargerai pas de défendre ces détracteurs qui, aujourd'hui, font dans l'ensemble assez sotte figure. Mais, Freud le reconnaît honnêtement : la position intermédiaire de sa doctrine entre la médecine et la philosophie était une cause réelle de difficultés ; en un sens c'était une position fausse, qui peut encore être un sujet de trouble, même pour des gens moins aveuglés. Je ne raisonne ici ni en savant, ni en philosophe, mais comme quelqu'un qui, malgré tout, aime à classer ses idées. Où classerai-je donc cette science qui, comme toute autre, a une théorie, une pratique et de multiples applications, mais pas d'antécédents, pas de tradition ? Parmi les sciences sans aucun doute, mais en constatant que ce qu'elle appelle faits, observation, expérience s'écarte sensiblement des définitions classiquement admises — et que, le plus souvent, il n'est guère possible de vérifier ses résultats. Freud demande qu'on la range parmi les sciences naturelles, mais ses moyens d'investigations, l'énorme distance qu'elle met entre les faits observés et ses conclusions la rendent difficilement compréhensible à l'intérieur de cette discipline. D'un autre côté, Freud s'est toujours défendu de spéculer, mais sa théorie est une explication totale de l'homme, en tant que telle, elle s'est toujours appliquée à quantité de domaines où seule la spéculation pouvait lui donner accès. J'ajouterai qu'à mon sens, la part énorme qu'elle fait à l'imagination, ses affinités avec le monde des rêves et des symboles lui donnent plus de ressemblance avec l'art qu'avec n'importe quelle autre forme de pensée. Qu'est-elle donc en définitive ? Sous quels aspects vous proposez-vous de la montrer ?

M. R.

Vous décrivez fort bien une situation incommode, dont les psychanalystes ont toujours eu conscience. Ils faisaient seulement remarquer qu'il était injuste de la leur imputer, car ils observent et expliquent, mais n'*inventent* pas les faits psychiques. Or, ces faits sont leur objet d'étude, et c'est là un étrange objet, à la fois concret et abstrait, familier à tous et difficilement observable, parfois irrationnel jusqu'à l'absurde, toujours contradictoire. Croyez-moi, Freud aurait bien aimé bénéficier de la sérénité que donne au savant l'ancienneté et la dignité d'une science séculairement établie, même s'il est appelé à la révolutionner. Il n'avait pas de modèles, pas de maîtres immédiats, et pendant longtemps, il n'eut pas non plus d'élèves. Il écrivit un jour à Einstein[5] qu'il le trouvait bien heureux d'être physicien au lieu de faire de la psychologie, matière en quoi le premier venu se croit savant...

L'AUDITEUR IMPARTIAL

Mais c'est cela que vous devriez montrer, cette position exceptionnelle, cette lutte à l'intérieur du monde de la pensée et de la science, à une époque intellectuellement, et, ne l'oublions pas, politiquement fort troublée. Je vois là vraiment un sujet de drame.

M. R.

C'est, en effet, ce qui constituera la première partie de notre travail. La nature de la psychanalyse, les particularités et, d'autre part, l'universalité de son objet, ne nous permettent pas d'en présenter d'abord un tableau théorique à la fois complet et intelligible. Aussi tâcherons-nous de la faire comprendre autrement : en faisant revivre l'histoire de son créateur, pour suivre, à travers les événements d'une vie personnelle entièrement vouée à la recherche, la genèse dramatique et l'étonnant destin de son œuvre. Freud se comparait volontiers lui-même à l'un de ces conquistadors du passé qui risquaient tout pour conquérir des terres nouvelles ; ou encore à ces archéologues pleins de foi qui, tel le célèbre Schliemann, triomphaient des incrédules en

5. « *J'étais justement à Berlin pour son anniversaire et je lui ai envoyé une carte où je le traitais d'heureux mortel. Il me répondit en me demandant très raisonnablement d'où je tenais cela, n'ayant pas regardé en lui. Je lui écrivis une longue lettre où je lui dis pourquoi je le trouve heureux : c'est qu'il a la possibilité de faire de la physique mathématique, et non de la psychologie, matière où chacun parle à tort et à travers. Mais je ne pouvais pas avouer ma jalousie sans rompre une lance pour ma science et lui donner le pas sur toutes les autres...* » Eit., 23-11-1930, *J Bg.*, Band III, *Die letzte Phase* (*Les Dernières Années*), Hans Huber, Bern-Stuttgart, 1962, 186.

mettant à jour la Troie de leurs rêves. Sa Troie, à lui, c'était l'enfance de l'homme, le passé de l'humanité, ce monde de l'inconscient qu'il était le premier à explorer et qu'il voulut regagner à la lumière avec ses rêves, ses abîmes, ses terreurs, et aussi sa vérité. La psychanalyse n'a pas de meilleure introduction que le récit de cette exploration aventureuse passée presque entièrement entre les murs d'un cabinet, et dont les grands moments, comme le disait un poète allemand, Kurt Tucholsky, furent autant de jours qui ébranlèrent le monde. Il va sans dire qu'un pareil récit est assez captivant en soi pour se passer de fioritures. Le nôtre disposera du reste de nombreuses sources : des travaux biographiques faisant autorité comme celui d'Ernest Jones, l'un de ses premiers et de ses plus fidèles disciples ; des documents autobiographiques publiés comme tels par Freud — par exemple *Ma Vie et la Psychanalyse* et *L'Histoire du mouvement psychanalytique*, ou encore disséminés dans des ouvrages théoriques comme la *Psychopathologie de la vie quotidienne* ou *La Science des rêves* ; une correspondance étendue sur plus d'un demi-siècle, où le visage de Freud se dessine avec des traits parfois contradictoires — avec sa passion, son terrible amour de la vérité, sa bonté et, malgré sa foi tenace dans la vie, sa tristesse. Mais notre source la plus riche sera bien entendu l'œuvre elle-même — une œuvre qui n'est pas seulement d'homme de science, mais au sens plein du mot, de créateur. Nous en citerons d'autant plus volontiers de nombreux passages que, par une circonstance assez rare en matière d'écrits scientifiques, elle a une pureté, une justesse de forme qui lui donnent accès à la littérature. Ainsi contée à travers la création infatigable d'un homme qui, outre sa science, aimait aussi passionnément écrire, l'aventure intellectuelle qui a eu tant de retentissement sur la nôtre devrait retrouver peu à peu pour nous son rythme, et son sens vivant.

### L'AUDITEUR IMPARTIAL

Je comprends mieux maintenant votre intention. L'idée de présenter Freud comme un écrivain dont l'œuvre, quoique scientifique, aurait la même portée générale, la même sorte de pouvoir et de vérité qu'une œuvre strictement littéraire, cette idée est en effet même fort séduisante. J'avoue que pour ma part, j'ai souvent lu certains livres de Freud comme des romans, sans être sûr du reste que cette lecture fût la bonne. Ceci admis, s'il est vrai que la littérature freudienne fait partie de la littérature tout court, ce n'est pourtant pas là son principal titre, car elle est avant tout un véhicule d'idées, quelque chose qui a donné naissance à un mouvement international, a entraîné la fondation de groupes, d'écoles, de dissidences, et surtout, d'un enseignement. On aimerait bien savoir comment tout cela s'est fait, grâce à quel travail, quels dévouements, quelles alliances, quelles ruptures. et aussi comment une doctrine si personnelle, si fortement marquée au début par son origine locale, est parvenue somme toute à conquérir. le monde.

M. R.

Nous tâcherons de le montrer dans la trame même de notre exposé. Tout en découvrant la psychanalyse à travers une vie et une œuvre qui ne se peuvent dissocier l'une de l'autre, nous retracerons l'histoire du mouvement psychanalytique, ses débuts héroïques, ses flux et ses reflux, sa montée. Chemin faisant, nous rencontrerons ces hommes si différents les uns des autres par leur formation et leurs origines qui, médecins ou non, se groupèrent autour de Freud et, peu à peu, mirent fin à son isolement. Parmi ces disciples dont certains sont à leur tour devenus des maîtres, quelques-uns ne purent trouver leur route qu'en modifiant ou en reniant leurs premières convictions ; d'autres restèrent fidèles, ou, comme on dit maintenant, « orthodoxes » ; d'autres encore conservèrent l'essentiel de la doctrine, mais l'enrichirent de nouvelles hypothèses et étendirent le champ de ses applications. Tous, fidèles ou rebelles, ont contribué en quelque manière à faire de la psychanalyse ce qu'elle est aujourd'hui. Ainsi nous marquerons la place de Jung et d'Adler, qui fondèrent chacun leur école et menèrent longtemps l'opposition contre leur ancien maître ; celle d'Otto Rank, dont la pensée se sépara aussi du strict freudisme et dont les travaux sur les mythes et les légendes sont restés justement célèbres ; d'Ernest Jones, le biographe de Freud, auquel nous ferons de nombreux emprunts ; de Karl Abraham, Sandor Ferenczi, d'autres encore qui furent des organisateurs et eurent le mérite de conserver au mouvement son caractère international, malgré la guerre et combien de bouleversements politiques. Nous suivrons aussi les déplacements géographiques des écoles, sans oublier que la petite histoire de la psychanalyse, qui eût dû n'être qu'un débat d'idées, a été souvent mortellement menacée par l'histoire tout court.

Je suppose qu'après cet aperçu historique, vous en viendrez tout de même à la théorie ?

M. R.

Non pas après, mais en même temps. Car, voyez-vous, les développements théoriques de la psychanalyse sont inséparables de son histoire, d'abord parce qu'ils dépendent entièrement de l'expérience empirique et que la théorie, ici, n'est pas un édifice complet, surgi tout achevé de l'imagination de son auteur ; ensuite parce que la psychanalyse a un destin à part parmi les sciences modernes et que seule l'histoire nous montre à l'œuvre ce qui a fait toujours obstacle à l'intelligence de ses idées. Dans un texte de 1917, intitulé *Une difficulté de la psychanalyse*[6], Freud disait que l'humanité, dans la phase moderne de son histoire, s'est vu infliger trois graves blessures. La première, cosmologique, était le fait de Copernic, qui osa dire que la terre était *plus petite* que le soleil et tournait autour de lui ; la deuxième, biologique, était causée par Darwin, dont la doctrine semblait porter un coup définitif à l'orgueil humain (nous savons qu'il n'en fut rien) ; la troisième, d'ordre psychologique, était la psychanalyse, qui affirma que, malgré toutes les apparences et les croyances, l'homme n'était jamais le souverain de son âme. Sans doute ces trois blessures nous paraissent déjà bien près d'être guéries, nous avons reçu d'autres coups et nous nous croyons moins fragiles. Mais est-ce si sûr ? Est-il sûr que la notion de l'inconscient, pour ne citer que la principale, ait une réalité vivante pour ceux-là mêmes qui, intellectuellement, n'ont plus rien à y objecter ? Il nous fallait poser la question avant d'entrer dans le détail d'une théorie qui n'est pas seulement un ensemble de concepts abstraits, mais garde pour chacun quelque chose comme une pointe douloureuse. Le rappel des luttes idéologiques du passé, qui furent parfois émouvantes et le plus souvent incompréhensiblement bornées, devrait nous permettre d'aborder plus franchement les grands concepts psychanalytiques dont tout le monde, aujourd'hui, connaît au moins confusément le

6. *Eine Schwierigkeit der Psychoanalyse* (« Une difficulté de la psychanalyse »), *G. W.*, tome XII, 7.

chaient de trop près à sa vie intime. Ainsi il a fourni sur lui-même un matériel unique en son genre, mais incomplet, cela pour protéger l'intimité à quoi il croyait avoir droit malgré l'indiscrétion fatalement liée à sa propre méthode, et aussi, comme il l'a dit clairement, parce qu'il ne croyait pas à la vérité des biographies :

*Qui veut devenir biographe s'engage au mensonge, à la dissimulation, à l'hypocrisie, et même à la dissimulation de son incompréhension, car la vérité biographique n'est pas accessible, et le fût-elle qu'on ne pourrait pas s'en servir*[2].

Voilà qui devrait décourager les psychanalystes amateurs, pressés de déchiffrer Freud par le moyen qu'il leur a fourni lui-même. Aucune psychanalyse faite après coup, à supposer qu'elle soit techniquement possible, ne comblera les lacunes que le principal intéressé a volontairement laissées dans l'histoire profonde de sa vie. De toute façon, elle ne répondrait pas à la question la plus troublante que pose l'apparition soudaine d'une vérité vraiment importante : pourquoi a-t-il fallu attendre tant de siècles une découverte qui ne demandait en somme qu'à voir le jour et que n'importe qui aurait pu faire ? Pourquoi Freud fut-il appelé à dire tout haut ce que l'homme savait sans le reconnaître et à quoi l'art, la philosophie, la littérature font depuis toujours allusion ? Qu'est-ce qui le destinait à ce rôle exceptionnel, grâce à quel concours de circonstances historiques, sociales, familiales, psychologiques lui fût-il donné de le jouer et de changer ainsi la face de son époque ? A ces questions saisissantes, la vie de Freud n'apportera pas plus qu'une autre de réponses satisfaisantes ; du moins montrera-t-elle exemplairement *comment* une idée, une intuition semblable en somme à des millions d'autres qui ont traversé l'esprit humain, est devenue une force décisive du seul fait qu'elle a été prise passionnément au sérieux, et a eu le courage de durer.

* * * Freud a toujours senti qu'il y avait un lien entre ses origines et les dispositions particulières de son esprit qui, en d'autres temps, lui eussent sûrement valu des persécutions plus graves que les critiques et les railleries. Il le révèle par la façon même dont, dans *Ma Vie et la Psychanalyse*, il commence son autobiographie :

2. A.Z., 31-5-1936, *Br.*,423.

*Je suis né le 6 mai 1856, à Freiberg, en Moravie, une petite ville de la Tchécoslovaquie actuelle. Mes parents étaient juifs, moi-même suis demeuré juif. De ma famille paternelle, je crois savoir qu'elle séjourna longtemps dans les pays rhénans, à Cologne ; qu'à l'occasion d'une persécution contre les Juifs, au XIV^e^ ou XV^e^ siècle, elle s'enfuit vers l'Est et que, dans le courant du XIX^e^ siècle, elle revint de Lithuanie, par la Galicie, vers un pays de langue allemande, l'Autriche*[3]*...*

⁂ En ouvrant le récit de son évolution scientifique par un rappel de son origine juive, Freud entendait marquer ce qu'il lui devait : aussi bien l'hostilité tenace des milieux viennois, antisémites par tradition, contre lesquels il dut lutter une bonne partie de sa vie ; que la force de braver l'opinion publique et d'accepter, comme l'avaient fait ses ancêtres, une sorte d'exil intellectuel. Élevé par un père croyant sans doute, mais libéral, lui-même radicalement athée, Freud affirma toujours son appartenance au judaïsme — un judaïsme désacralisé, mais profond, dont il se sentait directement l'héritier. Il en parle souvent dans les lettres à sa fiancée, ainsi dans ce passage où il trace son propre portrait :

*On ne le croirait guère à me voir, mais à l'école déjà, j'étais un oppositionnel hardi. Je me trouvais toujours là où il y avait une position extrême à défendre et, en général, j'étais prêt à payer pour cela. Ensuite, quand j'eus gagné la place de premier que je conservai pendant des années et pus jouir de la confiance de tous, personne n'eut plus jamais à se plaindre de moi. Sais-tu ce que Breuer m'a dit un jour ? J'en ai été si ému qu'à la suite de cela je lui ai confié le secret de nos fiançailles. Il m'a dit qu'il avait découvert en moi un homme intrépide, incroyablement audacieux sous mon enveloppe de timidité. Je l'ai toujours cru sans jamais oser le dire à qui que ce soit. J'ai souvent eu l'impression d'avoir hérité toute l'audace et toute la passion de nos ancêtres quand ils défendaient leur temple, d'être capable de jeter toute ma vie avec joie pour un seul grand moment*[4]*...*

3. *Ma Vie...*, suivi de *Psa. et Médecine*, trad. Marie Bonaparte, Gallimard, 1928, 11 et suiv.
4. M., 2-2-1886, *Br.*, 197.

*** Une autre fois, il explique encore à Martha Bernays, sa future femme, que le judaïsme est la base solide sur quoi il entend édifier leur vie :

*Et pour nous deux, voici ce que je crois : si la forme de vie dans laquelle les anciens Juifs se sentaient à l'aise ne nous offre plus de refuge, quelque chose du noyau, l'essence du judaïsme pétri de sens et de joie de vivre ne quittera pas notre maison*[5]...

*** Freud était bien conscient de la singularité de ses liens avec le judaïsme. Il s'en explique avec sa clarté habituelle dans un texte de 1926, à l'adresse de l'association juive libérale B'nai B'rith, dont il fut membre toute sa vie et, pendant de longues années, un membre actif :

*Le fait que vous êtes juifs ne pouvait que m'être agréable, car j'étais juif moi-même, et le renier m'a toujours paru non seulement indigne, mais littéralement absurde. Ce qui m'attachait au judaïsme — je me dois de le confesser — n'était pas la foi, ce n'était pas non plus la fierté nationale, car j'ai toujours été un incroyant, ayant été élevé sans religion, quoique non sans respect pour les exigences dites « éthiques » de la culture humaine. Quand j'inclinais à l'exaltation nationale, je m'efforçais toujours de la réprimer comme quelque chose de catastrophique et d'injuste, effrayé que j'étais par l'exemple des peuples parmi lesquels nous vivons, nous autres juifs. Mais il restait assez de choses propres à rendre l'attraction du judaïsme et des Juifs irrésistible, beaucoup de forces affectives obscures, d'autant plus puissantes qu'elles se laissaient moins saisir dans les mots, et puis aussi la claire conscience d'une identité intérieure, le sentiment intime d'une même construction psychique. A cela s'ajouta bientôt la découverte que je devais uniquement à ma nature juive les deux qualités dont j'eus le plus besoin sur mon chemin difficile. Étant juif, je me trouvais exempt de nombreux préjugés qui limitaient les autres dans l'usage de leurs facultés intellectuelles ; comme juif, j'étais aussi préparé à rejoindre l'opposition et à renoncer à toute entente avec la majorité compacte* [6]...

5. M., 23-7-1882, *Br.*, 24.
6. *Ansprache an die Mitglieder des Vereins B'nai B'rith* (1926), *G.W.*, tome XVII, 51 et suiv.

✻✻ Avec un sentiment aussi profondément ancré, on imagine combien Freud dut souffrir de l'antisémitisme viennois qui, avant d'être relayé par le nazisme, sévissait plus ou moins ouvertement et l'exposa toute sa vie, sinon à de véritables persécutions, du moins à d'humiliantes brimades ou d'hypocrites attaques. Le souvenir d'une de ces humiliations déjà subies par son père prend son sens douloureux dans un passage de *La Science des rêves* :

*J'arrive enfin à l'événement de ma jeunesse qui agit aujourd'hui encore sur tous ces sentiments et tous ces rêves. Je devais avoir dix ou douze ans quand mon père commença à m'emmener dans ses promenades et à avoir avec moi des conversations sur ses opinions et les choses en général. Un jour, pour me montrer combien mon temps était meilleur que le sien, il me raconta le fait suivant : « Une fois, quand j'étais jeune, dans le pays où tu es né, je suis sorti dans la rue un samedi, bien habillé et avec un bonnet de fourrure tout neuf. Un chrétien survint ; d'un coup il envoya mon bonnet dans la boue en criant : « Juif, descends du trottoir ! — Et qu'est-ce que tu as fait ? — J'ai ramassé mon bonnet », dit mon père avec résignation*[7]...

✻✻ A cette scène inoubliable fait pendant, bien des années plus tard, un autre incident d'où Freud sortit avec un sentiment de triomphe et qui, en un sens, répara l'ancien affront. Étant en chemin de fer, il avait ouvert la fenêtre de son compartiment, qui, selon lui, manquait d'air. Quelqu'un proteste et exige qu'il la ferme. Freud refuse, à moins qu'on n'en ouvre une autre. C'est le début d'un incident fort pénible, qu'il relate tout au long dans une lettre à Martha :

*Tandis que nous parlementions et qu'il acceptait d'ouvrir la bouche d'aération à la place de la fenêtre, quelqu'un s'écria du fond du compartiment : C'est un sale juif ! et du coup, toute l'affaire prit une nouvelle tournure. Mon premier ennemi, devenu lui aussi antisémite, déclara : « Nous autres chrétiens, nous avons le sens du bien général, soumettez donc votre cher petit Moi à la règle, etc. » Mon deuxième ennemi me fit savoir, avec des injures conformes à son niveau de culture, qu'il allait monter sur les bancs pour me faire voir, etc. Il y a un an, j'aurais été si bouleversé que je n'aurais pu proférer un mot, mais j'ai changé, je n'ai pas eu peur de cette racaille, j'ai prié*

7. *La Science des rêves*, trad. Meyerson, Alcan, Paris, 1926, 149.

*l'un de garder pour lui ses considérations générales, vu qu'elles ne m'inspiraient aucun respect, et l'autre de prendre la peine de se déplacer pour recevoir une réponse méritée. J'étais tout à fait décidé à l'assommer, mais il n'est pas venu ; je me félicite de n'avoir pas usé d'injures, il faut toujours laisser cela à ces Messieurs*[8]*...*

* En face d'un état de choses contre lequel il n'y avait pas de lutte possible, mais seulement des ripostes elles-mêmes dégradantes, le jeune Freud développa précocement l'ambition, la soif ardente de gloire qui est certainement l'un des traits frappants de son caractère. Devenir célèbre, accomplir des prouesses dans l'ordre de l'action ou de la pensée, on peut croire qu'il voyait là l'un des moyens les plus puissants de forcer le monde à le reconnaître et à lui faire une vraie place. Pendant longtemps, la volonté de désarmer la malveillance infamante des autres par une espèce d'héroïsme l'emporta sûrement sur l'objet même de l'ambition.

* * * Ernest Jones nous dit dans sa *Biographie* que le jeune Freud, qui admirait passionnément Bonaparte et Masséna, fut un moment attiré par l'état militaire. Il est probable que l'attrait de la carrière elle-même comptait moins ici que celui de deux grandes figures prestigieuses, toutes deux de héros et de parvenus.

* * Selon une légende dénuée de tout fondement, Masséna passait pour être d'origine juive. Quant à Napoléon, libérateur des Juifs et modèle des parvenus, les petits Juifs d'Europe centrale n'avaient pas besoin d'être belliqueux pour en faire leur idole.

* * * Freud qui, comme toutes les natures fortes, avait une faculté inépuisable d'admiration, englobait dans une même vénération tous les hommes libres, audacieux et solitaires qui, d'une manière ou d'une autre, ont rompu en visière avec les préjugés de leur temps. A côté de Bonaparte, de Masséna, d'Annibal, le héros sémite, et de bien d'autres qui, plus tard, furent ses maîtres directs, il garda par exemple pour Cromwell, lui aussi libérateur des Juifs et héros révolutionnaire, une admiration si profonde qu'il appela l'un de ses fils Olivier, en son honneur...

8. M., 16-12-1883, *Br.*, 76.

✻ L'antisémitisme, à quoi il faut joindre une pauvreté qui prit parfois des proportions menaçantes, joua donc un rôle considérable dans la formation du caractère de Freud et la façon dont il affronta sa propre société. Encore que cette situation si commune à l'époque dans ce coin de l'Europe ait influencé fâcheusement le destin de la science freudienne — nous verrons par la suite comment —, on ne saurait, cela va de soi, y chercher l'explication de l'événement spirituel à quoi la psychanalyse doit d'avoir été inventée. Si tant est qu'une pareille explication existe, on doit pouvoir plutôt la trouver dans la constellation familiale de Freud, dans les relations avec son premier entourage, les expériences affectives de son enfance — toutes choses qui, selon lui, façonnent à jamais l'individu, lui donnent ses dons, ses faiblesses et ses aspirations, préparent de façon irréversible ses succès et ses échecs.

✻ ✻ L'homme qui, pour la première fois, a démêlé les lois secrètes, le drame secret de la famille humaine n'a pu tirer son expérience que de lui-même, de son enfance et de sa situation dans sa propre famille. On peut supposer que la famille Freud, la première qui ait été comprise, analysée et démasquée, n'a pu jouer ce rôle exemplaire que parce qu'elle y était en quelque manière disposée.

✻ ✻ En effet, Sigismund Freud — Sigismund était son vrai prénom, qu'à l'âge de vingt-deux ans il changea en Sigmund — est né et a grandi dans un milieu familial remarquable par la complexité inhabituelle des relations de parenté. Jakob Freud, son père, s'était marié deux fois, la première à l'âge de dix-sept ans. Il avait deux fils de ce premier mariage, Emanuel et Philip, et quand il fut devenu veuf, il se remaria avec une jeune femme de vingt ans, Amalia Nathansohn, la mère de Freud, qui se trouvait ainsi être de la même génération que ses beaux-fils. Quand Emanuel, le demi-frère aîné, se maria à son tour et eut des enfants, les deux familles vécurent côte à côte dans une intimité d'autant plus grande que leurs maisons étaient voisines. On imagine quelles complications psychologiques pouvaient résulter de cette situation paradoxale : le compagnon de jeux de Freud, le premier ami auquel il fut passionnément attaché, était le fils de son demi-frère Emanuel, son neveu par conséquent, et ce neveu avait un an de plus que lui. Sa mère et son demi-frère Philip étant exactement du même âge, l'enfant était sûrement tenté de les apparier de sorte que Jakob, le père, jouait le rôle de grand-père qui aurait pu logiquement être le sien, vu son âge. Psychanalytiquement parlant, la réunion de trois générations dans un même milieu familial devait, pour le petit garçon, comporter plus d'une énigme. Ernest Jones, dans sa biographie, en expose les conséquences les plus frappantes :

*On comprend qu'il ait, enfant, mis sur un plan égal Jakob et Nannie, sa vieille nourrice. Puis venaient Emanuel et sa femme, enfin Philip et Amalia, d'âge égal. Tout cela semblait juste et logique, mais un fait restait embarrassant : pourquoi était-ce Jakob et non Philip qui couchait dans le lit d'Amalia ? Tout cela était très troublant.*

*Ce que nous avons qualifié d'appariement logique avait un motif psychologique plus profond encore : en attribuant à son père un rôle plus effacé dans la maison, il lui déniait le rôle de rival auprès de sa mère et celui de créateur d'enfants indésirables. Nous avons tout lieu de croire que, bien que le père représentât l'autorité et la frustration, Freud lui témoigna toujours consciemment affection, admiration et respect. Tous les éléments hostiles se trouvaient reportés sur les personnages de Philip et de John, son neveu. C'est pour cette raison que Freud ressentit un grand choc en découvrant quarante ans plus tard son propre complexe d'Œdipe et fut contraint de s'avouer que son attitude inconsciente à l'égard de son père différait beaucoup de son attitude consciente. Malheureusement, cette découverte ne fut faite qu'un an ou deux après la mort de ce père... En relatant le mieux possible la genèse des découvertes originales de Freud, nous pouvons à bon droit considérer que la plus grande d'entre elles — l'universalité du complexe œdipien — lui avait été rendue plus aisée par sa propre et peu habituelle constellation familiale, par la stimulation que celle-ci provoqua et les occasions de refoulement total qu'elle offrait[9]...*

✻✻✻ Freud était donc l'aîné d'une famille qui compta en tout huit enfants, ce qui, dans un foyer qui perdit très vite sa première prospérité et connut souvent la gêne, dut fortifier chez l'enfant, puis chez le jeune homme, le sens des responsabilités et la tendance à une attitude paternelle.

✻✻ Manès Sperber a vu dans ce qu'il propose d'appeler le

9. Ernest JONES : *La Vie et l'Œuvre de Sigmund Freud*, trad. Anne Berman, P.U.F., Paris, 1958, tome I, 11.

« complexe de Joseph » une clé importante de la personnalité de Freud[10]. De fait, celui-ci s'est souvent identifié avec le Joseph de la Bible, comme lui fils de Jacob, comme lui aussi interprète des songes. Le prénom de Josef a joué du reste un rôle singulier dans sa vie. Freud lui-même fait remarquer qu'il intervient souvent dans ses rêves. Le seul de ses oncles qu'il mentionne s'appelait Josef, Josef Paneth fut pendant un temps l'un de ses plus proches amis, Josef Breuer, qui l'engagea sur la voie de la psychanalyse, resta longtemps pour lui un homme de premier plan, enfin, c'est encore un Joseph, Popper-Lynkeus, qui faillit le devancer dans l'énonciation de sa théorie.

✻✻✻ Dans une lettre à Thomas Mann, Freud constate la même fatalité du nom de Joseph chez un autre grand personnage : Napoléon, lui aussi fortement identifié avec le Joseph biblique. Selon lui, ce n'est pas pour des raisons politiques, mais à cause de ce lien inconscient qu'il entreprit sa fantastique expédition d'Égypte[11]...

✻ Malgré les complications de ses relations familiales, Freud semble avoir eu une enfance heureuse, du moins tant que ses parents vécurent à Freiberg, car, à Vienne, les épreuves et les difficultés commencèrent. Ardemment aimé par une mère jeune, vive et jolie, Freud se sentait l'objet de l'orgueil et de la prédilection maternels ; il en tira un sentiment de confiance en lui-même qui, malgré les vicissitudes de sa carrière, fut en effet difficilement ébranlée. Plus tard, il assura que « quand on a été sans conteste l'enfant préféré de sa mère, on garde pour la vie ce sentiment triomphant, cette confiance dans le succès qui, en réalité, restent rarement sans l'amener[12] ».

✻ De son père, Freud a dit qu'il lui ressemblait et qu'il avait hérité en partie sa tournure d'esprit. C'était un homme aimable, libéral, mais non dépouvu d'autorité, quoique, semble-t-il, assez fantasque dans ses projets. Freud l'a décrit comme le M. Micawber de Dickens, toujours confiant dans une issue providentielle à ses dif-

10. Manès Sperber : « Misère de la psychologie », *Preuves*, n° 46, déc. 1954, 9.
11. Cf. chap. 28 : *Moïse et l'Exil*.
12. « Un souvenir d'enfance dans *Fiction et Vérité* de Goethe », in *Essais de Psa. appliquée*, trad. Marie Bonaparte et E. Marty, Gallimard, Paris, 1933, 162.

ficultés financières. Négociant en laines, il avait fait de mauvaises affaires à Freiberg et avait dû s'installer à Vienne ; mais, soit manque de moyens, soit malchance, soit légèreté, il semble qu'il n'ait jamais pu restaurer sa situation et que sa nombreuse famille ait vécu dans un état chronique de pauvreté. Personne ne lui en a tenu rigueur, Freud a aidé les siens en toute circonstance, autant que le lui permettait la précarité de ses moyens.Mais la pauvreté qui avait assombri son enfance et sa jeunesse est restée la plaie de sa vie.

** Les parents de Freud ne paraissent guère en personne dans les souvenirs d'enfance dont il a publié l'analyse. Cela se conçoit : quand il entreprit d'analyser ses propres rêves pour élucider certains points obscurs de sa théorie, son père venait de mourir et il était sous le coup d'un violent ébranlement affectif dont, à cette époque, il ignorait naturellement la vraie origine. L'analyse de ses rêves lui fit voir son enfance et ses relations avec ses parents sous un jour absolument inattendu, et cette révélation lui causa un choc auquel, on l'oublie trop quand on lui reproche aujourd'hui certaines réticences, rien ne l'avait mieux préparé que n'importe quel autre homme. A l'âge de quarante-deux ans, marié et père de famille, avec déjà une longue carrière derrière lui, il est conduit par des raisons scientifiques et aussi, sans doute, par le besoin de se connaître lui-même en un moment de crise, à revivre son passé jusque dans sa toute première enfance. Il ne sait pas ce qui l'attend, mais il va le trouver : c'est le grand drame, le grand scandale de l'humanité auquel, en souvenir de la tragédie antique, il a donné le nom de « complexe d'Œdipe ». D'autres, on peut le croire, étaient arrivés avant lui à cette frontière interdite, mais terrifiés, ils avaient rebroussé chemin, tandis que lui, seul, sans aide ni confirmation extérieures, surmonte l'horreur de sa découverte au prix d'une lutte intérieure sur laquelle il a fait le silence, et décide de continuer. L'enfant qu'il découvre alors au fond de lui, avec ses sentiments hostiles à l'égard de son père, sa tendresse incestueuse pour sa mère, ses désirs de mort, sa sauvagerie — rien n'autorise à croire qu'il en accepte sans peine la vérité scandaleuse. Au contraire, ses habitudes de pensée, son caractère, sa morale puritaine, tout devait le porter à repousser sa propre trouvaille et à ne pas croire à l'évidence. De fait, sa répugnance à divulguer le secret du monde obscur où il vient de pénétrer est telle que, dans les lettres au seul ami à qui il confie les résultats de son analyse, il relate les souvenirs touchant sa mère en latin... Ailleurs, il explique sa réticence par deux vers du Faust de Goethe qu'il citera toujours avec prédilection : *Le meilleur de ce que tu peux savoir / Tu n'iras pas le dire à ces garnements.*

⁂ Ainsi, dans *La Science des rêves*, ouvrage où nous puisons les principaux renseignements sur son enfance, Freud a volontairement effacé la personne de ses parents. En revanche, on voit se dessiner çà et là les figures importantes de son lointain passé qui, ressurgies dans ses rêves, apportaient à son interprétation un irremplaçable matériel. Son neveu John, le premier compagnon de ses jeux belliqueux et érotiques, en qui il reconnut le modèle sur quoi se calquèrent toutes ses amitiés ; sa nièce Pauline, dont il était aussi amoureux ; Nannie, la vieille nounou extrêmement laide, et de surcroît voleuse, qui le terrifiait en lui peignant les tourments de l'enfer et que son propre frère fit arrêter ; l'oncle Josef, qui avait eu des démêlés avec la justice, ce qui fit blanchir prématurément le père de Sigmund — tous ces personnages font revivre pour nous les amours, les chagrins, les jeux et les drames de son enfance.

⁂ Une enfance banale, somme toute, dont les principaux événements pouvaient passer inaperçus aux yeux des adultes : c'étaient la jalousie causée par la naissance d'un frère ou d'une sœur, un méfait puni par son père, une scène de violence à l'égard d'une petite fille où son neveu avait été son complice, sa rivalité avec son demi-frère Philip. Une enfance heureuse aussi, baignée dans une chaude intimité familiale, en contact avec la nature et aussi libre qu'on pouvait la concevoir à cette époque. Du moins pendant les trois premières années, mais Freud a enseigné que ce sont celles-là les plus décisives et que, quoi qu'il arrive par la suite, elles laissent une marque indélébile sur toute la vie.

* Le départ de la famille Freud pour Leipzig, puis son installation définitive à Vienne apportèrent un changement pénible dans la vie du petit Sigismund, qui n'échangea pas sans regret la liberté et la gaieté de la vie à la campagne contre l'âpreté de la capitale. Freud se souvenait de ce voyage à Leipzig comme d'un événement terrifiant. A la gare de Breslau, il vit pour la première fois les flammes du gaz, qui le firent penser aux âmes brûlant en enfer. L'angoisse du départ qui l'arrachait à sa ville natale, la peur de l'inconnu, la crainte aussi de ne plus retrouver sa mère dans des lieux nouveaux et hostiles, tout

cela détermina une grave phobie des voyages en train dont seule l'analyse parvint à le débarrasser. Sans parler d'un autre sentiment dont il ne put jamais se guérir, un mélange d'amour et de profonde aversion pour la ville où il allait passer le reste de sa vie, pour Vienne.

⁂ La Vienne de Freud ne ressemblait guère à l'image populaire qu'on s'en faisait en France et ailleurs, à l'époque des valses et du beau Danube bleu. C'était une ville dure, cloisonnée en castes étanches, fières de leur mode de vie, intraitables quant à leurs préjugés. La bourgeoisie n'acceptait du dehors ni hommes ni idées, et, assurément, si Vienne est devenue cet étonnant creuset où tant de révolutions se sont préparées, les élites officielles n'y ont contribué que de façon négative, en fortifiant le non-conformisme esthétique et intellectuel exaspéré par leur mesquinerie. Pour ce qui est de Freud, Vienne profite indûment de sa gloire, car pendant les trente-huit ans qu'il y a passés, elle ne lui a donné que tracasseries et rebuffades, puis, quand il ne fut plus possible de le tourner en dérision, une indifférence pleine de mépris. Freud, on le sait, n'a jamais reçu la moindre consécration officielle, il n'a jamais eu de chaire à l'université, et l'ostracisme décrété contre lui par les milieux scientifiques viennois n'a sûrement pas été étranger au fait remarquable que, malgré les efforts répétés de hautes personnalités internationales, il n'a jamais eu non plus le prix Nobel. Le bourgmestre Lueger, un antisémite déclaré qui présida pendant de longues années au destin de la ville et en qui Freud voyait positivement un ennemi personnel, pouvait bien symboliser cette Vienne réactionnaire et rétrograde qui, même à l'époque où Freud était fêté dans le monde entier, se mura dans son ressentiment.

⁎ On conçoit que dans des conditions matériellement et moralement aussi pénibles, Freud ait souvent songé à émigrer. De fait, il rêva plus d'une fois de quitter Vienne et d'aller s'installer en Angleterre, où son frère Emanuel s'était fixé avec sa famille. Un voyage qu'il y avait fait dans sa jeunesse lui avait laissé le souvenir d'un pays libre, propice au travail de la pensée et à une vie digne, en somme, le contraire du sien. Mais malgré son antipathie légitime, Vienne le tenait et il tenait à elle : chaque fois que les événements lui ont donné des raisons pressantes de partir, il a refusé d'abandonner, il disait même, de « déserter » la ville. Ainsi il a partagé le sort de Vienne dans les pires moments de son histoire, pendant la première guerre et après, quand l'Autriche mourait de faim et que lui-même, privé de clientèle et de ressources, voyait le spectre de la famine. Même en 1938, quand l'invasion de l'Autriche par les nazis fut devenue inéluctable, il opposa le même refus à ceux qui voulaient le faire partir. Il fallut les efforts désespérés de ses élèves anglais et français, en particulier de Ernest Jones et de Marie Bonaparte, pour qu'il consente enfin à l'exil. Il trouva donc un dernier asile en Angleterre, tout autrement qu'il ne l'avait rêvé. Et ce fut Londres qui, en lui faisant un accueil vibrant de chaleur et d'émotion, racheta l'ingratitude de Vienne.

## 2. ÉTUDES ET VOCATION

⁕ Que nous soyions mieux renseignés sur les trois premières années de la vie de Freud que sur la période ultérieure de son enfance est assez naturel, puisque, attachant à ce temps reculé une importance décisive, il dut s'efforcer de le reconstituer patiemment au cours de sa propre analyse. Il y a peut-être aussi une autre raison. Freud, qui écrivit un jour au bourgmestre de sa ville natale qu'il sentait toujours *vivre en lui, profondément enfoui, l'heureux enfant de Freiberg, le fils aîné d'une jeune mère qui avait reçu de cet air et de ce sol ses premières impressions impérissables*[1], avait gardé en revanche un si mauvais souvenir de ses premières années à Vienne qu'il s'abstint toujours d'en parler. L'étroitesse de la vie citadine, la gêne que devait causer à une nombreuse famille un logement exigu, les difficultés matérielles aussi, tout cela lui laissa un sentiment pénible qui, dès le début sans doute, aggrava son penchant à la neurasthénie. De cette époque sombre, il ne rapporte que deux ou trois souvenirs d'incidents marquants, à quoi il attribue certains traits profonds de son caractère. Le premier concerne sa passion effrénée des livres :

*Mon père s'amusa un jour à abandonner à l'aînée de mes sœurs et à moi un livre avec des images en couleur (description d'un voyage en Perse). J'avais alors cinq ans, ma sœur n'avait pas trois ans, et le souvenir de la joie infinie avec laquelle nous arrachions les feuilles de ce livre est à peu près le seul fait de cette époque que je me rappelle avec une valeur plastique. Plus tard, quand je fus étudiant, j'eus une passion pour les livres... Depuis que je médite sur ma vie, j'ai toujours rapporté cette première passion à cette impression d'enfance,*

1. *Lettre au bourgmestre de la ville de Pribor (Freiberg), G.W.*, tome XIV, 561.

*ou plutôt j'ai reconnu que cette scène d'enfance était un souvenir de couverture pour ma bibliophilie de plus tard*[2]*...*

⁂ Un autre souvenir plus tardif est également relaté dans *La Science des rêves* :

*Je me rappelle un petit fait domestique qui s'est passé quand j'avais sept ou huit ans. Un soir, avant de me coucher, j'eus l'inconvenance de satisfaire un besoin dans la chambre de mes parents et en leur présence. Mon père me réprimanda et me dit notamment : « On ne fera rien de ce garçon. » Cela dut m'humilier terriblement, car mes rêves contiennent de fréquentes allusions à cette scène ; elles sont régulièrement accompagnées d'une énumération de mes travaux et de mes succès, comme si je voulais dire : « Tu vois bien que je suis tout de même devenu quelqu'un*[3]*...* »

⁂ ⁂ ⁂ Passion des livres, désir de devenir quelqu'un et de prouver sa valeur — voilà assurément deux traits marqués, propres à expliquer le sérieux précoce, l'enfance studieuse du futur savant. Enseigné d'abord par son père, autodidacte probablement très intelligent, Freud dut reconnaître très tôt à l'étude la valeur quasi sacrée que lui accorde la tradition juive. Sans doute son père s'était bien éloigné de l'orthodoxie, mais l'étude restait pour lui ce qu'elle était pour les vieux maîtres du Talmud. On le voit bien à la dédicace qu'il écrivit en hébreu sur sa propre Bible, dont il fit cadeau à Sigmund pour son trente-cinquième anniversaire :

*Mon cher fils, c'est au cours de la septième année de ta vie que l'Esprit du Seigneur t'incita à étudier. Je dirai que l'Esprit du Seigneur te parla ainsi : « Lis mon livre, là te deviendront accessibles les sources de la connaissance intellectuelle ». C'est le Livre des Livres, la source où ont puisé les Sages et d'où les législateurs ont tiré les fondements de leur connaissance. Tu as pu avoir, grâce à ce Livre, une vision du Tout-Puissant, tu as agi, tu as essayé de voler haut sur les ailes de l'Esprit sacré. Depuis j'ai conservé la même Bible. Voici*

2. *La Science des rêves, op. cit.*, 131.
3. *Ibid.*, 164.

*ton trente-cinquième anniversaire, je l'ai sortie de sa retraite et te l'envoie en témoignage de l'affection que te voue ton vieux père*[4].

⁂ Que la lecture précoce de la Bible ait exercé une profonde influence sur son développement intellectuel et moral, Freud l'a toujours franchement reconnu. Il n'est que de lire ce qu'il a écrit sur Joseph, et surtout sur Moïse, dans les deux ouvrages qu'il a consacrés à cette grande figure, pour sentir que l'intérêt scientifique, ici, reposait sur une affinité de nature. D'un certain point de vue, on peut dire qu'il a refait en sens inverse le chemin solitaire de Moïse et que son œuvre, si scandaleusement irréligieuse, est à sa manière le dernier commentaire de la Loi.

⁎ Il faut croire que l'éducation de Jakob Freud avait du bon, car Sigmund entra au lycée à neuf ans, avec une année d'avance sur ses camarades, et, pendant les huit ans qu'il y resta, il se maintint sans interruption à la tête de sa classe. Cette ardeur au travail était naturellement l'effet d'une insatiable curiosité intellectuelle, mais Freud, beaucoup plus tard, y vit aussi des raisons plus complexes, qui lui permirent d'esquisser une *Psychologie du lycéen*. Cette « Psychologie », qu'il écrivit à l'occasion du cinquantenaire de son ancien lycée, mérite d'être citée pour ce qu'elle contient d'autobiographique, et aussi, parce qu'elle offre un bel exemple du don qu'avait Freud d'expliquer les phénomènes les plus abstraits avec l'art vivant du conteur :

*On éprouve un étrange sentiment lorsque, déjà vieux, on vous demande un « devoir d'allemand » pour le lycée. Mais, automatiquement, on obéit, tel cet ancien soldat qui, au commandement « Garde à vous ! », met les doigts sur la couture de son pantalon et laisse ainsi tomber tous ses paquets. Bizarre, on a accepté sans hésiter, comme si rien n'avait changé au cours du dernier demi-siècle. Pourtant on a vieilli entre-temps, on n'est pas loin de la soixantaine, le sentiment qu'on a de son propre corps et ce qu'on voit dans son miroir prouvent sans ambiguïté quelle part de la vie a déjà été consumée... Il y a encore dix ans, il pouvait y avoir des moments où, brusquement, on se sentait de nouveau tout jeune. Il arrivait alors qu'on marche dans les rues de sa ville natale, la barbe déjà grisonnante, chargé de tous les fardeaux*

4. *J. Bg.*, tome I, 21.

*d'une existence bourgeoise, et que l'on rencontre à l'improviste tel ou tel vieux monsieur bien conservé — un monsieur que l'on saluait presque humblement parce qu'on reconnaissait en lui un de ses anciens professeurs de lycée. Puis on s'arrêtait et on le suivait des yeux d'un air songeur : Est-ce vraiment lui ou quelqu'un qui lui ressemble ? Comme il paraît jeune et comme il a vieilli ! Quel âge peut-il bien avoir ? Est-il possible que ces hommes qui, autrefois, représentaient pour nous le monde des adultes, n'eussent été que de si peu nos aînés ?*

*Alors le présent se trouvait comme obscurci, et le temps de nos années d'école montait des recoins de notre mémoire avec ses intuitions et ses errements, ses changements douloureux et ses succès enivrants ; les premiers regards jetés sur la culture du passé qui, à moi du moins, devaient donner par la suite d'incomparables consolations dans les luttes de la vie ; les premiers contacts avec les sciences, parmi lesquelles on croyait avoir le choix, pour prendre celle à qui l'on offrirait ses services, des services inestimables, à coup sûr. Et je croyais me rappeler que toute cette époque avait été traversée par l'intuition d'une tâche qui ne se fît d'abord connaître que sourdement, jusqu'au jour où je pus lui donner une voix, en écrivant dans mon devoir de baccalauréat que je voulais, au cours de ma vie, contribuer à enrichir notre savoir humain.*

*Comme psychanalyste, je m'intéresse forcément plus aux faits affectifs qu'aux faits purement intellectuels, plus à l'inconscient qu'à la vie de l'âme consciente. Mon émotion lors de ma rencontre avec mon ancien professeur me conduit donc à faire un aveu ; je ne sais pas bien ce qui nous absorbait le plus et prenait pour nous le plus d'importance, des matières scientifiques qui nous occupaient ou de la personnalité de nos maîtres. En tout cas, pour nous tous, ces derniers étaient l'objet d'un courant souterrain de sentiments qui ne tarissait jamais, et pour beaucoup d'entre nous, le chemin vers les sciences ne pouvait que passer par eux...*

*Nous recherchions leurs faveurs ou nous nous détournions d'eux ; nous leur prêtions des sympathies et des antipathies qui, probablement, n'existaient pas du tout ; nous étudiions leur caractère et le prenions pour modèle pour former, ou déformer le nôtre. Ils provoquaient nos plus violentes révoltes et nous contraignaient à une soumission totale, nous épiions leurs faiblesses et étions fiers de leurs grandes qualités, de leur savoir et de leur esprit de justice. Au fond, nous les aimions beaucoup dès qu'ils nous en donnaient le moindre motif, je ne sais pas si tous nos maîtres en avaient conscience. Mais, c'est indéniable, nous prenions une attitude très particulière à leur égard, à quoi les intéressés trouvaient sans doute quelque désagrément. En face d'eux, nous inclinions d'emblée à l'amour comme à la haine, à la critique comme à l'admiration. La psychanalyse appelle ambivalence une pareille disposition aux aptitudes contraires ; elle n'est d'ailleurs pas embarrassée pour en retrouver la source*[5]...

*** Freud expose ensuite l'explication psychanalytique de cette ambivalence qui caractérisa toujours si fortement ses propres relations avec ses maîtres, ses amis et plus tard, ses élèves. Puis il conclut, avec une légère nuance de tristesse :

*Nous comprenons maintenant nos rapports avec nos professeurs. Ces hommes, qui n'étaient même pas pères eux-mêmes, devinrent pour nous des substituts paternels. C'est pourquoi ils nous paraissaient si mûrs, si inaccessiblement adultes, même quand ils étaient encore très jeunes. Nous transférions sur eux le respect et les espoirs que nous inspirait le père omniscient de notre enfance, et nous nous mîmes à les traiter comme nous traitions nos pères à la maison. Nous leur opposions l'ambivalence que nous avions acquise dans notre famille, grâce à quoi nous luttions contre eux comme nous étions habitués à le faire contre nos pères charnels. Sans ce rapport profond avec notre enfance et notre vie de famille, notre conduite à l'égard de nos maîtres serait incompréhensible, mais on ne pourrait pas non plus lui trouver d'excuse*[5].

** Selon Freud, le baccalauréat, ou ce qui en tenait lieu à Vienne, a joué un rôle important dans sa vie puisqu'il lui a permis de découvrir l'orientation générale de sa tâche. Il est vrai que le thème du devoir d'allemand s'y prêtait : *Sur les motifs à considérer dans le choix d'une profession*. Le candidat — il a alors dix-sept ans — semble l'avoir pris tout à fait au sérieux. L'une des rares lettres qui ont été conservées de cette époque de sa jeunesse, adressée à Emile Fluss, son ami d'enfance, montre avec quelle maturité d'esprit il avait abordé l'examen et commencé de réfléchir sur sa vie.

5. *Zur Psychologie des Gymnasiasten* (« Psychologie du lycéen »), *G. W.*, tome X, 204.

*Enfin, j'ai eu la mention « excellent » pour mon devoir d'allemand. C'était un sujet hautement moral : « Sur les motifs à considérer dans le choix d'une profession », et j'ai écrit là-dessus à peu près la même chose que je vous écrivais il y a deux semaines, sans que vous m'ayez pour cela décerné une mention. En même temps mon professeur m'a dit — c'est la première personne qui se permet de me dire une chose pareille — que j'avais ce que Herder appelle si joliment un style « idiot », c'est-à-dire un style à la fois correct et original. Ce fait incroyable m'a étonné comme il le mérite, et je m'empresse de faire connaître aussi loin que possible cet heureux événement, le premier de son espèce. A vous, par exemple, qui n'avez sans doute pas remarqué jusqu'ici que vous échangiez des lettres avec un styliste allemand. Maintenant, donc, un conseil d'ami, non d'intéressé : conservez, faites des liasses, gardez soigneusement... On ne sait jamais*[6]...

✳ Cette lettre respire la joie, la fierté d'avoir réussi de façon particulièrement brillante dans une matière qui, en principe, était assez indifférente à ses projets de carrière scientifique, mais à laquelle il attachait une extrême importance, toute son œuvre ultérieure en est la preuve. Freud aimait passionnément écrire, ses textes dénotent un amour des mots, un besoin de décrire et de faire vivre des personnages qui, il l'a une fois constaté lui-même, l'apparentent plus au romancier qu'au médecin. Avait-il des ambitions littéraires dont il ne s'est jamais ouvert à personne et qu'il n'osait peut-être même pas s'avouer ? Bien des choses autorisent à le croire, ne serait-ce que son goût marqué pour les symboles, les jeux secrets du langage, les signes et les constructions imaginaires. S'il en était ainsi, la science psychanalytique aurait encore ceci de paradoxal qu'elle devrait son existence à une vocation mystérieusement détournée...

✳ ✳ ✳ Le choix d'une profession n'était pas seulement pour Freud un sujet de dissertation, mais déjà, vu la situation matérielle et morale de sa famille, une sérieuse cause de soucis. Toujours dans la même lettre, il s'en ouvre à son ami d'enfance, et passe des considérations sur l'examen à des remarques générales où l'on trouve comme une anticipation de sa psychologie.

6. *Lettre à Emil Fluss*, 16-6-1873, *Br.*, 5.

*Vous prenez trop à la légère mes « préoccupations pour l'avenir ». Vous dites pour me consoler : qui ne redoute que la médiocrité est déjà à l'abri. Je vous demanderai : à l'abri de quoi ? à l'abri, quand tout vous assure le contraire ? Que vous craigniez quelque chose ou non, la belle affaire ! le principal n'est-il pas de savoir si cela est aussi vrai que nous le craignons ? Assurément, de grands esprits peuvent être saisis de doute sur eux-mêmes ; tout homme qui met ses mérites en doute est-il un grand esprit pour autant ? Ce peut être un esprit faible, et avec cela un honnête homme, honnête seulement par éducation, par habitude, voire pour se torturer lui-même. Je ne veux pas vous engager, s'il vous arrive de vous trouver dans quelque situation problématique, à analyser impitoyablement vos sentiments, mais faites-le, et vous verrez combien il y a peu de choses sûres en vous. Le grandiose du monde, n'est-ce pas, repose sur cette multiplicité des possibles, malheureusement ce n'est pas un terrain solide pour notre connaissance de nous-mêmes*[7]...

* Les soucis de Freud, qui donnent à sa lettre d'adolescent une gravité précoce, tenaient évidemment surtout à la situation précaire de sa famille. Il avait décidé d'être médecin, mais, à ses yeux, c'était exiger de son père de très lourds, et peut-être d'injustes sacrifices. Celui-ci les accepta pourtant de bon gré, il promit même à Sigmund un voyage en Angleterre, pour le récompenser de sa réussite. Il est vrai que des difficultés matérielles surgirent et que le voyage n'eut lieu que deux ans plus tard. Freud avait donc dix-neuf ans, quand il alla pour la première fois à Manchester, chez son demi-frère Emanuel qui s'y était définitivement fixé. L'Angleterre, nous l'avons dit, était et resta longtemps le pays de ses rêves. Il en revint avec une admiration accrue pour Cromwell, l'un des héros de son enfance, et une secrète envie pour les enfants de son demi-frère, qu'il voyait heureux et libres, préservés des vexations continuelles que devaient subir les Juifs de Vienne. Cette envie avait d'ailleurs une racine plus secrète : il regrettait de n'être pas le fils de ce frère qui avait vingt ans de plus que lui et qui, croyait-il, lui eût fait la vie plus facile.

** On aimerait naturellement savoir si cette adolescence précocement studieuse et grave n'a pas été exaltée malgré tout par quelque aventure amoureuse. Mais nous avons là-dessus bien peu de

7. *Ibid.*, 7.

renseignements, Freud ayant obstinément veillé à ce que sa vie sentimentale, surtout celle qui précéda son mariage, ne pût pas être tirée de l'ombre. Le seul incident qui nous soit connu a été retrouvé grâce à la sagacité d'un de ces disciples, malgré les précautions multiples qu'il avait prises pour lui laisser un caractère anonyme. Freud le décrit dans un texte intitulé *Des souvenirs-écrans* où, comme le Dr Bernfeld[8] l'a fort bien montré, il attribue sa propre aventure à un personnage fictif de malade. L'histoire de ce petit article, en lui-même très intéressant, montre combien Freud était soucieux de se protéger, et laisse soupçonner ce qu'il a dû surmonter plus tard pour analyser et publier ses propres rêves.

*** L'article fut publié en 1899 dans une revue psychiatrique. Normalement, il aurait dû figurer ultérieurement dans le *Recueil de petits essais sur la théorie des névroses* ou encore dans la *Psychopathologie de la vie quotidienne*. Dix ans après, Freud introduisit dans *La Science des rêves* une remarque relative à sa cicatrice faciale, qui fournissait une indication sur la véritable personnalité de son pseudo-malade. Mais, en 1925, au moment de la publication de ses premières œuvres complètes, il retira la remarque qui eût pu le trahir, au risque de rendre le contexte inintelligible. Cette attitude est d'autant plus surprenante que l'incident en question n'est guère de nature à la justifier.

* Freud, à l'âge de seize ans, était tombé amoureux de la sœur de son ami Fluss, Gisela, lors d'un séjour qu'il avait fait dans sa ville natale. Il n'avait pas osé se déclarer et la jeune fille était partie au bout de quelques jours. Le jeune homme en fut bouleversé, il se mit à errer dans les bois en imaginant ce qu'aurait été sa vie si ses parents étaient restés à Freiberg, au lieu de l'avoir exposé à la dure existence de Vienne. Plus tard, cet épisode s'associa dans son esprit à un projet de sa famille dont il eut connaissance : son père et son demi-frère avaient songé à le détourner d'une carrière scientifique pour l'engager dans une profession commerciale. Il aurait vécu à Manchester, aurait épousé Pauline, son ancienne camarade de jeux et fille de son demi-frère, et là encore, il aurait mené une vie simple et libre, bien différente de celle qui l'attendait chez lui. Le rêve rapporté dans

8. Siegfried BERNFELD : « An unknown biographical Fragment by Freud », *American Imago*, 4, n° 1, 1946, cité dans *J Bg.*, tome I, 27.

l'article contenait donc un violent reproche à l'endroit de son père. De plus, il confondait les deux figures de jeune fille dans un même désir érotique, dont Freud découvrit naturellement qu'il avait trait en réalité à sa propre mère. L'épisode apparemment anodin révélait donc les deux aspects de son complexe d'Œdipe, c'est pourquoi, sans doute, il tint tant à le garder secret.

*** On voit que Freud, si ferme qu'il fût dans le choix d'une carrière scientifique, songeait parfois avec regret à une vie simple et facile. Mais il ne s'est pas installé à la campagne, il n'est pas devenu commerçant, il n'a non plus épousé sa nièce Pauline, car la jeune fille, qu'il avait vue à Manchester, ne l'avait pas du tout séduit. Ainsi un amour déçu et un mariage raté le rendirent disponible pour le travail imprévisible d'où ses découvertes allaient sortir. Et Ernest Jones a peut-être raison de conclure que *si les charmes de Pauline avaient égalé ceux de la jeune campagnarde, bien des choses auraient pu être différentes de ce qu'elles sont, en notre monde*[9].

* La vocation de Freud, qui s'accomplit après tant de détours, en se créant pour finir un objet inédit, garde quelque chose de troublant pour la plupart des biographes. Pourquoi, se demande-t-on, pourquoi cet homme qui, dans son enfance et son adolescence, admirait surtout des figures historiques incarnant la puissance et l'action, décida-t-il brusquement de faire sa médecine et de se consacrer à la recherche biologique ? C'est prendre ces désirs enfantins un peu trop à la lettre, et oublier que dans ces sortes de rêves le désir, l'élan juvénile vers un modèle comptent probablement bien plus que le contenu de l'action. Du fait que Freud vénérait indistinctement Hannibal, Napoléon, Masséna, Cromwell, sans oublier naturellement Goethe et Shakespeare, on peut conclure tout au plus qu'il avait un besoin impérieux d'accomplir des choses grandes et neuves ; qu'il aspirait, comme ses maîtres, à découvrir, à faire connaître et à dominer des aspects nouveaux de la réalité. La recherche scientifique, encore que moins spectaculaire que la conquête militaire ou la domination politique, pouvait fort bien se prêter à un pareil dessein. En revanche, un point dans la vocation de Freud reste effectivement obscur : c'est le choix de la médecine, profession pour laquelle il n'avait aucun goût, et même, de son propre aveu, aucune aptitude

9. *Ibid.*, 29.

particulière. Freud constate souvent cette contradiction, sans trop s'efforcer de l'éclaircir. Ainsi, tout au début de son autobiographie :

*Bien que nos moyens d'existence fussent fort médiocres, mon père insista pour que je suivisse mon inclination dans le choix d'une profession. Ni à cette époque ni plus tard, je ne ressentis une prédilection particulière pour la situation et les préoccupations du médecin, je ne l'ai d'ailleurs pas ressentie depuis. J'étais plutôt mû par une sorte de soif de savoir, mais qui se portait plus sur ce qui touche les relations humaines que sur les objets propres aux sciences naturelles, soif de savoir qui n'avait d'ailleurs pas encore reconnu l'observation comme principal moyen de se satisfaire*[10]...

✻✻ Dans un autre texte, consacré précisément aux relations de la psychanalyse avec la médecine, Freud présente une version un peu différente de son choix :

*Après quarante et un ans de pratique médicale, ma connaissance de moi-même me dit que je n'ai jamais été médecin au sens propre du mot. Si je suis devenu docteur en médecine, c'est parce que je me suis vu contraint d'abandonner mes projets originels ; mon grand triomphe est d'avoir réussi, après de longs détours, à trouver une voie qui me ramène à ma première vocation*[11]...

✻ Il faut convenir que ces textes ne s'accordent pas entièrement. Quels sont ces projets originels que Freud dit avoir sacrifiés ? Ont-ils trait aux relations humaines vers quoi il se sentait attiré ou, au contraire, aux sciences naturelles qui furent le premier domaine de sa recherche ? Freud ne s'est pas expliqué clairement là-dessus, du moins en public. Mais il a livré le fond de sa pensée dans un texte personnel, une lettre qu'il écrivit à son ami Wilhelm Fliess, à une époque où il se sentait enfin proche de son véritable but :

*S'il nous est encore accordé à tous deux quelques années de travail tranquille, nous laisserons sûrement quelque chose qui pourra justifier notre existence. Cette certitude me fortifie contre tous les*

10. *Ma vie...*, 11.
11. *Nachwort zur Frage der « Laienanalyse »* (Post-face à « Psychanalyse et Médecine »), *G. W.*, tome XIV, 290.

*soucis et les peines de chaque jour. Quand j'étais jeune, je n'ai jamais connu d'autre désir profond que celui de la connaissance philosophique, et je suis maintenant sur le point de le réaliser, en passant de la médecine à la psychologie. Je suis devenu thérapeute contre mon gré*[12]*...*

⁂ La philosophie, ce serait donc là le secret qui fit faire à Freud un chemin si compliqué. Mais pourquoi ne l'a-t-il pas ouvertement reconnu ? Pourquoi n'est-il pas devenu philosophe, ce qui eût été le moyen le plus simple de satisfaire en quelque sorte légalement son immense soif de savoir ? Cette singulière attitude a intrigué l'un de ses biographes, Fritz Wittels[13], qui l'explique finalement par deux raisons : d'une part le fait que Freud avait été élevé dans la méfiance de la philosophie, laquelle offrait effectivement alors un spectacle assez désolant ; d'autre part la crainte que lui inspiraient ses propres tendances à la spéculation, tendances qu'il semblait juger dangereuses si elles n'étaient pas sévèrement réfrénées. Attiré par les gouffres de la pensée sur lesquels les idées courantes de son époque et sa propre morale intellectuelle jetaient une sorte d'interdit, Freud se serait donc déterminé à un compromis : contre les tentations de l'imagination spéculative, il a choisi l'aride travail de laboratoire, l'observation patiente du naturaliste, qui laisse à d'autres la construction de systèmes et de théories. De sorte que la psychanalyse serait née de cette sévère répression à quoi il a soumis précocement sa nature de visionnaire.

✻ Si la thèse de Wittels est juste — et bien des choses dans l'évolution de l'œuvre de Freud semblent la confirmer — on comprend que le jeune homme, encore indécis sur le parti qui devait engager sa vie, ait été entraîné dans sa carrière non pas par un homme de science, mais par un poète qui ne fut rien de moins que Goethe lui-même. Freud, en effet, a raconté maintes fois qu'il était allé s'inscrire à la Faculté de Médecine après avoir entendu lire dans une conférence un essai de Goethe intitulé *La Nature*, essai qu'il ne connaissait pas et dont la paternité est du reste mal assurée. Sans doute ce texte

12. *La Naissance de la psychanalyse. Lettres à Wilhelm Fliess, Notes et plans 1887-1902*, trad. Anne Berman, Paris, P.U.F., 1956, 143.
13. Fritz WITTELS : *Der Antiphilosoph Freud, Almanach der Psychoanalyse*, 1931, 16-50.

dithyrambique, où la nature est évoquée comme une mère inépuisable et pleine d'amour en qui se résolvent tous les contraires, ne semble pas spécialement propre à déterminer une vocation scientifique, mais il suffit d'en lire quelques lignes pour comprendre ce qui l'a lié si intimement au destin de Freud, et par suite, à celui de la psychanalyse :

LA NATURE

*On obéit à ses lois même quand on leur résiste, on agit avec elle même quand on croit la braver.*

*Elle n'a ni langage ni discours, mais elle crée des langues et des cœurs afin de sentir et de parler.*

*Sa couronne est l'amour. Ce n'est que par lui qu'on l'approche. Elle creuse des fossés entre les êtres et tout aspire à s'enlacer. Elle a tout isolé pour tout réunir. Avec quelques traits à la coupe de l'amour, elle dédommage de toute une vie de peine.*

*Elle est tout. Elle se récompense et se punit elle-même, se réjouit et se torture elle-même. Elle est rude et douce, aimable et terrible, faible et toute puissante. En elle tout est toujours là. Elle ne connaît ni passé ni avenir. Le présent est son éternité. Elle est bonne. Je la loue avec toutes ses œuvres. Elle est sage et tranquille. On ne lui arrache aucune explication, aucun cadeau qu'elle ne donne de plein gré. Elle est rusée, mais à bonne fin, et le mieux est de ne pas voir sa ruse.*

*Elle est entière et pourtant toujours inachevée. Ce qu'elle fait elle peut le faire toujours.*

*A chacun elle apparaît sous une forme propre. Elle se cache sous mille noms et mille termes et demeure toujours la même.*

*Elle m'a mis ici. Elle me fera aussi sortir. Je me confie à elle. Elle peut me mener à sa guise. Elle ne haïra pas son œuvre. Ce n'est pas moi qui ai parlé d'elle. Non, le vrai et le faux, c'est elle qui l'a dit. Tout est sa faute, tout son mérite*[14].

14. *Ueber die Natur*, dans WITTELS : « Freud und Goethe », *Psychoanalytische Bewegung*, II Jahrgang 1930, 430-466.

# 3. LES DÉBUTS DE LA CARRIÈRE MÉDICALE

* A cause des contradictions qui le poussaient vers la médecine et, en même temps, le détournaient de la pratique médicale qui en est le but normal, Freud faillit bien devenir un éternel étudiant, un fruit sec, comme le disaient ses camarades par plaisanterie. Alors qu'il se savait pauvre et contraint de gagner sa vie, il se montra bien peu pressé d'obtenir son titre, et fit traîner ses études pendant huit ans. La seule chose dont il semble avoir été sûr, c'est qu'il ne voulait à aucun prix exercer, mais alors pourquoi la médecine ?

** Sans doute aurait-il pu expliquer ses détours par une brève histoire juive qu'il citait volontiers à l'appui de ses intuitions : « *Où vas-tu, Itzig ? — Moi, je ne sais pas, demande à mon cheval...* » Peut-être ignorait-il pourquoi il fut conduit, dès sa première année de médecine, à disperser son effort dans des études de zoologie, de chimie, de botanique, de minéralogie, d'autres encore — son cheval, lui, le savait.

*** Parmi les cours fréquentés par Freud avec le moins de raisons pratiques, il faut remarquer celui du philosophe Franz Brentano, dont les brillantes conférences faisaient alors courir tout Vienne. Pendant près de trois ans, il assiste une fois par semaine à ces séances de lecture, par goût, il faut croire, puisque l'obligation pour les étudiants en médecine viennois de suivre un cours de philosophie venait justement d'être supprimée. En 1876, il suit même trois cours de Brentano sur Aristote, et cela à une époque où ses autres cours lui prennent déjà tout son temps. C'est sur la recommandation de Brentano que, peu après, il obtient la traduction d'un ouvrage du philosophe Stuart Mill — autre occupation tout à fait étrangère à ses études.

✻ Les cours de Brentano représentent le seul contact direct de Freud avec la philosophie de son temps. Que lui ont-ils apporté ? Qu'en a-t-il tiré qui ait marqué durablement sa pensée ? Brentano jouissait à cette époque d'une notoriété considérable, il apportait des idées nouvelles en psychologie, qui l'opposaient radicalement à Theodor Fechner, le fondateur de la psychophysique, pour qui les sensations étaient le résultat d'excitations mesurables et pouvaient donc se calculer d'après une formule. Brentano, lui, fondait sa psychologie sur une division de la vie psychique en trois secteurs distincts — représentations, mouvements affectifs, jugements — dont seul le dernier était responsable de la connaissance éthique et, partant, de la conduite morale de l'individu. Notons au passage que cette psychologie dite « descriptive » laissa une empreinte profonde dans l'esprit du jeune Franz Kafka, qui, en son temps, suivit assidûment les cours des disciples de Brentano à Prague. Jusqu'à quel point a-t-elle influencé Freud dans sa conception ultérieure de l'appareil psychique, c'est ce qu'il serait aventureux de préciser, Freud n'ayant jamais cité Brentano parmi les maîtres envers lesquels il se sentait redevable. Il se peut qu'elle l'ait aidé non point à surmonter, mais à atténuer le matérialisme fanatique qui était le sien au début de sa vie universitaire. Nous savons que ce changement a eu lieu par ce que Freud en dit dans un passage de *La Science des rêves*, sans toutefois chercher à en donner le motif. Il insiste seulement sur la violence inhabituelle avec laquelle il défendit un jour ses opinions matérialistes au cours d'une dispute d'étudiants où, détail piquant, son adversaire se trouvait être Victor Adler, le futur leader de la social-démocratie viennoise. L'affaire était d'autant plus mémorable pour Freud que, pour la première et la dernière fois de sa vie, elle avait manqué finir par un duel :

*On discutait, dans un groupe d'étudiants allemands, les relations des sciences naturelles et de la philosophie. J'étais alors un blanc-bec tout plein des doctrines matérialistes et je défendis ce point de vue de manière fort exclusive. Un de mes camarades, plus âgé et plus réfléchi, qui a montré depuis qu'il savait conduire les hommes et organiser les masses, combattit mon point de vue ; il dit que lui aussi, fils prodigue, avait gardé les cochons dans sa jeunesse et était revenu repentant dans la maison paternelle. Je m'emportai, je fus grossier et répondis que s'il avait gardé les cochons, je ne m'étonnais plus de ses façons de parler. Indignation générale ; on me demanda de retirer mes paroles, je refusai. L'offensé eut trop de bon sens pour traiter cela comme une provocation et laissa aller les choses*[1]...

** On voit que l'évolution intellectuelle de Freud ne se fit pas sans heurts ni revirements. D'abord illuminé par le dithyrambe panthéiste de Goethe sur la nature, et, on peut le supposer, par les spéculations monistes et mystiques de la *Naturphilosophie*, il connut une période de matérialisme un peu borné, comme beaucoup de jeunes gens de cette fin de siècle pour qui la science expérimentale et positiviste étaient un gage d'honnêteté. Une fois passée cette phase de matérialisme fanatique, il subit l'influence de ses maîtres du moment, parmi lesquels il y avait du reste de fortes personnalités — sans trouver encore, sans soupçonner même son propre chemin. Avec un immense appétit de savoir, de grandes ambitions, un besoin de se plier à une autorité et, en même temps, de préserver sa liberté, Freud ne sait trop où se diriger ; sa curiosité n'a pas de limites, tout l'attire, même des disciplines pour lesquelles il ne se sent pas doué, comme la botanique et la chimie, où ses essais furent franchement ratés. Plus tard, le souvenir de ses études aventureuses lui causait visiblement un certain malaise, sans doute y voyait-il une sorte de dilettantisme — bien que ses premiers travaux originaux en soient remarquablement exempts ; ou encore la marque de ce désordre viennois, de cette *Schlamperei* à quoi il se savait enclin. C'est pourquoi il se montra si reconnaissant envers le premier maître qui sut l'attacher à une tâche précise et orienter sa pensée.

* Freud tenait Ernst Brücke, auquel, selon sa propre expression, il resta « collé » pendant six années, pour la « plus haute autorité qu'il eût jamais rencontrée ». Le vieux professeur faisait un cours à la Faculté et dirigeait l'Institut de Physiologie, où Freud entra en 1876, au bout de trois ans d'études. C'était un savant de grande envergure, et sûrement un homme remarquable. Ernest Jones nous le dépeint avec sa timidité, son accent berlinois, sa grosse tête expressive, son ordre prussien, et les *terribles yeux bleus* qui hantaient encore les rêves de Freud, vingt ans plus tard :

*Travailleur consciencieux et infatigable, il exigeait ces mêmes qualités de ses collaborateurs et de ses étudiants. Voici à ce sujet une*

1. *La Science des rêves*, 161.

*anecdote typique : un étudiant ayant écrit dans l'une de ses compositions : « une observation superficielle révèle que... » se vit retourner son travail avec ces mots barrés, et, dans la marge, le commentaire suivant :* « Personne n'a le droit de faire une observation superficielle... » *Mais cet homme était totalement dépourvu d'esprit d'intrigue et d'arrivisme. A l'égard de tout étudiant capable, il se montrait paternel, lui prodiguant conseils et protection, bien au-delà de ce qu'aurait exigé la seule science. Il respectait les idées personnelles de ses élèves, les encourageait à se livrer à des travaux originaux et favorisait tous les gens de talent, même ceux dont les idées étaient fort différentes des siennes. On dit qu'aucun de ses amis, aucun de ses élèves ne lui fut jamais infidèle*[2]*...*

L'histoire du mouvement scientifique représenté par Brücke, Dubois-Reymond et Helmholtz, le plus célèbre d'entre eux, vaut la peine d'être rappelée. Entre 1840 et 1845, les trois hommes avaient formé un petit groupe qui, peu après devint la « Société berlinoise de physique ». Ils restèrent, dit-on, étroitement liés toute leur vie et tinrent l'engagement qu'ils avaient pris ensemble de faire triompher ce que Dubois-Reymond appelait un peu pathétiquement la vérité :

*Brücke et moi avions pris l'engagement solennel d'imposer cette vérité, à savoir que seules les forces chimiques et physiques, à l'exclusion de toute autre, agissent dans l'organisme. Dans les cas que ces forces ne peuvent expliquer, il faut s'attacher à découvrir le mode spécifique ou la forme de leur action en utilisant la méthode physico-mathématique, ou bien postuler l'existence d'autres forces équivalentes en dignité aux forces physico-chimiques inhérentes à la matière, réductibles à la force d'attraction et de répulsion*[3].

✻✻ L'engagement solennel de faire triompher la vérité, l'idéal d'une probité intellectuelle absolue, la sorte d'ascèse en honneur dans l'école de Helmholtz, tout cela dénote une passion de la science, un enthousiasme et une abnégation bien proche de la foi. Cette foi, qui remplaçait les anciennes croyances, il est certain que Freud lui doit la flamme de sa jeunesse et que, malgré l'hérésie dont il fut responsable par la suite, il l'a conservée toute sa vie. Ce fut sa force, car la science

2. *J Bg.*, tome I, 49.
3. *Ibid.*, 45.

resta toujours pour lui la plus haute autorité, la seule devant laquelle il se sentît responsable ; ce fut peut-être aussi une faiblesse, à tout le moins une cause du lent cheminement de ses découvertes.

*** Quoi qu'il en soit, c'est dans le laboratoire de Brücke que Freud se sentit pour la première fois en possession de ses moyens scientifiques, et — ceci est tout à l'honneur de son maître — put jouir d'un calme intérieur que ses premières années de Faculté ne lui avaient guère fait connaître. L'Université, en effet, l'avait déçu et blessé, pour des raisons qu'il précise fort bien dans son autobiographie :

*L'Université, où j'entrai en 1873, m'apporta d'abord quelques déceptions sensibles. J'y rencontrai cette étrange exigence : je devais m'y sentir inférieur et exclu de la nationalité des autres parce que j'étais juif. La première de ces prétentions qu'on voulut m'imposer, je ne m'y soumis résolument pas. Je n'ai jamais pu saisir pourquoi je devrais avoir honte de mon origine, ou, comme on commençait à dire : de ma race. Mais je renonçai sans grand regret à la communauté de nationalité avec les autres. Je pensais en effet qu'une petite place dans les cadres de l'humanité pourrait toujours se trouver pour un collaborateur zélé, même sans un tel enrôlement. Cependant, ces premières impressions d'Université eurent une conséquence importante pour plus tard ; ce fut de me familiariser de bonne heure avec le destin qui me plaçait dans l'opposition et me faisait subir l'interdit d'une « majorité compacte ». Ainsi se prépara en moi une certaine indépendance en face de l'opinion*[4]*...*

** Et Freud conclut par un hommage à son vieux maître, qui sut mettre fin et au premier désordre de son orientation scientifique, et à la discrimination dont il avait été l'objet :

*De plus, je dus faire l'expérience dès mes premières années universitaires que la particularité et l'étroitesse de mes dons naturels m'interdisaient tout succès dans plusieurs branches de la science vers lesquelles je m'étais précipité dans mon zèle juvénile excessif. J'appris ainsi à reconnaître la vérité de ce que dit Méphisto :*
En vain vous traînez dans tous les coins de la science.

4. *Ma Vie...*, 12.

Chacun n'apprend que ce qu'il peut apprendre.

*C'est dans le laboratoire de Ernst Brücke que je trouvai enfin le repos et une pleine satisfaction, ainsi que des personnes qu'il m'était possible de respecter et de prendre pour modèles*[5]*...*

* Ces personnes auxquelles Freud fait allusion ici étaient, outre Brücke lui-même, ses deux assistants à l'Institut de Physiologie : Sigmund Exner et Ernst von Fleischl-Marxow. Exner, qui devait succéder à son maître en occupant la chaire de physiologie, était un savant de grand format, que Freud admirait, sans toutefois être attiré vers lui. En revanche, il rechercha tout de suite l'amitié de Fleischl-Marxow, un jeune homme extrêmement brillant, beau, génial, dont la personnalité romantique avait en effet de quoi séduire. Cette figure d'aristocrate raffiné et comblé de dons cadrait mal avec le destin horrible qui attendait le jeune savant : à l'âge de vingt-cinq ans, il avait contracté une grave maladie infectieuse en dirigeant des recherches d'anatomie pathologique. On avait dû lui amputer le pouce droit, et depuis, il souffrait de poussées de névrômes qui nécessitaient des opérations continuelles. Son existence ne fut plus qu'une mort lente, au milieu d'intolérables tortures. Pour des raisons sur lesquelles nous aurons à revenir, sa fin porta à Freud un coup terrible.

** Ernest von Fleischl paraît plus d'une fois dans *La Science des rêves*, et l'on comprend pourquoi en lisant une lettre de Freud à sa fiancée, où il parle de cet ami en qui, avec une envie dont il était conscient, il voyait l'incarnation de l'idéal humain :

*Hier je suis allé chez mon ami Ernst von Fleischl, pour qui, avant de rencontrer Martha, j'éprouvais toutes les sortes possibles d'envie. Maintenant j'ai un avantage sur lui. Il est, je crois, fiancé depuis dix ou douze ans avec une jeune fille de son âge qui avait décidé de l'attendre indéfiniment et qui, pour des raisons que j'ignore, a rompu. C'est un homme absolument parfait, à qui la nature et l'éducation ont donné ce qu'elles ont de meilleur. Riche, formé à tous les exercices du corps, le sceau du génie sur des traits énergiques, beau, subtil, doué de tous les talents, capable d'exprimer sur la plupart des choses un jugement original, il a toujours été mon idéal et je n'ai pas eu de cesse qu'il ne devînt mon ami, pour avoir le droit*

5. *Ibid.*, 13.

*de tirer une joie pure de son talent et de sa réussite. Cette fois-ci je lui apportais un jugement sur l'un de ses écrits polémiques, il m'apprit à jouer au « Go », un jeu japonais, puis il m'étonna en me révélant qu'il étudiait le sanscrit*[6].

* * * Le portrait de Fleischl dans cette même lettre s'achève sur les tourments d'une violente jalousie. En face de son ami, Freud se sent pauvre, dépendant, sans autre avenir que celui qu'il arrachera de force à une société hostile. S'il doit, lui aussi, faire attendre sa fiancée, ce n'est pas pour des raisons supérieures, mais parce que son dénuement lui interdit de fonder un foyer. Notons toutefois qu'il partage les façons de voir de son époque, qui ne voit rien d'extraordinaire à ce qu'une jeune fille passe douze ans de sa vie à attendre son futur mari...

* * Freud avait coutume de dire qu'il avait connu chez Brücke les plus belles années de sa jeunesse. Ce furent en tout cas des années de travail intense, pendant lesquelles il s'appropria de solides principes scientifiques et commença de donner à sa recherche une tournure plus personnelle. Elles se soldèrent par trois communications — deux sur les racines nerveuses et les ganglions spinaux du pétromyzon[7], une troisième sur les cellules nerveuses de l'écrevisse — qui furent toutes publiées dans le bulletin de l'Académie des sciences. Pendant cette période, sa contribution la plus originale à l'histologie de la cellule nerveuse consista en l'amélioration d'un procédé de préparation, puis en la découverte d'un procédé nouveau, l'utilisation du chlorure d'or pour colorer les tissus. Les deux procédés ne firent guère de bruit en dehors de l'Institut de Vienne. Mais les spécialistes affirment qu'à lire attentivement ses premières communications, on ne peut douter qu'il fût déjà sur la voie d'une grande découverte : celle des neurones, qui fut faite peu de temps après. Ainsi, dès sa jeunesse, il faillit attacher son nom à une découverte décisive, ce qui lui arriva du reste une seconde fois, puisque quelques années plus tard, il manqua la gloire de peu avec ses travaux sur la cocaïne. Quoi qu'il en soit, ce n'est pas lui qui eut la chance de bapti-

6. M., 17-6-1882, *Br.*, 14.
7. *Ueber Spinalganglien und Rückenmark des Petromyzon*, compte rendu de séance de la Akademie der Wissenschaft, Vienne, 1877.

ser les neurones. Il s'en dédommagea amplement plus tard, en dotant le lexique de la science de bien d'autres mots.

✻✻✻ Freud finit pourtant par passer ses examens de médecine, peut-être pour suivre l'exemple de tous les physiologistes de l'Institut, qui étaient médecins et avaient même parfois exercé. Son premier examen eut lieu en 1880, alors que deux ans auparavant, il écrivait encore à un ami que dans l'alternative : « *écorcher des animaux ou torturer des hommes*[8] », c'était le premier terme qu'il avait choisi. La cruauté nécessaire de la médecine entrait-elle finalement pour quelque chose dans son aversion ? Le fait est qu'elle n'était pas dans son caractère, il l'a montré en inventant une manière de soigner dont le principe n'est pas l'intervention active, mais la neutralité bienveillante du médecin.

✻ Détail amusant, si l'on pense aux liens étroits de la psychanalyse avec la faute, la culpabilité, le châtiment — le seul examen où Freud échoua jamais fut celui de médecine légale. Pour le reste, il obtint son diplôme avec facilité, et se trouva pourvu du titre de médecin, sans sortir pour autant de son incertitude. Tout d'abord, le diplôme ne changea rien à l'organisation de son travail. Il continua de travailler à l'Institut de Brücke, semble-t-il sans faire de plan ou espérant peut-être secrètement accéder un jour à la chaire de physiologie. Mais ses espoirs furent anéantis par un événement qui changea du tout au tout son orientation :

*La volte-face se produisit en 1882 quand mon maître, que je respectais par-dessus tout, corrigea la généreuse légèreté de mon père en m'exhortant, vu ma mauvaise situation matérielle, à abandonner la voie des études théoriques. Je suivis son conseil, j'abandonnai le laboratoire de physiologie et entrai comme élève à l'Hôpital général*[9]...

✻✻ L'explication de Freud, il faut l'avouer, n'est pas ici tout à fait convaincante. Qui croira en effet qu'il ne connaissait pas lui-même la précarité de ses ressources et qu'un autre ait dû la lui rappeler ? La recherche théorique, à cette époque, était le privilège

8. *Lettre à W. Knoepfmacher*, 6-8-1878, Br., 9.
9. *Ma Vie...*, 14.

*essayé la drogue sur des soldats et prétend qu'elle a réellement augmenté leurs forces et leurs capacités de résistance. Je vais m'en procurer et, pour des raisons qui se devinent, l'essayer dans des cas de troubles cardiaques, ou encore de fatigue nerveuse telle qu'on en trouve dans les pénibles états de besoin dus au sevrage de la morphine (c'est le cas du Dr. Fleischl). Le produit est peut-être étudié par beaucoup d'autres gens, peut-être n'a-t-il aucune valeur. Mais je ne veux pas renoncer à essayer et, tu ne l'ignores pas, ce qu'on tente souvent et veut toujours, un beau jour cela réussit. Il ne nous faut qu'un coup de chance de cette espèce pour pouvoir songer à nous établir. Mais, chérie, ne va pas te mettre en tête que cela doive réussir à coup sûr cette fois-ci. Tu le sais, le tempérament du chercheur exige deux qualités essentielles : l'ardeur à la recherche, et l'esprit critique dans le travail*[10]*...*

* Freud fit effectivement l'essai de la cocaïne sur lui-même, et les résultats dépassèrent de loin son attente. Toutes ses lettres de cette époque parlent de la drogue, avec une fougue, sur un ton d'enthousiasme qui ne reparaîtra plus souvent dans ses écrits :

*Si tout va bien, j'écrirai un article là-dessus et j'espère que la cocaïne se placera à côté et au-dessus de la morphine. Elle fait naître en moi d'autres espoirs encore et d'autres projets. J'en prends régulièrement de très faibles doses pour combattre la dépression et la mauvaise digestion, et cela avec le plus brillant succès. J'espère parvenir à supprimer les vomissements les plus tenaces, même s'ils sont dûs à quelque grave souffrance ; bref, c'est maintenant seulement que je me sens médecin... Si les choses marchent ainsi, nous n'aurons plus de soucis à nous faire au sujet de notre union et de notre installation à Vienne*[11]*...*

*** Nous retrouvons ici les deux hantises de Freud pendant cette difficile période : trouver une thérapeutique efficace et, grâce à elle, gagner assez pour se marier et vivre décemment. Cette double préoccupation, à quoi il faut ajouter l'état d'euphorie provoquée par la cocaïne, fit certainement beaucoup pour endormir sa prudence : il écrivit son article, un essai remarquable par ses brillantes qualités

10. M., 21-4-1884, *Br.*, 106.
11. M., 25-5-1884, dans *J Bg.*, tome I, 89.

littéraires, mais surtout il fit l'apologie de la drogue et la distribua autour de lui avec le zèle d'un véritable propagandiste, sans en soupçonner le moins du monde les méfaits. Aveuglé par sa hâte, Freud ne vit dans la cocaïne que ce qu'il voulait y trouver : un remède contre la souffrance. Scientifiquement parlant, la légèreté dont il fit preuve en l'occurrence n'est pas tout à fait inexplicable, l'histoire de la pharmacologie en a montré et montrerait encore aujourd'hui bien d'autres exemples. Moralement, toutefois, elle eut pour Freud des conséquences douloureuses.

✻✻ La première fut l'échec de sa recherche. Freud s'était exclusivement attaché à étudier les effets analgésiques de la cocaïne, et partant son usage interne, laissant de côté les propriétés anesthésiques qui, on le sait aujourd'hui, font la seule valeur réelle du produit. Dans son article, il est vrai, il avait indiqué cet aspect de la recherche et en avait même parlé en présence de Koller, l'homme qui, précisément, utilisa la cocaïne comme anesthésique local et en tira toute la gloire. Mais il n'était pas allé au fond des choses, il en fut d'autant plus affecté qu'il pouvait jusqu'à un certain point se reprocher d'avoir travaillé en dilettante.

✻ On imagine ses sentiments devant l'énorme sensation que la découverte de Koller provoqua dans le monde. Sa déconvenue fut certainement très amère, bien des années plus tard, il en laisse percer quelque chose dans la version quelque peu tendancieuse qu'il donne de sa mésaventure :

*... Ce fut la faute de ma fiancée si je ne suis pas devenu célèbre dès mes jeunes années. De par un intérêt un peu à l'écart de mes études, mais profond, j'avais été amené, en 1884, à faire venir de chez Merck un alcaloïde alors peu connu, la cocaïne, et à en étudier les effets physiologiques. Comme j'étais plongé dans ces travaux, j'eus la possibilité de faire un voyage pour revoir ma fiancée, dont j'avais été séparé pendant deux ans. Je terminai hâtivement mon travail sur la cocaïne et, dans la publication, j'annonçai qu'on verrait bientôt de nouvelles applications de cette substance. Toutefois, je persuadai mon ami, l'oculiste L. Königstein, d'essayer les propriétés anesthésiques de la cocaïne sur l'œil malade. A mon retour, j'appris que non pas lui, mais un autre ami, Carl Koller (actuellement à New York), à qui j'avais aussi parlé de la cocaïne, avait fait les expériences décisives sur l'œil*

*des animaux et avait présenté les résultats au Congrès d'Ophtalmologie de Heidelberg. Koller passe donc à juste titre pour avoir découvert l'anesthésie locale par la cocaïne, devenue si importante en petite chirurgie. Mais je n'ai pas gardé rancune à ma fiancée de l'occasion manquée à cette époque*[12]...

*** Si irritante qu'elle fût pour Freud, l'affaire de la cocaïne n'entachait pourtant pas sa réputation scientifique — après tout, il avait joué le rôle d'un précurseur, en lançant audacieusement un remède encore mal connu. En revanche, elle engageait sa responsabilité morale, et c'est sans doute en cela qu'elle dut surtout l'affecter. Dès 1884, en effet, il avait abondamment prescrit le nouvel alcaloïde, l'avait répandu dans son entourage, et en particulier, avait amené son ami Fleischl à en faire un usage constant pour se guérir d'une intoxication morphinique. Les conséquences furent celles que l'on connaît aujourd'hui. Freud ne les avait pas prévues, il en fut d'autant plus bouleversé qu'elles n'atteignaient pas n'importe qui, mais un être exceptionnel, l'ami dont il disait avec une singulière exaltation : *Je l'admire et l'aime d'une passion intellectuelle, si je puis m'exprimer ainsi. Sa disparition*[13] *me frappera comme la destruction d'un temple sacré eût affecté un Grec de l'Antiquité. Ce que j'aime en lui, ce n'est point tant la personne humaine qu'une réussite inouïe de la création...*

** Cet homme extraordinaire, dont la vie lui est si précieuse, Freud le voit chaque jour livrer une lutte sans issue contre la souffrance et la dégradation. Sincèrement persuadé des vertus de la cocaïne contre la morphine, il lui donne le nouveau remède qui, d'abord, semble réussir. Mais peu à peu, les choses se gâtent, la drogue n'agit plus, Fleischl augmente les doses, les symptômes réapparaissent avec une gravité accrue. L'échec est patent, la cocaïne ajoute maintenant aux autres tourments du malade des crises de delirium tremens auxquelles Freud assiste dans une sorte d'épouvante. Les nuits qu'il passe alors au chevet de son ami, il lui semble que, quoi qu'il lui arrive par la suite, il n'en connaîtra plus jamais d'aussi horribles.

12. *Ma Vie...*, 20.
13. La maladie incurable de Fleischl ne laissait pas de doute sur sa fin prochaine.

* Naturellement, la cocaïne n'a pas tué Fleischl, elle n'a pas même hâté sa fin, puisque la torture du malheureux savant dura encore six longues années. Mais l'attention était attirée sur la drogue ; en 1886, de nombreux cas de cocaïnomanie soulevèrent en Allemagne une violente émotion. Sans doute les avis étaient partagés, les uns regardaient l'alcaloïde suspect comme le troisième fléau de l'humanité, les autres attaquaient Freud tout en vantant les qualités littéraires de son article. Et déjà un écrivain célèbre[14] venait au secours de Freud, comme tant d'autres le firent par la suite. Mais l'opinion publique restait sévère, l'apologiste de la cocaïne passait à ses yeux pour un malfaiteur, et Freud, probablement, n'était pas loin de partager cet avis. Que cette malheureuse affaire ait provoqué en lui une véritable crise, on en a la preuve dans l'un de ses plus célèbres rêves[15], où fourmillent les allusions aux injections et aux substances nocives. Socialement parlant, elle dut sinon le discréditer gravement, du moins porter atteinte à sa réputation dans les milieux scientifiques. Quoi qu'il en soit, elle ne fut pas oubliée. Quand, quelques mois plus tard, Freud revint de Paris en champion enthousiaste des idées nouvelles de Charcot sur l'hystérie, les médecins viennois purent le traiter de charlatan ou le tourner en dérision. Et Vienne s'habitua à le juger scandaleux.

14. Arthur SCHNITZLER, romancier et médecin, qui défendit Freud contre les détracteurs de la cocaïne, *Internationale klinische Rundschau*, 1888, vol. III, p. 23.— Schnitzler était alors le plus célèbre des écrivains autrichiens, il fut l'ami de Freud, qui resta toute sa vie en correspondance avec lui.
15. Rêve de l'injection faite à Irma, *La Science des rêves*, 80.

# 4. FREUD ET CHARCOT

⁂ Dès le début de sa carrière médicale, Freud avait songé à obtenir le titre de *Privat-Dozent,* titre qui n'a pas d'équivalent en France et dont les fonctions correspondent à peu près à celles de nos maîtres de conférence. Cette distinction, extrêmement recherchée en Autriche, comme en Allemagne et en Europe centrale, était indispensable à qui voulait faire carrière à la Faculté. Freud prépara une thèse dont le sujet était un travail qu'il avait en cours sur l'anatomie de la moelle, et présenta sa requête en janvier 1885, devant une commission composée de ses anciens maîtres. Sa candidature fut soutenue par Brücke, qui termina son rapport par un portrait fort élogieux du jeune chercheur :

*Le Dr Freud est un homme cultivé, d'un caractère calme et sérieux, excellent travailleur dans le domaine de l'anatomie des nerfs. Très adroit, il possède une vision claire, de vastes connaissances, une méthode de déduction prudente et le don de décrire ses recherches avec élégance et précision. Ses découvertes ont été appréciées et vérifiées, le style de ses conférences est clair et exact. Il possède à un tel degré les qualités du chercheur scientifique et du professeur compétent que le Comité suggère à l'honorable assemblée d'autoriser le candidat à subir les autres épreuves nécessaires à son admission*[1].

⁂ ⁂ Freud devint donc Privat-Dozent en neuropathologie, mais, dans le moment même, sa situation ne s'en trouva guère améliorée. Il avait quitté le service de Meynert, tous ses efforts pour obtenir un poste d'assistant convenablement rémunéré avaient échoué, aussi, toujours dénué de ressources, accepte-t-il de faire un remplacement

1. *J Bg.*, tome I, 80.

en banlieue, dans un asile psychiatrique privé. Là, il est logé, nourri, et gagne cent florins par mois. La maison lui plaît, l'atmosphère y est courtoise et agréable, quant au travail médical proprement dit, il est, comme dans tous les endroits de ce genre à cette époque, inexistant :

*Le traitement médical se réduit naturellement à peu de choses, on traite les troubles internes et chirurgicaux constatés accessoirement, et pour le reste, on se borne à surveiller, à donner des soins, à nourrir et à laisser aller. Il n'y a là que des gens fort riches, des comtes, des comtesses et des barons, les pièces de résistance sont deux Excellences, le prince S. et le prince M., ce dernier, tu t'en souviens peut-être, est un fils de Marie-Louise, la femme de Napoléon, et comme notre Empereur, un petit-fils de l'empereur François. Tu ne croirais pas comme tous ces comtes et princes ont l'air miteux, bien qu'ils ne soient pas débiles à proprement parler, mais représentent une sorte de moyen terme entre le débile et l'excentrique*[2]*...*

⁂ Peut-être Freud se serait-il résigné à passer le reste de sa vie dans cet établissement distingué, à soigner quelques aristocrates incurables. Mais quelque chose survint qui le dispensa de trop y songer : l'attribution providentielle d'une bourse d'études qui, bien plus qu'il ne le croyait lui-même alors, allait donner un tour tout nouveau à ses projets.

Cette bourse, destinée par le ministère à un voyage d'études post-scolaires, se montait à six cents florins. Freud en avait l'emploi, elle lui eût permis de réaliser l'un de ses rêves : aller à Paris, s'initier à la science française et revenir à Vienne avec une part du prestige dont elle jouissait à l'étranger. Il tenta donc sa chance et pour commencer, chercha des protections, chose indispensable dans un pays où le favoritisme faisait tout. L'affaire fut chaudement disputée, il y avait deux autres candidats et, à mesure que le temps passait, Freud croyait de moins en moins réussir. Toutes les nuits il rêvait de cette bourse qui, dans son esprit, devait l'aider à conquérir la gloire et hâter par là la date de son mariage. Enfin, après un mois de doute et d'espoir, il put faire part de son triomphe à sa fiancée :

*Oh comme ce sera magnifique ! J'arriverai avec de l'argent et je resterai très longtemps et je t'apporterai quelque chose de beau et*

2. M., 8-6-1885, *Br.*, 146.

*j'irai à Paris et je deviendrai un grand savant, et je rentrerai à Vienne avec une grande, grande auréole, et je guérirai tous les malades nerveux incurables et je t'embrasserai jusqu'à ce que tu sois forte, gaie et heureuse — et ils furent heureux et eurent beaucoup d'enfants*[3]*...*

⁂ Cette prophétie dictée à Freud par son désir devait effectivement s'accomplir, sauf sur un point : la gloire allait encore le faire attendre longtemps, et ce qui se préparait pour lui dans les salles historiques de la Salpêtrière, ce n'était pas du tout la carrière bourgeoise du médecin arrivé, mais les tumultes et les scandales de l'hystérie, qui allaient le pousser à la révolution et le rendre plus seul que jamais.

✳ Freud arriva à Paris en octobre 1885, après avoir passé six semaines auprès de sa fiancée, à Wandsbeck. Le début de son séjour n'est pas très heureux, la ville l'étourdit, les Parisiens lui font un peu peur, il a honte de son mauvais français et, surtout, il est épouvanté par le coût de la vie. Sa bourse, en effet, est insuffisante pour couvrir les frais de son séjour, et même en vivant chichement, il devra une fois de plus s'endetter. Un sentiment d'abandon, les soucis d'argent, la pensée de sa famille qu'il a laissée à Vienne dans une gêne effrayante — au point qu'une de ses sœurs a dû se placer comme bonne d'enfants — tout cela lui gâte ses premiers moments à Paris, ce qu'il avait sans doute un peu oublié quand, beaucoup plus tard, il écrivait dans *La Science des rêves* : *Pendant des années, je n'avais rêvé que de Paris, et l'extrême bonheur que je ressentis en posant pour la première fois le pied sur ses pavés me parut garantir la réalisation de mes autres désirs*[4]*...*

⁂ En tout cas, cet extrême bonheur ne paraît guère dans ses premières lettres. Au contraire, Paris l'irrite, le luxe des beaux quartiers provoque en lui un réflexe de pauvre, comme il le montre dans une description d'ailleurs fort bien vue d'une flânerie sur les Champs-Élysées :

*Les dames élégantes s'y promènent avec un air hautain, comme*

3. M., 20-6-1885, *Br.*, 149.
4. *La Science des rêves*, 148.

*si elles voulaient nier, ou à tout le moins, charitablement ignorer l'existence du monde en dehors d'elles et de leurs maris ; d'un côté, l'avenue est bordée par un jardin tout en longueur où les plus jolis enfants du monde jouent à la toupie ou aux anneaux, regardent Guignol ou même conduisent des voitures tirées par des chèvres. Sur les bancs, les nourrices qui allaitent leurs bébés, des bonnes vers lesquelles les enfants se réfugient quand un conflit éclate entre eux. En pensant à la pauvre Mitzi, j'ai été saisi d'une grande fureur et plein d'idées révolutionnaires*[5]...

⁂ Mais Freud n'est pas venu en France pour apporter sa part à la littérature sur Paris, encore qu'il le fasse avec beaucoup de talent dans de nombreux passages de ses lettres. Son but est la Salpêtrière, où il se rend le 21 octobre et trouve tout, dit-il, au-delà de son attente. On lui donne la clé d'un casier au laboratoire, un tablier contre une caution de trois francs, et une quittance au nom de « *M. Freud, élève de médecine* ». Le même jour, il a la joie de rencontrer Charcot ; dont il trace aussitôt le portrait à l'intention de Martha :

*M. Charcot est arrivé à dix heures, c'est un homme de cinquante-huit ans, de haute stature, coiffé d'un haut-de-forme, avec des yeux sombres étonnamment doux (un œil plutôt, l'autre est sans expression, affligé d'un strabisme convergent), de longs cheveux clairsemés rejetés derrière les oreilles, rasé de près, une physionomie très expressive et des lèvres charnues ; bref, il a l'air d'un prêtre laïque à qui l'on suppose beaucoup d'esprit et une intelligence du bien-vivre*[6]...

⁂ Mis à part le haut-de-forme, la ressemblance est frappante entre le Charcot vu par Freud et celui qu'ont popularisé les photographies. La rencontre de ces deux hommes si différents, l'un mondialement célèbre et en pleine possession de ses forces, l'autre obscur et marchant à tâtons vers un but dont il ne sait encore rien, cette rencontre allait marquer une date dans l'histoire de la pensée scientifique. Elle fit à Freud une impression extraordinaire, dont il pressent vaguement les suites pour son œuvre :

5. M., 19-10-1885, *Br.*, 167.
6. M., 21-10-1885, *ibid*, 169.

*Je me sens vraiment très bien en ce moment, et, je le crois, je suis en train de beaucoup changer. Charcot, l'un des plus grands médecins qui soient, un esprit génialement sensé, bouleverse tout simplement mes idées et mes intentions. Je sors souvent de ses conférences comme de Notre-Dame, avec un sentiment nouveau de la perfection. Mais il me secoue rudement ; quand je le quitte, je n'ai plus aucune envie de m'occuper de mes bêtises, je viens de passer trois jours à ne rien faire, sans toutefois me le reprocher. Mon cerveau est rassasié comme après une soirée de théâtre. Si la semence fructifiera un jour, je l'ignore, mais ce que je sais, c'est qu'aucun être humain ne m'a jamais autant impressionné*[7]...

⁕ Charcot accueille le jeune étranger avec beaucoup de courtoisie, il lui serre la main en lui souhaitant la bienvenue, et, dit Freud : *J'ai été très fier de cette marque d'intérêt, malgré mon amour de l'indépendance, car tout en étant le subordonné de cet homme, je suis heureux de l'être*[7]... Freud révèle beaucoup de lui-même dans ses relations avec Charcot et le milieu médical parisien, où, pour la première fois, il se sent traité non plus en intrus plus ou moins bien toléré, comme à Vienne, mais en homme libre, à qui l'on ne demande pas d'où il vient. Qu'il soit touché par la poignée de main amicale d'un homme haut placé, cela en dit long sur la condition qui lui était faite chez lui, plus long sans doute qu'il ne le croit lui-même. A Paris, il prend conscience de sa situation inférieure, de son manque d'assurance, de la méfiance instinctive que lui inspirent les autres, du singulier contraste entre son audace intellectuelle et sa pusillanimité sociale. Les longues lettres qu'il envoie chaque jour à Martha font la plus large place à cet effort d'analyse qu'il va poursuivre à l'aveugle pendant quelques années, jusqu'au moment où le rêve lui fournira un moyen insoupçonné de se connaître lui-même. Pour l'instant, il constate sa pauvreté, la lenteur de ses succès, le peu de séduction qu'il exerce sur les gens, sa sensibilité excessive, sa nervosité. Avec une lucidité sans complaisance, il se décrit sans cesse comme tiraillé entre les sentiments du paria et les ambitions du parvenu, mais refusant de céder au dilemme et ayant déjà choisi, au fond, ce qui sera sa seule voie pour parvenir : l'effort, la peine, l'incessant travail de l'esprit. Pesant ainsi ses difficultés et ses chances, il demande à sa fiancée :

7. M., 24-11-1885, *ibid.*, 179.

*Crois-tu vraiment que, vu du dehors, je sois aussi sympathique que tu le dis ? Vois-tu, j'en doute fort. Je crois que l'on sent en moi quelque chose de bizarre et, en dernière analyse, cela vient de ce que je n'ai pas été jeune dans ma jeunesse et que, maintenant que l'âge mûr approche, je ne parviens pas vraiment à vieillir. Il y a eu un temps où je n'étais qu'avide de savoir et ambitieux, un temps où je me sentais continuellement blessé de ce que la nature ne m'eût pas mis sur le front le sceau du génie, qu'elle donne parfois par un caprice de sa bonté. Mais je sais depuis longtemps que je ne suis pas un génie et je ne comprends plus que j'aie souhaité l'être. Je ne suis même pas très doué, toute ma capacité de travail réside dans mon caractère et dans une absence de déficiences intellectuelles marquées. Toutefois, je sais aussi que ce mélange est très favorable à un succès laborieux ; que, dans de bonnes conditions, je pourrais faire mieux que Nothnagel, auquel je me crois très supérieur, et peut-être égaler Charcot. Ce qui ne veut pas dire que j'y arriverai, car ces conditions favorables, je ne les trouve plus, et le génie, l'énergie de les créer de force, je ne les ai pas. Mais comme je bavarde ! Je voulais parler de tout autre chose. T'expliquer, notamment, d'où vient mon caractère inabordable et mes manières brusques avec les étrangers, auxquelles tu fais allusion. Tout cela n'est que le résultat de la méfiance — une méfiance que j'ai apprise en voyant combien j'étais maltraité par les gens vulgaires ou bas, et qui ne disparaîtra que lorsque je n'aurai plus rien à redouter d'eux, étant devenu moi-même plus fort et plus libre. Je me console en me disant que je ne fais jamais un effet désagréable à mes subordonnés ou à mes égaux, toujours à mes supérieurs ou à de quelconques autorités*[8]*...*

✻ Paris, donc, a sur Freud une action contradictoire : d'un côté, il s'y sent solitaire, pauvre, d'une gaucherie provinciale au milieu d'une foule qui lui paraît déconcertante, méchante, capable à tout moment de dangereuses explosions. D'un autre côté, la ville l'attire, elle l'oblige à sortir de lui-même et à se mêler aux choses du dehors. Lui qui, jusqu'alors, n'a jamais dit un mot de politique, du moins dans les lettres que nous connaissons, il s'intéresse vivement à la lutte et aux combinaisons électorales qui, cette année-là, passionnent les Parisiens. Il marche beaucoup, observe tout avec autant de pénétration que d'humour, se ruine en places de théâtre et consacre à Sarah

8. M., 2-2-1886, *ibid.*, 196.

Bernhardt des pages pleines d'émotion, d'ironie, de lyrisme. En somme, il le reconnaît, Paris l'effare et en même temps l'inspire :

*J'ai maintenant une impression complète de Paris et je pourrais devenir très poétique en comparant la ville à un énorme sphinx bien paré, prêt à dévorer tous les étrangers qui ne résolvent pas son énigme. Mais je garde cela pour des effusions verbales. Pour l'instant, je ne dirai que ceci : la ville et ses habitants me font un effet étrange, les gens me paraissent être d'une autre espèce que nous, je les crois tous possédés de mille démons, et quand ils disent « Monsieur ! » et « Voilà* L'Écho de Paris *», je les entends crier « A bas un Tel » et « A la lanterne ! ». Je crois qu'ils n'éprouvent ni pudeur ni horreur, hommes et femmes se pressent autour de toutes les nudités comme autour des cadavres de la Morgue, ou encore de ces horribles petites affiches qui annoncent le nouveau feuilleton d'un journal et donnent en même temps un échantillon de son contenu. C'est le peuple des épidémies psychiques et des convulsions collectives, depuis la Notre-Dame de Paris de Victor Hugo, il n'a absolument pas changé... Comme tu peux le constater, mon cœur est celui d'un Allemand de petite ville de province, il ne m'a pas du tout suivi ici... Ce Paris est un rêve inextricable, je me réjouirai fort de me réveiller*[9]...

* * A d'autres moments, Freud juge tout autrement de la vie parisienne, il suffit pour cela qu'il sorte un peu de son état dépressif, qu'il parvienne à vaincre sa timidité ou qu'il obtienne un petit succès. Ainsi il est très fier d'avoir eu l'audace de demander à Charcot la permission de traduire un de ses livres et, celui-ci l'ayant invité à ses soirées, il se sent tout ragaillardi par cette marque d'attention. La première de ces réceptions l'ennuie, la troisième le ravit et, dit-il, le met en feu. Il y a là une cinquantaine de personnes, des artistes, des sommités médicales françaises et étrangères, un fils d'Alphonse Daudet, Mlle Charcot, qui ressemble de façon presque ridicule à son génial papa et dont, pour cette raison sans doute, il tombe un peu amoureux.

*Maintenant, je suppose que tu es impatiente de savoir comment je me suis conduit dans cette brillante société ? Très convenablement, j'ai*

9. Lettre à Minna Bernays, sa future belle-sœur, 3-12-1885, *ibid.*, 181.

*conversé longuement avec Lépine, dont je connaissais les travaux, j'ai accepté une tasse de café des mains de Mme Charcot, bu de la bière, fumé comme une cheminée et me suis senti fort à l'aise, sans commettre la moindre bévue*[10]*...*

Les lettres de Freud pourraient servir de matériel à une petite chronique de la haute bourgeoisie médicale française, dont le jeune étranger apprécie non seulement la virtuosité scientifique, mais l'urbanité, l'humanisme et cette façon qu'elle a en propre d'allier le raffinement à un esprit vraiment démocratique. D'une plume vive et chaleureuse, Freud dépeint les grandes figures de médecins qu'il rencontre à la Salpêtrière et dans le salon de Charcot : Babinski, Brouardel, Richet, le grand histologiste Ranvier, le célèbre psychiatre Gilles de la Tourette, toutes les vedettes de la science mondiale dont la simplicité, la liberté d'allures le fascinent. Peu après son départ, en février 1886, Freud écrit à sa fiancée qu'il serait mort s'il avait dû rentrer directement à Vienne. Mais à peine arrivé à Berlin, il s'écrie en parodiant Schiller : « *Comme tout était plus beau dans ma chère France*[11] ! ».

* Freud quitta Paris le 23 février 1886. Il devait y revenir trois fois, en 1889, après son voyage à Nancy, en 1910, pour un Congrès de psychanalyse, et en 1938, quand il quitta Vienne pour fuir les nazis. Mais il ne revit jamais plus Charcot.

** Sur son travail scientifique à Paris et l'influence profonde qu'exerça sur son évolution ultérieure l'École de la Salpêtrière, Freud a laissé un admirable document, l'article nécrologique qu'il écrivit sur Charcot en 1893, et où, tranchant sur les limites conventionnelles du genre, il rend au Maître un hommage rayonnant d'intelligence et de vérité. De ce texte, l'un des plus beaux de la période pré-psychanalytique, il faudrait presque tout citer tant il est révélateur des relations de Freud avec la science :

*De son grand succès, Charcot tirait une joie bien humaine et de bon aloi, il rappelait volontiers ses débuts et le chemin qu'il avait parcouru. Il racontait comment, jeune interne, sa curiosité scientifi-*

10. M., 20-1-1886, *ibid.*, 190.
11. M., 19-3-1886, *ibid.*, 208.

*que avait été précocement éveillée par une masse de faits neuropathologiques qui, à cette époque, étaient absolument incompris. Quand, pendant la visite d'une des salles de la Salpêtrière (le pavillon des femmes), il accompagnait son patron à travers ce chaos de paralysies, de trémulations et de spasmes auxquels, voici quarante ans, on ne donnait ni compréhension ni nom, il avait coutume de dire :* « Faudrait y retourner et y rester (*) ! » *— et il a tenu parole. Devenu médecin des hôpitaux, il s'arrangea pour obtenir un poste à la Salpêtrière, dans l'un de ces services qui hébergeaient les malades nerveux, et, au lieu de changer d'hôpital, de service et de spécialité comme les médecins des hôpitaux français sont libres de le faire, il y prit définitivement ses quartiers.*

*Ainsi, sa première impression, et la décision qui en résulta, furent déterminantes pour tout le reste de son évolution. Disposant de l'énorme matériel fourni par les malades nerveux chroniques, il put alors développer ses remarquables dons personnels. Il n'était point porté à la spéculation, ce n'était pas un penseur, mais une nature d'artiste, un visuel, comme il disait lui-même. Les choses qu'il ne connaissait pas, il avait coutume d'en refaire sans cesse l'examen, fortifiant jour après jour l'impression qu'il en retirait jusqu'à ce que, soudain, il en trouve l'explication. Son œil spirituel voyait alors s'organiser ce que la répétition continuelle des mêmes symptômes faisait passer pour un vrai chaos ; il en sortit de nouveaux tableaux cliniques, caractérisés par l'association constante de certains groupes de symptômes. Les cas extrêmes et complets, les « types », purent être mis en évidence à l'aide d'une espèce particulière de schématisation ; et de là, l'œil put suivre la longue série des cas atténués, des* formes frustes (*), *qui, à partir de tel ou tel signe caractéristique, se perdaient dans l'indéterminé. Cette sorte de travail intellectuel, où il n'avait pas son pareil, Charcot l'appelait : faire de la nosographie, et il en était fier. On pouvait l'entendre dire que la plus grande satisfaction qui soit réservée à un homme était de voir quelque chose de nouveau, c'est-à-dire de reconnaître quelque chose comme nouveau, et, dans ses remarques, il ne cessait de revenir à la difficulté et au mérite de cette « clairvoyance ». D'où venait-il que les hommes ne vissent jamais en médecine que ce qu'ils avaient appris à voir ? Et comme il était exaltant d'apercevoir soudain des choses nouvelles — de nouveaux états morbides — probablement aussi vieux que l'espèce*

* En français dans le texte.

*humaine ! Lui-même devait s'avouer qu'il voyait maintenant dans ses salles bien des choses qui, pendant trente ans, lui avaient complètement échappé. Je n'ai pas besoin de rappeler aux médecins la richesse de formes dont il a doté la neuropathologie, ni quelle acuité, quelle sûreté du diagnostic furent rendues possible grâce à ses observations. Mais à l'élève qui l'avait suivi une heure durant à travers les salles de la Salpêtrière, ce musée de faits cliniques qui lui devait pour la plus grande part ses noms et sa particularité, il rappelait Cuvier, le grand classificateur et connaisseur du monde animal dont on voit la statue devant le Jardin des Plantes, entouré d'une foule de bêtes ; ou bien encore il évoquait la figure mythique d'Adam qui, lorsque Dieu lui présenta toutes les créatures du Paradis afin qu'il les sépare et leur donne un nom, dut connaître au plus haut degré la jouissance intellectuelle tellement prisée par Charcot*[12].

✻✻ Rien n'est plus significatif que ce passage où Freud, anticipant son propre accomplissement scientifique, unit dans une même pensée le grand naturaliste moderne et l'Adam biblique, tous deux savants, tous deux créateurs de mots, tous deux poètes en vertu du privilège humain par excellence de distribuer et de nommer les choses du monde. Les belles classifications des naturalistes français ou les inventions verbales de Charcot, il n'y voit pas de simples commodités techniques, mais le modèle de cette science poétique dont il a déjà la vision, sinon la clé.

✻ Après avoir brossé ce portrait grandiose du maître, idéalisé peut-être dans son souvenir, Freud en vient à une appréciation plus objective de ses mérites :

*C'était un travailleur infatigable, le plus actif encore de toute l'école, je crois. Sa clientèle privée, qui venait à lui « de Samarkande et des Antilles », ne parvint jamais à l'éloigner de son activité professorale ou de ses recherches. Sûrement, cet énorme afflux de gens n'allait pas seulement au savant célèbre, mais aussi au grand médecin et à l'ami des hommes, qui savait toujours trouver un conseil, et* devinait, *là où l'état actuel de la science ne lui permettait pas de* savoir. *On lui a beaucoup reproché sa méthode thérapeutique, à*

12. Charcot (1893, *Wiener medizinische Zeitschrift*, n° 37), *G.W.*, tome I, 21-35.

*cause de l'abondance de ses prescriptions, choquante pour une conscience rationaliste. C'est qu'il continuait simplement les méthodes usuelles en ce temps et dans son pays, sans se faire trop d'illusions sur leur efficacité. Toutefois, il n'était pas pessimiste dans son attente thérapeutique ; plus tard, il a souvent contribué à introduire des méthodes nouvelles dans sa clinique, et ce n'est pas sa faute si ces méthodes eurent la vie courte. Comme professeur, toutefois, Charcot était littéralement fascinant ; chacune de ses conférences était un petit chef-d'œuvre par la structure et la composition, parfait de forme et tellement impérieux que de toute la journée on ne pouvait oublier les paroles entendues, ni chasser de son esprit l'objet de la démonstration. Il présentait rarement un seul malade, le plus souvent c'étaient une série de cas ou des cas opposés qu'il comparait entre eux. L'amphithéâtre où il faisait ses cours était orné d'un tableau représentant le « citoyen » Pinel comme il ôtait leurs chaînes aux malheureux fous de la Salpêtrière, car l'hôpital, qui avait vu tant d'horreurs pendant la Révolution, avait été aussi le lieu de ce bouleversement radical, de tous le plus humain. Des années auparavant, un changement s'était produit dans les tendances scientifiques de Charcot, auquel nous devons ses plus beaux travaux. Il se mit à penser que la doctrine des maladies nerveuses était maintenant provisoirement achevée, et dès lors, tourna son intérêt presque exclusivement vers l'hystérie qui, de la sorte, se trouva d'un coup au centre de l'attention générale. Cette maladie nerveuse, la plus énigmatique de toutes, dont les médecins étaient encore incapables de juger sérieusement, était alors précisément tombée dans le discrédit le plus profond, ce dont souffraient aussi bien les malades que les médecins qui s'efforçaient de la traiter. On ne voulait faire aucun crédit aux hystériques parce que, disait-on, dans l'hystérie tout était possible. Le travail de Charcot eut d'abord le mérite de rendre à ce sujet d'étude sa dignité ; on perdit peu à peu l'habitude du sourire sarcastique que la malade, à cette époque, était sûre de provoquer : il se pouvait qu'elle ne fût pas une simulatrice puisque Charcot, avec tout le poids de son autorité, intervenait en faveur de l'authenticité et de l'objectivité des phénomènes hystériques. Ainsi, Charcot renouvelait en petit l'acte de libération rappelé par le tableau de Pinel sur le mur de l'amphithéâtre. Une fois vaincue la peur irraisonnée d'être mystifié par les pauvres malades — peur qui avait fait obstacle jusque là à une étude sérieuse de la névrose —, on put enfin se demander comment il convenait de poser le problème pour le résoudre par le plus court chemin*[13]...

✻ ✻ Freud termine son article par une critique impartiale de l'œuvre théorique du Maître. Il voit ce qu'elle a d'impérissable, et aussi ce que le temps et le progrès de la pensée médicale ne tarderont pas à ruiner. En vérité, c'est lui qui va porter le coup le plus dur à ce bel édifice. Deux ans plus tard, en effet, il publie les *Études sur l'hystérie* et bouleverse toutes les idées reçues sur ce sujet, pour quoi Charcot avait su le passionner. Ainsi il se retourne contre celui qui lui a montré le chemin, mais reste fidèle à son enseignement, car en répandant ses idées révolutionnaires sur l'hystérie, il s'apprête, lui aussi, à libérer l'homme de ses chaînes.

13. *Ibid.*

# 5. FIANÇAILLES ET MARIAGE

* Durant la longue existence de Sigmund Freud, personne n'a rien su de sa vie sentimentale, des passions qui avaient pu l'agiter dans sa jeunesse, ni des conflits qu'il avait peut-être dû surmonter avant de devenir Sigmund Freud, précisément, cet homme en qui les uns voyaient une incarnation du diable et les autres un sage de légende. Avait-il connu d'autres femmes que la sienne ? Avait-il fait un mariage d'amour ou de convenance ? L'inventeur de l'Eros moderne, la libido, a gardé sur ce point un silence absolu, que seules osèrent rompre la mauvaise foi et la calomnie. Celle du neurologue américain, qui expliquait la doctrine de la libido et le prétendu pansexualisme freudien par les turpitudes sexuelles, l'immoralité « viennoise » de son auteur n'eut finalement pas beaucoup de succès, même parmi les détracteurs de la psychanalyse. L'image de Freud qui s'imposa le plus généralement au public fut celle que décrivit Stefan Zweig, par exemple, dans son essai de *La guérison par l'esprit* :

*Depuis un demi-siècle, Sigmund Freud enferme sa vie privée derrière la porte sévère d'un immeuble viennois. On serait presque tenté de dire qu'il n'en a pas eu du tout tant son existence personnelle passe modestement à l'arrière-plan. Une figure officielle presque entièrement invisible, un mode de vie d'une régularité presque bourgeoise, sans modifications ni événements marquants (les tournants brusques ont eu lieu au-dedans, sur le terrain de l'intellect), jamais une déclaration personnelle qui fasse dresser l'oreille ou prête à l'anecdote. Soixante-dix ans dans la même ville, plus de quarante ans dans la même maison. Les consultations toujours dans la même pièce, la lecture dans le même fauteuil, le travail littéraire sur le même bureau. Père de six enfants, personnellement sans aucun besoin, sans autre passion que son métier et sa vocation. Un homme qui n'a jamais donné une minute de son temps à la poursuite des vanités mondaines, des postes et des dignités ; qui n'a jamais laissé le créateur prendre le pas sur l'œuvre créée et chez qui le rythme de la vie se soumet absolument, exclusivement, à celui d'un travail incessant, patient, régulier*[1]...

✻✻ De son vivant, Freud n'a rien dit, fait ou publié qui conduisît à retoucher ce sévère portrait d'ascète. Mais, dira-t-on, c'est là un portrait de vieillard, il serait inconcevable, voire monstrueux qu'au moins dans sa jeunesse Freud n'ait pas connu personnellement la passion amoureuse qu'il nous a appris à comprendre, lui précisément, comme le ressort le plus puissant de l'action humaine et la source de toute vie. L'inventeur de la psychanalyse ne peut pas avoir été seulement l'observateur impassible du drame humain dont il a découvert les dessous. D'où, autrement, lui seraient venus ses certitudes et le courage de lutter seul pour ses idées ?

✻ Il faut chercher beaucoup dans l'œuvre de Freud pour trouver des renseignements sur certains événements de sa vie, ses relations avec ses amis et ses proches, les conflits qui l'ont fait souffrir. Les deux ouvrages les plus riches en sources de ce genre sont la *Psychopathologie de la vie quotidienne* et surtout *La Science des rêves*, et même là, Freud ne parle de lui que pour les besoins de sa démonstration théorique. Quand il le fait, toutefois, c'est avec la plus grande franchise, sans édulcorer ou arranger ses propres traits. Quoi qu'il lui en coûte il se montre sans hésiter tel qu'il se voit dans le miroir de ses rêves : envieux, jaloux, affamé d'amour et d'égards, tyrannique, capable de sentiments tellement contradictoires qu'il peut souhaiter la mort, inconsciemment bien entendu, du plus cher de ses amis. Mais jamais il ne fait allusion à cela même qu'on lui reproche de voir partout, jamais il ne parle de sa propre sexualité, jamais il n'associe un de ses rêves à un désir amoureux ou à une figure de femme. Ce parti pris têtu de silence, André Breton le lui a reproché comme un manque de conséquence, voire d'honnêteté. Freud répondit à la lettre mais non pas au reproche : sans doute ne concevait-il pas plus le rigorisme des surréalistes qu'il n'entendait leur poésie[2].

1. La Guérison par l'esprit, Stock, 1931.
2. André BRETON : *Les Vases communicants*, Gallimard, 1932, Appendice 200-207.

** Ainsi, l'homme qui a affirmé l'étiologie sexuelle des maladies de l'âme, et non seulement des maladies mais des créations de l'esprit et des plus hautes productions de la culture humaine ; l'homme scandaleux dont ses adversaires pouvaient dire qu'il « *profanait tout passé, empoisonnait tout présent, tuait tout avenir* » — cet homme semble n'avoir pu surmonter dans sa propre vie le préjugé majeur de son temps, celui-là même qu'il n'a cessé de montrer dans son œuvre comme une hypocrisie et une grave cause de troubles. Cela ne laisse pas d'être paradoxal, mais pourquoi en serait-on choqué ? Aucun révolutionnaire, si radical fût-il, n'a jamais déraciné en lui la totalité de ses préjugés et de ses faiblesses, la plupart des audaces vont de pair avec d'étranges pusillanimités, l'histoire des philosophies « éclairées » et des mouvements rationalistes en fournirait plus d'une preuve. Comme tout homme, Freud avait hérité la morale de son milieu familial et de la petite-bourgeoisie dont il était issu — morale à la fois simple et rigide où le Bien se résumait principalement en une répression des instincts, et où le Mal coïncidait presque entièrement avec la liberté ou la licence des mœurs. Quand l'étude des névroses le conduisit à découvrir les principes fondamentaux de la psychanalyse, il avait quarante ans, sa jeunesse était passée, sa vie d'homme, sinon sa pensée, depuis longtemps engagée dans une voie qu'il n'avait aucune raison de renier. Qu'il n'ait pas jugé bon de faire entrer le public dans le secret de ses luttes intimes, cela compte peu au regard du courage qu'il lui fallut pour s'analyser lui-même et, contre sa timidité, sa pudeur, disons même sa pudibonderie, énoncer tranquillement des vérités qui, n'en doutons pas, n'étaient pas moins scandaleuses ou bouleversantes pour lui que pour n'importe quel autre homme. Comme toutes les grandes choses, les idées de Freud ont été durement gagnées sur les préjugés, les peurs, le conformisme. Elles ont obligé à distinguer pour la première fois sérieusement entre deux choses que l'on confondait depuis des siècles : l'étiquette sexuelle propre à un temps et une société, et la morale, phénomène mystérieux dont l'étude ne fait que commencer. Freud avait près de soixante ans quand il reconnut avec quelque étonnement qu'il avait été toute sa vie un homme moral et bon, sans connaître l'origine de ces qualités, sans savoir au nom de quoi il les avait développées :

*J'ajouterai que je n'ai aucune peur du bon Dieu. Si nous devions jamais nous rencontrer, j'aurais plus de reproches à lui faire que lui de critiques à m'adresser. Je lui demanderais pourquoi il ne m'a pas mieux équipé intellectuellement, et il pourrait difficilement m'opposer que je n'ai pas fait le meilleur usage de ma prétendue liberté (soit dit en passant, je sais que tout individu représente une portion d'énergie vitale, mais je ne vois pas ce que l'énergie a à faire avec la liberté et l'indétermination).*

*Sachez en effet que j'ai toujours été mécontent de mes dons, et je suis à même de dire exactement en quoi ; mais aussi que je me tiens pour un homme très moral, qui pourrait reprendre à son compte la belle formule de Théodor Vischer, selon laquelle « les choses morales se comprennent toujours d'elles-mêmes ». Pour ce qui est du sens de la justice et des égards envers autrui, du déplaisir à faire souffrir ou à désavantager les autres, je puis accepter la comparaison avec les meilleurs d'entre ceux que j'ai connus. Je n'ai jamais réellement fait quelque chose de vil ou de méchant, je n'en sens d'ailleurs pas la tentation, de sorte que je n'en tire pas non plus de fierté. Notez que je comprends la morale dont nous parlons ici au sens social, nullement au sens sexuel. La morale sexuelle telle que la définit la société, dans le cas le plus extrême la société américaine, me paraît chose très méprisable. Je prends la défense d'une vie sexuelle infiniment plus libre, encore que j'aie bien peu profité moi-même d'une telle liberté. Juste assez, toutefois, pour me sentir moi-même à la limite de ce qui est permis dans ce domaine*[3]*...*

Quinze ans après la fondation de la psychanalyse, Freud a définitivement opéré la disjonction essentielle entre la morale sexuelle et la véritable éthique des relations humaines. Ayant établi que la grande affaire du Bien et du Mal n'a rien à voir avec la sexualité, reste à savoir de quoi est fait ce sens moral qu'il dit évident et naturel. D'où vient-il ? Qu'est-ce qui l'a déposé au cœur de l'homme ? Pourquoi, s'il va de soi, est-il inégalement réparti entre les êtres ? Plus tard Freud tentera de résoudre aussi ce problème : il expliquera la genèse du sens moral — appelé Surmoi — par les relations complexes de l'enfant avec les images modèles de ses parents. En 1915, il constate seulement sa propre bonté et, pour le reste, confesse son ignorance :

*Quand je me demande pourquoi je me suis toujours efforcé d'être honnête, plein d'égards pour les autres et bon si possible ; pourquoi je n'y ai pas renoncé en constatant qu'une telle conduite ne vous attire*

3. *Lettre à James J. Putnam*, 8-7-1915, *Br.*, 304 et suiv.

*que des désagréments et des coups, parce que les autres sont brutaux et indignes de confiance, alors, il est vrai, je ne trouve aucune réponse. Naturellement, cela n'était pas raisonnable. Je n'ai pas ressenti de stimulation éthique spéciale dans ma jeunesse, je n'éprouve même pas de satisfaction bien nette à me juger meilleur que les autres. Vous êtes peut-être le premier devant qui je m'en vante. On pourrait donc citer précisément mon cas à l'appui de votre opinion qu'une telle aspiration à l'idéal forme une part essentielle de notre disposition innée. Que les autres ne montrent-ils plus de preuves de cette disposition précieuse !... Mais, comme je vous le disais, je ne sais rien là-dessus*[4]...

✻ Cette lettre à James Putnam, un psychanalyste américain qui avait tenté d'établir les rapports de la psychanalyse avec la morale et la religion, met en lumière ce qui pourrait bien être le premier motif du silence de Freud sur sa vie privée : le désir de ne pas faire souffrir ses proches, le refus d'exposer à la curiosité du public la femme qui avait partagé ses peines et supporté les incommodités de sa gloire, après avoir été la passion de sa jeunesse. Freud n'a pas pu empêcher les déplaisantes polémiques soulevées par ses idées ; du moins a-t-il tenté à tout prix d'en épargner les conséquences aux siens.

✻✻ La postérité aurait donc gardé de lui l'image d'un savant austère, presque désincarné à force de science et d'abstraction, si Martha Freud, sa femme, n'avait conservé toute sa vie les lettres qu'il lui écrivait à l'époque de leurs interminables fiançailles. Ces lettres, au nombre de neuf cents, ne purent être consultées et en partie publiées qu'après sa mort, en 1951, douze ans après la mort de Freud lui-même. Elles forment un ensemble extraordinairement attachant, où se lit tout ce qui manque au portrait conventionnel transmis par la légende. Éperdument, sauvagement amoureux de la jeune fille à laquelle il avait à peine osé se déclarer, Freud naturellement parle surtout de son amour, mais ce qu'il jette là sur le papier pendant près de cinq ans n'est pas seulement digne de figurer dans une anthologie de la littérature amoureuse, il y met tant de vie, de vérité et d'humour que c'est aussi une part importante de son œuvre.

✻✻✻ Telle qu'elle apparaît sur les photographies, Martha Ber-

4. *Ibid.*

nays ne paraît pas trop justifier un pareil emportement de passion. C'est une jeune fille mince et délicate, aux traits fins, mais assez insignifiants. Pourtant, elle avait assez de succès auprès des hommes pour que Freud, au début de leurs fiançailles, fût sans cesse rongé de jalousie. Si séduit qu'il fût, son fiancé ne la jugeait pas belle, et avec une franchise un peu déconcertante chez un amoureux, il le lui avouait :

*Que tu n'es pas belle au sens où l'entendent peintres et sculpteurs, je le sais fort bien ; si tu tiens à ce que je donne aux mots leur sens strict, je suis contraint de confesser que tu n'es pas une beauté. Je ne te flatte pas en disant cela, mais je ne sais pas flatter. Il est vrai que je puis me tromper. Ce qu'il m'importe de dire, c'est le charme de ta personne qui se révèle dans ton maintien, dans ton corps, dans la façon dont s'expriment ta douceur, ta générosité de cœur, ta raison. En ce qui me regarde, j'ai toujours été plutôt insensible à la beauté conventionnelle. Toutefois si ta petite tête recèle encore une trace de vanité, je ne te cacherai pas que certaines gens te trouvent belle, et même d'une beauté frappante. Je ne puis en juger*[5]*...*

✻ Martha Bernays était issue d'une famille de Hambourg très imprégnée de culture juive. Son grand-père, qui était apparenté à Henri Heine, avait été grand rabbin de la ville et avait défendu l'orthodoxie contre le mouvement libéral qui, dans le premier quart du XIXᵉ siècle, avait durement secoué le judaïsme. La famille Bernays était restée strictement orthodoxe : dès le début, ce fut entre elle et Freud une source de conflits, car ce dernier s'indignait des restrictions alimentaires rituelles imposées à sa bien-aimée, pratiques qu'il jugeait bien entendu absurdes et, par surcroît, dangereuses pour sa santé. Longtemps, Martha refusa de contrarier sa mère en abandonnant ses coutumes religieuses, enfin elle céda et l'athéisme de Freud l'emporta sur les traditions familiales. Mais la question religieuse ne fut pas la principale cause de querelles entre les fiancés, il y en eut d'autres, dont la plus grave fut la jalousie de Freud et son besoin irrépressible de se tourmenter.

✻✻ A lire ces lettres où passent les humeurs, les craintes et les tracas quotidiens, on voit clairement se dessiner les deux visages de

5. M., 2-8-1882, *J Bg.*, tome I, 113.

leur auteur : l'un sombre, passionné, porté au tourment et à la superstition, tendre parfois jusqu'à la sentimentalité, doué d'humour, bref, marqué par ce signe où Thomas Mann a reconnu plus tard la fraternité des romantiques ; l'autre raisonnable et un peu raisonneur, toujours prêt à reconnaître ses torts pourvu qu'on les lui démontre, avec une propension à donner des leçons et à tirer de tout un enseignement. Ces deux visages se montrent tour à tour, parfois ensemble dans une même lettre, mais partout ils se découvrent en entier, sans retouches. Naturellement, c'est le Freud romantique que Martha dut d'abord connaître :

*Je le savais que je ne prendrais conscience de toute l'ampleur de mon bonheur et, hélas, de la mesure de ma privation que lorsque tu serais loin de moi. Je ne puis toujours pas le croire, si je n'avais le joli coffret et ton délicieux portrait, je croirais à un rêve trompeur et craindrais de me réveiller... Ton charmant portrait... Je l'ai d'abord bien sous-estimé quand j'avais l'original sous les yeux ; mais maintenant, plus je le regarde, plus il ressemble à ma bien-aimée ; j'attends que les joues pâles s'empourprent comme nos roses, que les bras délicats se détachent de sa surface pour me prendre la main, mais le cher portrait reste immobile, il paraît dire seulement : patience, patience, je ne suis qu'un signe, une ombre jetée sur le papier, la créature vivante viendra elle-même, et alors tu auras le droit de me négliger...*

*Avec cela, l'idée m'obsédait que j'avais lu quelque part l'histoire d'un homme qui portait partout avec lui sa bien-aimée enfermée dans une caisse et, après avoir beaucoup cherché, il me revint que ce devait être le conte de la* Nouvelle Mélusine *dans le* Wilhelm Meister *de Goethe, dont je ne me souvenais que confusément. Je repris le livre après bien des années et trouvai ma supposition confirmée. Mais je trouvai plus que je ne cherchais. Les allusions superficielles les plus taquines surgissaient çà et là, chaque trait de la petite histoire cachait un rapport avec nous, et quand je me rappelai quelle importance ma chérie attache à ce que je sois plus grand qu'elle, je jetai le livre mi-fâché, mi-ravi, et je me consolai en me disant que ma Martha n'était pas une nixe, mais une délicieuse fille d'homme. Nous ne nous accordons pas encore sur le chapitre de l'humour, c'est pourquoi tu seras peut-être déçue si tu lis le conte. Du reste, je n'ai pas envie de te raconter toutes les idées folles et graves qu'il m'a suggérées*[6]*...*

6. M., 19-6-1882, *Br.*, 10.

✳✳✳ Le jeune homme qui, tel le Chevalier à la Rose, envoyait chaque jour une rose rouge à sa bien aimée, traite la jeune fille en princesse de conte et même une fois, lui écrit une lettre tout entière en style médiéval, ce même jeune homme peut aussi se montrer exigeant, possessif, intransigeant dès qu'il s'agit de ses conceptions de la vie. Il prend alors dans ses missives le ton sévère ou raisonneur qui, le plus souvent, camoufle à demi sa jalousie :

*Ma chérie, il y a un mois aujourd'hui que je t'ai revue, assise sur la véranda de la maison des Philipp, et toi, qui étais ma fiancée depuis deux mois, tu ne m'as pas reconnu. Peu de choses, bien peu de choses se sont produites entre-temps pour transformer en réalité l'union à quoi nous aspirons. Mais notre temps n'a pas non plus été mal employé. Nous étions étrangers l'un à l'autre, il nous a fallu nous connaître, vivre quelque chose en commun, cela nous l'avons fait, et si nous restons tous deux bien portants, si aucun démon ne vient troubler nos sentiments mutuels, les prochains mois de nos fiançailles nous rapprocheront de notre but. Si je devais aujourd'hui te renouveler une demande, je te dirais : ne sois pas réticente ou renfermée à mon égard, confie-moi plutôt tes petits sujets de mécontentement, ou même les grands, afin qu'en amis honnêtes et en bons camarades, nous puissions les régler et les supporter. Moi-même j'ai toujours agi de la sorte, aux dépens des égards que ta nature délicate est en droit d'exiger, et tu m'as dit que tu le trouvais bon. Si je t'ai souvent blessée, tu n'as pourtant jamais méconnu mes efforts pour entrer en possession de toi aussi intimement que possible, et si cela est égoïste, c'est que l'amour ne peut pas être autrement*[7]*...*

✳ La principale cause de désaccord entre les deux jeunes gens est bien entendu le caractère jaloux de Freud, qui travaille sans relâche à détacher Martha de toutes ses affections. Constamment, il met la jeune fille en demeure de choisir entre lui et les gens qu'elle aime ou a aimés. L'idée d'un fiancé qu'elle a eu avant lui le rend malade, un ami d'enfance un peu trop empressé donne lieu à une querelle violente, même le frère et la mère de sa fiancée deviennent de dangereux rivaux, qu'il décide de supplanter. Et pendant toute cette période où la séparation aggrave jusqu'aux plus petits conflits, Freud manifeste déjà un trait de caractère qui fut très familier plus tard à ses disciples :

7. M., 17-8-1882, *ibid.*, 26

ceux qu'il aime doivent lui *répondre*, rien ne l'irrite plus qu'un manquement aux règles de la correspondance, il est capable, pour cela, de se brouiller avec un ami. On dit que la négligence excessive de Jung sur ce point fut l'une des causes qui lui fit perdre l'affection de son maître. Celle de Martha ne devait pas être aussi grave, elle fut pourtant menacée de la même sanction :

*Sans attendre ta réponse, ma chérie, je commence ces notes afin de te dire plus de choses sur moi que nos rapports directs ne me le permettraient. Je veux être très franc et très confiant à ton égard, comme il convient entre nous après que nous nous sommes donné la main en amour et en amitié pour le reste de notre vie, mais je ne t'écrirai pas toujours sans recevoir de réponse, et si tu ne me réponds pas, je cesserai. De continuels monologues à propos de l'être aimé, à quoi celui-ci n'apporte pas lui-même les corrections et le rafraîchissement nécessaires, conduisent à des idées fausses sur les rapports mutuels et provoquent de l'éloignement. Sache aussi que je ne serai pas toujours très tendre, mais souvent grave et sincère, comme il convient à des amis, comme c'est un besoin entre amis*[8]...

* * * Freud supportait d'autant plus mal la séparation qu'il ne pouvait pas faire grand-chose pour l'abréger. Pendant les quatre ans et demi que durèrent leurs fiançailles, il n'alla voir Martha que six fois, faute d'argent pour prendre le train. Se rendre de Vienne à Hambourg, il ne le pouvait qu'en empruntant à des amis, mais il était déjà criblé de dettes, un voyage était une folie qui compromettait son budget, et plus encore ses plans de travail. Cette situation ne pouvait qu'aggraver les difficultés sentimentales des jeunes gens, elle avivait la passion de Freud, mais aussi sa jalousie, ses craintes d'être abandonné et de ne jamais gagner le bonheur conjugal qui, à ce moment, lui paraissait un idéal accessible. « *Ô Martha chérie*, s'écrie-t-il un jour, *comme nous sommes pauvres !* » Pauvres, ils l'étaient en effet, leur dénuement était si radical qu'il prenait aux yeux de Freud les proportions d'une épreuve biblique. A peine s'il espérait être plus heureux que Jacob, qui avait dû attendre sa femme sept ans :

*Mon trésor adoré, je me fais l'effet tantôt d'être tellement enviable, tantôt d'être tellement malheureux quand je pense que tu es ma*

8. M., 25-9-1882, *ibid*, 30.

*fiancée et que tu l'es depuis trois ans et demi. Passés en un clin d'œil, dis-tu ? C'est la moitié du temps des fiançailles de nos patriarches, mais ils vivaient terriblement vieux et Dieu était avec eux*[9]...

⁂ L'amour, les soucis d'argent, les craintes pour l'avenir, les préoccupations scientifiques, sont les thèmes dominants de cette correspondance impatiente qui devait atténuer tant bien que mal la séparation des jeunes gens. Mais ce ne sont pas du tout les seuls. Freud écrit aussi à Martha pour lui faire partager ses idées sur la vie, ses jugements sur les choses et les gens ; il aime s'entretenir longuement avec elle de ses livres préférés, dont il lui fait cadeau dès qu'il peut réunir quelque argent. Ainsi sa correspondance donne un aperçu très exact de ses goûts littéraires, elle contient même de véritables petits articles critiques, où s'expriment des idées très personnelles sur l'esthétique des œuvres et, surtout, cet amour et ce don de l'interprétation qu'il devait développer si magistralement plus tard dans ses écrits psychanalytiques :

*Tu as certainement remarqué que tous nos écrivains, tous nos artistes adoptent une certaine « manière », une série stéréotypée de sujets et de procédés qui marquent la limite de leur art. C'est pourquoi il est si facile de les pasticher... Appartiennent à cette catégorie, dans les œuvres de Dickens, ces jeunes filles sans défauts, altruistes et bonnes, si bonnes qu'elles en sont presque incolores ; ensuite, le fait que tous les braves gens se lient d'amitié dès leur première rencontre et travaillent en commun tout le long du livre ; puis la distinction tranchée entre la vertu et le vice, distinction qui n'existe pas dans la vie (moi par exemple, où me situer ?) ; il y a encore son penchant facile pour les simples d'esprits représentés dans presque tous ses romans par un ou deux lourdauds ou toqués appartenant au groupe des « bons », etc. Oh ! J'allais oublier le philanthrope immensément riche qui ne manque jamais de s'intéresser à toute noble entreprise. C'est dans* Copperfield *qu'on en trouve le moins. Là, les caractères sont individualisés, les personnages commettent des péchés sans être toutefois abominables*[10]...

✻ Le livre qui occupe le plus de place dans la correspondance

9. M., 19-11-1885, *ibid.*, 178.
10. M., 5-10-1883, *J Bg.*, tome I, 192.

de cette époque est le *Don Quichotte* de Cervantès, dont Freud avait envoyé à Martha un exemplaire de luxe illustré par Gustave Doré, cadeau d'un de ses amis. La jeune fille ne prit pas goût au chef-d'œuvre, dont la crudité la choquait. Freud s'en excusa, mais avoua que le livre le fascinait tellement qu'il oubliait presque ses travaux. Et pendant plusieurs jours revint sur ce sujet auquel, visiblement, il se sentait secrètement lié.

*N'est-il pas très touchant de voir un grand homme, lui-même idéaliste, se moquer de ses idéaux ? Avant d'avoir la chance de comprendre la profonde réalité de notre amour, nous avons tous été de nobles chevaliers, parcourant le monde au milieu d'un rêve, interprétant de travers les faits les plus simples, transformant les platitudes en choses nobles et rares et faisant ensuite triste figure. C'est pourquoi nous autres hommes, nous lisons toujours avec le même respect les descriptions de ce que nous fûmes jadis et de ce que nous sommes partiellement restés*[11]*...*

✻ ✻ On voit que si Freud n'était pas psychologue au sens courant du mot — de fait il l'était remarquablement peu dans la vie quotidienne —, il s'analysait déjà lui-même avec une rare pénétration. Et de même qu'il se sent pris dans un conflit don quichottesque entre le rêve et la réalité — conflit dont le dénouement n'exigera rien de moins pour lui que l'invention d'une nouvelle science —, de même il démêle sa ressemblance secrète avec l'ascète intellectuel, l'ermite Antoine dont Flaubert raconte la *Tentation* :

*J'ai lu ce livre qui, de la façon la plus condensée et avec une vigueur incomparable, jette à la tête des gens toutes les corruptions du monde. Non seulement il évoque les grands problèmes de la connaissance, mais pose les vraies énigmes de la vie, tous les conflits des sentiments et des impulsions. Ces questions, il est vrai, on ne peut se dispenser d'y songer parce qu'elles se posent partout et toujours. Mais on se contente chaque fois de leur fixer une place restreinte. Nous nous habituons à croire qu'il ne faut penser à la solution de ces énigmes qu'à certains moments déterminés et qu'en dehors de ces moments-là, elles cessent d'exister. C'est pourquoi les énigmes*

11. M., 23-8-1883, *Br.*, 44 et suiv.

*viennent nous assaillir brusquement au réveil, nous ôtant le calme et le courage*[12]*...*

On incline parfois à croire que la révolution freudienne s'est accomplie d'un coup aux alentours de 1895, en rupture complète avec la vie et la pensée de son auteur. Les lettres à Martha montrent qu'il n'en est rien : tout en faisant de l'anatomo-pathologie, Freud travaillait déjà intérieurement dans le domaine où il allait s'illustrer. Le conflit dont il souffrait sans en connaître encore la cause éclata quelques années plus tard au moment de la mort de son père. Il n'avait pas été résolu, mais seulement masqué ou atténué par l'approche du mariage.

** Les deux jeunes gens finirent par fixer un terme à leur interminable attente : quoi qu'il dût arriver, ils se marieraient en 1887, exactement au bout de cinq ans de fiançailles. En réalité, ils devaient gagner six mois, grâce à un oncle et à une tante de la jeune fille qui firent don aux fiancés d'une somme modique, juste suffisante pour les débuts du ménage. Du reste, Freud n'en pouvait plus, il passa dans une agitation douloureuse les derniers jours qui le séparaient encore de Martha :

*Alors je vais pouvoir retrouver le souffle, ma chérie, et c'est de bon gré que je vais recommencer à trimer et à économiser. S'il nous arrive parfois de nous casser la tête pour savoir où et comment nous procurer telle ou telle chose, qu'importe ? Après tout, nous serons deux à le supporter, et cela sans vivre dans l'affreuse misère qui n'empêche pourtant pas les gens de s'aimer... Combien de temps reste-t-on jeune et bien portant ? Combien de temps assez malléable pour s'adapter à l'humeur changeante de son partenaire ? Si je te faisais attendre le moment où j'aurais économisé assez d'argent pour tout payer, tu serais devenu une vieille fille qui aurait désappris le rire. Tu me manques à tel point depuis mon retour que je vis à peine comme un être humain. Tu me manques à tous points de vue, comme bien-aimée, femme, camarade, compagne de travail, et il me faut vivre dans le plus pénible abandon. Je ne sais comment occuper mon temps, je n'ai de plaisir à rien ; depuis des semaines mon visage reste sombre, bref, je suis très malheureux*[13]*...*

12. M., 26-7-1883, *J Bg.*, tome I, 193.
13. M., juin 1886, *ibid.* 161.

✻✻ Le mariage dut être encore un peu différé parce que Freud, qui pensait ne faire une période militaire que l'année suivante, fut appelé pour les grandes manœuvres. Après quoi, il fallut régler la délicate question de la cérémonie. Freud était tellement horrifié par les rites compliqués du mariage juif qu'il songea un instant à se faire protestant, car tout citoyen autrichien était tenu d'avoir une « confession », indépendamment de ses opinions et de ses pratiques religieuses. Puis il se rassura : comme il se mariait en Allemagne où, contrairement à l'Autriche, le mariage civil était reconnu, le mariage religieux lui serait épargné. Il se trompait ! Où qu'il fût contracté, un mariage civil n'était pas valable en Autriche, de sorte qu'il lui fallut se résoudre à la cérémonie. Elle eut lieu selon les rites juifs, après que Freud eut passé la nuit chez un oncle, pour apprendre les prières hébraïques qu'il devrait réciter le lendemain. Ce fut la dernière fois qu'il se plia à une convention contraire à ses idées.

✻ Le 1er octobre 1886, les jeunes mariés revinrent de voyage et rentrèrent à Vienne, où leur situation resta longtemps encore très précaire. A part les voyages de Freud et, parfois, les périodes de vacances, ils ne devaient plus guère se séparer. Ils ne quittèrent Vienne qu'à la veille de la Seconde Guerre mondiale, au bout de cinquante-deux années de vie commune pendant lesquelles Martha n'eut pas d'autre rivale que la science, comme son fiancé le lui avait prédit. En se trompant toutefois sur un point : la seule rivale de Martha ne fut pas la classique anatomie du cerveau, mais l'étude des névroses, puis la tumultueuse psychanalyse en quoi Freud, désormais, allait concentrer toute sa passion.

# 6. L'HYSTÉRIE

* Le dimanche 25 avril 1886, jour de Pâques, on put lire dans un quotidien viennois l'annonce suivante :

** Le Dr Sigmund Freud, chargé de cours de neurologie à la Faculté de Vienne, est de retour après un séjour de six mois à Paris et habite maintenant Rathausstrasse 7...

*** Ainsi, Freud ouvrit son premier cabinet médical un dimanche, et par surcroît un dimanche de Pâques, le jour le plus chômé de toute l'année à Vienne. C'était assurément une singulière idée, et puisqu'on cherche naturellement à tout expliquer, dans cette vie apparemment prédestinée à l'explication, on s'est demandé ce qui avait bien pu la suggérer à Freud, dont les décisions pratiques étaient d'ordinaire mieux inspirées.

* Était-ce le souvenir de la vieille nourrice qui, le jour de Pâques, l'emmenait entendre la messe à l'église de Freiberg ? Le désir de défier la société en bravant ses usages les mieux établis ? Ou encore l'une des croyances superstitieuses à demi avouées auxquelles Freud resta longtemps attaché, en leur donnant avec plus ou moins de succès des explications rationnelles ? Nous ignorons ce que représentait pour Freud cette date du 25 avril, mais vu son importance et sa solennité, nous croirons volontiers qu'il ne l'avait pas choisie sans intention.

** Longtemps, en effet, son projet d'installation à Vienne avait été une source d'hésitations et de doutes. Avant de la réaliser, Freud avait envisagé toutes sortes de solutions : émigration en Angleterre ou en Amérique, installation à la campagne ou dans une petite ville de province. Pour finir, il avait résolu de tenter sa chance dans la capitale, chose risquée pour un médecin sans fortune et qui ne pouvait compter sur de grands appuis.

*** Un mois avant son mariage, il avait quitté son premier logement pour un appartement plus vaste où, au début, les clients furent loin de se presser. Freud avait prévenu sa femme qu'ils auraient sans doute une vie dure, elle le fut en effet et, pendant quelque temps, les cadeaux de mariage prirent un à un le chemin du Mont-de-Piété. Dès midi, heure de la consultation, le jeune ménage attendait les malades, qui avaient reçu le surnom irrévérencieux de « nègres », par allusion à la caricature d'un journal humoristique où l'on voyait un lion bailler en disant : « *Déjà midi et toujours pas de nègre*[1] ! » Peu à peu cependant, les « nègres » furent envoyés par d'anciens maîtres de Freud ou des amis très proches, ceux-là mêmes qui l'aidaient depuis longtemps de leur argent et de leurs conseils. De sorte que les terrifiantes fins de mois purent tout de même être honorées...

* Freud était installé en qualité de spécialiste des « maladies nerveuses », mais très vite, il s'aperçut que la neurologie telle qu'on la lui avait apprise ne pouvait pas grand-chose pour la majeure partie de ses malades. Ceux-ci, en effet, ne souffraient pas en général d'une quelconque lésion organique du système nerveux, c'étaient des « nerveux », nous dirions aujourd'hui des névrosés, c'est-à-dire des gens qui encombraient toutes les branches de la médecine, sans relever à proprement parler d'aucune. Ces malades singulièrement déshérités allaient de médecin en médecin, essayaient en vain tous les traitements, lassaient tout le monde avec leurs souffrances et leurs plaintes. Or, Freud voulait vivre de sa clientèle, il se dit que le meilleur moyen de réussir était de se montrer efficace là où ses confrères prenaient leur parti de leur complète impuissance. Ce désir de guérir paraît aller de soi de la part d'un médecin, il faut croire pourtant qu'il n'était pas si banal puisque Freud fut le premier, dans son secteur, a en faire la base de son effort scientifique.

** Trouvant devant lui une catégorie de malades qu'on ne lui avait pas appris à soigner, Freud se pencha sur eux avec l'attention et la curiosité dont Charcot lui avait donné l'exemple pendant son

1. *J Bg.*, tome I, 167.

séjour à la Salpêtrière. Sans doute, le maître français ne lui avait pas transmis la thérapeutique efficace dont il sentait maintenant le besoin ; du moins avait-il donné à l'hystérie une importance scientifique nouvelle, dont Freud pouvait se convaincre chaque jour qu'elle n'était pas toute théorique. Rentré de Paris bouillonnant d'idées et brûlant de les communiquer, il crut n'avoir pas de peine à en convaincre aussi ses confrères, mais son premier contact avec la Société des médecins viennois lui fit vite perdre ses illusions :

*J'avais à faire un rapport sur ce que j'avais vu et appris chez Charcot. Mais je fus mal reçu. Des autorités, telles que Bamberger, le président, déclarèrent que ce que je racontais n'était pas digne de foi. Meynert me somma de rechercher dans Vienne des cas analogues à ceux que je décrivais et de les présenter à la Société des médecins. C'est ce que j'essayai, mais les médecins des hôpitaux dans lesquels je trouvai de pareils cas se refusèrent à me laisser les observer et m'en occuper. L'un d'eux, un vieux chirurgien, s'écria : « Mais, mon cher collègue, comment pouvez-vous dire de telles absurdités ! Hysteron (sic) veut dire utérus. Comment donc un homme pourrait-il être hystérique ? » J'objectai en vain que ce dont j'avais besoin était la possibilité d'observer le cas, et non une approbation de mon diagnostic. Je découvris enfin, en dehors de l'hôpital, un cas classique d'hémianesthésie hystérique chez un homme, et je le présentai à la Société des médecins. Cette fois, je recueillis des applaudissements, puis on ne s'intéressa plus à moi. L'impression que les autorités compétentes avaient repoussé mes nouveautés demeura chez tous inébranlée ; avec mon idée de l'hystérie chez l'homme, et l'affirmation que l'on pouvait produire des paralysies hystériques par suggestion, j'étais rejeté dans l'opposition. Comme bientôt après le laboratoire d'anatomie cérébrale me fut fermé et que pendant des semestres, je n'eus plus de local où faire mon cours, je me retirai de la vie académique et médicale. Et depuis, je ne suis plus jamais retourné à la Société des médecins[2]...*

* L'échec de ce premier rapport, s'il ne brouilla pas Freud avec la Société médicale aussi radicalement qu'il crut s'en souvenir beaucoup plus tard, fut néanmoins décisif en ce qu'il l'obligea à travailler seul pour accomplir sa double tâche : soigner les étranges maladies

2. *Ma Vie...*, 21 et suiv.

qu'il avait sous les yeux, et pour ce faire, trouver coûte que coûte le moyen de les comprendre. Comme il lui fallait gagner immédiatement sa vie, il commença par soigner avec les maigres moyens thérapeutiques que lui offrait son temps :

*Mon arsenal thérapeutique ne contenait que deux armes : l'électrothérapie et l'hypnose, car l'envoi dans un établissement hydrothérapique après une consultation unique n'était pas une source de gain suffisante. Je m'en rapportai, en ce qui concerne l'électrothérapie, au manuel de Erb, qui donnait des prescriptions détaillées sur le traitement de tous les symptômes des maladies nerveuses. Je devais malheureusement bientôt reconnaître que ma docilité à suivre ces prescriptions n'était d'aucune efficacité ; que ce que j'avais pris pour des observations exactes n'était qu'un édifice fantasmagorique. La découverte qu'un livre signé du premier nom de la neuropathologie allemande n'avait pas plus de rapports avec la réalité que, par exemple, une clé des songes égyptienne telle qu'on en vend dans nos librairies populaires, cette découverte fut douloureuse, mais elle m'aida à perdre encore un peu de la naïve croyance aux autorités dont je ne m'étais pas libéré. Je mis donc l'appareil électrique au rebut*[3]*...*

✻✻ Freud s'attacha dès lors principalement à l'hypnose, ce qui ne le réconcilia pas avec les psychiatres, pour qui l'hypnotisme était de la charlatanerie, et les « magnétiseurs », comme on disait, une engeance des plus méprisables. A Paris, il avait vu Charcot se servir de l'hypnose pour créer des symptômes et ensuite les supprimer. Puis il eut connaissance des travaux de l'école de Nancy, qui employait la suggestion avec ou sans hypnose dans une intention thérapeutique. Tâchant de tirer parti de toutes les techniques, même des plus décriées, il s'écarta de plus en plus des maladies nerveuses organiques, en quelque sorte sans l'avoir voulu :

*Mais ce n'était pas une grande perte. Car d'une part, la thérapie de ces états n'offrait en rien des perspectives satisfaisantes, et d'autre part, dans la pratique privée du médecin établi en ville, le petit nombre des malades de cet ordre disparaissait au regard du nombre immense des névrosés, nombre encore multiplié par le fait que ces*

3. *Ibid.*, 22.

*malades couraient d'un médecin à l'autre, sans trouver d'aide nulle part. D'ailleurs le travail au moyen de l'hypnose était fascinant. On éprouvait pour la première fois le sentiment d'avoir surmonté sa propre impuissance, il était très flatteur d'avoir un renom de thaumaturge... Je devais découvrir plus tard quels étaient les défauts du procédé*[4]...

✳✳✳ On a sûrement remarqué au passage la courageuse franchise de Freud, qui montre au grand jour les mobiles intéressés sur quoi l'histoire de la science fait généralement un silence pudique : il a cherché parce qu'il avait besoin d'argent et ne pouvait se passer du sentiment de sa propre puissance, deux choses qu'on trouve toujours d'une manière ou d'une autre à l'origine des grands accomplissements humains. Comme toute idée et toute science, la psychanalyse a eu des causes obscures, élémentaires, sans commune mesure avec ce qui allait devenir son but. La seule différence avec les autres est qu'elle a été la première, et jusqu'à présent encore presque la seule à l'avouer.

✳ Les imperfections de ses procédés thérapeutiques ne laissèrent pas de préoccuper Freud pendant ces premières années de sa pratique. Bien vite, il s'aperçut qu'on ne pouvait pas hypnotiser tous les sujets et que, chez ceux qui s'y prêtaient, l'état d'hypnose n'était pas toujours aussi profond qu'il eût été souhaitable. Aussi, pendant l'été de 1889, décida-t-il d'aller passer plusieurs semaines à Nancy, pour parfaire son apprentissage :

*Je vis à l'œuvre le vieux et touchant Liébault, auprès des pauvres femmes et enfants de la population prolétaire ; je fus témoin des étonnantes expériences de Bernheim sur ses malades d'hôpital, et c'est là que je reçus les plus fortes impressions relatives à la possibilité de puissants processus psychiques, demeurés cependant cachés à la conscience des hommes*[5]...

✳✳ Chez Charcot, Freud avait acquis la certitude que les troubles hystériques — contractures et paralysies par exemple — ne correspondaient pas à un secteur anatomique déterminé, mais à une

4. *Ibid.*, 24, 25.
5. *Ibid.*, 24, 25.

*image*, à une représentation mentale du bras ou de la jambe. Dans une *Étude comparative des paralysies motrices organiques et hystériques*, écrite et publiée en français, il dit que « *l'hystérie se comporte dans ses paralysies et autres manifestations comme si l'anatomie n'existait pas, ou comme si elle n'en avait nulle connaissance* ». Voici qu'à Nancy, Bernheim lui permettait de constater un autre fait capital : les hystériques *savaient*, mais en quelque sorte à leur insu, des choses qui touchaient de près à la cause de leur maladie. Seuls, ils ne pouvaient ni retrouver, ni exprimer ce qui restait mystérieusement caché à leur conscience, l'hypnose ou la suggestion n'étaient que des moyens de provoquer ce rappel, mais alors on se trouvait devant un irritant problème : pourquoi certains sujets cédaient-ils à la suggestion, tandis que d'autres y restaient insensibles, ou ne cédaient jamais qu'à moitié ?

*Afin de m'instruire, j'avais amené une de mes patientes à me suivre à Nancy. C'était une hystérique fort distinguée, génialement douée, qui m'avait été abandonnée parce qu'on ne savait quoi en faire. Grâce à la suggestion hypnotique, je lui avais rendu l'existence possible, et il était resté en mon pouvoir de la relever chaque fois qu'elle retombait dans son misérable état. Après quelque temps, toutefois, tout recommençait, et dans mon ignorance d'alors, j'attribuais ces rechutes au fait que son hypnose n'avait jamais atteint le degré de somnambulisme avec amnésie. Bernheim essaya plusieurs fois à son tour de la plonger dans une hypnose profonde, mais il ne réussit pas mieux que moi. Il m'avoua franchement n'avoir jamais obtenu ses grands succès thérapeutiques par la suggestion que dans sa pratique d'hôpital, et pas sur les malades qu'il avait en ville. J'eus avec lui beaucoup d'entretiens intéressants et j'entrepris de traduire en allemand ses deux ouvrages sur la suggestion et ses effets thérapeutiques*[6]...

❊ Freud n'en est pas encore à formuler des hypothèses sur la genèse de la maladie. Pour l'instant, il constate seulement que les hystériques se comportent comme s'ils n'avaient aucune connaissance de l'anatomie — ce qui n'est qu'un pas vers sa future conception du « *symbolisme* » des symptômes hystériques — et aussi, qu'ils agissent comme s'ils étaient mûs par des représentations cachées à

6. *Ibid.*, 25.

leur propre conscience. De plus, il est extrêmement troublé par le caractère imprévisible, apparemment capricieux, des effets thérapeutiques qu'il lui arrive d'obtenir. Troublé, mais nullement découragé ou irrité, comme l'étaient visiblement la plupart de ses confrères. L'irrégularité de ses résultats, et la nécessité de l'expliquer, furent justement ce qui le poussa à continuer.

* * On reconnaît ici le trait distinctif le plus fort de cette période si importante pour la maturation de ses idées : une aptitude à tout accepter, à tout recevoir d'abord sans rien rejeter *a priori* de ce qui pourrait peut-être le guider. De même qu'il se laisse pénétrer par les conceptions de Charcot et de Bernheim et s'en fait l'interprète dans sa propre langue — c'est à cette époque qu'il traduit la *Polyclinique* de Charcot et les deux ouvrages de Bernheim sur la suggestion —, de même il s'ouvre entièrement à l'expérience nouvelle que lui proposent ses malades. Cette réceptivité autant affective qu'intellectuelle, si révolutionnaire au regard de l'attitude ordinaire des psychiatres, fut la grande chance du génie freudien.

* C'est à elle que Freud dut de recueillir et d'exploiter une trouvaille surprenante faite non point par lui, mais par l'un de ses amis et confrères, le Dr Josef Breuer, de quatorze ans son aîné, avec qui il était intimement lié depuis longtemps. En septembre 1882, Breuer avait fait part à Freud des observations absolument inattendues qu'il avait pu tirer d'une cure en quelque sorte inédite : celle d'une jeune fille hystérique qu'il avait traitée pendant deux ans et qui, selon lui, l'avait quitté à peu près guérie. Freud se passionna immédiatement pour ce cas, qui lui paraissait receler de grandes possibilités nouvelles tant pour la thérapeutique que pour la théorie de la névrose. Il se fit lire l'histoire de la cure, que Breuer avait transcrite en partie, et, au cours des années suivantes, s'en occupa avec une passion bien plus vive que le principal intéressé, lequel, bizarrement, semblait plutôt vouloir l'oublier. Pendant son séjour à Paris, il s'en ouvrit également à Charcot, dont l'intérêt pour une histoire aussi riche lui paraissait acquis d'avance. Mais, contre toute attente, celui-ci n'opposa qu'indifférence à ses propos.

* * * L'histoire d'Anna O..., devenue célèbre depuis dans les annales psychiatriques, recommença de préoccuper Freud au moment où, ayant affaire lui-même avec des cas analogues, il se trouva de

plus en plus déçu par l'arsenal thérapeutique auquel il avait encore recours. L'électrothérapie était un leurre, l'hypnose n'était pas toujours praticable, la suggestion guérissait les symptômes et les faisait réapparaître selon une loi impénétrable. Aussi décida-t-il d'essayer la méthode dont Breuer lui avait parlé — méthode empirique s'il en fut, créée moins par les idées théoriques du médecin que par le déroulement imprévisible de la cure et, chose toute nouvelle, par la collaboration intelligente de la malade. La ténacité dont Freud fit preuve en l'occurrence, malgré les singulières réticences de son ami, fournit à la psychanalyse son premier instrument et, par là, décida de son destin.

*** Anna O..., de son vrai nom Berthe Pappenheim, a bien mérité sa célébrité scientifique, puisque c'est à elle, en fait, qu'on doit la méthode de Breuer, qu'elle appelait fort justement « *cure par la parole* » ou encore « *ramonage de cheminée* ». A l'époque de son traitement, c'était une jeune fille de vingt et un ans extrêmement intelligente, géniale même, fort séduisante par surcroît, ce qui ne laissa pas de contribuer beaucoup à l'embarras de son médecin. Elle avait consulté Breuer, qui n'était pas psychiatre, pour une toux nerveuse très pénible, mais elle souffrait en outre de troubles aussi spectaculaires que variés, tous apparus après la mort de son père : paralysie de trois membres avec contractures et insensibilité ; troubles compliqués du langage et de la vue ; incapacité de se nourrir, etc. En outre, elle était susceptible de deux états de conscience absolument distincts, l'un pendant lequel elle était normale, l'autre où elle prenait le comportement d'une enfant insupportable et dissipée. La transition entre les deux états se faisait par une sorte d'auto-hypnose dont elle se réveillait parfaitement lucide, avec des moyens intellectuels intacts. Ajoutons que pendant toute la durée de la cure, Anna O... avait complètement oublié sa langue maternelle, l'allemand, et ne put s'exprimer qu'en anglais. L'usage de l'anglais lui était devenu si naturel qu'elle traduisait dans cette langue n'importe quel texte français ou italien, sans aucune faute.

* La visite de Breuer ayant lieu le soir, à un moment où la jeune fille était lucide, elle prit l'initiative de raconter à son médecin tout ce dont elle avait souffert dans la journée, et aussi de lui décrire les terribles hallucinations après lesquelles elle se sentait soulagée. Un jour, elle lui conta en détail dans quelles conditions l'un de ses

symptômes était apparu et, à la stupéfaction de Breuer, ce simple récit suffit à faire disparaître le symptôme en cause, comme par un enchantement de la parole. Anna O... comprit immédiatement la portée de ce phénomène inattendu : elle continua d'elle-même « le ramonage de cheminée » auquel Freud et Breuer donnèrent ensuite le nom savant de *catharsis*, ou purgation de l'âme.

⁂ Freud fut longtemps frappé des obscurités qui restaient dans l'histoire de la maladie, surtout en ce qui touchait la fin du traitement, de toute évidence un peu brusquée par le médecin. Que s'était-il passé ? Pourquoi Breuer montrait-il une telle répugnance à parler du cas ? Pourquoi, surtout, avec une méthode thérapeutique aussi prometteuse, avait-il cessé complètement de s'intéresser à l'hystérie ? Freud ne put répondre à ces questions que lorsqu'il eut pénétré lui-même plus profondément dans le domaine obscur de la névrose. Mais même alors il ne publia pas tous les détails qu'il avait pu apprendre, par égard pour l'homme qu'il avait aimé et admiré si longtemps avant de voir en lui un ennemi de ses idées. Le secret de Breuer, qui est aujourd'hui le secret de Polichinelle pour les psychanalystes, a été révélé par Ernest Jones dans sa Biographie :

*Freud m'a donné des circonstances particulières qui entourèrent la fin de ce traitement un récit plus détaillé que celui qu'il a inséré dans ses travaux. Il semble que Breuer ait eu, à l'égard de son intéressante malade, ce que nous qualifierions aujourd'hui de contre-transfert marqué. Quoi qu'il en soit, ce cas l'absorbait à tel point que sa femme se lassa de ne l'entendre parler que de ce sujet et, sans se l'avouer, en éprouva bientôt une jalousie qui la rendit triste et soucieuse. Préoccupé comme il l'était, Breuer mit longtemps à s'en apercevoir et à comprendre les motifs de cet état d'âme, qui provoqua toutefois en lui une violente réaction, imputable sans doute à un mélange d'amour et de remords. Il décida de mettre un terme au traitement et annonça sa décision à Anna O..., dont l'état s'était beaucoup amélioré. Il prit congé d'elle. Mais le soir même, il fut rappelé et la trouva plus agitée, apparemment plus malade que jamais. Breuer avait toujours soutenu que sa cliente était asexuée. A aucun moment de son traitement, elle n'avait fait allusion à un sujet aussi interdit. Or, il la trouva cette fois en proie aux douleurs d'un accouchement hystérique, fin logique d'une grossesse imaginaire passée inaperçue et qui s'était produite en réponse aux soins donnés par Breuer. Bien que profondément bouleversé, celui-ci la calma en l'hypnotisant, puis, pris de sueurs froides, quitta cette maison*[7]...

Anna O..., on s'en doute, était fort loin d'être guérie, longtemps encore ses troubles la firent souffrir, puis son état s'améliora peu à peu et elle parvint à mener une vie active, où elle put déployer son énergie et ses dons. Elle fut la première assistante sociale qui eut un poste en Allemagne et, paraît-il, l'une des premières dans le monde entier. Restée célibataire et croyante, elle se dévoua à la cause de l'émancipation féminine et parcourut l'Europe orientale pour porter secours aux enfants dont les parents avaient péri dans les pogromes.

*** Quant à Breuer, on conçoit que l'hystérie fût devenue pour lui un sujet épineux sur quoi il eût sans doute aimé faire le silence. Dix ans plus tard, à l'époque où Freud et lui travaillaient ensemble à l'étude de certains cas, il appela son ami en consultation pour une hystérique qui l'embarrassait. La simple description des symptômes suffit à Freud pour affirmer un phantasme typique de grossesse. Breuer ne put supporter la répétition d'une situation qui l'avait si gravement ébranlé. Sans dire un mot, il saisit sa canne et son chapeau et, une fois de plus, prit la fuite...

* Freud avait pourtant réussi à le convaincre de reprendre avec lui l'étude systématique de ce qu'il appelait alors « *la grande névrose* ». Il s'ensuivit une collaboration qui dura cinq ans — de 1890 à 1895 —, date à laquelle les deux hommes publièrent en commun leurs *Études sur l'hystérie*. Le livre, que l'on considère généralement comme le premier ouvrage de la littérature psychanalytique, comprenait cinq histoires de malades, parmi lesquelles celle d'Anna O..., magistralement présentée par Breuer, et quatre histoires présentées par Freud, où l'on peut suivre la lente évolution de sa technique. La méthode cathartique de Breuer, en effet, était bien loin de résoudre tous les problèmes. Elle exigeait l'emploi de l'hypnose, dont Freud se persuadait de plus en plus qu'il n'était pas toujours possible, ni peut-être même souhaitable. L'état d'hypnose paraissait bien dissimuler certains phénomènes dont Freud commençait de soupçonner

7. *J Bg.*, tome I, 247. Cf. aussi. chap. 28, la lettre de Freud à Stefan Zweig sur le même sujet.

l'importance déterminante, ainsi ce qu'il appela le « *transfert* », ensemble d'émois violents, contradictoires et ambigus, que le patient avait éprouvés jadis à l'égard de ses parents et qu'il reportait maintenant inconsciemment sur la personne de son médecin. Décidé non seulement à soigner, mais à élucider la nature profonde de la maladie, Freud renonça peu à peu à l'hypnotisme et, dans le troisième cas des *Études sur l'hystérie*, le remplaça par une technique de concentration. Pour la première fois, il fut assez satisfait des résultats de ce procédé qu'il appela « *analyse psychique* », afin de marquer son début d'autonomie.

✻ ✻ La patiente étant allongée, les yeux fermés, Freud lui demandait de se concentrer sur un symptôme particulier et de tâcher de se rappeler tout ce qui pourrait en expliquer l'origine. Parfois rien ne venait, il appuyait alors la main sur le front de la malade en lui affirmant que certains souvenirs, certaines pensées ne manqueraient pas de surgir. Quand elle se taisait, il répétait sa tentative jusqu'à ce qu'elle exprime ce qui lui était venu à l'esprit, ce qu'elle faisait en observant : « J'aurais pu vous dire cela la première fois, mais je ne pensais pas que c'était ça que vous vouliez savoir. » Persuadé que là était l'obstacle, Freud lui enjoignit alors de dire tout ce qui lui passait par la tête, sans choisir, ni préjuger, ni censurer ses pensées. C'était le premier pas vers la technique des « associations libres », à quoi Freud fut conduit par la logique de ses observations et, bien souvent, par l'intelligente initiative de ses malades.

✻ ✻ Depuis longtemps, Freud avait accumulé les preuves du rôle important qu'il faut accorder aux facteurs sexuels dans la genèse des névroses. Il ne s'attendait pas à une pareille découverte et en fut d'abord très choqué. Sa répugnance fut même telle que tout se passa comme s'il avait oublié lui-même ses observations les plus probantes. Bien loin que sa théorie de l'étiologie sexuelle des névroses découlât d'une idée préconçue, elle était née d'une lutte contre ses propres préjugés :

*En ce qui me concerne tout au moins, je ferai observer que je n'avais aucune idée préconçue touchant l'importance du facteur sexuel dans l'étiologie de l'hystérie. Les deux chercheurs dont j'étais l'élève quand je commençai à étudier ce sujet, Charcot et Breuer, étaient bien loin d'une pareille supposition, au contraire, ils avaient une répugnance personnelle pour cette idée qui, au début, m'inspira les mêmes sentiments*[8]...

✻ Freud fut d'abord persuadé que sa découverte lui revenait entièrement. Mais ensuite, il se souvint de certains propos tenus par des médecins connus, qui semblaient avoir eu une idée, ou au moins une intuition analogue. Un jour, Breuer avait dit devant lui que l'hystérie avait souvent quelque rapport avec les secrets du lit conjugal. Une autre fois, il avait entendu Charcot dire à son assistant Brouardel que la « chose génitale » était toujours en jeu dans certains cas de troubles névrotiques[9]. Un an plus tard, le célèbre gynécologue Chrobak lui avait confié une hystérique en s'exprimant plus crûment encore sur le même sujet. Il est vrai que deux des médecins en question nièrent catégoriquement le propos, et que Charcot, lui eût-on demandé son avis, eût probablement fait comme eux...

✻✻ Jusqu'en 1895, Freud ne mit pas vraiment en avant ce qu'il considérait déjà pourtant comme une certitude. Ayant obtenu à grand peine la collaboration de Breuer pour les *Études sur l'hystérie*, il avait consenti que la sexualité eût dans l'ouvrage un rôle atténué. Non que Breuer refusât de la reconnaître, mais d'une part, le sujet touchait de trop près à une pénible expérience personnelle pour qu'il pût le traiter tout à fait franchement ; et d'autre part, certaines conclusions de Freud lui paraissaient prématurées, trop exclusives, compromettantes scientifiquement parlant. D'où son attitude louvoyante, qui ne facilita pas la tâche des deux hommes, et contribua à gâter leur amitié. Il avait fini par reconnaître la réalité du *transfert*, ce phénomène qui l'avait si fort bouleversé dans ses relations avec Anna O... et dont Freud, maintenant, commençait d'entrevoir la valeur thérapeutique. Cependant l'étiologie sexuelle des névroses continuait de le choquer : il la défendit en public, mais avoua à Freud que, malgré tout, il ne parvenait pas à y croire. Ainsi l'amitié de l'élève et du maître, vieille de vingt ans, commença lentement de se refroidir, pour finir par se ruiner tout à fait. Ce fut la première des brouilles retentissantes qui jalonnèrent le chemin de Freud et constituèrent, au moins pour une part, l'histoire de la psychanalyse.

8. *Étiologie de l'hystérie*, G.W., tome I, 435.
9. Cf. *Zur Geschichte der psychoanalytischen Bewegung*, G. W., tome X, 51 et suiv.

* * * Les *Études sur l'hystérie* furent assez mal accueillies dans les milieux médicaux, ce qui acheva de décourager Breuer, tandis que Freud s'armait de moquerie contre la sottise des critiques, un ennemi qui ne le lâchera plus guère au cours de sa longue vie. Par une circonstance que nous retrouverons souvent plus tard, la seule critique intelligente du livre ne vint pas d'un savant, mais d'un écrivain et critique dramatique, dont le compte rendu, intitulé *Chirurgie de l'âme*, parut dans le plus important des quotidiens viennois. Alfred von Berger, qui enseignait l'histoire de la littérature à l'Université de Vienne et devint plus tard directeur du Théâtre impérial, disait notamment :

*Nous pressentons qu'il deviendra un jour possible d'accéder au secret le plus profondément enfoui dans la personnalité humaine... La théorie elle-même n'est en fait rien d'autre que cette sorte de psychologie dont font usage les poètes*[10]*...*

* Cette première critique marque une date dans l'histoire mouvementée de la psychanalyse et de la littérature. Freud, qui écrivait dans les *Études sur l'hystérie* que ses histoires de malades tenaient plus du roman que de l'observation médicale, dut y trouver déjà une agréable compensation. Il ignorait encore que la littérature serait souvent son soutien le plus fidèle, et parfois le seul au milieu de la malveillance générale.

* * En 1896, la rupture avec Breuer est consommée. Un autre ami va prendre dans la vie de Freud une importance exclusive, un ami dont il devra aussi se séparer dans des conditions dramatiques. Cette même année, il affirme catégoriquement l'étiologie sexuelle de l'hystérie et de ce qu'il appelle désormais les « *psychonévroses* ». Et il emploie pour la première fois le mot de « *psycho-analyse* » qui, notons-le pour la petite histoire de la langue, parut dans un texte écrit et publié d'abord en français. Voici un échantillon de ce français de Freud, auquel nous laissons ici son charme et ses fautes :

*Pour la deuxième classe des grandes névroses, hystérie et névrose d'obsessions, la solution de la question étiologique est d'une simplicité et uniformité surprenante. Je dois mes résultats à l'emploi d'une*

10. *Neue freie Presse*, 2-12-1895, *J Bg.*, tome I, 279.

*nouvelle méthode de psychoanalyse, au procédé explorateur de Josef Breuer, un peu subtil, mais qu'on ne saurait remplacer, tant il s'est montré fertile pour éclaircir les voies obscures de l'idéation inconsciente. Au moyen de ce procédé — qu'il ne faut pas décrire en cet endroit — on poursuit les symptômes hystériques jusqu'à leur origine, qu'on trouve toutes les fois dans un événement de la vie sexuelle du sujet bien propre à produire une émotion pénible. Remontant en arrière dans le passé du malade, de pas en pas et toujours dirigé par l'enchaînement organique des symptômes, des souvenirs et des pensées éveillés, je suis enfin arrivé au point de départ du processus pathologique, et il m'a fallu voir qu'il y avait au fond la même chose dans tous les cas soumis à l'analyse, l'action d'un agent, qu'il faut accepter comme cause spécifique de l'hystérie*[11]*...*

11. *L'Hérédité et l'étiologie des névroses* (1893, en français) *G.W.*, tome I, 416 et suiv.

# 7. LA NAISSANCE DE LA PSYCHANALYSE

* Freud a révélé dans *La Science des rêves* ce qui l'avait guidé dans sa façon de nommer ses enfants : il tenait à ce que leurs noms ne fussent pas choisis selon la mode du jour ou une tradition familiale, mais pour perpétuer le souvenir de personnes chères, généralement ses maîtres et ses amis. Cette règle, selon lui, faisait de ses enfants des *revenants*[1], et le plaçait lui-même hors du temps périssable en lui conférant une sorte d'immortalité. C'était aussi, sans aucun doute, l'équivalent d'un acte de piété.

* * De fait, Freud l'a suivie scrupuleusement pour ses six enfants : il appela ses trois fils Jean-Martin, en hommage à la mémoire de Charcot, et non pas de Luther, comme on l'a parfois prétendu ; Olivier, en souvenir d'un des héros favoris de son enfance, Cromwell ; et Ernst pour rappeler son vieux maître Brücke dont le nom, disait-il, lui resta cher toute sa vie.

* * * Bien qu'elles n'eussent pas des marraines aussi prestigieuses, ses filles elles-mêmes n'échappèrent pas à la règle. L'aînée, Mathilde, porta le nom de Mme Breuer, à qui Freud vouait une profonde affection ; la seconde, Sophie, celui de Mme Paneth, la femme de ce Josef Paneth dont la silhouette passe de façon si obsédante dans *La Science des rêves* ; et la cadette, Anna, celui d'une fille du Pr Hammerschlag, chez qui Freud, en son jeune âge, avait appris les Écritures et l'hébreu. Au plus fort de ses relations passionnées avec Fliess, il avait décidé de donner le prénom de Wilhelm à son prochain garçon. Mais il n'en eut pas, et malgré son enthousiasme pour son ami, il ne put se résoudre à appeler l'une de ses filles Wilhelmine.

1. Cf. le rêve *Non Vixit*, dans chap. 10 : « Deux rêves de Freud », p. 176.

✻✻ Les enfants représentaient donc pour Freud un trait d'union vivant entre l'amour, l'amitié et l'admiration que lui inspiraient certaines grandes figures. Plus tard, ses premiers disciples découvrirent qu'il les associait souvent dans ses rêves à la psychanalyse, dont l'avenir lui causa longtemps de graves soucis. Il disait d'eux qu'ils étaient sa fierté et sa richesse — ce qu'à ses meilleurs moments il pensait peut-être, mais n'osait pas dire de son œuvre.

✻ L'amitié que Freud honorait ainsi dans la personne de ses enfants tenait effectivement une large place dans sa vie. Après son mariage, où il trouva la paix et les joies d'une paternité ardente, ce fut même la seule passion qui continuât de le dominer, et cela d'autant plus tyranniquement que, par nature, elle était toujours liée à sa recherche et à l'évolution de ses idées. Freud, semble-t-il, ne pouvait se passer d'aimer et d'admirer un homme à la fois proche de lui et supérieur, dont il attendait non seulement un soutien et une aide affectueuse, mais une sorte d'inspiration, un exemple propre à le stimuler. C'est ainsi que son admiration enthousiaste pour Ernst von Fleischl avait stimulé ses travaux à l'Institut de physiologie ; et que Josef Breuer, dont la bonté, l'intelligence et le courage moral étaient effectivement remarquables, avaient inspiré ses premières découvertes sur l'hystérie. Toutefois, cette forme profonde d'attachement viril n'était pas le reliquat ordinaire de l'adolescence : Freud la conserva dans son âge mûr et l'éprouva encore dans sa vieillesse, quoique avec le temps, elle eût pris des traits plus paternels. Au moment qui nous occupe, elle était devenue si excessive qu'elle a probablement précipité, sinon provoqué la naissance de la psychanalyse : nous verrons bientôt comment.

✻✻ Comme toutes les passions, l'amitié de Freud était à la fois généreuse et injuste, violente et outrée, féconde pour les deux parties et grosse de malentendus, voire de conflits. En outre, elle était intéressée, au sens noble comme au sens courant du mot. Freud, en effet, semble avoir eu besoin de devoir quelque chose à ses amis, et sa dette n'était pas seulement intellectuelle, car sa situation matérielle, toujours précaire et parfois désespérée, le contraignit souvent à accepter, si ce n'est à demander une aide pécuniaire. Il a expliqué qu'au début, l'idée d'emprunter à ses amis lui était extrêmement pénible, mais son vieil instituteur Hammerschalag, lui-même très pauvre, avait réussi à le persuader qu'il n'y avait là rien d'humiliant ; que l'aide matérielle de ses amis les plus proches n'était rien d'autre qu'une marque de confiance en ses futurs succès[2]. Pendant des années, Freud eut donc pour « banquiers » Fleischl, Paneth et d'autres, qui lui venaient régulièrement en aide ; mais son principal protecteur fut Breuer qui, pendant très longtemps, lui prêta ou lui donna une certaine somme tous les mois. Qu'aucun d'entre eux n'ait compté sur un remboursement, c'est probable. En tout cas, Fleischl et Paneth moururent avant que Freud n'ait pu s'acquitter. Et quand il se brouilla avec Breuer, il lui devait encore une somme énorme, qui ajouta sans doute à son ressentiment.

✻ Dans ces conditions, on ne s'étonnera pas que Freud se soit parfois jugé lui-même comme un « Schnorrer », ce parasite aimable et cynique qui fait inévitablement partie de la vie juive et qui, selon la tradition, paie son écot en mots d'esprits. On comprendra aussi que la singulière complicité des *dettes* et de l'*amitié* qui caractérisa longtemps ses relations forment l'un des thèmes les plus fréquents et les plus douloureux de *La Science des rêves.*

✻✻ Nulle part les sentiments de Freud ne se montrèrent aussi contradictoires, aussi extrêmes et déroutants que dans son amitié pour Wilhelm Fliess, qui dura douze ans et finit elle aussi par une retentissante rupture. Le mot de passion n'est pas trop fort pour désigner cette extraordinaire inclination qui, pendant une longue période, fut au centre de la vie de Freud et détermina une fois pour toutes le cours de son œuvre. Une lettre datée du 1er janvier 1896, prise entre beaucoup d'autres analogues, suffit à en donner le ton :

*Des êtres comme toi ne devraient jamais disparaître. Nous manquons trop, nous autres, d'hommes de ton espèce. Quels remerciements ne te dois-je pas pour la consolation, la compréhension,*

2. On peut voir là une forme moderne de la solidarité traditionnelle qui faisait un devoir aux membres les plus aisés de la communauté juive d'aider les étudiants pauvres et de subventionner les écoles talmudiques. En Europe orientale, les étudiants indigents étaient nourris à tour de rôle par les notables et les gens riches. Entre eux, qui vivaient de leurs « tickets » de repas, et le *Schnorrer* (pique-assiettes, parasite), figure typique de tant d'histoires juives, la limite était souvent imprécise. Freud, dans certains passages de *La Science des rêves* (cf. chap. 10, le rêve de la table d'hôte, p. 173), laisse entendre qu'il craignait souvent de la franchir.

*l'encouragement que tu m'apportes dans ma solitude ; tu m'as fait saisir le sens de l'existence, et dernièrement, tu m'as rendu la santé, ce que nul autre n'aurait pu faire. C'est avant tout ton exemple qui m'a permis d'acquérir la force intellectuelle de me fier à mon propre jugement et d'affronter, comme toi, avec une résignation voulue, toutes les épreuves que me réserve peut-être la vie. Pour tout cela, accepte mes simples remerciements*[3].

* L'homme que Freud remerciait en ces termes bouleversants exerça sur lui une emprise inouïe pendant plus de six années. Il l'entraîna dans une aventure extraordinaire, dont bien des aspects restent encore énigmatiques. Âgé de quarante ans, avec une partie de sa vie derrière lui, une femme qu'il aime et six enfants auxquels il est passionnément attaché, Freud en vient à remettre son sort entre les mains d'un homme qu'il juge génial, quoiqu'il lui soit probablement inférieur, et cela avec une telle exaltation que toute son existence est suspendue non seulement à l'affection, mais aux désirs, aux jugements et aux idées de son ami. L'aventure dure trop longtemps pour qu'on puisse parler d'engouement, c'est bien plutôt une sorte d'envoûtement contre lequel les tentatives ordinaires de libération restent vaines. Freud n'en sortira qu'en risquant l'entreprise la plus audacieuse qu'un homme ait jamais tentée sur lui-même : sa propre analyse.

* * * Fliess vivait à Berlin, Freud à Vienne ; et bien que les deux hommes fissent l'impossible pour se voir souvent, l'essentiel de leurs relations tenait dans une correspondance très intime, où ils se livraient mutuellement le fond de leurs pensées. Ces lettres, qui révèlent sous un jour extrêmement dramatique la naissance de la psychanalyse, ont eu elles-mêmes une histoire mouvementée. Freud avait détruit celles de Fliess, c'est par un concours de circonstances compliquées, et bien malgré lui, que les siennes ont été conservées.

* * Quelques années après la mort de Fliess, en 1928, sa veuve vendit à un libraire berlinois les 284 lettres de Freud, ainsi que les notes et les manuscrits qui les accompagnaient. Mme Fliess, sachant

3. Fl., 1-1-1896, *J Bg.*, tome I, 329, et *N. psa.*, 126. — La lettre était accompagnée d'un manuscrit important sur les *Névroses de défense*, que Freud avait intitulé *Conte de Noël.*

que Freud détruirait les lettres si elles lui tombaient entre les mains, mit au marché la condition expresse que le libraire ne devrait en aucun cas les lui remettre. Le libraire, chassé par le régime nazi, se réfugia quelque temps à Paris et offrit les documents à Marie Bonaparte, qui les racheta immédiatement au prix de 100 livres sterling. De retour à Vienne, où elle était à ce moment-là l'élève de Freud, Marie Bonaparte l'informa de cette acquisition providentielle et lui lut même quelques lettres pour le convaincre de leur intérêt scientifique. Freud fut indigné par la façon dont le marché s'était conclu et tenta de racheter une partie des lettres afin d'avoir le droit de les détruire. Mais Marie Bonaparte eut le courage de lui tenir tête : elle parvint à conserver les documents et à les préserver de la destruction à travers toutes les tribulations de la guerre. Ce n'est qu'après la mort de Freud qu'ils arrivèrent enfin en Angleterre, où Anna Freud et Ernst Kris commencèrent de les dépouiller.

✳✳✳ Les lettres de Freud ne nous font connaître qu'imparfaitement la personnalité de Fliess, elles laissent pourtant entrevoir un esprit intrépide, capable de vastes spéculations et, semble-t-il, très sûr de lui. Un homme certainement séduisant, impressionnant par ses connaissances scientifiques et la richesse de sa culture littéraire, mais tendant à la démesure et tellement entiché de ses idées que rien ne l'en pouvait faire démordre. Formé à l'école libérale de Berlin, sans les préjugés ordinaires des médecins du temps, il représentait sans doute pour Freud toute la largeur de vues qui lui manquait à Vienne.

✳ Fliess n'était pas psychiatre, mais oto-rhino-laryngologiste. Toute sa vie, il exerça à Berlin où, contrairement à Freud, il avait une grosse clientèle. Cependant, sa spécialité n'était que le pivot de ses larges vues médicales et scientifiques, qui l'entraînaient, bien au-delà du domaine de la médecine, dans celui de la biologie. En cela, déjà, il se rapprochait de Freud qui, lui aussi, ne s'était jamais tourné vers la médecine que pour atteindre d'autres buts.

✳✳ Sans entrer dans le détail des théories mi-sérieuses, mi-extravagantes par quoi Fliess se fit un nom, il faut pourtant en dire deux mots, car elles touchent de près aux problèmes ardus que Freud, à cette époque, tâchait précisément de résoudre. Fliess est connu principalement par deux conceptions qui n'ont plus guère de crédit aujourd'hui, mais furent quelque temps fort discutées. L'une a trait à une nouvelle entité clinique qu'il appela *névrose nasale réflexe* ; l'autre est la célèbre *théorie des périodes*, qui ne relève sûrement pas de la biologie exacte qu'il rêvait de fonder, mais bien plutôt de la mystique, si ce n'est de la psychopathologie.

* * * Le syndrome de la *névrose nasale réflexe* consistait en trois sortes de symptômes différents : des migraines, des douleurs névralgiques largement réparties de la région cardiaque à la région lombaire, des bras à l'estomac, et enfin, des troubles fonctionnels principalement digestifs, cardiaques et respiratoires. Fliess avait découvert qu'il pouvait faire disparaître tous les symptômes en appliquant de la cocaïne sur la muqueuse nasale : il en déduisit que, quels que fussent leur nombre et leur diversité, ils étaient homogènes et ne devaient leur existence qu'à une seule zone — le nez. L'étiologie de la névrose nasale réflexe était double : elle pouvait être soit organique — due par exemple à un état infectieux — ou fonctionnelle, et la cause était alors à chercher dans des troubles vaso-moteurs d'origine sexuelle. Dans ce dernier cas, le syndrome de Fliess ressemblait à celui de la neurasthénie, que Freud rangeait parmi les névroses dont l'origine n'était pas psychique, mais liée à une mauvaise hygiène de la vie, en particulier de la vie sexuelle.

* Quant à la théorie des *périodes*, elle avait pris naissance dans le prétendue observation d'une analogie entre la zone des organes génitaux féminins et celle du nez. Passionné par le problème de la menstruation qui lui suggéra une incroyable profusion d'idées, Fliess en vint à imaginer que la périodicité était la loi fondamentale de toutes les activités vitales de l'être humain, de l'animal et même de l'univers entier. Voici comment il exposait ses idées :

*L'hémorragie menstruelle de la femme est l'expression d'un processus qui affecte les deux sexes et dont l'apparition n'est pas liée à la puberté... Les faits observés nous apprennent en outre, qu'à côté du phénomène menstruel qui se produit tous les vingt-huit jours, existe un autre groupe de phénomènes périodiques se produisant tous les vingt-trois jours et auxquels sont soumis les individus de tous âges, à quelque sexe qu'ils appartiennent*[4]*...*

4. « Relations entre le nez et les organes génitaux féminins au point de vue biologique », Vienne, 1897, *N., psa.*, 4 et suiv. — Les mêmes idées sont

✻✻ Fliess voit un rapport intime entre ces processus périodiques et les caractères sexuels féminins et masculins. Ce qui, selon lui, prouve sans conteste sa théorie de la bisexualité de l'être humain et autorise des conclusions hardies :

*Cette connaissance une fois acquise donne à penser que le développement de notre organisme se produit par saccades au cours de ces périodes sexuelles, et que, du fait de ces dernières, le jour de notre mort est tout aussi déterminé que celui de notre naissance. Les troubles dus à la maladie sont soumis aux mêmes lois que les phénomènes périodiques eux-mêmes... La mère transmet ses périodes à son enfant et, suivant la première période transmise, détermine le sexe de celui-ci. Les périodes continuent ensuite chez l'enfant et se poursuivent suivant le même rythme à travers les générations. Pas plus que l'énergie elle-même, elles ne peuvent être recréées, leur rythme ne se modifie pas tant que des êtres organisés continuent de se reproduire sexuellement. Ces rythmes n'intéressent pas seulement l'espèce humaine, mais aussi les animaux, et sans doute l'univers organisé tout entier. L'étonnante précision avec laquelle se maintient l'intervalle de vingt-huit ou de vingt-trois jours, selon les cas, laisse supposer qu'il existe un rapport étroit entre les conditions astronomiques et la création des organismes*[5]*...*

✻✻✻ Ni Freud, ni Fliess ne semblent s'être doutés que l'idée de la bisexualité, bien loin qu'elle fût neuve, avait préoccupé plus d'un esprit devant eux. Fliess s'en croyait l'inventeur et y tenait énormément ; quelque temps plus tard, il reprocha publiquement à Freud, dans un article presque diffamatoire, d'avoir divulgué sa découverte à l'un de ses élèves et d'avoir ainsi trahi son secret[6].

✻ Notons que Freud ajouta longtemps foi à la théorie des périodes et qu'il tenta, sans grand succès d'ailleurs, de s'en servir

exprimées dans des ouvrages ultérieurs : *Der Ablauf des lebens* (« Le cours de la vie »), Vienne, 1923 ; *Vom Leben und von Tod* (« De la vie et de la mort »), Iéna, 1924 ; *Das Jahr im Lebendigen* (« l'Année dans les choses vivantes »), Iéna, 1924, etc.
5. *Ibid.*, 5.
6. « *In eigener Sache* » (« Dans ma propre cause »). *Gegen Weininger und Swoboda*, Berlin, 1906, 214-228. Cf. *infra* chap. 12.

dans ses propres travaux. Ainsi, il essaya d'expliquer par les périodes de 28 et de 23 les distinctions à établir entre la neurasthénie et la névrose d'angoisse ; et il se mit en tête que la somme des deux chiffres fatidiques — 51 — lui donnait la date exacte de sa mort. A l'époque où Fliess, qui tombait de plus en plus dans une mystique confuse des nombres, étendit ses calculs au cosmos tout entier, Freud alla jusqu'à saluer en lui le *Kepler de la biologie.*

✻✻ Les deux hommes avaient lié connaissance en 1887 — par l'entremise de Breuer, du reste — lors d'un voyage d'études de Fliess à Vienne. A ce moment, Fliess n'avait encore rien publié et Freud ne faisait qu'aborder le problème de l'hystérie. Ils étaient donc dans une situation comparable, tous deux bouillonnants d'idées et impatients de faire leurs preuves. Ce n'était d'ailleurs pas leur seule ressemblance : l'un et l'autre appartenaient à la petite bourgeoisie juive, l'un et l'autre étaient sans fortune (mais Fliess devait faire peu après un riche mariage), en marge de la pensée médicale de leur temps, pourvus d'une même solide culture classique et de goûts semblables sur bien des points. A cela s'ajoutait une orientation scientifique commune, bien propre à susciter une sympathie mutuelle. Fliess, en effet, était un disciple de l'école de Helmholtz, dont le maître de Freud, Ernst Brücke, passait pour être l'ambassadeur à Vienne. Ce n'est pas sans raison que Freud a fait une fois en rêve un jeu de mot significatif sur le nom de *Brücke* : le vieux savant était effectivement un *pont* entre Vienne et Berlin, comme entre lui-même et son nouvel ami.

✻✻✻ La pensée scientifique de Freud, nous l'avons dit, se rattachait à une doctrine physiologique solidement établie sur les sciences physiques qui, par là même, tendait de façon idéale à une mensuration de tous les phénomènes. Cette physiologie, qui devint le point de départ des théories psychanalytiques, était aussi celle qui inspirait Fliess dans sa recherche d'une *science biologique exacte*, comme il l'appelle dans le sous-titre d'un de ses ouvrages. Il y avait là une base solide de collaboration et pour Freud, l'espoir de voir confirmer ses propres intuitions par un savoir étendu qu'il n'était pas, quant à lui, sûr de posséder.

✻ L'intérêt était réciproque, car si Freud, par exemple, pouvait trouver un rapport direct entre la théorie de la *névrose nasale réflexe* et le problème du diagnostic différentiel des troubles hystériques et somatiques — problème qui, depuis son séjour à Paris, n'avait cessé de le passionner — Fliess, de son côté, ne pouvait qu'être attiré par les idées de Freud, qui s'efforçait de conserver un lien entre les conceptions de la psychologie et celles de la physiologie et de la physique. Toutefois, la part des deux savants dans cet échange d'idées était fort inégale : Fliess se conduisait comme s'il pouvait s'en passer, tandis que Freud fut longtemps convaincu qu'il était le seul à y gagner.

** Il est certain aussi que Freud fut exalté par le courage du médecin berlinois qui, bien loin de rejeter la sexualité, la mettait au centre de sa pensée. Après la déception que lui avait causée la pusillanimité de Breuer, cette liberté d'esprit, qui tranchait si fort sur la mesquinerie viennoise, lui redonna foi dans son vieil idéal de collaboration et d'amitié. C'est d'ailleurs quand Breuer fut tout à fait sorti de sa vie que ses relations avec Fliess prirent leur accent le plus passionné.

*** Les premières lettres de Freud restent un peu guindées, bien que, poussé par un intense besoin de rompre son isolement scientifique, il y parle librement de ses idées, de ses hypothèses les moins solides et des obstacles qui se lèvent sur son chemin. Peu à peu, cependant, le ton devient plus familier, les deux hommes se tutoient et s'appellent par leur prénom, ce qui n'arrivera plus guère à Freud par la suite, tandis que leur correspondance s'amplifie. Bientôt, les lettres ne leur suffisent plus, ils décident de se rencontrer seul à seul pour échanger à fond leurs idées et donnent à ces rencontres le nom mi-sérieux, mi-ironique de « congrès ». Les congrès ont lieu d'abord à Vienne et à Berlin, puis ils se transportent de plus en plus souvent dans une ville neutre, en quelque sorte : à Munich, Dresde, Salzbourg, Nuremberg, Breslau, Aussee, Insbrück. Après le dernier « congrès », qui eut lieu en 1900 dans le Tyrol, Freud et Fliess ne devaient plus jamais se rencontrer.

* Entre 1890 et 1900, les lettres montrent l'importance de plus en plus envahissante que prennent les « congrès » dans l'existence personnelle de Freud. Au début, manquer une rencontre avec Fliess lui inspire seulement de très vifs regrets :

*Cher ami, je suis vraiment navré de devoir vous annoncer que je ne pourrai pas aller à Berlin. Ce n'est ni le séjour dans cette ville ni le « congrès » que je regrette, mais le fait de ne pas vous rencontrer... Bien à contrecœur, car j'espérais tirer grand profit de notre rencontre. Quoique satisfait, heureux même si vous voulez pour le reste, je me sens cependant très isolé, scientifiquement engourdi, apathique et résigné. Notre conversation, la bonne opinion que vous sembliez avoir de moi m'ont redonné foi en moi-même. La pensée de votre confiante énergie n'a pas été sans m'impressionner. J'aurais voulu aussi profiter de notre rencontre au point de vue professionnel et peut-être aussi bénéficier de l'ambiance de Berlin. Depuis des années, je suis privé de tout enseignement et obligé de me cantonner presque exclusivement dans le traitement des névroses...*

*Je ne voudrais pas que le fait d'avoir laissé votre lettre sans réponse et maintenant de refuser votre si cordiale invitation puisse vous décourager. Pour me faire sentir que je ne risque pas de perdre votre amitié, laissez-moi espérer que nous pourrons passer quelques jours ensemble*[7]*...*

** Quelques années plus tard, il attend un prochain *congrès* avec la joie de quelqu'un qui « va enfin assouvir sa faim et sa soif ». Après une rencontre à Nuremberg, il « se trouve dans une continuelle euphorie et travaille comme un jeune homme ». Un jour, n'ayant pu venir à un rendez-vous, il explique à Fliess ce que signifie pour lui cette *abstinence* :

*Après chacun de nos congrès, je me sens réconforté pour plusieurs mois, de nouvelles idées ont jailli, mon dur travail m'a été une nouvelle joie, et mon espoir intermittent de me frayer un chemin dans la jungle s'est mis à luire, ferme et brillant. Cette période d'abstinence ne m'apprend rien que je n'aie toujours su : l'importance pour moi de nos rencontres*[8]*...*

*** Ou encore il fait l'aveu de sa dépendance absolue à celui qu'il regarde comme le « juge suprême » de ses écrits :

*Sans public, je suis incapable d'écrire, mais je suis parfaitement satisfait de n'écrire que pour toi*[9]*...*

7. *N. psa.*, lettre du 1-8-1890, 55, et *Br.*, 220.
8. *J Bg.*, tome I, 332.
9. *Ibid.*

✻ Faute de connaître les lettres de Fliess, on ne peut guère apprécier la valeur de son jugement sur les travaux dont Freud lui envoyait les manuscrits. Celui-ci ne la mettait pas en doute : un éloge le rendait fou de joie[10], une critique le désespérait. On peut toutefois supposer que lorsque Freud en vint à relâcher les liens de sa psychologie avec la physiologie et la physique — au moment où il découvrit la sexualité infantile, par exemple —, Fliess eut quelque mal à le suivre dans une voie si éloignée de la sienne. Sur un point au moins, il semble avoir été un critique fort compétent : c'est en ce qui touche le style et la composition littéraires de Freud, pour lesquels il montre de grandes exigences. Ses suggestions et ses critiques, dont Freud tenait compte, sont certainement la part la plus positive de son influence, si contestable à d'autres égards.

✻✻ La littérature joue d'ailleurs un grand rôle dans la correspondance des deux hommes, qui avaient bien des goûts communs et s'enthousiasmaient souvent pour les mêmes œuvres.

Freud citait sans cesse Shakespeare à son ami et lui recommandait la lecture de Kipling ; Fliess, de son côté, lui fit connaître l'œuvre de Conrad Ferdinand Meyer, le grand écrivain suisse. Freud garda toute sa vie une prédilection pour cet auteur, qui le premier, lui suggéra d'appliquer l'analyse à une œuvre littéraire : il s'agissait d'un récit, *La Femme-Juge*, dont il envoya à Fliess une interprétation évidemment incomplète, mais dont le style a déjà tout l'attrait de ses futurs essais esthétiques[11].

✻✻✻ D'une manière générale, cette correspondance fournit une foule de renseignements irremplaçables sur la vie de Freud

10. En 1900, Freud commença de comprendre les raisons de sa dépendance à l'égard de Fliess. Il dit dans une lettre du 7-5 : « *Mais rien ne peut remplacer pour moi les contacts avec un ami c'est un besoin qui répond à quelque chose en moi, peut-être à quelque chose de féminin...* » *N. psa.*, 283.

11. « *Il s'agit sans aucun doute du rejet romancé d'un souvenir se rapportant aux relations de l'écrivain avec sa sœur. Une chose nous frappe néanmoins, c'est que ce rejet se produise exactement comme dans une névrose. Tous les névrosés se forgent ce qu'on appelle un roman familial (qui devient conscient dans la paranoïa). D'une part, ce roman flatte la mégalomanie, d'autre part, il constitue une défense contre l'inceste. Si votre sœur n'est pas l'enfant de votre mère, plus de reproches à vous faire...* » *N. psa.*, 227.

pendant ces dix années qui, à bien des égards, représentent une grave crise. Freud y parle de sa famille, rapporte les menus gestes de ses enfants, ses succès ou ses déboires avec ses rares malades, les incidents marquants de sa journée, ou encore, les péripéties de ses voyages. On le voit évoquer les moments forts pénibles où, sur l'injonction impérieuse de Fliess, il tentait de se déshabituer du tabac et renonçait à ses chers cigares ; puis sa passion pour l'archéologie, qui prit beaucoup d'ampleur avec le temps et que Fliess, moins fasciné que lui par le passé, désapprouvait comme une activité coûteuse et inutile.

* Les deux amis discutent aussi avec flamme des événements politiques du moment : l'affaire Dreyfus les met hors d'eux, Zola les tient en haleine : « *Quel brave homme*, dit Freud, *avec lui on pourrait s'entendre !* » Mais rien ne l'agite plus que les élections au Conseil municipal de Vienne, où les libéraux mènent une lutte acharnée contre le leader du parti chrétien-social, le Dr Karl Lueger, un antisémite déclaré que Freud n'était pas loin de considérer comme son ennemi personnel. A trois reprises au cours des années 1895-1896, Lueger fut élu maire de Vienne, mais son élection ne fut entérinée par l'Empereur qu'en 1897. Il resta à son poste jusqu'à sa mort, en 1910, de sorte que Freud, qui ne votait que lorsque les libéraux présentaient un candidat, n'eut pas la joie de voir sa défaite.

** Il nous reste maintenant à savoir comment Freud se libéra de l'extraordinaire esclavage sentimental et intellectuel où Fliess l'avait tenu pendant dix ans. En 1896, son père était mort, et cet événement bien peu dramatique en soi vu le grand âge du vieillard provoqua en lui un ébranlement tellement profond qu'il fût amené à en rechercher les causes. Au cours de l'été 1897, il décida d'appliquer à son propre cas la technique d'investigation qu'il employait avec ses malades. C'était une tâche douloureuse, plus périlleuse qu'il ne l'avait imaginée, qui demandait non seulement du courage, mais encore une sorte d'ascèse. Freud mit longtemps à s'apercevoir que si Fliess la stimulait, c'était aussi lui qui l'empêchait de la mener jusqu'à ses dernières conséquences. Un jour de 1900, il constata que malgré son ardent besoin de voir Fliess, un sentiment obscur le poussait à éviter la rencontre, et tristement, il le lui dit :

*Je n'ai jamais éprouvé aussi profondément ni avec autant de persistance que pendant ces six derniers mois le besoin de vivre dans le même lieu que toi et les tiens. J'ai traversé, tu le sais, une crise intérieure profonde, et quand nous nous rencontrerons, tu pourras voir combien elle m'a vieilli. C'est pourquoi j'ai été très ému en apprenant que tu proposais une rencontre à Pâques. Quelqu'un qui ignorerait l'art subtil d'interpréter les contradictions trouverait incompréhensible que je n'accepte pas d'emblée cette proposition. En réalité, tout laisserait supposer que je veux t'éviter. Il ne s'agit pas seulement de ma nostalgie presque enfantine du printemps, d'une nature plus belle, tout cela je le sacrifierais bien au plaisir de t'avoir trois jours auprès de moi ; mais il y a d'autres motifs intérieurs, faits d'une masse d'impondérables qui pèsent lourdement sur moi... Je me sens intérieurement très appauvri. J'ai été obligé de démolir tous mes châteaux en Espagne, et c'est seulement maintenant que j'ai un peu de courage pour les reconstruire. Tu m'aurais été d'un secours inappréciable pendant cet écroulement catastrophique ; au stade actuel, je serais à peine capable de me faire comprendre de toi. Grâce à une certaine diète d'ordre intellectuel, j'ai pu vaincre cet état de dépression qui est en voie de lente guérison du fait même de la diversion. En ta compagnie, j'essaierais inévitablement de tout rassembler pour te l'exposer, nous parlerions raison et science, et tes découvertes biologiques, si belles, si positives, éveilleraient au plus profond de moi-même un sentiment (impersonnel) de jalousie. En fin de compte, je passerais cinq jours entiers à me plaindre, et c'est dans un état de trouble et d'insatisfaction que j'aborderais l'été, pendant lequel j'aurai sans doute besoin d'être maître de moi. Nul ne peut alléger mon fardeau, c'est ma croix, il faut que je la porte, et Dieu sait que mon dos s'en est bien courbé[12]...*

12. *Ibid.*, 291 et suiv.

# 8. L'AUTO-ANALYSE

* A lire *La Science des rêves* ou encore *Ma Vie et la Psychanalyse*, on pourrait croire que Freud est arrivé à ses premières découvertes après un travail acharné, traversé de toutes sortes de difficultés et d'obstacles, certes, mais sans jamais avoir perdu, ou rarement, l'impassibilité de l'homme de science. Il n'en est rien, on en a la preuve dans le document le plus vivant et le plus émouvant qu'il nous ait laissé : ces lettres à Wilhelm Fliess[1] dont nous avons déjà longuement parlé et qui témoignent du dur combat personnel à quoi la psychanalyse, plus qu'aucune autre découverte humaine sans doute, a dû sa naissance.

** Les lettres les plus significatives à cet égard sont évidemment celles où Freud, dès 1897, relate les diverses phases de son auto-analyse, ses progrès exaltants et tous les aléas de son travail intérieur. Mais avant cette date officielle, la correspondance avec Fliess montre comment Freud, pour corriger certaines erreurs qui entravaient sa recherche, fut conduit à se mettre lui-même gravement en cause et par là, à perdre la prétendue sérénité du savant. Elle nous fait entrer dans les régions obscures où il s'est débattu longtemps sans autre aide que son intense besoin de savoir, et dont, pour des raisons compréhensibles, son œuvre ultérieure ne conserve plus que quelques ombres.

*** Ainsi de l'erreur qui, à un moment donné, gêna le plus sa compréhension des phénomènes hystériques et dont il dit simplement dans son autobiographie :

1. La plupart de ces lettres sont publiées dans *N. psa.*, avec les notes et les plans de travail que Freud envoyait à son ami. Quelques-unes sont publiées également dans *Br.* (traduction parue en 1966).

*Avant d'aborder l'exposé de la sexualité infantile, il me faut faire mention d'une erreur dans laquelle je tombai pendant quelque temps et qui aurait pu être fatale à tout mon labeur. Sous la pression de ma technique d'alors, la plupart de mes patients reproduisaient des scènes de leur enfance, scènes dont la substance était la séduction par un adulte. Chez les patientes, le rôle de séducteur était presque toujours dévolu au père. J'ajoutai foi à ces informations et ainsi, je crus avoir découvert dans ces séductions précoces de l'enfance la source de la névrose ultérieure. Je ne donnerais pas tout à fait tort à quiconque secouerait la tête avec méfiance devant une pareille crédulité, mais je tiens à le souligner, c'était alors le temps où je faisais violence à ma critique, afin de demeurer impartial et réceptif en face des nombreuses nouveautés qui m'étaient apportées chaque jour. Quand je dus reconnaître cependant que ces scènes de séduction n'avaient jamais eu lieu, qu'elles n'étaient que des fantasmes imaginés par mes patients ou que moi-même peut-être leur avait imposés, je fus pendant quelque temps désemparé*[2]*...*

✳ A vrai dire, les lettres à Fliess en font foi, Freud ne fut pas seulement quelque temps désemparé, mais profondément troublé pendant plusieurs années par les invraisemblances de sa théorie. Ce n'est qu'après le début de sa propre analyse qu'il démêla les causes obscures de sa crédulité : la séduction de l'enfant qu'il imputait au père (c'est-à-dire aussi au sien) lui masquait les désirs incestueux de l'enfant (c'est-à-dire aussi de lui-même), dont peu après il allait comprendre toute la réalité. La révélation que lui apportait l'analyse de ses rêves le contraignit à abandonner la théorie de la séduction au risque de compromettre tous ses travaux, puisque, depuis 1893, l'idée de cette séduction précoce était le fondement même de sa conception de l'hystérie :

*Maintenant je ne sais plus où j'en suis, car je n'ai encore acquis de compréhension théorique ni du refoulement ni du jeu de forces qui s'y manifeste... Si j'étais déprimé, surmené et que mes idées fussent brouillées, de tels doutes pourraient être considérés comme des indices de faiblesse. mais comme je me trouve justement dans l'état opposé, je dois les considérer comme résultant d'un honnête et efficace travail intellectuel et me sentir fier, après être allé aussi loin,*

2. *Ma Vie...*, 51.

*de pouvoir encore exercer ma critique... Il est curieux aussi que je ne me sente nullement penaud, ce qui semblerait pourtant naturel. Évidemment je n'irai pas raconter tout cela dans Gath, je ne le raconterai pas à Ascalon, au pays des Philistins — mais devant nous deux, je me sens victorieux plutôt que battu, à tort cependant*[3]*...*

** Malgré l'exaltation intellectuelle que lui procure son échec même, il ne laisse pas d'être effrayé par les conséquences qu'il entraîne :

*Garder sa sérénité. Tout est là. J'aurais lieu de me sentir très mécontent. Une célébrité éternelle, la fortune assurée, l'indépendance totale, les voyages, la certitude d'éviter aux enfants tous les graves soucis qui ont accablé ma jeunesse, voilà quel était mon bel espoir. Tout dépendait de la réussite ou de l'échec de l'hystérie. Me voilà obligé de me tenir tranquille, de rester dans la médiocrité, de faire des économies, d'être harcelé par les soucis, et alors une des histoires de mon anthologie*[4] *me revient à l'esprit* : Rébecca, ôte ta robe, tu n'es plus fiancée[5] !

*** La lettre suivante du 3 octobre 1897 marque une date historique : elle contient la première allusion à la trouvaille la plus sensationnelle de Freud : celle qui lui donna la clé du drame secret de toute enfance, drame depuis longtemps oublié et fatal pourtant qu'il nomma « complexe d'Œdipe », en souvenir du héros grec. Ce que l'observation patiente de ses malades n'avait pu que lui laisser pressentir, il en faisait maintenant l'expérience par une prodigieuse descente en lui-même :

*Depuis quatre jours, mon auto-analyse, que je considère comme indispensable à la compréhension de tout le problème, se poursuit dans mes rêves et m'a fourni les preuves et les renseignements les plus précieux... Ce qui me semble le plus difficile, c'est d'exposer tout cela par écrit, le sujet est bien trop vaste. Je dois me contenter de*

3. Fl., 21-9-1897, *N. psa.*, 191 et suiv.
4. L'anthologie d'histoires juives que Freud avait commencée et qui lui a fourni de nombreux matériaux pour *Le Mot d'esprit et ses rapports avec l'inconscient.*
5. *Ibid.*

*t'indiquer ceci :* 1) *dans mon cas, le père n'a joué aucun rôle actif, encore que j'aie trouvé une analogie entre lui et moi ;* 2) *ma première génératrice de névrose a été une femme âgée et laide, mais intelligente, qui m'a beaucoup parlé de Dieu et de l'Enfer et m'a donné une haute idée de mes facultés. J'ai découvert aussi que, plus tard (entre deux et deux ans et demi), ma libido s'était éveillée et tournée vers* matrem, *cela à l'occasion d'un voyage de Leipzig à Vienne que je fis avec elle et au cours duquel, ayant dormi dans sa chambre, j'ai probablement pu la voir nue... J'ignore encore tout des scènes sur lesquelles se fonde toute cette histoire. Si je parviens à les retrouver et à liquider ma propre hystérie, je garderai à la vieille femme un sentiment de reconnaissance pour m'avoir donné à une époque aussi précoce les moyens de vivre et de continuer à vivre. Tu le vois, ma vieille tendance réapparaît une fois de plus. Je ne puis te donner la moindre idée de la beauté intellectuelle de ce travail*[6]*...*

* Il est certain que la beauté *intellectuelle* de son travail donna à Freud le courage de s'avancer dans les régions inquiétantes où, depuis longtemps, il voyait se débattre ses malades. Cette beauté, toutefois, n'avait pas le pouvoir de lui épargner les souffrances du chemin, aussi pendant quatre ou cinq ans fut-il lui-même la proie de l'anxiété, de l'abattement et des brusques changements d'état qui caractérisaient la vie intérieure de ses patients.

** Cette analyse, de toutes la plus malaisée, Freud en avait senti la nécessité inéluctable à peu près un an auparavant, devant l'ébranlement tout à fait inattendu provoqué en lui par la mort de son père. Le vieillard avait quatre-vingt ans, Freud, quarante, cela ne changeait rien à la violence du choc, ni au sentiment de culpabilité que l'analyse d'un rêve typique lui fit voir au fond de son chagrin.

*Très cher Wilhelm, prendre la plume en ce moment me demande de grands efforts et c'est pourquoi j'ai tant tardé à te remercier des paroles si touchantes que tu m'as adressées. Par l'une des voies obscures situées à l'arrière-plan du conscient officiel, la mort de mon vieux père m'a profondément affecté. Je l'estimais beaucoup et le comprenais très bien et, grâce au mélange de profonde sagesse et de fantaisie légère qu'il avait en propre, il a joué un grand rôle dans ma*

6. *Ibid.*, 3-10-1897, 193 et suiv.

*vie. Il se survivait depuis longtemps, mais du fait de sa mort, tout le passé ressurgit... Je me sens actuellement tout désemparé... Il faut que je te raconte un joli rêve que j'ai fait pendant la nuit qui a suivi l'enterrement. Je me trouvais dans une boutique où je lisais l'inscription suivante :*

ON EST PRIÉ DE FERMER LES YEUX

*J'ai tout de suite reconnu l'endroit, c'était la boutique du coiffeur chez qui je vais tous les jours. Le jour de l'enterrement, j'avais dû attendre mon tour et, à cause de cela, j'étais arrivé un peu en retard à la maison mortuaire. La famille m'en voulait beaucoup alors d'avoir décidé que les obsèques se feraient sans bruit, simplement, ce qu'elle a d'ailleurs approuvé par la suite. Ils prirent aussi très mal mon retard. La phrase de l'écriteau a un double sens. Elle signifie :* Il faut faire son devoir envers les morts. *Il s'agit donc d'une excuse, comme si j'avais manqué à mes devoirs et que j'eusse besoin d'indulgence (le mot* devoir *est pris dans son sens littéral). Le rêve émane donc d'une tendance au sentiment de culpabilité, tendance très générale chez les survivants*[7]*...*

Désormais, Fliess recevra presque jour après jour les résultats les plus probants de cette étonnante aventure intérieure qui conduit Freud au-delà du monde officiel de la conscience, dans des régions non explorées où il se sent tantôt perdu, tantôt plein d'enthousiasme, tantôt encore découragé par l'énormité de sa tâche. Forcé d'être tout à la fois l'analysant et l'analysé, faute de quelqu'un qui eût pu jouer auprès de lui le rôle dont il se chargeait auprès de ses malades, il ne peut se confier qu'à l'ami dont il a depuis longtemps idéalisé le visage et dont la seule pensée l'encourage. C'est à lui qu'il adresse les plaintes, à lui qu'il décrit les états douloureux qui le laissent parfois vide et hébété, à lui qu'il révèle aussi le sens intime de ses rêves et, ce qui en est inséparable, la lente genèse de ses théories :

7. *Ibid*, 2-11-1896, 151 et suiv. Le même rêve est raconté avec une variante dans *La Science des rêves*, 236. Là, le commandement s'exprime par une double formule : « On est prié de fermer un œil/les yeux ». En allemand : *Ein Auge zudrücken* est l'équivalent de « fermer les yeux sur quelque chose », la distinction entre les deux formules n'a donc pas de sens en français.

*Mon rêve de cette nuit m'a apporté ce qui suit, sous les déguisements les plus curieux :*

*Il s'agissait de mon professeur de sexualité. Elle me réprimandait parce que j'étais maladroit et incapable de faire quoi que ce soit (cela se passe toujours ainsi dans les cas d'impuissance névrotique). J'aperçus alors le crâne d'un petit animal et pensai, dans le rêve, que c'était celui d'un mouton. Dans l'analyse, je me souvins qu'il y a deux ans, tu formulas le souhait de me voir trouver au Lido un crâne capable de m'éclairer, comme il arriva à Goethe. Mais je n'en ai pas trouvé. Par conséquent, j'étais un petit* « Schafskopf »[8]. *Les allusions les plus désobligeantes remplissaient ce rêve. Elles concernaient mon incapacité médicale actuelle. Ma tendance à tenir l'hystérie pour incurable en est peut-être le résultat. En outre, la femme me lavait dans une eau rougie dont elle s'était servie auparavant pour faire sa toilette (interprétation facile). Je ne retrouve rien de semblable dans la chaîne de mes souvenirs, c'est donc qu'il s'agit d'une véritable redécouverte ; elle m'encourageait à voler des pièces de dix kreuzers pour les lui donner. Une longue chaîne d'associations relie ces premières pièces d'argent au tas de billets de dix florins qui, dans mon rêve, représentait l'argent de Martha, destiné aux dépenses du ménage. Ce rêve, en somme, est un rêve de « mauvais traitement ». De même que la vieille femme reçoit de moi une rémunération pour ses mauvais traitements, de même je reçois de l'argent de mes malades pour le mauvais traitement que je leur applique... Un critique sévère pourrait objecter que tout cela n'est qu'imagination, une imagination projetée dans le passé au lieu d'être déterminée par lui. Les* experimenta crucis *donneront tort au critique, comme par exemple l'eau rougie. Où les patients vont-ils chercher ces horribles détails pervers, aussi étrangers aux incidents de leur vie qu'à leur connaissance*[9] *?*

*** Pour fascinant qu'il soit, le monde étrange où Freud tente de s'orienter n'abolit pourtant pas en lui tout esprit critique. Sans doute, il a foi dans sa méthode d'interprétation et il lui semble qu'il « brûle », mais bien loin qu'il se contente d'une construction arbitraire, comme on le lui a souvent reproché par ignorance ou malveillance, il s'efforce de trouver un témoin irrécusable qui corrobore

8. Littéralement *tête de mouton*, imbécile.
9. *Ibid*, 4-10-1897, 195 et suiv.

ses résultats, et il le trouve, en effet, dans la personne de sa mère. C'est la première vérification, à l'aide de données objectives, d'une reconstitution psychanalytique du passé :

*Mes idées prennent plus de poids parce que j'ai réussi à obtenir un certain nombre de renseignements. J'ai demandé à ma mère si elle se souvenait de la bonne d'enfants. « Bien sûr, me dit-elle, c'était une personne âgée, très avisée ; elle te menait dans toutes les églises ; quand tu rentrais à la maison, tu te mettais à prêcher et à nous raconter tout ce que faisait le Bon Dieu. Quand j'eus accouché de ta sœur, on s'aperçut que cette bonne n'était qu'une voleuse et l'on retrouva dans ses affaires tous les sous neufs, toutes les pièces de cinquante centimes et tous les jouets qu'on t'avait donnés. Ton frère Philipp alla lui-même chercher un agent et elle fit six mois de prison. » Tu vois comme cela confirme bien les conclusions que j'ai tirées de l'interprétation de mon rêve. J'ai pu facilement expliquer la seule erreur possible. Je t'avais écrit qu'elle me poussait à voler des pièces de monnaie pour les lui donner. Le rêve signifie qu'en réalité, elle-même volait. Le texte du rêve s'appuyait sur le fait que je faisais payer des honoraires à la mère d'un médecin, ce qui n'était pas régulier. La vraie signification est la suivante : moi, je la représente, elle, et la mère du médecin figure ma mère. J'étais si loin de croire que cette vieille femme pût être une voleuse que j'ai raté mon interprétation*[10]...

* Cette culpabilité que Freud sentait inconsciemment à l'égard de ses malades, et qui, sans doute, n'était pas étrangère à ses relations complexes avec la médecine, c'est l'un des thèmes les plus fréquents de ses rêves où, comme dans le célèbre rêve de *l'injection d'Irma*, la *faute* se confond avec une prétendue faute professionnelle, toujours lourde à la conscience d'un médecin.

** En vérité, il semble que Freud se soit senti en quelque sorte coupable de tous côtés : envers ses malades, qu'il faisait payer, quoiqu'il ne pût leur garantir la guérison ; envers la morale, car la nouvelle orientation de sa psychologie l'entraînait vers des régions interdites, celles de la sexualité et de la barbarie des instincts ; enfin envers la science, qui pouvait lui reprocher la fragilité de ses hypothèses et l'arbitraire de ses conclusions. Cette dernière instance si

10. *Ibid.*, 15-10-1897, 196 et suiv.

importante à ses yeux était alors représentée par l'ami génial qui, contrairement à lui, demeurait sur le terrain solide de la biologie. Aussi est-ce à l'intention de Fliess qu'après avoir analysé un rêve, il s'efforce de justifier une à une toutes ses conclusions :

*On pourrait objecter que ces conclusions ne sont pas probantes. J'aurais pu entendre raconter, plus tard dans mon enfance, que cette bonne avait été une voleuse et avoir ensuite oublié cette histoire jusqu'au moment de sa réapparition dans le rêve. Je crois même que tel a été le cas. Mais je possède une autre preuve irrécusable et bien amusante. Je me suis dit que la disparition soudaine de la vieille avait sûrement laissé en moi une impression que l'on devrait pouvoir retrouver. Mais où ? C'est alors qu'une certaine scène me revint à l'esprit, une scène qui, depuis vingt-neuf ans, surgissait quelquefois dans mon souvenir conscient sans que j'aie pu la comprendre. La voici : je hurle comme un désespéré parce que je n'arrive pas à trouver ma mère. Mon frère Philipp, de vingt ans plus âgé que moi, ouvre un coffre et moi, voyant que ma mère ne s'y trouve pas, je me mets à crier de plus belle jusqu'au moment où elle apparaît dans l'embrasure de la porte, svelte et jolie. Que signifie tout cela ? Pourquoi mon frère a-t-il ouvert ce coffre, sachant bien que maman ne s'y trouvait pas et que son geste ne me tranquilliserait nullement ? Soudain, je comprends. C'est moi qui ai exigé qu'il ouvrît le coffre. Ne pouvant retrouver ma mère, j'avais peur qu'elle n'eût disparu comme avait fait la vieille bonne peu de temps auparavant. Or, j'avais dû entendre dire que cette dernière avait été enfermée et croire que ma mère avait subi le même sort, ou plutôt qu'elle avait été « coffrée », selon une expression plaisante pour laquelle mon frère, qui a maintenant soixante-trois ans, a jusqu'à présent une prédilection. Le fait que je me sois adressé de préférence à lui prouve que j'étais bien au courant du rôle qu'il avait joué dans la disparition de la bonne*[11]...

Freud, toutefois, est loin d'être satisfait de ses résultats. Certes, il a rectifié une erreur grandement préjudiciable à la poursuite de son travail ; il sait désormais que si la prétendue séduction précoce des hystériques ne repose pas nécessairement sur une donnée biographi-

11. *Ibid.* Freud a rapporté cette histoire du « coffre » et de la bonne « coffrée » comme exemple de souvenir-écran dans la *Psychopathologie de la vie quotidienne*, trad. S. Jankélévitch, Paris, Payot, chap. IV, 57 et suiv.

que, elle n'en a pas moins une réalité dans les désirs incestueux de l'enfant qui, en son tout premier âge, se comporte vraiment comme un petit Œdipe. Mais une pareille découverte suscite encore plus de questions qu'elle n'en résout, il prévoit qu'elle l'entraînera loin et que, bon gré mal gré, il devra la suivre jusqu'au bout.

*Si mon analyse tient ce qu'elle promet, j'en coucherai systématiquement tous les détails par écrit et t'en soumettrai ensuite les résultats. Jusqu'à présent, je n'ai encore rien trouvé de complètement nouveau, mais seulement les problèmes complexes auxquels je suis habitué. La chose n'est guère facile. C'est un bon exercice que d'être absolument sincère envers soi-même. Il ne m'est venu qu'une seule idée ayant une valeur générale. J'ai trouvé en moi comme partout ailleurs des sentiments d'amour envers ma mère et de jalousie envers mon père, sentiments qui, je pense, sont communs à tous les jeunes enfants, même quand leur apparition n'est pas aussi précoce que chez les enfants devenus hystériques. S'il en est bien ainsi, on comprend l'effet saisissant de la tragédie d'Œdipe-Roi, malgré toutes les objections rationnelles qui s'opposent à l'hypothèse d'une inexorable fatalité. On comprend aussi pourquoi tous les drames plus récents de la destinée devaient misérablement échouer. Nos sentiments se révoltent devant tout destin individuel arbitraire tel qu'il se trouve exposé dans* L'Aïeule, *etc.*[12]*... En revanche, la légende grecque a su saisir des sentiments que tous les hommes reconnaissent parce qu'ils les ont tous éprouvés. Chaque spectateur fut un jour un Œdipe en germe, en imagination, il s'épouvante de voir la réalisation de son rêve transportée dans la vie, il frémit à proportion du refoulement qui sépare son état infantile de son état actuel*[13]*...*

✻✻✻ Dès ce moment, Freud va chercher dans la littérature les preuves que ni sa propre analyse, ni celle de ses trop rares malades ne peuvent encore lui fournir. A peine a-t-il percé à jour le secret de la tragédie grecque que Shakespeare, à son tour, lui semble confirmer ses vues :

*Mais une idée m'a traversé l'esprit : ne trouverait-on pas dans l'histoire d'Hamlet des faits analogues ? Sans parler des intentions*

12. *Die Ahnfrau*, titre d'un drame de Franz GRILLPARZER.
13. *Ibid.*, 197 et suiv.

*conscientes de Shakespeare, je suppose qu'un événement réel a poussé le poète à écrire ce drame, son propre inconscient lui ayant permis de comprendre l'inconscient de son héros. Comment expliquer cette phrase de l'hystérique Hamlet :* C'est ainsi que la conscience fait de nous tous des lâches ? *Comment comprendre son hésitation à venger son père par le meurtre de son oncle, lui qui n'a aucun scrupule à envoyer ses courtisans à la mort et n'hésite pas une seconde à tuer Laërte ? Tout s'éclaire mieux lorsqu'on songe au tourment que provoque en lui le vague souvenir d'avoir souhaité, par passion pour sa mère, de perpétrer le même forfait envers son père.* Si nous étions traités suivant nos mérites, qui pourrait échapper à la fustigation ? *Sa conscience et son sentiment inconscient de culpabilité. Sa froideur sexuelle au cours de son entretien avec Ophélie, sa réprobation de l'instinct qui pousse à procréer, enfin la façon dont il transfère sur la personne d'Ophélie l'acte qui vise son père, tout cela n'évoque-t-il pas des manifestations typiquement hystériques ? Ne réussit-il pas, de façon aussi singulière que mes hystériques, à attirer le châtiment sur lui-même, ce qui l'entraîne à subir le même sort que son père et à être empoisonné par le même rival*[14] *?*

* Bien qu'il n'ait pas encore rattaché expressément l'essentiel de la création poétique à la part inconsciente de la vie psychique, Freud entrevoit déjà les énormes ressources que lui offrent les grandes œuvres de l'art, et surtout, de la littérature, où l'homme, de tout temps, a réalisé les plus irréalisables des rêves. Dès ce moment, il sent que la psychanalyse et la littérature sont étrangement solidaires, que toutes les deux puisent aux mêmes sources et peuvent s'enrichir l'une par l'autre. Sans doute cette idée ne pouvait venir qu'à un homme porté par ses goûts et sa culture à coter très haut, peut-être à majorer excessivement la valeur de l'art. Mais elle avait aussi quelque chose de consolant : elle compensait en partie l'isolement scientifique dont il souffrait terriblement à cette époque, et puis, elle était propre à le réconforter en lui montrant que les choses monstrueuses dont il avait la preuve en lui avaient été vécues et décrites par d'autres, unanimement qualifiés de génies.

** Pour apprécier les résultats de cette analyse sans précédent,

14. *Ibid.* Cette lettre fournit la première version des pages sur Œdipe-Roi et Hamlet dans *La Science des rêves*, 193, 201.

qui créait une nouvelle forme, systématique et scientifique, de connaissance de soi-même, il faudrait naturellement être mieux informé de la vie intérieure de Freud et de ce qui, jusqu'alors, y apportait la souffrance et le trouble. Dans ses lettres à Fliess, Freud parle souvent de sa psychonévrose, qu'il appelle hystérie, bien qu'il faille peut-être y voir plutôt ce qu'il a nommé par la suite hystérie d'angoisse. Comme dans tous les cas de ce genre, le tableau clinique de la névrose n'était pas si pur qu'il pût donner lieu à un diagnostic infaillible. Bien que Freud fût très préoccupé de questions nosographiques à cette époque précisément, il est certain qu'il songeait moins à étiqueter ses propres troubles qu'à en tirer un surcroît de compréhension pour ses malades, et si possible, à les guérir. Certains de ces troubles étaient probablement du ressort de ce que l'on appelle aujourd'hui médecine psychosomatique : c'étaient d'atroces migraines, une affection du nez extrêmement pénible qui le poussa à deux reprises à se faire opérer par Fliess, lequel était oto-rhino et souffrait de surcroît d'une affection semblable ; ou encore des troubles digestifs et une propension marquée à la fatigue. D'autres, en revanche, étaient manifestement d'origine psychique : c'étaient la phobie des trains dont il a fourni l'analyse et qui n'était pas à proprement parler une phobie puisqu'elle ne l'empêchait pas de voyager ; des inhibitions comme celle qui le retint pendant des années d'aller à Rome, alors que cette ville était l'objet d'un de ses plus vieux rêves ; des sautes d'humeur, des crises d'abattement et d'anxiété, et surtout, des idées obsédantes tournant autour de la mort et qui se traduisaient tantôt par la crainte des accidents, tantôt par le désir ardent d'une mort prématurée. En somme, le tableau un peu bâtard et tout à fait banal à quoi les psychanalystes sont habitués depuis longtemps.

*** Dans ses lettres à Fliess, Freud se plaint beaucoup de ces troubles qui le rendaient pareil à ses propres malades, alors que beaucoup plus tard, il supporta sans un mot de plainte la maladie incurable qui, pendant seize ans, transforma en calvaire presque chaque jour de sa vie. Mais même dans les pires moments, il semble que ses états affectifs douloureux ne l'aient jamais empêché de travailler. Au contraire, il ne se sentait jamais aussi productif que lorsqu'il avait quelque légère cause de souffrance.

* Les lettres à Fliess ne nous renseignent sur l'auto-analyse que jusqu'en 1902, date où survint la rupture des deux hommes. On a lieu

de supposer qu'elle fut poursuivie au-delà et que Freud, pendant longtemps, dut la recommencer à certains intervalles. Jamais il n'a prétendu qu'elle a été complète et pleinement réussie.

** Si l'on entend par guérison ce que la médecine du corps est en droit de promettre dans le meilleur des cas, certainement Freud n'était pas guéri. Mais l'âme ne se soigne pas comme le corps, la guérison, pour elle, ne serait rien de moins que la perfection totale. Et puis il s'était analysé seul, sans le secours d'un analyste objectif, sans pouvoir étudier les manifestations du transfert, dont l'importance est décisive dans toute cure. Inachevée, cette auto-analyse devait nécessairement laisser subsister des traits névrotiques qui ne furent pas sans retentir par la suite sur certaines conclusions de Freud, et même, sur l'histoire du mouvement psychanalytique. Il faut croire pourtant qu'elle avait été assez profonde pour lui permettre la paix intérieure nécessaire à son immense travail, et lui donner ce beau visage humain, à la fois sévère et plein de sagesse, qu'il offrit au monde pendant les quarante ans qu'il lui restait à vivre.

# 9. LA SCIENCE DES RÊVES

* *La Science des rêves* passe pour l'œuvre maîtresse de Freud et, jusqu'à présent, pour l'un des plus solides piliers de la psychanalyse. Freud lui-même sentait qu'il devait l'ouvrage à une inspiration exceptionnelle et que ses autres livres dussent-ils un jour être partiellement rectifiés, celui-là demeurerait intact, avec sa fraîcheur et sa vérité.

* * Ce serait trop dire que de présenter *La Science des rêves* comme le fruit d'une trouvaille hasardeuse. Mais il y a un peu de cela, puisque Freud découvrit la signification du rêve en cherchant à percer le pourquoi et le comment des névroses. Il est vrai qu'assez tôt, les deux ordres de recherches s'étaient si étroitement liés qu'ils devaient forcément influer l'un sur l'autre : les névroses lui avaient révélé l'importance du rêve, le rêve à son tour lui donna la clé des névroses.

* * * C'est grâce à une modification décisive de sa technique thérapeutique que Freud put entrevoir l'énorme valeur du rêve comme phénomène psychique. En effet, on se souvient que son *analyse psychique*, d'abord fondée sur l'hypnose et la suggestion et débarrassée ensuite de ces deux procédés, se servait de certaines pratiques — objurgations du médecin, pressions de la main sur le front, etc. — destinées à faire surgir dans l'esprit du malade une idée liée à la cause de son symptôme. Mais une malade ayant un jour demandé à Freud de ne pas interrompre le cours de ses pensées, celui-ci se le tint pour dit ; il s'abstint désormais d'intervenir et s'achemina ainsi peu à peu vers la technique dite des *associations libres* à quoi la psychanalyse doit toute son originalité.

* Or, dès l'instant où la liberté des associations fut la règle, les

malades se mirent spontanément à raconter leurs rêves, de sorte que Freud fut conduit à traiter les productions de la vie nocturne comme il faisait des autres symptômes évoqués dans le discours. Les hystériques l'y avaient en quelque sorte poussé, puisque, en vertu d'une obligation intérieure, ils associaient les unes aux autres toutes les idées qui se présentaient simultanément à leur esprit.

⁂ Un autre fait d'observation clinique avait encore encouragé Freud dans sa recherche : c'est qu'il existait une analogie entre le rêve et les états hallucinatoires propres à certaines affections mentales, comme la *psychose hallucinatoire aiguë* (*Amentia* de Meynert). Frappé de l'idée de quelques psychiatres qui voyaient dans le délire onirique une manière de réaliser un désir caché, Freud commença de soupçonner qu'il pouvait en être de même pour le rêve et que la part nocturne de notre vie psychique, bien loin qu'elle soit absurde et anarchique, n'était pas moins sensée, ni orientée que celle de la veille.

⁂⁂ Son intuition ne se trouva vraiment confirmée que par la première analyse complète qu'il fit de l'un de ses rêves, le mercredi 24 juillet 1895, jour historique, comme il le nota lui-même à demi sérieusement. Il s'agissait du rêve dit de *l'injection d'Irma*, Freud en avait transcrit l'interprétation dans un café de la banlieue de Vienne, au restaurant Bellevue, où il se demandait s'il y aurait jamais une plaque commémorative portant l'inscription : *C'est dans cette maison que, le 24 juillet 1895, fut révélé au Dr Sigmund Freud le secret des rêves*[1]. Aucune plaque de marbre ne commémore cet événement inouï qui, à l'instar de beaucoup d'autres aussi importants, passa sur le moment tout à fait inaperçu. Mais la fortune de *La Science des rêves*, qui n'a pas cessé depuis plus de soixante ans, vaut bien à elle seule tout un monument.

On croira sans peine que Freud ne se serait pas attaché avec autant de passion au problème des rêves s'il n'avait eu une inclination personnelle pour ce sujet. De fait, il était grand rêveur et, depuis toujours semble-t-il, s'appliquait à noter ses rêves dans l'un de ces carnets qu'il détruisit un jour avec d'autres papiers. Ses rêves le fascinaient, bien plus, il leur accordait manifestement une espèce de créance et, dans une lettre à Martha par exemple, on le voit leur attribuer vaguement un sens prophétique. Mais déjà il fait quelques

1. Fl., 12-6-1900, *N. psa.*, 286.

remarques qui se rapprochent de ses travaux futurs : il rapporte tout au long à Martha un exemple typique de *rêve dans le rêve*, et s'étonne en constatant que certains rêves, comme celui où il passe son examen de doctorat, reviennent périodiquement, parfois pendant des années...

✳ Le rêve, pour Freud, n'est donc pas seulement un objet scientifique, mais, comme toujours chez cet homme tendu vers une connaissance approfondie de soi-même, une source de questions étroitement liées à sa vie. En cela, il se rapprochait plus des oniromanciens traditionnels que des savants de son époque qui, dans l'ensemble, privaient le rêve de toute valeur et reléguaient les antiques croyances dans le domaine des superstitions.

✳ ✳ En appelant son livre *Die Traumdeutung*, littéralement *L'interprétation des rêves*, Freud montrait bien de quel côté il entendait se ranger : interprète des énigmes de la nuit, il prenait la suite de tous ceux qui, depuis des temps immémoriaux, avaient compris le rêve comme un message secret, divin ou non, dont la révélation était précieuse pour la conduite de la vie. Comme eux, il affirmait que le rêve a un sens et que ce sens concerne directement la personne du rêveur.

✳ ✳ ✳ Le titre français ne rend malheureusement pas cette nuance (*) qui, pourtant, annonce et oriente tout le projet freudien. Le but de Freud, en effet, n'est pas de constituer une science de la vie onirique telle que l'entendaient les auteurs du temps : cette science, il en a fait le tour à travers l'immense littérature dont il rend compte dans le premier chapitre de son livre, et, à quelques exceptions près, il l'a trouvée d'une superficialité rebutante. Ce qu'il veut bien plutôt, c'est montrer que le rêve n'est pas seulement une sorte de tressaillement de la vie psychique endormie, mais un phénomène doué de signification, ayant la plénitude et en quelque sorte la dignité des autres activités psychiques. En somme, il veut faire mentir le proverbe en disant que tout songe est vérité.

✳ La composition de *La Science des rêves* a demandé plusieurs

* Le titre *L'Interprétation des rêves* a été rétabli lors de la nouvelle édition parue aux P.U.F. en 1967 (*cf.* Bibliographie).

années de travail. Freud a dit qu'il en avait volontairement retardé la publication pendant quatre ou cinq ans, ayant préféré publier le livre avec des preuves plus nombreuses et plus solides. Mais sa mémoire devait l'induire en erreur, car ses lettres à Fliess attestent que l'idée ne germa en lui qu'en 1897, deux mois après le début de son auto-analyse. On conçoit d'ailleurs que ces deux tâches aient été dès le début tributaires l'une de l'autre, puisque Freud trouva le premier matériel du livre — et de loin le plus important — dans l'analyse de ses propres rêves, qu'il faisait alors systématiquement. En vérité, le projet même de l'ouvrage coïncidait avec une crise : Freud se contraignit finalement à l'écrire pour tenter de surmonter l'état intérieur fort pénible où la mort de son père l'avait plongé. Là, donc, il était à lui-même son propre sujet, c'était de lui qu'il parlait en exposant ses idées, lui qu'il livrait à la curiosité du public, Cette déplaisante nécessité explique mieux son hésitation que de simples scrupules scientifiques : s'il garda longtemps sa découverte par devers lui, c'est qu'elle le mettait lui-même à nu.

✻✻ Nous pouvons suivre dans les lettres à Fliess les aléas de ce travail que Freud s'imposa d'abord comme une sorte d'hygiène mentale et qui peu à peu finit par le passionner. En 1897, quand il doit reconnaître l'inexactitude de sa théorie de la séduction, il espère que le rêve pourra encore sauver son édifice. Puis il cesse d'écrire pour étudier l'énorme littérature publiée sur le même sujet, et se réjouit qu'aucun auteur n'ait anticipé ses conclusions, ce qui l'assure de sa priorité. La nécessité de faire l'historique des problèmes du rêve le rebute, mais il ne peut l'éluder, et comme il veut aussi insérer dans le livre un chapitre de psychologie générale, c'est tout le projet qui doit être remanié. Pendant deux ans, il travaille sans songer à une publication, mais le 28 mai 1899, il se décide brusquement et l'annonce aussitôt à Fliess :

*Tout à coup et sans raison spéciale, le rêve a pris corps pour tout de bon. J'y ai bien réfléchi, tous ces travestissements ne me conviennent pas, pas plus que le renoncement, car je ne suis pas assez riche pour garder par devers moi la plus belle découverte que j'aie faite, la seule probablement qui me survivra. Dans ce dilemme, je me suis comporté comme le Rabbin dans l'histoire du coq et de la poule. La connais-tu ? Un couple qui possède un coq et une poule décide, à l'occasion des fêtes, de s'offrir un repas de volaille et, à ce propos, consulte le rabbin. « Rabbin, que faut-il faire ? Nous n'avons qu'une seule poule et un seul coq. Si nous tuons le coq, la poule s'en affligera, si nous tuons la poule, c'est le coq qui sera malheureux, mais nous voulons manger de la volaille en ce jour de fête. Que faire ? — Tuez le coq ! — Mais la poule aura du chagrin ! — C'est vrai. Alors, tuez la poule ! — Mais, rabbin, le coq souffrira ! — Eh bien tant pis, qu'il souffre ! » Que le rêve soit donc... Malheureusement, les dieux ont fait précéder l'ouvrage d'une littérature bien faite pour lui servir de repoussoir. La première fois, je m'y suis embourbé. Cette fois-ci je m'en tirerai. D'ailleurs il ne s'y trouve rien d'important. Aucun de mes travaux n'aura été si complètement mien*[2]...

✻✻✻ A peine a-t-il décidé de publier le livre que Freud se sent pris de découragement : l'historique du rêve exige un travail fastidieux, il n'y trouve rien d'exaltant ; bien loin que ses prédécesseurs lui apprennent quelque chose, la pauvreté de leurs idées finit par déprécier les siennes et le dégoûte presque de son sujet :

*Certains spécimens de littérature me donnent pour la première fois l'impression que j'aurais mieux fait de ne jamais m'occuper de ce sujet. Il y a entre autres un certain Spitta (To spit* : cracher)... *Je suis maintenant sorti du passage dangereux. Naturellement, on s'enfonce toujours davantage pour finalement tout lâcher. Toute cette histoire aboutit une fois de plus pour moi à un lieu commun. Il y a* un désir *que le rêve cherche toujours à réaliser, un seul désir qui peut toutefois affecter plusieurs formes et qui est simplement celui de dormir ! On rêve pour n'être pas obligé de se réveiller, parce que l'on veut dormir ! Tant de bruit*[3]...

✻ Le chapitre consacré à l'examen de la littérature sur le rêve était pour Freud une source d'embarras. Ecrit sur les instances de Fliess, qui le jugeait indispensable pour prévenir les attaques des spécialistes, il semblait n'avoir aucune place dans l'ensemble : Freud ne savait où le mettre, Fliess n'en voulait ni au milieu ni au début. Freud se déclare d'abord d'accord avec lui, mais se résout pourtant à en faire le premier chapitre du livre :

2. Fl., 28-5-1899, *ibid.*, 249 et suiv.
3. *Ibid.*, 9-6-1899, 251.

*Nous sommes du même avis et tout semble provenir du fait que cette littérature nous déplaît. Mais si nous voulons éviter de fournir aux pontifes une hache pour pourfendre ce malheureux livre, nous sommes bien obligés d'insérer la littérature quelque part. L'ensemble rappelle une promenade imaginaire. C'est d'abord la forêt obscure des auteurs (qui ne voient pas les arbres), forêt sans perspective et où il est facile de s'égarer ; puis un chemin creux, au travers duquel je mène le lecteur — celui de mes spécimens de rêves avec leurs particularités, leurs détails, leurs indiscrétions, leurs mauvais jeux de mots. Enfin, tout à coup, le sommet, la vue, et cette question : Dites-moi, s'il vous plaît, où vous voulez aller*[4]...

✻✻ Outre le chapitre historique à quoi il s'était cru obligé, Freud avait ajouté à son plan primitif un chapitre consacré à la psychologie qui, pour d'autres raisons, lui causa un surcroît de soucis. Ce chapitre, qui traite des processus oniriques et termine le livre, passe pour être le plus difficile et le plus abstrait de toute son œuvre. Freud a dit qu'il l'avait écrit comme en rêve, mais dans une lettre à Fliess, il le juge irrémédiablement imparfait :

*J'entame les préliminaires du dernier chapitre, dont je n'aperçois encore ni les limites ni la disposition. Il me reste encore beaucoup à lire là-dessus. D'ailleurs, quoi qu'il arrive, les physiologistes y trouveront bien à redire, mais enfin, tant pis ! La chose sera ce qu'elle doit être... Le chapitre contiendra donc 2.467 erreurs — que j'y laisserai*[5]...

✻✻✻ Ces 2.467 erreurs que Freud pensait avoir laissées dans le chapitre VII de *La Science des rêves* demandaient une explication, mais Freud ne s'en avisa pas tout de suite. C'est seulement quand il rassembla du matériel pour la *Psychopathologie de la vie quotidienne* qu'il fut frappé par ce chiffre apparemment absurde qui, selon sa théorie, devait pourtant avoir un sens précis. Il fit alors de ses 2.467 erreurs une analyse éblouissante, qu'il faut citer entièrement pour ce qu'elle met en évidence l'une de ses idées les mieux ancrées, sans quoi la psychanalyse serait en partie incompréhensible : sa croyance absolue dans le déterminisme de l'esprit :

4. *Ibid.*, 6-8-1899, 257 et suiv.
5. *Ibid.*, 27-8-1899, 260.

*Tu trouves dans ma lettre le nombre 2.467, exprimant l'estimation arbitrairement exagérée des fautes que j'ai pu laisser dans mon livre sur les rêves. Mais dans la vie psychique, il n'y a rien d'arbitraire, rien d'indéterminé. Aussi es-tu en droit de supposer que l'inconscient a pris soin de déterminer le nombre lancé par l'idée consciente. Voici ce qu'il en est : je viens de lire récemment dans le journal que le général E. M. a pris sa retraite avec le grade de maréchal. Or, cet homme m'intéresse. Pendant que je faisais mon service en qualité de médecin auxiliaire, il est venu un jour à l'infirmerie (il était alors colonel) et a dit au médecin : « Je vous donne une semaine pour me remettre sur pieds, car j'ai à faire un travail que l'Empereur attend ». En suivant mentalement la carrière de cet homme, je constate qu'aujourd'hui (en 1899), cette carrière est terminée, que le colonel d'alors est maréchal, et à la retraite. Je me suis rappelé que c'est en 1882 que je l'ai vu à l'infirmerie. Il a donc mis 17 ans à parcourir ce chemin. J'en parle à ma femme, qui me dit : « Alors, toi aussi, tu devrais être à la retraite ? » Mais je proteste : « Que Dieu m'en garde ! » et je me mets à mon bureau pour t'écrire. Mais mes idées suivent leur cours, avec raison. J'ai mal calculé ; et je le sais d'après un point de repère fixe que je garde dans mes souvenirs. J'ai fêté ma majorité, c'est-à-dire mon 24ᵉ anniversaire, pendant que je faisais mon service (je me suis absenté ce jour-là sans permission). C'était donc en 1880, il y a par conséquent 19 ans de cela. Tu retrouves ainsi dans 2.467 le nombre 24. Prends mon âge : 43, ajoutes-y 24 : 43 + 24 = 67 ! Cela veut dire qu'à la question de ma femme au sujet de ma retraite, j'ai répondu en m'accordant encore vingt-quatre années ! Il est évident qu'au fond, je suis contrarié de n'avoir pas fourni, dans l'intervalle des dix-sept ans qu'il a fallu au colonel M. pour devenir maréchal et prendre sa retraite, la même carrière que lui. Mais cette contrariété est plus que neutralisée par la joie que j'éprouve en pensant que sa carrière est bel et bien finie, alors que j'ai encore beaucoup de temps devant moi. J'ai donc le droit de dire que même ce nombre de 2.467, lancé sans aucune intention, a été déterminé par des raisons venant de l'inconscient*[6]*...*

6. *Psychopathologie de la vie quotidienne, op. cit.*, 280. — Le passage commence ainsi : « *J'écris à un ami que j'ai terminé la correction des épreuves de mon livre* Die Traumdeutung *et que je suis décidé à n'y plus rien changer, "dût-il contenir 2.467 erreurs". Je cherche aussitôt à éclaircir la provenance de ce chiffre et j'ajoute mon analyse à la lettre destinée à mon ami. Je la cite telle que je l'ai notée alors, sous le coup du flagrant délit...* »

✳ Les sentiments de Freud à l'égard de son travail restent jusqu'à la fin fort mélangés ; tantôt l'idée de laisser *La Science des rêves* après lui le console de bien des heures de tristesse ; tantôt il s'afflige des défauts rédhibitoires de l'ouvrage, et demande à Fliess, qui en corrige toutes les épreuves, de l'aider à éliminer les plus sensibles. Dans l'ensemble, la forme qu'il a donnée à sa description des rêves le laisse insatisfait :

*C'est le style qui me déplaît, il ne m'a pas été possible de trouver des tournures élégantes et simples, j'ai usé de circonlocutions et me suis égaré dans des descriptions pittoresques. Je ne l'ignore pas, mais, en moi, l'élément qui le sait et est capable d'en juger n'est malheureusement pas l'élément productif*[7]...

✳ ✳ Enfin, le dernier manuscrit est expédié à l'éditeur en septembre 1899. A la fin du mois d'octobre, Wilhelm Fliess en reçoit un exemplaire, et le 4 novembre 1899, le livre est mis en librairie. Mais soit que l'éditeur fût superstitieux, soit qu'il fût impressionné par le siècle naissant, soit qu'il eût compris le caractère prophétique du livre, il préféra le dater de 1900.

✳ ✳ ✳ Pendant dix-huit mois, *La Science des rêves* connut le silence presque total de la presse. Aucune revue scientifique ne signala sa publication et, à part un compte-rendu élogieux dans le *Berliner Tagblatt*, les journaux quotidiens l'ignorèrent. Les quelques savants qui se prononcèrent le firent tous négativement, l'un s'effrayait que les esprits *non critiques pussent jouer avec de pareilles idées, sombrer dans un mysticisme total et dans le chaos de l'arbitraire* ; un professeur de Berlin déplorait que *l'imagination artistique de l'auteur l'ait emporté sur la pensée du chercheur scientifique* ; et en 1927, un certain professeur Hoche, de Fribourg, rangeait l'œuvre de Freud à côté *des clés des songes bien connues, qui s'impriment*

7. Fl., 2-9-1899, *J Bg.*, 395. A rapprocher d'une lettre du 21-9 ou Freud dit : « *Il y a, caché quelque part en moi, un certain sentiment de la forme, une appréciation de la beauté, c'est-à-dire d'une sorte de perfection, et les phrases entortillées qui, dans mon livre sur les rêves, s'étaient avec leurs circonlocutions mal ajustées à la pensée, ont gravement heurté l'un de mes idéaux. Je ne pense pas avoir tort en considérant ce défaut de forme comme l'indice d'un manque de maîtrise du sujet...* » *N. psa.*, 265.

*sur du mauvais papier et que l'on trouve parfois dans les tiroirs des cuisinières*[8]. De sorte que pendant dix ans, le livre ne se vendit pas et passa inaperçu.

✳ Pour Freud, cependant, *La Science des rêves* eut des conséquences plus décisives qu'aucun autre de ses livres. C'était le fruit d'un long travail intérieur qui lui avait permis de sortir d'une grave crise intime avec plus de fermeté, plus de confiance en lui-même et de sérénité à l'égard du jugement d'autrui. Surtout, elle attira l'attention de quelques jeunes gens qui formèrent bientôt le premier noyau de ses disciples, et de la sorte, elle mit définitivement fin à son isolement.

✳✳ *La Science des rêves* a eu neuf éditions en près de trente ans, et Freud, à plusieurs reprises, l'a enrichie de rêves et d'observations qui lui venaient de ses élèves. De par sa conception même, c'est un ouvrage complexe et si vaste que le lecteur non préparé peut craindre de s'y perdre. Très tôt, d'ailleurs, Freud a senti la nécessité d'en rassembler les principales idées dans un exposé plus bref, afin de le mettre à la portée du public profane, mais cultivé, dont il espérait se faire mieux comprendre que du public savant. En 1901, donc, il fit de son œuvre maîtresse un abrégé extrêmement clair qui en est comme la version populaire et où ne manque pourtant aucune de ses idées. C'est à ce petit livre, intitulé *Le Rêve et son Interprétation*[9], que nous empruntons maintenant pour présenter sommairement la théorie freudienne du rêve, pièce majeure de la doctrine psychanalytique et instrument de son travail quotidien.

8. *J Bg.*, tome I, 396. — Sur l'accueil du public à *La Science des rêves*, Freud dit (Fl., 23-3-1900, *N. psa*, 279) : « *L'accueil qu'on lui a réservé, jusqu'à présent du moins, ne m'a guère réjoui ; on l'a fort peu compris ; les éloges ressemblent à des aumônes, l'ouvrage est manifestement antipathique à la plupart des gens. Personne autour de moi ne paraît avoir le moindre soupçon de ce qu'il contient d'important. Je me l'explique en me disant que je suis de quinze ou vingt ans en avance sur mon temps...* » Ailleurs l'échec du livre lui inspire de pénibles doutes sur lui-même (Fl., 7-5-1900, *ibid.*, 283) : « *Aucun critique n'est plus capable que moi de saisir la disproportion qui existe entre les problèmes et la solution que je leur donne et, pour ma juste punition, aucune des régions psychiques inexplorées où j'ai pénétré le premier parmi les mortels ne portera mon nom ou ne se soumettra à mes lois...* »
9. *Le Rêve et son Interprétation*, trad. Hélène Legros, Pons, Gallimard, 1925.

✳ ✳ ✳  Le rêve n'est pas un déchet inutile, insane ou morbide de l'activité psychique, comme le croient la plupart des psychologues du temps. C'est un phénomène plein de sens dont l'absurdité et l'incohérence disparaissent dès qu'on sait l'interpréter à l'aide d'une méthode scientifique appropriée. Plus sages que les savants, les Anciens et les gens du peuple avaient une intuition profonde de sa vérité, ils se trompaient seulement en appréciant sa valeur prophétique, car le rêve ne prédit rien, il exprime un souhait dont il assure immédiatement la réalisation.

✳  Ce dont le rêveur se souvient au réveil, c'est le *contenu manifeste du rêve* ; le matériel que fournit le rêve au terme de l'analyse est appelé son *contenu latent*. Le processus de transformation du rêve latent en rêve manifeste, c'est le *travail du rêve*. Le travail d'analyse le refait exactement en sens inverse. Envisagés sous l'angle des rapports entre le contenu latent et le contenu manifeste, les rêves peuvent être divisés en trois catégories.

✳ ✳ ✳  D'abord les rêves clairs et raisonnables qui semblent empruntés directement à notre vie consciente. Ils sont fréquents, brefs, et sans grand intérêt pour nous, parce qu'ils n'ont rien qui frappe l'imagination. Cependant, leur caractère de rêves est incontestable, jamais nous n'irions les confondre avec des productions de l'état de veille.

✳  Le second groupe est celui des rêves raisonnables dont le sens, quoique parfaitement clair, ne laisse pas de nous étonner parce que rien en nous ne justifie de pareilles préoccupations. Ce sont ceux qui nous font nous écrier au réveil : « D'où peut bien me venir cette idée ? »

✳ ✳  Le troisième groupe comprend précisément les rêves qui ont suggéré aux psychologues l'idée d'une activité psychique réduite et inutile : ils sont en effet obscurs, absurdes, incohérents. Ce sont eux qui renferment les énigmes dont l'analyse parvient à percer le sens en remplaçant le contenu manifeste par le contenu latent du texte onirique. Il est remarquable que plus le rêve est obscur, plus il résiste à l'analyse, plus il semble s'opposer à la reconstitution de sa pensée cachée.

✻ ✻ ✻ A la catégorie des rêves clairs appartiennent tous les rêves d'enfants, qui sont, franchement et sans détours, des désirs réalisés. Freud s'en est convaincu en notant les rêves de ses propres enfants :

✻ Sa petite fille Anna s'est rendue malade en mangeant des fraises et a été mise à la diète. La même nuit, elle fait un rêve où elle prononce d'abord son nom, puis : « fraise, tartine, bouillie... » Donc, l'enfant rêve qu'elle mange et voit dans son menu précisément les choses dont elle s'attend à être privée.

✻ ✻ Même lorsque le rêve enfantin se complique, il reste toujours aisé de le réduire à la satisfaction d'un désir. Le petit garçon de Freud, qui a huit ans, rêve qu'il se trouve aux côtés d'Achille dans le char conduit par Diomède. Son père sait qu'il s'était plongé la veille dans les légendes héroïques de la Grèce : enthousiasmé par les deux héros, il regrettait sans aucun doute de n'avoir pas vécu de leur temps.

✻ ✻ ✻ Les rêves d'adultes peuvent emprunter leurs traits aux rêves d'enfants dans certaines situations d'extrême besoin. Freud en trouve la confirmation dans les récits de l'explorateur Nansen[10] : pendant l'hivernage dans les glaces, les hommes de l'expédition, condamnés à des menus maigres et monotones, rêvaient toutes les nuits, comme des enfants, à des repas plantureux, à des montagnes de tabac et aux joies lointaines de leurs foyers.

✻ Tous les rêves de type infantile peuvent se formuler par un souhait : « Oh, si la promenade sur l'eau avait duré plus longtemps ! » — « Que ne suis-je déjà levé et habillé ! » — « Que n'ai-je la chance de vivre au temps des Grecs ! » Mais le rêve apporte quelque chose de plus que ce mode optatif : il nous montre le souhait réalisé, il nous présente cette réalisation sous une forme visuelle. Autrement

10. *La Science des rêves*, 145, et aussi Fl., 20-8-1898, *N. psa.*, 231 : « *J'utiliserai très bien les rêves de Nansen, ils sont tout à fait transparents. Mes propres expériences m'ont enseigné qu'il est passé par l'état psychique ordinaire de celui qui tente quelque chose de nouveau, qui doit faire appel à la confiance des autres et qui, probablement par une voie fausse, va découvrir des choses nouvelles, mais pas autant qu'il se l'était figuré. Je connais cet état pour l'avoir éprouvé...* »

dit, il transforme une idée en *image*, et le désir en une *situation* actuelle : même les rêves enfantins les plus simples subissent nécessairement cette transposition.

✻ ✻ Pour qu'une idée puisse pénétrer dans un rêve, il faut qu'elle soit apte à se transformer en image et donner lieu à une transposition dramatique. C'est là le principe en quelque sorte grammatical qui vaut pour toutes les espèces de rêves, qu'ils soient clairs ou énigmatiques, cohérents ou apparemment fantastiques. La complexité et l'obscurité du scénario, qui marque généralement les rêves d'adultes, ne change d'ailleurs rien au sens profond des productions oniriques, qui est toujours la réalisation d'un désir. La disproportion frappante, chez l'adulte, entre le contenu manifeste et le contenu latent du rêve montre seulement qu'ici, il s'agit de la réalisation *déguisée* d'un désir *caché*, ou *refoulé*.

✻ ✻ Mais comment les pensées latentes du rêve parviennent-elles à se déguiser suffisamment pour devenir méconnaissables et, au réveil, paraître étrangères à la conscience du dormeur ? Grâce à un certain nombre de procédés techniques qui ne sont d'ailleurs pas réservés au rêve, mais servent d'instruments à d'autres formes d'activité psychique, en particulier au travail de l'imagination. Le premier de ces moyens, nous l'avons vu, est la transposition de concepts abstraits en images et en situations. Il en existe plusieurs autres, qui concourent chacun à leur manière à l'arrangement tendancieux de la matière onirique, arrangement où Freud, le premier, a reconnu le modèle du travail secret de l'art.

✻ ✻ Le rêve effectue son travail en partie grâce à une compression, ou encore à une *condensation* de ses éléments primitifs, ce qui explique que les pensées latentes découvertes au terme de l'analyse soient toujours beaucoup plus nombreuses que les idées du contenu manifeste. Le fait, les personnes et les objets vus en rêve sont le plus souvent des formations composites, des hybrides obtenus par l'amalgame ou la superposition de traits absolument disparates : ce sont des créations déconcertantes à l'état de veille, mais en tous points comparables à celles qui foisonnent dans les fables populaires ou les mythes. La seule différence est que les figures mythiques sont définitivement fixées, alors que le rêve doit recommencer son travail en quelque sorte chaque nuit.

*** Freud a donné un joli exemple de ce travail de condensation : c'est le rêve où il se voit assis dans un compartiment de chemin de fer, avec, sur les genoux, un chapeau haut de forme en verre transparent. Cet objet absurde résulte de l'amalgame de deux images : le chapeau, évidemment lié à la tête de son possesseur ; et le bec Auer, cylindre de verre, haut de forme lui aussi, dont son inventeur, le Dr Auer von Welsbach, compatriote de Freud, a tiré beaucoup de gloire et de profit. Et Freud se dit :

*... Je ne serais pas fâché de faire comme lui une découverte qui me rende riche et indépendant. Je voyagerais alors au lieu de rester à Vienne... Dans le rêve, je voyage avec ma découverte, ce chapeau haut de forme en verre dont l'utilité est encore fort contestable*[11]...

** Le rêve travaille encore à l'aide d'un déplacement, dont le principal résultat est un renversement ou un échange des valeurs mises en scène. Ce qui, dans la pensée latente du rêve, était fort et important, se transporte sur un objet faible et insignifiant, de sorte qu'un fait primitivement émouvant devient banal, et qu'inversement, des éléments sans valeur prennent une coloration intense et une place centrale dans le scénario. Le rêve est capable de traiter un détail accessoire en événement grave, de dissocier les situations des affects qui normalement les accompagnent, ou encore de dissimuler dans un coin de son espace cela même qui constitue sa pensée la plus pressante. Rien ne contribue mieux à son absurdité que cette répartition mensongère des accents.

*** Le troisième procédé est de loin le plus apparent. Il consiste à remplacer objets, personnes et situations par des représentations aptes à les figurer de façon purement analogique : c'est le symbolisme du rêve qui, de tout temps, a frappé l'imagination des hommes et justifié le déchiffrement systématique des énigmes nocturnes. Les signes, les allusions, les jeux de mots, même les pires coq-à-l'âne, tout est bon au rêve pour donner une expression au désir dont il est le porteur, sans toutefois jamais le trahir en le rendant intelligible. Cependant, le symbole n'est pas le produit du travail onirique, il en est au contraire le premier moteur : c'est lui qui fournit le matériel

11. *Le Rêve et son Interprétation*, *op. cit.*, 68 et suiv.

sur quoi vont porter la condensation, le déplacement et la mise en scène du scénario.

*** Mais, dira-t-on, qu'est-ce qui oblige le rêve à une élaboration aussi tortueuse ? Pourquoi le rêve d'adulte ne s'exprime-t-il pas aussi naïvement que le rêve d'enfant, ou, en d'autres termes, à quoi correspond cet étrange phénomène du refoulement qui force le désir en cause à ne se réaliser que sous une forme voilée ? La réponse à cette question n'est pas fournie par le rêve lui-même, mais par une particularité tout à fait générale de notre constitution psychique :

*Nous admettons que, dans notre appareil psychique, il existe deux fonctions créatrices de pensée. La seconde de ces fonctions possède ce privilège que tous ses produits font immédiatement partie intégrante de la conscience ; tandis que l'activité de la première reste inconsciente, ou bien n'atteint la conscience que par l'intermédiaire de la seconde.*

*A la limite de séparation entre ces deux fonctions, au point même où elles se rejoignent, il existe une censure qui ne laisse passer que ce qui est agréable et rejette le reste. Les produits rejetés par la censure se trouvent alors, selon notre expression, en état de refoulement*[12]*...*

* On conçoit que les désirs les plus sévèrement rejetés par la censure soient ceux-là même que la morale individuelle et collective réprime avec la même rigueur : les désirs érotiques, d'autant plus incompatibles avec les exigences du Moi adulte qu'ils proviennent d'un indestructible fond infantile. Derrière les souhaits érotiques actuels, qui s'accomplissent en quelque sorte par ruse dans les rêves, Freud, en effet, découvre le désir premier, le désir scandaleux d'inceste et de meurtre dont tout homme adulte a perdu le souvenir et qui, pourtant, le lie éternellement à son passé. C'est une révélation, qui explique pour la première fois le sens universel et l'éternité du drame d'Œdipe :

*Sa destinée nous émeut parce qu'elle aurait pu être la nôtre, parce qu'à notre naissance l'oracle a prononcé contre nous la même malédiction. Nous avons tous senti à l'égard de notre mère notre première*

12. *Ibid.*, 142 et suiv.

*impulsion sexuelle, à l'égard de notre père notre première haine : nos rêves en témoignent, Œdipe, qui tue son père et épouse sa mère, ne fait que réaliser le vœu de notre enfance. Mais, plus heureux que lui, nous avons pu, pour autant que nous ne soyons pas névropathes, détacher de notre mère nos désirs sexuels et oublier notre jalousie envers notre père. Nous nous épouvantons à la vue de celui qui a accompli le souhait de notre enfance, et notre épouvante a toute la force du refoulement qui, depuis lors, s'est exercé contre ces désirs. Comme Œdipe, nous vivons dans l'inconscience des désirs qui blessent la morale et auxquels la nature nous contraint. Quand on nous les révèle, nous préférons détourner les yeux des scènes de notre enfance*[13]*...*

13. *La Science des rêves*, 198 et suiv.

# 10. DEUX RÊVES DE FREUD

✻ Il n'y a pas de meilleur moyen de comprendre l'analyse freudienne du rêve que de suivre pas à pas l'extraordinaire prospection intérieure à quoi Freud convie son lecteur en lui contant ses propres songes, pour en trouver le sens et en chasser une à une toutes les énigmes. Un rêve interprété par Freud, c'est une aventure dont on est à la fois le témoin et le héros ; un drame que l'on regarde d'abord avec indifférence ou amusement, pour en faire ensuite une affaire personnelle dont on attend le dénouement.

✻ ✻ Mais surtout, c'est un enseignement permettant de saisir pour ainsi dire en plein travail la technique même de la psychanalyse et, par là, plus vivant, plus immédiatement utilisable que des exposés purement théoriques. L'analyse des rêves avait été pour Freud lui-même l'instrument indispensable de sa propre analyse ; pour le lecteur d'aujourd'hui, elle est encore la voie royale qui conduit au cœur de ses livres.

✻ ✻ ✻ Pour donner une idée tout à fait concrète de la méthode que Freud, dès 1895, avait commencé d'appliquer au traitement de ses malades, nous avons donc choisi deux rêves personnels, parmi les innombrables exemples qui forment le matériel de *La Science des rêves*. Le premier à cause de sa simplicité et du ton familier de l'analyse ; le second pour l'admirable construction intellectuelle à quoi il donne lieu, et l'émotion esthétique qui s'en dégage.

✻ En fait, le rêve dit de *la table d'hôte* n'appartient pas à proprement parler à *La Science des rêves*. Il est relaté dans le petit livre déjà cité : *Le Rêve et son Interprétation*, où Freud, de la façon la plus simple, rassemble et ordonne les principes de son énorme somme onirique. Il retrace toutes les étapes, tous les détails du chemin que le rêveur avait fait lui-même au moment de son réveil :

*Une réunion à table — ou à table d'hôte. On sert des épinards. Mme E. L. est assise auprès de moi et entièrement tournée de mon côté. Elle me passe familièrement la main sur le genou. Je fais un geste pour écarter sa main. Elle me dit alors : « Vous avez toujours eu de si beaux yeux ! » Et je distingue confusément quelque chose qui ressemble à un dessin représentant deux yeux, ou bien aux verres d'une paire de lunettes.*

*Voilà le rêve, ou, du moins, ce que j'ai pu en noter. Je le trouve insignifiant, obscur et quelque peu surprenant. Mme E. L. est une personne avec qui j'ai eu de vagues relations d'amitié et n'en ai, que je sache, jamais désiré d'autres. Il y a longtemps que je ne l'ai pas vue, et je ne crois pas avoir entendu parler d'elle ces derniers temps. Je ne rencontre dans le processus de ce rêve aucune trace d'affectivité.*

*Plus j'y réfléchis et moins il me semble intelligible. Je vais procéder maintenant à mon examen introspectif et noter les idées qui me viendront, sans parti pris comme sans critique. Mais je m'aperçois bientôt que le travail est notablement plus facile si je décompose d'abord le rêve en ses éléments, afin de grouper autour de ces fragments isolés les idées qui s'y rattachent.*

*Réunion, Table, ou Table d'hôte. — Je me souviens d'abord de l'incident qui a clos la soirée d'hier. Comme je quittais une petite réunion en compagnie d'un ami, celui-ci offrit de prendre une voiture et de me déposer chez moi en disant : « J'aime assez l'invention du taximètre, on le suit des yeux, on s'occupe, on se distrait… » Quand nous fûmes en voiture et que le cocher eût disposé la vitre de manière qu'on pût lire le chiffre de 60 sous, je repris la plaisanterie : « A peine avons-nous pris place que nous voilà endettés. Le taximètre en voiture, c'est comme la table d'hôte, on s'y sent devenir avare et égoïste à force de songer à la dette qui augmente. Elle grandit trop vite, on a peur de ne pas en avoir pour son argent. A table d'hôte aussi, j'ai toujours ce souci un peu comique de ne pas laisser le compte s'établir à mon détriment ». Après quoi, sans grand à-propos je l'avoue, je citai deux vers de Goethe :*

Vous nous mettez au monde,
Et laissez le pauvre se couvrir de dettes…

*Une autre idée relative à la table d'hôte : il y a quelques semaines, me trouvant à table dans une auberge du Tyrol, je me mis violemment en colère contre ma femme parce qu'elle ne me paraissait pas assez réservée à l'égard de certaines personnes attablées à côté de nous, dont je voulais à tout prix éviter le commerce. Je la priai de laisser ces étrangers et de s'occuper plutôt de moi. Là encore, tout se passe comme si la table d'hôte m'avait frustré. Et maintenant, je pense tout à coup au contraste entre l'attitude de ma femme à cette table et celle de Mme E. L. dans le rêve, « qui est entièrement tournée vers moi ».*

*Autre remarque : ce détail de mon rêve est la reproduction d'une scène tout à fait analogue entre ma femme et moi, à l'époque où je lui faisais secrètement la cour. La caresse sous la table, elle me la fit en réponse à une lettre où je la demandais en mariage. Mais dans le rêve, ma femme est remplacée par une personne étrangère, E. L. — Mme E. L. C'est la fille d'un homme à qui j'ai dû de l'argent autrefois ! Force m'est bien de constater une relation insoupçonnée entre les éléments de mon rêve et les idées subites qu'ils éveillent. Suit-on la chaîne d'associations qui part d'un élément du contenu, on se trouve bientôt ramené à un autre : les idées que le rêve éveille en moi créent des liens qui ne sont pas discernables dans le rêve lui-même.*

*Quand quelqu'un attend qu'un autre l'aide sans y trouver lui-même avantage, n'a-t-on pas coutume de lui demander ironiquement : « Croyez-vous donc qu'il le fera pour vos beaux yeux ? » Mais alors, les propos de Mme E. L. dans le rêve : « Vous avez toujours eu de si beaux yeux ! » ne signifient rien d'autre que : « Tout ce qu'on en fait, c'est pour l'amour de vous. Tout vous a toujours été donné pour rien. Naturellement, c'est le contraire qui est vrai : le bien qu'ils m'ont fait, mes amis me l'ont toujours fait payer cher. C'est pourquoi j'ai dû être frappé, hier, d'avoir eu gratuitement une course en voiture.*

*Il est vrai que l'ami chez qui nous étions hier à dîner à souvent été mon créancier. Tout récemment encore, j'ai laissé passer une occasion de m'acquitter envers lui. Je ne lui ai jamais fait qu'un seul cadeau, une coupe ancienne avec des yeux peints tout autour. La coupe est une « Occhiale », qui préserve du mauvais œil. Du reste, l'ami dont je parle est oculiste. Hier soir, je lui ai demandé des nouvelles d'une malade que je lui avais recommandée pour une question de lunettes…*

*Comme je le vois, presque tous les éléments du contenu de mon rêve se retrouvent dans la nouvelle construction. Mais, devrais-je encore me demander, pourquoi ces épinards que l'on sert dans le rêve ? Eh bien, les épinards me rappellent une petite scène de famille qui a eu lieu l'autre jour parce que l'un de mes enfants — celui-là même dont on pourrait vanter les beaux yeux — refusait de manger des épinards, comme je le faisais moi aussi dans mon enfance. La mention de ce plat établit donc un rapprochement entre ma propre jeunesse et celle de mon petit garçon. Sa mère lui avait dit : « Estime-toi heureux d'avoir des épinards ! Bien des enfants seraient contents d'être à ta place ! » C'est ainsi que je suis rappelé aux devoirs des parents à l'égard de leurs enfants et que les paroles de Goethe :*

Vous nous mettez au monde
Et laissez le pauvre se couvrir de dettes

*prennent maintenant un nouveau sens.*

*Je m'arrête ici pour jeter un coup d'œil sur les résultats obtenus jusqu'à présent par l'analyse de ce rêve. En suivant les associations qui se reliaient aux éléments isolés de leur ensemble, extraits du contexte du rêve, j'ai obtenu une série de pensées et de souvenirs où il me faut reconnaître des manifestations importantes de ma vie intime. Le matériel ainsi obtenu est en relation étroite avec le contenu du rêve, mais cette relation est telle qu'un simple examen ne me l'aurait jamais fait trouver. Le rêve était incohérent, inintelligible, dépourvu de toute valeur affective. Mais en développant les pensées qui se cachent derrière le rêve, je ressens des mouvements affectifs intenses et parfaitement fondés ; ces idées elles-mêmes se disposent parfaitement pour former des chaînes logiques, où certaines représentations centrales se répètent ; parmi celles qui ne figurent pas dans le contenu du rêve, il y a l'opposition entre « intéressé » et « désintéressé », la notion de « dette » et celle de « don gratuit ». L'écheveau de pensées que l'analyse m'a révélé, je pourrais en serrer plus étroitement les fils et montrer qu'ils aboutissent tous à un nœud unique, mais, à côté des intérêts scientifiques, il existe des raisons privées qui m'empêchent de le faire dans un livre. Après avoir compris bien des choses que je répugne à m'avouer à moi-même, il me faudrait trahir des sentiments que je préfère tenir secrets*[1]*...*

✻ Le rêve *Non Vixit* que nous rapportons maintenant est l'un des plus émouvants, l'un des plus brillants aussi de *La Science des rêves*. L'interprétation en est plus poussée que dans le précédent, bien que les réticences habituelles de Freud n'y manquent pas non plus. Avec ses suspens, ses ombres qui se dissipent peu à peu et ses rebon-

1. *Le Rêve et son Interprétation, op. cit.*, 21-31.

dissements continuels, c'est un véritable petit drame dont le développement est d'une beauté frappante. Sa place ici est d'autant plus indiquée qu'elle met en scène des personnages que nous connaissons déjà : ces maîtres et amis qui avaient joué un grand rôle dans la vie de Freud et auxquels le liaient encore des sentiments aussi contradictoires que profonds :

*Je suis allé pendant la nuit dans le laboratoire de Brücke ; on frappe légèrement à la porte, et j'ouvre au professeur Fleischl, qui est mort ; il entre avec plusieurs étrangers, puis, après quelques mots, s'assied à sa table. Je fais ensuite un second rêve :*

*Mon ami Fl.*[2] *est venu à Vienne au mois de juillet, sans me prévenir ; je le rencontre qui cause dans la rue avec mon ami défunt, P., et je vais avec eux dans un endroit où ils s'assoient comme à une petite table, l'un en face de l'autre ; je m'assieds au petit côté de la table. Fl. parle de sa sœur et dit : « Elle mourut en trois quarts d'heure », puis quelque chose comme : « C'est le seuil. »*

*Comme P. ne le comprend pas, Fl. se tourne vers moi et me demande ce que je lui ai dit de lui. Là-dessus, saisi d'un sentiment étrange, je veux dire à Fl. que P. ne peut absolument rien savoir puisqu'il n'est plus en vie. Mais je dis, tout en remarquant moi-même l'erreur : NON VIXIT. Ensuite je regarde P. d'une manière pénétrante et, sous mon regard, il devient pâle, évanescent, ses yeux prennent une nuance bleue maladive... enfin, il se dissout. J'en suis extraordinairement heureux, je comprends maintenant qu'Ernst Fleischl n'était lui aussi qu'une apparition, un revenant, et je trouve tout à fait vraisemblable qu'un personnage de cette espèce puisse exister seulement tant qu'on le désire, et que le souhait d'un autre puisse l'éliminer*[3].

Freud propose ce bel exemple parce qu'il contient un véritable répertoire des énigmes du rêve. On y trouve en effet des éléments tout à fait typiques : le fait que le rêveur critique lui-même son erreur ; que les morts sont présentés comme morts dans le rêve et que l'on a avec eux des relations toutes naturelles ; enfin la discordance absurde entre une conclusion terrifiante et la satisfaction extrême qu'en tire le rêveur.

2. *Mon ami Fl.* : Fliess. P. : Joseph Paneth.

*Je donnerais beaucoup pour pouvoir communiquer la solution complète de toutes ces énigmes. Malheureusement, je ne peux pas le faire, je ne peux pas, comme je me le permets dans le rêve, sacrifier des gens que j'aime à mon ambition ; et la moindre dissimulation détruirait toute la signification de ce rêve, que je connais bien*[4]*...*

⁂ Freud se borne donc à interpréter quelques éléments choisis parmi les plus significatifs, qu'il envisage sous deux aspects : d'abord il élucide le problème du *non vixit* et de la présence naturelle des morts dans le rêve ; puis il explique le bonheur absurde qu'il éprouve après avoir *dissous* son ami.

*Le centre du rêve est une scène où j'anéantis P. en le regardant. Ses yeux deviennent étrangement bleus, puis il se dissout. Cette scène imite d'une façon très nette une autre scène réellement vécue. J'ai été démonstrateur à l'Institut de Physiologie ; mon service commençait de bonne heure, et Brücke avait appris que j'étais arrivé plusieurs fois en retard au laboratoire. Il vint un jour à l'heure où j'aurais dû arriver et m'attendit. Ce qu'il me dit fut court et net, mais il ne s'agissait pas des mots. Le fait bouleversant fut le regard de ses terribles yeux bleus, sous lequel je me sentis défaillir — comme P. dans le rêve où, à mon grand soulagement, les rôles sont changés. Ceux qui se rappellent les yeux merveilleux que le maître avait gardés jusque dans la vieillesse, et qui l'ont vu en colère, pourront imaginer sans peine ce que j'éprouvai alors...*

*Je passai longtemps sans trouver l'origine du* non vixit *grâce à quoi je me rends justice dans le rêve ; puis je me rappelai que ces mots avaient une extraordinaire clarté, non pas toutefois en tant que paroles entendues ou prononcées, mais en tant que chose vue. Et je compris tout de suite d'où ils venaient. Sur le socle du monument de l'empereur Josef à la Hofburg de Vienne, on lit ces belles paroles :*

Saluti patriae vixit
Non diu sed totus.

*J'avais donc pris dans cette inscription ce qui répondait à l'attitude hostile de mon rêve et signifiait : « Il n'a rien à dire, il ne vit pas. » Je me rappelai alors avoir fait le rêve peu de jours après*

4. *Ibid.*

*l'inauguration du buste de* Fleischl *à l'* *Université. A cette occasion, j'avais revu le buste de* Brücke *et (inconsciemment) j'avais dû regretter que mon ami P., si doué et si passionné pour la science, soit mort trop jeune pour qu'on lui en eût érigé un aussi. Mon rêve le lui érigeait. Mon ami P., s'appelait* Josef *(a).*

*Les règles de l'interprétation ne me permettaient pas encore de remplacer le* non vivit *dont j'ai besoin par le* non vixit *que me procure le souvenir du monument de l'empereur* Josef. *Un autre élément de la pensée du rêve doit y avoir contribué. Je me rends compte que dans la scène du rêve, deux courants de pensée se rencontrent, l'un hostile, l'autre tendre à l'égard de P. ; le premier est superficiel, l'autre caché, les mots* non vixit *les représentent tous les deux. Parce qu'il a rendu des services à la science, je lui érige un monument ; mais parce qu'il s'est rendu coupable d'un souhait méchant, qui s'exprime à la fin du rêve, je l'anéantis...*

*Voilà une phrase d'une forme bien particulière, dont je dois avoir trouvé le modèle quelque part. Où ai-je vu une semblable antithèse, un rapprochement de deux réactions opposées à l'égard de la même personne, qui ont la prétention d'être toutes deux fondées et de ne pas se gêner mutuellement ? Il n'y a qu'un texte de ce genre, qui se marque profondément dans la mémoire du lecteur : c'est le discours où Brutus se justifie, dans le* Jules César *de Shakespeare :* « Parce que César m'aimait, je le pleure ; parce qu'il était heureux, je me suis réjoui ; parce qu'il était brave, je l'honore ; parce qu'il voulait le pouvoir, je l'ai tué... » *N'est-ce pas la même construction, le même heurt de pensées que j'ai découvert dans mon rêve ? Je joue donc le rôle de Brutus. Une autre indication vient encore me le confirmer : mon ami Fl. vient à Vienne en* juillet. *Ceci ne repose sur aucune réalité. Jamais, à ma connaissance, Fl. n'est venu en juillet à Vienne. Mais le mois de juillet tire son nom de* Jules César *(notons encore César = Kaiser), ce pourrait être l'allusion à ce chaînon intermédiaire où je joue le rôle de Brutus*[5].

✻ ✻ ✻ Freud reprend l'interprétation de ce rêve dans un chapitre suivant, consacré aux états affectifs qui accompagnent le

(a) Ceci pour indiquer la surdétermination du rêve : mon retard du matin venant de ce que, après avoir longtemps travaillé la nuit, je devais faire le matin le long chemin qui va de la Kaiser-Josefstrasse à la Währingerstrasse.
5. *Ibid.*

déroulement des événements oniriques. Le point à éclaircir, ici, c'est le rapport complexe que ces états de qualités différentes entretiennent avec le contenu manifeste du rêve :

*Je n'ai pas encore fait connaître le point de départ de ce rêve. Il est essentiel et nous mène loin dans l'interprétation. J'avais reçu de mon ami de Berlin, Fl., la nouvelle qu'il allait être opéré et que des parents à lui, vivant à Vienne, me tiendraient au courant de son état. Les premières nouvelles après l'opération ne furent pas bonnes et me donnèrent de l'inquiétude. J'aurais aimé aller à Berlin, mais j'avais à ce moment des douleurs rhumatismales qui me rendaient tout déplacement très pénible. La pensée du rêve montre que je craignais pour la vie de mon ami. Je savais que son unique sœur, que je n'avais pas connue, était morte toute jeune après une très courte maladie. (Dans le rêve, Fl. parle de sa sœur et dit :* « Elle mourut en trois quarts d'heure ») *J'ai dû m'imaginer qu'il n'était pas plus solide et me représenter qu'ayant reçu des nouvelles plus mauvaises, je partais enfin — et arrivais* trop tard, *ce dont j'aurais pu avoir éternellement du remords (a). Ce reproche d'arriver trop tard est devenu le centre du rêve, mais il s'exprime dans la scène où le maître vénéré de mes années d'étudiant,* Brücke, *me foudroie de ses terribles yeux bleus. On verra plus loin ce qui a produit cette diversion ; la scène elle-même ne peut pas être reproduite telle que je l'ai vécue. Elle laisse bien à l'autre les yeux bleus, mais me donne le rôle foudroyant, par un renversement où la réalisation d'un désir est manifestement à l'œuvre. Mes inquiétudes pour la vie de mon ami, le remords de ne pas aller le voir, ma confusion (il est venu à Vienne* sans me prévenir*), mon besoin de me trouver une excuse dans ma maladie, tout cela compose les états affectifs violents qui se déchaînent dans cette sphère des pensées du rêve, et qui sont nettement perçus à travers le sommeil.*

*Mais le rêve a encore une autre source, qui avait fait sur moi une impression tout à fait opposée. En me donnant les nouvelles inquiétantes peu après l'opération, on m'avait demandé de n'en rien dire à personne. Cet avertissement m'avait blessé, parce qu'il prouvait qu'on n'avait pas confiance en ma discrétion. Comme on sait, des reproches sans fondement ne portent pas, n'ont pas le pouvoir*

(a) C'est le phantasme issu des pensées inconscientes du rêve qui exigent *non vivit* à la place de *non vixit* : « Tu es arrivé trop tard, il ne vit plus. »

*d'émouvoir. Bien des années auparavant, dans une affaire qui ne concernait pas l'ami en question, mais deux autres hommes qui voulaient m'honorer de ce nom, j'avais répété bien inutilement des paroles dites par l'un sur le compte de l'autre, Les reproches que je dus essuyer à cette occasion, je ne les ai jamais oubliés. L'un des deux amis que j'avais brouillés ainsi était le professeur* Fleischl *; l'autre peut être désigné par le prénom de* Josef, *que portait aussi mon adversaire et ami P. du rêve*[6]*...*

*L'agacement tout superficiel que j'ai éprouvé quand on m'a demandé d'être discret est renforcé par des éléments plus profonds et se tourne contre des personnes qui en réalité me sont chères. La source qui fournit ces apports remonte à ma première enfance. J'ai déjà raconté que mes amitiés intimes et mes inimitiés s'expliquent par mon enfance et mes relations avec un neveu qui était mon aîné d'un an : il était plus fort que moi, et de bonne heure j'avais appris à me défendre ; nous étions inséparables et nous nous aimions beaucoup, mais par moments, à ce qu'on m'a dit, nous avions des disputes et nous accusions l'un l'autre. Tous mes amis sont des incarnations de cette première figure qui, s'est montrée jadis à mon regard trouble* « Die früh sich einst dem trüben Blick gezeigt » (Goethe, Faust. 1). *Ce sont des* revenants. *Mon neveu revint me voir dans les années de notre adolescence, et c'est alors que nous jouâmes ensemble César et Brutus. L'intimité d'une amitié, la haine pour un ennemi furent toujours essentielles à ma vie affective, je n'ai jamais pu m'en passer, et la vie a souvent si parfaitement réalisé mon idéal d'enfant qu'une seule personne a pu être l'ami et l'ennemi... Mais naturellement ce n'était plus en même temps...*

✻ Arrivé à ce point de son récit, car toute cette interprétation est un récit, un petit roman d'aventures autant qu'une analyse, Freud montre quelque réticence à continuer, ayant atteint ces régions lointaines de l'enfance où l'être se révèle tout entier. C'est sur un ton presque impersonnel qu'il explique l'origine de ses revenants, et l'énorme pouvoir qu'ils ont gardé sur lui :

*Je ne rechercherai pas ici comment, en pareil cas, un événement récent peut plonger dans le plus lointain passé et s'approprier une réaction affective de l'enfance. Cela appartient à la théorie de l'in-*

6. Probablement Paneth là encore.

*conscient et a sa place dans une étude psychologique des névroses. Admettons, pour notre interprétation, qu'un souvenir d'enfance ou un phantasme se présente à l'esprit, avec le contenu suivant :*

*Les deux enfants viennent à se disputer pour un objet, ne précisons pas lequel, bien que le souvenir ou plutôt le faux souvenir l'indique ; chacun prétend être arrivé le premier* (arriver plus tôt) *et avoir par conséquent droit à l'objet. On en vient aux coups, la force prime le droit ; d'après les indications du rêve, j'aurais dû savoir que je suis dans mon tort (« je remarque moi-même mon erreur ») ; cette fois, cependant, je reste le plus fort et maître du champ de bataille. Le vaincu court chez mon père, qui est son grand-père ; il m'accuse et je me défends avec les mots que mon père m'a répétés depuis : « Je l'ai battu parce qu'il m'a battu... »*

*Ainsi ce souvenir, ou plus probablement ce faux souvenir qui s'impose pendant l'analyse du rêve se présente comme un lieu de rencontre des pensées du rêve, qui, de là, continuent leur chemin de la façon suivante : « C'est bien fait pour toi si tu as dû me céder la place ; pourquoi voulais-tu me chasser ? Je n'ai pas besoin de toi ; je trouverai un autre ami avec qui je pourrai jouer... » Et ainsi nous revenons au rêve. Cet « ôte-toi de là que je m'y mette » me rappelle, en effet, le reproche d'arrivisme que j'ai dû adresser à mon ami Josef, mort aujourd'hui. Il m'avait succédé au laboratoire de* Brücke, *mais là, l'avancement était lent. Aucun des deux assistants ne bougeait, la jeunesse était impatiente. Mon ami savait que sa vie serait courte*[7] *; rien ne l'attachait à celui qui lui bouchait la place. Un jour, il me dit ouvertement son impatience. Comme l'assistant en question était gravement malade, le désir de le supplanter pouvait avoir une signification choquante. Quelques années auparavant, comme il est naturel, j'avais éprouvé plus vivement encore ce désir de prendre une place vacante ; partout où il y a hiérarchie et avancement, le chemin est ouvert à des désirs qu'il faut réprimer : le prince Hal, dans Shakespeare, ne peut s'empêcher d'essayer la couronne au lit de mort de son père. Mais le rêve, cela se conçoit, fait payer ce désir mauvais à Josef (a), pas à moi*[8]*...*

7. Joseph Paneth était mort très jeune, de tuberculose ; *l'assistant en question* est le professeur von Fleischl-Maxrow, dont tout le monde savait qu'il était condamné et dont Freud avait lui aussi convoité le poste (cf. *infra* chap. 3).
(a) On a dû remarquer que le nom de Joseph joue un grand rôle dans mes rêves. Derrières les personnes qui portent ce nom, je puis dissimuler mon moi avec une facilité particulière, car Joseph est l'oniromancien de la Bible.
8. *Ibid.*, 358-361.

⁂ Des événements indécis de l'enfance, le rêve de Freud passe à la mort, à celle des autres, à la sienne, et à la joie inavouable d'être toujours le survivant, thème central de toute l'énigme, et sûrement le plus pénible :

*On ne peut pas se le dissimuler, il faut une grande maîtrise de soi pour interpréter et communiquer ses propres rêves. On doit se résigner à se révéler comme l'unique scélérat parmi tant de natures nobles avec lesquelles on partage l'existence. Ainsi, je trouve tout naturel que les revenants n'existent que tant qu'on a envie de les voir et qu'un désir puisse les écarter. Voilà donc ce pour quoi mon ami Josef a été puni. Mais les revenants sont aussi les incarnations successives de mon camarade d'enfance : je suis heureux de voir que je le remplace toujours et que, en ce moment même où je suis sur le point de perdre quelqu'un, je lui trouverai un remplaçant. Personne n'est irremplaçable...*

*Mais que devient la censure dans le rêve ? Pourquoi ne s'oppose-t-elle pas vigoureusement à ces pensées empreintes de l'égoïsme le plus brutal ? Pourquoi ne transforme-t-elle pas en profond déplaisir cette joie de mauvaise qualité ?*

*C'est que, me semble-t-il, d'autres courants irréprochables se rapportant aux mêmes personnes donnent un sentiment de satisfaction et couvrent ainsi les éléments venus de la source infantile interdite. Lors de l'inauguration du buste, je me suis dit aussi :*

*« J'ai perdu tant d'amis bien-aimés, les uns sont morts, les autres ne m'aiment plus ; comme il fait bon penser que mon cœur n'est pas vide, que j'ai gagné cet ami*[9] *qui signifie pour moi plus que ne pouvaient signifier tous les autres et que je le garderai toute ma vie, maintenant que me voici à un âge où on ne se lie plus facilement... »*

*Toute cette suite d'idées se rattache à la pensée-carrefour du contenu latent du rêve : personne n'est irremplaçable... Regarde, ce sont des revenants, tout ce qu'on a perdu revient... Il se trouve par hasard que la fille de mon ami porte le même nom que ma propre petite camarade d'enfance*[10]*, qui a le même âge que moi et est la sœur*

9. Il s'agit de Fliess, que Freud n'allait pas « garder » toute sa vie, mais perdre au contraire comme ami peu de temps après.
10. Fliess était resté inconsolable de la mort prématurée de sa jeune sœur Pauline. Il venait d'avoir une petite fille à qui il avait donné le même nom. Pauline était aussi la nièce de Freud, la sœur de son neveu John, à laquelle dans son enfance l'avait attaché des liens érotiques (cf. *infra* chap. 2).

*de mon plus vieil ami et adversaire. J'ai donc entendu le nom de Pauline avec satisfaction. C'est cette coïncidence que le rêve rappelle en substituant un Josef à un autre et en gardant les mêmes sons initiaux dans les noms de Fleischl et de Fl. Ce détail m'amène à penser à la façon dont j'ai nommé mes enfants. Je tenais à ce que leurs noms ne fussent pas choisis d'après la mode du jour, mais pour garder le souvenir de personnes chères. Leurs noms font de mes enfants des revenants. Et les enfants ne sont-ils pas le seul moyen que nous ayons d'atteindre l'immortalité*[11] *?...*

11. *Ibid.* 361 et suiv.

# 11. LE RÊVE ET LA RÉALITÉ

⁕ Ni l'avènement du siècle, ni la publication de *La science des rêves* n'apportèrent d'abord grand changement à la vie matérielle de Freud, qui demeurait mal assurée et laissait parfois prévoir des jours sombres. Outre ses six enfants, Freud avait en partie à sa charge sa mère et ses sœurs restées célibataires, sans compter sa belle-sœur Minna Bernays qui, après la mort de son fiancé, vint vivre à son foyer et y resta toute sa vie. Avec des charges de famille aussi écrasantes, et des moyens de subsistance extrêmement aléatoires, l'établissement d'un budget devait être fort problématique. Au tournant du siècle, Freud désespéra souvent d'en venir à bout et, dans ses moments de découragement, douta même s'il sortirait jamais de la pauvreté.

⁕⁕ C'est en 1897 que ses lettres à Fliess commencent à trahir son inquiétude. Cette année-là, en effet, il a reconnu qu'il s'était trompé en présentant comme une réalité la « séduction précoce » des hystériques, et si cette erreur n'ébranle pas sérieusement les fondements de sa psychologie, elle ne laisse pas d'entamer sa foi dans ses propres capacités thérapeutiques. Or, ce doute sur lui-même gêne ses relations avec ses malades et entrave son travail, d'où en grande partie les fluctuations de sa clientèle qui, à certains moments, prennent des proportions inquiétantes.

⁕⁕⁕ En outre, les relations de Freud avec ceux de ses confrères qui pourraient alimenter sa clientèle se gâtent de plus en plus à mesure qu'on connaît ou croit connaître ses idées : qui irait se compromettre en exposant une dame ou une jeune fille de la bonne société à ses procédés choquants ? Les confrères s'en gardent bien, aussi Freud se trouve-t-il privé d'une source importante de clients, et un beau jour de 1897, il constate mélancoliquement qu'il n'a plus que trois cas à traiter : deux qu'il a accepté de soigner gratuitement, et, comme c'est l'époque de son auto-analyse, le sien !

* A d'autres moments, en revanche, les clients s'abattent sur lui, dit-il, comme une avalanche, il fait alors dix ou douze psychothérapies par jour et se sent positivement assommé. Puis de nouveau sa consultation se vide, de sorte qu'il a tout le loisir de « rêver », mais ne sait plus de quoi il va vivre. Vers la fin de 1899, la situation est si mauvaise que Freud se résout à solliciter un poste dans un établissement hydrothérapique, qui lui procurerait au moins un salaire fixe. Mais, pour de quelconques raisons, sa demande n'eut pas de suite...

** C'est certainement pour mettre fin à cette incertitude alarmante que Freud, en 1897, posa sa candidature au titre de « professeur extraordinaire », titre purement honorifique, puisqu'il ne comportait pas de charges précises à la Faculté, mais propre à rehausser son prestige aux yeux de la société viennoise, fort entichée de distinctions et de grades. La première démarche de Freud auprès de trois professeurs, dont Nothnagel, l'un de ses anciens maîtres, resta absolument sans résultat, pour des motifs qui tenaient d'abord à l'antisémitisme des milieux officiels, et en grande partie aussi sans doute, à la réputation de Freud en matière de sexualité. Comme ces raisons n'étaient jamais clairement avouées et que Freud se heurtait partout au silence, il cessa bientôt ses démarches.

*** Tous les ans, donc, il constatait avec amertume que son nom ne figurait pas sur les listes de promotions. En 1890, toutes les propositions soumises au ministre sont acceptées, sauf la sienne, il a tout juste la consolation de voir tardivement nommé son vieil ami Königstein, l'oculiste à qui il avait confié jadis l'expérimentation de la cocaïne. Et sans doute les choses en seraient-elles restées là si un événement apparemment bien anodin n'eût donné à Freud l'envie et le courage de recommencer à lutter.

* Cet événement est aussi éloigné que possible du domaine professionnel sur lequel, de l'aveu de Freud lui-même, il devait bientôt après avoir une profonde influence : il s'agit en effet du premier voyage à Rome qu'il fit en 1901, voyage dont il avait rêvé toute sa vie, mais qu'il n'avait pu faire jusque là en raison d'une disposition intérieure extrêmement particulière que seule l'analyse lui permit de

surmonter. Le fait d'avoir pu rompre la sorte de charme magique qui, chaque fois, l'arrêtait contre son gré aux portes de la ville, ce fait en apparence si banal acquit pour lui une valeur immense : il confirmait sa théorie psychologique et ses idées sur le rêve, et en cela déjà, lui apportait comme une garantie de succès.

* * Nous avons déjà signalé l'étrange mélange de sentiments qu'inspiraient à Freud les voyages, et spécialement les voyages en train, source d'une violente angoisse qu'il avait parfois peine à dominer. D'un côté, les voyages étaient une véritable passion, l'une des rares qu'il garda toute son existence, avec celle du jeu de cartes et de l'archéologie[1]. D'un autre côté, ils étaient l'objet d'une sorte de phobie assez forte sinon pour empêcher le projet de s'accomplir, du moins pour le rendre très pénible. Dans le cas de Rome, cette situation était franchement humiliante : à plusieurs reprises, il s'était mis en route avec courage et espoir, mais chaque fois il lui avait fallu s'arrêter au bord du lac de Trasimène, comme s'il n'avait pas le droit d'aller plus loin. Force lui fut donc de constater que la ville tellement convoitée était pour lui le lieu d'un mystérieux tabou, ou encore une inaccessible Terre promise.

* * * Pendant les dernières années du siècle, Wilhelm Fliess est naturellement le pivot de ces projets de voyages romains, qui reparaissent avant chaque « congrès ». Aller avec Fliess dans la Ville éternelle pour y échanger des idées sur les choses éternelles, c'est là un bonheur dont Freud caresse longtemps l'idée, mais qu'il n'atteindra pas sous cette forme, car il ira seul à Rome et Fliess, alors, sera bien près de sortir de sa vie. C'est que son « ami de Berlin », comme il l'appelle dans le passage suivant de *La science des Rêves*, n'était pas lié à la Rome réelle, mais à cette Rome symbolique dont le seuil, nous dit-il avec une réticence pleine d'ironie, lui était interdit pour des « raisons de santé » :

*J'ai pu remarquer que le souhait qui provoque le rêve, lors même qu'il est actuel, est bien renforcé par des impressions venues de notre enfance. Il s'agit d'une série de rêves qui trahissent mon désir d'aller à Rome. Longtemps encore, je devrai me contenter de satisfaire ce*

1. Plus tard, Freud fit état de ces « passions » contre le portrait trop flatté de Stefan Zweig (cf. chap. 28).

*désir en rêve, parce que, à l'époque où je peux voyager, il me faut éviter d'aller à Rome pour des raisons de santé. Je rêve un jour que je vois le Tibre et le pont Saint-Ange de la fenêtre du wagon ; puis le train se remet en marche et je pense que je ne suis pas descendu dans la ville... Une autre fois, on me mène sur une colline et on me montre Rome à moitié cachée par la brume et encore si éloignée que je m'étonne de la voir si clairement. Le contenu de ce rêve est plus riche que je ne l'indique ici. On y reconnaît aisément le cliché : « Voir de loin la Terre promise... » Dans un troisième rêve, je suis enfin à Rome, mais je suis déçu parce que je ne vois pas de ville :*

*Un petit fleuve aux eaux sombres ; d'un côté des rochers noirs, de l'autre des prairies avec de larges fleurs blanches, je remarque un M. Zucker que je connais peu et décide de lui demander la route de Rome.*

*Il est clair que je cherche vainement à voir en rêve une ville que je n'ai jamais pu voir tout éveillé. Si je décompose le rêve en ses éléments, les fleurs blanches indiquent Ravenne, que je connais bien et qui eut quelque temps le rang de capitale... Le rocher sombre, si proche de l'eau, rappelle la vallée de la Tepl, près de Carlsbad. Le souvenir de Carlsbad me permet d'ailleurs d'expliquer pourquoi je demande mon chemin à M. Zucker. Il y a au fond de tout cela deux de ces joyeuses anecdotes juives qui renferment tant de profonde et parfois d'amère sagesse, et que nous citons si volontiers dans nos lettres et nos conversations. L'une est l'histoire du pauvre juif qui s'est glissé sans billet dans le rapide de Carlsbad ; on l'attrape, on le chasse du train chaque fois qu'il y a un contrôle et on le malmène de plus en plus. Un ami le rencontre à l'une des stations de cette voie douloureuse et lui demande où il va, et il répond : « A Carlsbad, si ma constitution peut le supporter. » L'autre est celle du Juif qui ne sait pas le français et à qui on persuade malignement de demander à Paris le chemin de la rue de Richelieu. Aller à Paris fut longtemps un de mes souhaits et la joie que j'éprouvai en mettant le pied sur le pavé de Paris me parut une garantie de la réalisation d'autres vœux. Demander son chemin est une allusion directe à Rome, car on sait que tout chemin mène à Rome. De plus, le nom de Zucker nous ramène à Carlsbad, où nous envoyons tous ceux qui sont atteints de diabète, maladie constitutionnelle. L'occasion de ce rêve me fut sans doute fournie par un de mes amis de Berlin qui me proposa de nous retrouver à Prague pour Pâques. Nous devions, entre autres choses, parler du sucre et du diabète*[2]*...*

✻ ✻ On a sûrement noté au passage la prédilection de Freud pour les « histoires juives » et le talent avec lequel il les applique à sa propre situation. En fait, il voyait dans ces humbles productions de l'esprit non seulement une « profonde et amère sagesse », mais une énigme psychologique, analogue à celles qui stimulaient tellement sa pensée. Ainsi, dès avant 1900, il avait commencé d'en faire une collection, qui devint le premier noyau du *Mot d'esprit dans ses rapports avec l'inconscient*, l'un de ses livres les plus riches d'idées. Pendant les années noires dont nous parlons maintenant, les « histoires juives » se pressent constamment sous sa plume, et bien entendu, ce ne sont pas les plus gaies. Fliess veut-il connaître son propre sentiment à l'égard de *La science des Rêves*, il lui répond par l'histoire de l'oncle Jonas, qui va se marier : « Eh bien, mon oncle, comment est-elle, cette fiancée ? — C'est une affaire de goût, moi, elle ne me plaît pas... » Et tout au long de ses lettres court le petit resquilleur du train de Carlsbad, qui exprime si bien ses craintes de ne pas tenir longtemps encore sous les coups d'une malchance persistante. Sa « constitution » ne supportera peut-être même pas le voyage jusqu'à Carlsbad, comment, dans ces conditions, oserait-il aller à Rome ?

*Lors de mon dernier voyage en Italie, passant devant le lac de Trasimène, après avoir vu le Tibre et avoir dû tristement rebrousser chemin à quatre-vingts kilomètres de Rome, je compris quelles impressions d'enfance avaient renforcé ma nostalgie de la Ville éternelle. Je pensai précisément que, l'année suivante, je pourrais passer par Rome en allant à Naples, et une phrase que j'avais sans doute lue dans l'un de nos classiques me revint : « Qui sait lequel arpenta sa maison le plus impatiemment lorsqu'il connut le projet d'aller à Rome, d'Annibal le guerrier ou de Winckelmann le vice-recteur ? » J'avais suivi les traces d'Annibal, il ne m'avait pas été donné de voir Rome : lui aussi était allé en Campanie alors qu'on l'attendait à Rome. Annibal, avec qui je me trouvais cette ressemblance, avait été le héros favori de mes années de lycée ; quand nous avions étudié les guerres puniques, ma sympathie, comme celle de beaucoup de garçons de cet âge, était allée aux Carthaginois, non aux*

2. *La Science des rêves*, 147 et suiv.

*Romains. Dans les classes supérieures, quand je compris quelles conséquences aurait pour moi le fait d'être de race étrangère et que les tendances antisémites de mes camarades m'obligèrent à prendre une position nette, j'eus une idée plus haute encore de ce grand guerrier sémite. Annibal et Rome symbolisèrent à mes yeux d'adolescent la ténacité juive et l'organisation catholique. La signification qu'a prise depuis, dans nos esprits, le mouvement antisémite a contribué à fixer les pensées et les sentiments de cette époque. Ainsi, le souhait d'aller à Rome est devenu dans la vie du rêve le voile et le symbole de plusieurs autres souhaits très ardents, qu'il me faut travailler à réaliser avec la constance et l'obstination du Carthaginois, et qui semblent aussi peu favorisés par la destinée que le fut jadis le désir d'Annibal*[3]*...*

** Ici, Freud enchaîne à ses souvenirs une anecdote que nous avons déjà rapportée et qui avait laissé en lui une impression indélébile : c'est la scène où son père, Jakob Freud, est humilié par un chrétien qui jette son bonnet tout neuf dans la boue et le force à le ramasser. A cette scène dégradante, le jeune garçon blessé en avait substitué une autre, bien propre à ranimer sa fierté : celle où Hamilcar fait jurer à son fils Annibal de le venger des Romains. Ainsi, le petit Sigmund s'était identifié avec Annibal pour venger son père de l'affront qu'il imputait à Rome. Et il l'avait fait si étroitement que, dans son âge mûr, le héros carthaginois hantait encore ses rêves et l'obligeait à manquer son but.

*** Freud ne s'appesantit pas sur les raisons profondes de cette inhibition étrange, qu'il parvint à vaincre grâce à son autoanalyse, à l'âge de quarante-cinq ans. Sa réticence, qui laisse dans l'ombre l'essentiel peut-être de ses rapports avec Rome, a stimulé naturellement la curiosité de maint auteur et donné lieu à une foule d'hypothèses plus ou moins extravagantes. Notons que la plupart de ces interprétations jouent sur l'opposition qui apparaît ici entre Rome et le judaïsme : Freud aurait eu une secrète admiration pour le pape (d'où l'importance de son maître Brücke, dont le nom signifie « pont » et se rapproche de « pontife »), une nostalgie inavouée de la Sainte-Trinité (parce qu'il avait l'habitude de gravir trois marches à la fois), et en fin de compte, le désir inconscient de se convertir au ca-

3. *Ibid.*, 148 et suiv.

tholicisme pour se faire une place dans le monde. Il va sans dire que de pareilles conclusions ne trouvent pas l'ombre d'une confirmation dans les rêves de Freud même analysés plus complètement, et aucun soutien dans sa vie.

* S'il n'a pas révélé le secret de son amour et de son aversion pour Rome — deux sentiments extrêmes et intimement mêlés — Freud a pourtant guidé sûrement son lecteur vers l'explication la plus simple, qui, pour lui, était aussi la plus difficile à publier. Dans une note de *La science des Rêves*[4], en effet, il suggère un rapprochement entre sa propre inhibition et certaines croyances antiques liées au symbole maternel de la cité : l'oracle des Tarquins prédisait que le maître de Rome serait celui qui le premier embrasserait sa mère ; Jules César ayant rêvé qu'il avait des relations avec sa mère, il en conclut qu'il possèderait la terre ; et Hérodote raconte qu'Hippias conduisit les Barbares à Marathon après avoir rêvé qu'il dormait auprès de sa mère : de fait, il arriva à Athènes et recouvra son autorité. Ces rêves « œdipiens » que Freud appelle sincères parce qu'ils trahissent tout uniment le désir profond du dormeur, il invite clairement à s'en servir pour expliquer les siens.

** On conçoit maintenant l'importance à première vue démesurée, presque absurde, qu'il attache à son premier voyage à Rome, un événement culminant, dit-il, à quoi il attribue un retentissement immédiat sur sa condition sociale. A l'âge de quarante-cinq ans, après avoir lutté pendant des années pour ne pas reconnaître la vérité cachée derrière ses rêves et son bizarre symptôme, il parvient à un point essentiel de sa connaissance de lui-même, et du même coup, peut entrer dans Rome. La fin de cette longue épopée intérieure qui, au dehors, n'est évidemment qu'une banale aventure de touriste, lui donne l'espoir de triompher aussi ailleurs, s'il ose s'emparer des armes nécessaires à la lutte.

*** La seule relation que nous ayons de ce voyage mémorable est une lettre à Wilhelm Fliess, où Freud parle enfin de la Rome réelle et se montre à demi déçu :

*Je devrais maintenant te donner mes impressions sur Rome, ce qui est difficile. Il s'agissait, tu le sais, d'un fait extrêmement*

4. *Ibid.*, 296, note de bas de page.

*important, d'un rêve longtemps caressé. Toutes les réalisations de ce genre sont toujours un peu décevantes quand on les a trop longtemps attendues. Néanmoins, il s'agit tout de même d'un point culminant de mon existence. Mais tandis que j'ai contemplé la Rome antique paisiblement, sans trouble (j'aurais pu, près du forum de Nerva, adorer ces fragments du temple de Minerve dans leur pauvreté et leur dégradation), il m'a été impossible de tirer de la joie de la deuxième Rome. Sa signification me troublait. J'étais poursuivi par l'idée de ma propre misère et de toutes les misères dont je sais l'existence. Je ne puis supporter le mensonge de la rédemption des hommes, qui dresse si orgueilleusement sa tête vers le ciel. Je trouve que la troisième Rome, l'Italienne, promet beaucoup et est fort sympathique*[5]*...*

✻ Dès son retour à Vienne, Freud prit sérieusement ses affaires en main : s'il voulait avoir le titre de professeur, il fallait qu'il parvînt d'une manière ou d'une autre à briser la résistance du ministre, Wilhelm von Hartel, ou du moins à le circonvenir. Il se chercha donc des appuis solides et en trouva qui, cette fois, lui permirent enfin d'aboutir. L'affaire prit la tournure d'un marché : la protectrice de Freud, la baronne Ferstel qui était en traitement chez lui, paya la nomination de Freud d'un tableau de maître, dont elle fit cadeau au ministre ! Le 11 mars 1902, Freud envoya à Fliess, qui l'avait félicité, le compte rendu exact, et combien humoristique, de ce ténébreux marché :

*Voilà donc ce que peut faire un titre d'« excellence » ! Même m'apporter de nouveau ta voix chère dans une lettre*[6] *! Mais puisque, au reçu de la nouvelle, tu as prononcé les grands mots de « distinction méritée, de maîtrise », etc., je me sens obligé, poussé par mon néfaste besoin habituel de franchise, de te dire comment les choses se sont passées.*

*En réalité tout est mon œuvre. A mon retour de Rome, je sentis renaître en moi le goût de vivre et d'agir, et s'évanouir ma soif de martyre. Ma clientèle avait fondu et j'avais retiré ma dernière publication de l'imprimerie, puisque, peu de temps auparavant, j'avais*

5. Fl., 19-9-1901, *N. psa.*, 298.
6. Bien que les deux hommes ne fussent pas encore tout à fait brouillés, Fliess n'écrivait plus que de loin en loin.

*perdu en toi mon dernier public (a). Je me dis qu'une grande part de ma vie pouvait encore se passer à attendre le succès, et qu'entre-temps, personne ne se soucierait de moi. Or, je tenais à revoir Rome, à soigner mes malades et à procurer à mes enfants une existence agréable. C'est pourquoi je décidai de rompre avec mes scrupules étroits et de faire des démarches appropriées, comme tous les autres humains. Il faut bien que le salut vienne de quelque part, le titre de professeur est la voie que j'ai choisie*[7]*...*

⁂ Freud raconte alors par le menu les démarches qu'il s'était imposées. Un de ses anciens maîtres, Exner, successeur de Brücke à la chaire de physiologie et attaché au ministère de l'Éducation, lui avait laissé entendre que le ministre était prévenu contre lui. Aussi avait-il décidé de faire appel à une vieille cliente et amie, la femme du conseiller aulique Theodor Gomperz, le philosophe qui, dans sa jeunesse, lui avait confié la traduction d'un livre de Stuart Mill. Mme Gomperz alla voir le ministre et lui conta la longue attente de Freud : « Quatre ans ! dit le ministre, et qui est-ce ? » Freud sollicita encore l'appui de deux autres sommités médicales, mais le ministre fit la sourde oreille et la chose parut une fois de plus devoir échouer.

⁂⁎ C'est alors qu'une dame fort influente, la baronne von Ferstel, piquée sans doute d'émulation, décida d'agir seule, en usant des moyens que lui donnait la pratique du monde, les seuls efficaces dans une société passionnément attachée à ses préséances et ses préjugés :

*Elle n'eut de repos qu'elle n'eût fait la connaissance du ministre dans le monde. Elle se fit bien voir de lui, et , par l'intermédiaire d'une amie commune, obtint sa promesse de nommer professeur le médecin qui l'avait guérie. Sachant fort bien que cette première promesse ne signifiait rien, elle parvint à avoir avec lui un entretien privé. Je crois bien que si un certain Böcklin lui avait appartenu au lieu d'appartenir à sa tante..., j'aurais été nommé trois mois plus tôt.*

(a) On dit que Nestroy, un jour de représentation à bénéfice, regardant par le trou du rideau et ne voyant que deux spectateurs à l'orchestre s'écria : « Je connais l'un de ces "publics", il a un billet de faveur. J'ignore si l'autre "public" en a un aussi ! »
7. Fl., 11-3-1902, *N. psa.*, 304 et suiv.

*Ainsi, son excellence devra se contenter d'un tableau moderne, non pour lui-même naturellement, mais pour la collection qu'il est en train de constituer. Finalement, à l'occasion d'un dîner offert au ministre par ma cliente, il lui apprit fort aimablement que l'acte se trouvait déjà entre les mains de l'Empereur, et qu'elle serait la première à être informée de ma nomination.*

*Elle arriva un jour à la séance, rayonnante et brandissant un pneu du ministre. La chose était faite. La* Wiener Zeitung *n'a pas encore publié l'information, mais le bruit de ma nomination, émanant des bureaux officiels, s'est répandu avec rapidité. L'approbation du public m'est acquise, vœux et envois de fleurs pleuvent, comme si, soudain, le rôle de la sexualité avait été officiellement découvert par sa Majesté ; la signification des rêves confirmée par le Conseil des ministres ; et la nécessité d'une thérapeutique psychanalytique de l'hystérie votée par le Parlement à la majorité des deux tiers.*

*Me voilà visiblement redevenu honorable, mes admirateurs les plus intimidés me saluent de loin dans la rue*[8]*...*

* Après avoir constaté, non sans quelque amertume, qu'il a fait ses « premières courbettes » devant l'Autorité et que, par conséquent, il est fondé en attendre une récompense, Freud conclut par un retour sur lui-même qui est sa dernière confidence à Wilhelm Fliess :

*Dans toute cette histoire, il y a quelqu'un qui a de longues oreilles et dont tu n'as pas assez tenu compte dans ta lettre : c'est moi. Si j'avais fait ces quelques démarches il y a trois ans, j'aurais été nommé à cette époque et me serais épargné bien des tracas. D'autres sont aussi malins, sans avoir besoin d'aller d'abord à Rome. Voilà le glorieux événement auquel je dois, entre autres choses, ta lettre amicale. Je t'en prie, garde le contenu de la mienne pour toi* [9]*...*

* * Cette lettre met fin à la correspondance passionnante que Freud a échangée avec Fliess pendant dix ans, et où il a fixé ses propres traits avec le talent d'un écrivain et un amour incorruptible du vrai. Depuis quelques temps déjà, les lettres de Fliess s'étaient espacées, et bientôt, Freud cessa tout à fait d'écrire. Il avait tout fait pour prolonger cette amitié sous laquelle, pendant si longtemps, avait couvé à son

8. *Ibid.*
9. *Ibid.*

insu de violentes passions infantiles. Désabusé par son auto-analyse, il connaissait maintenant la nature de son attachement, et par surcroît, il voyait que l'homme qu'il admirait le plus au monde, son seul « public » ne comprenait ou n'acceptait pas vraiment ses idées. Il se résigna donc, pour se conquérir définitivement lui-même, à perdre son dernier ami.

# 12. FREUD ET LA SCIENCE

✻ Freud a rappelé à plusieurs reprises les extraordinaires difficultés qu'il lui avait fallu vaincre pendant dix ans pour mettre fin à son exil scientifique. Ainsi il dit dans son autobiographie :

*Pendant plus d'une décade après la rupture avec Breuer, je n'eus pas un seul disciple. Je restai absolument isolé. A Vienne, on m'évitait, l'étranger m'ignorait.* La Science des rêves, *publiée en 1900, fut à peine mentionnée dans les revues de psychiatrie. Dans ma* Contribution à l'histoire du mouvement psychanalytique, *j'ai donné comme exemple de l'attitude des cercles psychiatriques de Vienne une conversation que j'eus un jour avec un assistant qui avait écrit tout un livre contre mes théories, sans toutefois avoir lu mon livre. On lui avait dit à la clinique que ça n'en valait pas la peine. Le médecin en question, devenu agrégé depuis, s'est permis de démentir le propos et, en général, de mettre en doute la fidélité de ma mémoire. Je maintiens chaque mot de ce que j'ai alors rapporté* [1]...

✻✻ Dans le texte auquel il fait allusion ici, *L'Histoire du mouvement psychanalytique*[2], écrite en 1914, Freud expose les raisons profondes de cette attitude humiliante qui, à Vienne au moins, persévéra pendant de nombreuses années. Ces raisons, sa foi en la science était si grande qu'il mit longtemps à les percer à jour :

*Je traitais mes découvertes comme des contributions impersonnelles à la science, et j'attendais des autres qu'ils en fissent autant. Mais le silence qui se faisait après mes conférences, le vide qui se créait autour de ma personne, les allusions désobligeantes que l'on*

1. *Ma Vie...*, 75 et suiv.
2. *Zur Geschichte der psychoanalytischer Bewegung*, *G.W.*, tome X (1914).

*me rapportait — tout cela me fit comprendre peu à peu que mes idées touchant le rôle de la sexualité dans la genèse des névroses ne pouvaient espérer être traitées de la même façon que d'autres communications scientifiques. Je compris qu'à partir de maintenant, je faisais partie de ceux qui, comme dit Hebbel,* ont secoué le sommeil du monde, *et que, par suite, je ne devais m'attendre de la part des autres à aucune espèce d'objectivité ou d'indulgence*[3]...

✻✻✻ Ce que les milieux scientifiques refusaient à Freud parce qu'ils le jugeaient indigne même d'être lu, il ne pouvait l'attendre du public qui, lui, n'abordait ses travaux qu'avec une curiosité malsaine ou maligne. Il s'en aperçut un jour de 1901, à l'occasion d'une conférence qu'il devait faire à la Société de philosophie et qui, à la suite, d'incroyables pourparlers, fut finalement annulée.

✻ En général, Freud ne parlait pas en public en dehors de ses cours à l'Université. Le seul endroit où il faisait parfois des conférences était le cercle juif B'nai-B'rith, cette association libérale à laquelle il s'était inscrit vers 1897 et dont il fut membre toute sa vie[4]. Là, en effet, la sympathie, la bonne volonté et la soif de savoir du public lui étaient tout acquises. Tandis qu'ailleurs, il pouvait supposer chez ses auditeurs sinon des intentions franchement malveillantes, du moins de déplaisantes arrière-pensées.

✻✻ Pour une fois, Freud avait accepté la proposition de la Société de philosophie, mais sans aucun enthousiasme, et en préparant son exposé, il revint tout à fait sur sa décision, le sujet trop intime lui paraissant déplacé devant un public mélangé et probablement peu sérieux.

*J'envoyai donc une lettre pour annuler la séance (première semaine). Là-dessus deux messieurs sont venus me trouver pour tâcher de me faire changer d'avis : je les ai tout à fait découragés et invités à venir un soir entendre la conférence chez moi (deuxième semaine). La troisième semaine, je fis mon exposé devant ces deux hommes, lesquels me dirent qu'il était magnifique et qu'ils ne voyaient aucun inconvénient à le présenter à leur public. La conférence fut*

3. *Ibid.*, 59 et suiv.
4. *Ansprache an die Mitglieder des Vereins B'nai B'rith* (1926).

*alors fixée pour la quatrième semaine. Quelques heures avant, je reçus un pneu m'annonçant que certains membres avaient soulevé des objections et qu'on me demandait d'illustrer d'abord mes théories par des exemples simples et anodins, d'avertir ensuite que j'allais aborder des sujets plus choquants, puis d'attendre quelques instants afin que les dames pussent quitter la salle. Bien entendu, je refusai immédiatement, et ma lettre de refus, elle, fut assez pimentée et salée. Telle est la vie scientifique à Vienne*[5] *!*

* * * La réputation que faisaient à Freud le mépris des savants autant que l'ignorance émoustillée du public, il crut d'abord que sa probité scientifique, la rigueur et le ton élevé de ses travaux en auraient finalement raison. Mais si on ne le lisait pas, à quoi bon toutes ses qualités ? A quoi servaient l'examen minutieux de la littérature sur le rêve qu'il avait mise en tête de son livre, et les observations patientes qu'il regardait à bon droit comme d'irréfutables preuves ? Découragé, il finit par se résigner à cette situation paradoxale qui le ravalait au rang d'une sorte de mage à la moralité douteuse. Et il tâcha de s'accommoder de son destin :

*Je me représentais ce destin de la façon suivante : je réussirais probablement à subvenir à mes besoins grâce aux succès thérapeutiques de mon nouveau procédé, mais de mon vivant, la science ne tiendrait aucun compte de mon existence. Quelques dizaines d'années plus tard, un autre ne manquerait pas de tomber sur ces mêmes choses qui, actuellement, sont en avance sur leur temps ; il parviendrait à les faire reconnaître et de la sorte, me rendrait hommage comme à un précurseur nécessairement malchanceux. En attendant, nouveau Robinson, je tâcherais de m'installer aussi commodément que possible sur mon île solitaire*[6]*...*

* Quand il écrit ces lignes — c'est en 1914, plus de dix ans après la période qu'il évoque —, Freud semble avoir quelque peu oublié les souffrances que lui causait son isolement scientifique, principal thème de ses lettres à Fliess. C'est qu'à cette époque, il vient de rompre avec Jung et qu'il voit s'écrouler les immenses espoirs qu'il avait fondés sur cet homme à tous égards si différent de lui. Quelques

5. Fl., 15-2-1901, *N. psa.*, 292 et suiv.
6. *Zur Geschichte der psychoanalytischen Bewegung, op. cit.*, 60 et suiv.

années auparavant, l'adhésion à ses idées du grand psychiatre suisse Bleuler et de ses plus brillants élèves avait été pour Freud un événement inespéré : il y avait vu la fin du maléfice viennois qui pesait si lourdement sur le destin de la psychanalyse, la fin de ce « ghetto » moral et social qu'il avait construit bien contre son gré autour de la nouvelle science et où ses tout premiers disciples, Juifs comme lui, restaient nécessairement confinés. Avec la Suisse, c'était la science européenne, un monde intellectuel libre, sans frontières ni discrimination de races qui s'ouvrait enfin à ses recherches. Jung était plus jeune, plus fort, mieux armé que lui pour imposer leurs idées communes. Il serait son héritier spirituel et, sous sa garde, la psychanalyse pourrait sans se compromettre trouver un champ d'action à sa mesure.

⁂ ⁂ Nous verrons bientôt sur quelles graves illusions reposait cet espoir. Bien des choses dans la personne de Jung eussent pu alarmer Freud dès le début et avaient effectivement inquiété la plupart de ses disciples viennois. Jung, en effet, était une nature vigoureuse qui joignait à des dons intellectuels éclatants une vaste culture et une belle imagination. Mais cette robustesse cachait de singulières faiblesses, s'il faut compter pour telle ce que le professeur Etiemble appelle le péché capital de notre temps : l'antisémitisme. Jung, c'est un fait qu'on ne peut passer sous silence, était antisémite et l'est resté, comme le prouvent les articles qu'il écrivit pendant la guerre pour la revue de la Société de psychiatrie allemande, dirigée alors par le cousin de Goering[7]. Freud le savait, il a confié à l'un de ses amis les plus fidèles, le pasteur Oskar Pfister, que Jung avait surmonté cette fâcheuse disposition en sa faveur, en quelque sorte pour l'amour de lui. On imagine sa déception quand il dut constater son erreur, et que celui qu'il aimait comme un fils, bien loin qu'il le vengeât en lui ouvrant toutes grandes les portes de la science, était passé dans les rangs de ses ennemis.

⁂ ⁂ ⁂ Cette déception explique les regrets qu'inspire à Freud le passé tout proche de la psychanalyse, époque où sa solitude totale, pour douloureuse qu'elle fût, lui épargnait du moins de pénibles querelles intestines et lui laissait l'esprit libre :

7. *Cf.* chap. 28.

*Quand, laissant les troubles et les angoisses du présent, je me reporte à ces années de solitude, il me semble que ce fut un temps héroïque, non sans beauté ;* le splendide isolement *ne laissait pas d'avoir ses avantages et ses charmes. Je n'avais pas de littérature à lire, pas d'adversaire mal informé à convaincre, je n'étais soumis à aucune influence, pressé par rien. J'apprenais à maîtriser mes tendances à la spéculation et, suivant le conseil impérissable de mon maître Charcot, à regarder les mêmes choses d'un regard toujours neuf, aussi longtemps qu'il le fallait pour qu'elles se missent d'elles-mêmes à parler. Mes publications, qu'avec quelque peine je finissais toujours par caser, pouvaient toujours rester fort loin en deçà de mon savoir, et n'ayant à défendre aucune « priorité » douteuse, je pouvais les différer à mon gré*[8]*...*

✳ Souvent, par la suite, Freud a idéalisé ce que Fliess, pour le consoler, avait coutume d'appeler son « splendide isolement ». Les raisons qu'il donne ici de ses regrets sont tout à fait remarquables : elles montrent en clair les contradictions multiples qui, toute sa vie, compliquèrent ses relations avec la science et valurent par là même à son œuvre sa plus grande singularité.

✳✳ Il est hors de doute, en effet, que la science, ou, à tout le moins, cette forme de science élevée qu'incarnaient à ses yeux Brücke et Charcot, était pour Freud une instance universelle propre à briser les limitations et discriminations particulières dont, par ses origines, il avait personnellement tant à souffrir. Être reconnu par le monde scientifique de son temps, c'eût été avoir un statut normal, entrer dans une société humaine où l'on juge des choses selon leur valeur, et non point en fonction de discriminations parfaitement irrationnelles, contre lesquelles il n'y a ni preuves ni défense. Or, Freud s'aperçut bien vite que sa situation anormale de Juif à demi toléré se reproduisait exactement, encore que sous d'autres prétextes, à l'intérieur du domaine scientifique où, précisément, il espérait se libérer. Au lieu d'accueillir ses idées et de les discuter franchement, on s'en débarrassait d'un mot ou d'un geste humiliant, exactement comme l'empire réglait son cas en posant sur sa personne une étiquette ignominieuse. Cette répétition, qui semblait sceller son destin, compromettait gravement l'avenir de la psychanalyse, son invention que,

8. *Geschichte...*, 60 et suiv.

par une allusion ironique à la « *Christian Science* », on appelait déjà la « Science juive ».

⁂ A l'égard de l'instance qui restait pour lui la plus haute et la plus légitime, Freud éprouvait donc des sentiments fort partagés. D'un côté, en effet, la science se confondait avec la vérité qu'il voulait servir et à quoi il devait rendre des comptes. De l'autre, elle l'avait repoussé, rejeté dans un exil qui récompensait bien mal sa foi et sa probité. A cause de cet abandon, elle lui inspirait un violent ressentiment dont, semble-t-il, il ne s'est jamais guéri tout à fait. De cet amour et de cette haine si étroitement solidaires l'un de l'autre découlent naturellement certaines particularités du mouvement psychanalytique, et de façon plus frappante encore, certains traits de la composition de son œuvre.

✳ Ainsi, l'idéal d'une probité scientifique inattaquable allait de pair chez Freud avec le désir d'affirmer sa singularité et de se débarrasser de toute contrainte. Ces deux exigences n'étaient pas commodes à concilier, car la probité scientifique, par exemple, obligeait Freud à se soumettre à quantité de conventions — notamment dans les questions de « priorité » —, mais vu son sentiment très fort de l'urgence et de la nouveauté de ses idées, il ne le faisait qu'avec impatience et parfois incomplètement. Les quelques manquements au code scientifique dont il se rendit coupable de la sorte, par ignorance, étourderie ou lassitude, étaient en eux-mêmes sans grande conséquence, mais ils pesaient lourd à sa conscience pointilleuse si l'on en juge par la fréquence, dans son œuvre et surtout dans les rêves qu'il rapporte, des thèmes plus ou moins liés au vol des idées.

✳✳ Freud semble avoir été prédestiné à se débattre dans ces questions de priorité qui, bien entendu, ne lui étaient nullement indifférentes, mais que ses sentiments contradictoires à l'égard de la science le conduisaient parfois à traiter légèrement, au risque de prêter le flanc à la critique. Pour commencer, il devait la première forme de sa méthode de traitement à Josef Breuer, qui avait lui-même cessé de l'appliquer ; et l'on voit dans la *Psychopathologie de la vie quotidienne* combien il est irrité quand, dans une quelconque réunion, la méthode de « Breuer-Freud » donne lieu à un lapsus, ce qui, bien entendu, arrive fréquemment[9]. Mais les pires désagréments, à cet égard, lui vinrent incontestablement de *La science des rêves*, le livre dont il disait qu'aucun autre n'avait été si totalement sien, et qu'il dut pourtant défendre à mainte reprise contre le reproche de malhonnêteté.

*** On a vu dans les lettres à Fliess avec quel ennui il s'était imposé l'énorme compilation qui précède l'exposé de ses propres idées. Était-ce cet ennui, l'aversion que lui inspiraient ses prédécesseurs, ou encore la crainte de se voir devancé (crainte qu'il exprime au moins une fois dans une lettre), en tout cas sa liste des travaux sur le rêve présentait quelques oublis, et sa bibliographie une ou deux lacunes très visibles. Naturellement, tout cela fut rectifié du mieux possible dans les éditions suivantes, mais Freud n'en fut jamais satisfait et, vingt ans plus tard, il écrivait encore au pasteur Pfister comme pour prévenir ses éventuels reproches :

*Je suis vraiment très ignorant de ceux qui m'ont précédé dans l'interprétation des rêves et, si nous venons à nous rencontrer, vous ferez sûrement mauvais accueil au plagiaire que je suis. Mais c'est un tel plaisir d'interroger la chose elle-même, et non pas la littérature qui en traite*[10]...

* Plus tard encore, la priorité des idées sur le rêve devait provoquer un petit différend entre Freud et André Breton, qui l'un des premiers en France s'était réclamé de ses idées. Breton avait écrit dans *Les vases communicants* que la symbolique freudienne du rêve ne faisait que reprendre les idées de Volkelt, un auteur de la fin du siècle dernier sur qui la bibliographie de *La science des rêves* restait, selon lui, « assez significativement muette ». Freud répondit sur-le-champ, sans prendre le temps de lire le livre jusqu'au bout :

*Cher Monsieur, soyez assuré que je lirai avec soin votre petit livre* Les Vases communicants, *dans lequel l'explication des rêves joue un si grand rôle. Jusqu'ici je ne suis pas encore allé bien loin dans cette lecture, mais si je vous écrit déjà, c'est qu'à la page 19 je suis tombé*

9. *Psychopathologie de la vie quotidienne, op. cit.*, 96 et 98.
10. Pf., *Freud-Pfister Briefe 1909-1937*, S. Fischer Verlag, Frankfurt-am-Main, 1963.

*sur une de vos « impertinences » que je ne puis m'expliquer facilement.*

*Vous me reprochez de ne pas avoir mentionné dans la bibliographie Volkelt, qui découvrit la symbolique du rêve, bien que je me soit approprié ses idées. Voilà qui est grave, qui va tout à fait à l'encontre de ma manière habituelle !*

*En réalité, ce n'est pas Volkelt qui a découvert la symbolique du rêve, mais Scherner, dont le livre parut en 1861 alors que celui de Volkelt date de 1878. Les deux auteurs se trouvent plusieurs fois mentionnés aux passages correspondants de mon texte et ils figurent ensemble à l'endroit où Volkelt est désigné comme partisan de Scherner. Les deux noms sont aussi contenus dans la bibliographie. Je puis donc vous demander une explication.*

*Pour votre justification, je trouve en ce moment que le nom de Volkelt ne se trouve effectivement pas dans la bibliographie de la traduction française (Meyerson, 1926)*[11]*...*

* * A plus de trente ans de distance, Freud aurait vraiment pu ne pas se soucier d'une accusation manifestement outrée dont sa réputation n'avait plus guère à souffrir. Au contraire, il en fut bouleversé, à tel point que le lendemain même il écrivit à Breton une seconde lettre où il tentait de justifier tout le monde : Breton, lui-même et son traducteur.

* * * Devant cette hâte un peu brouillonne, André Breton, qui avait lu la *Psychopathologie de la vie quotidienne*, eut beau jeu de conclure qu'il avait dû ici toucher un point sensible. C'était plus vrai qu'il ne croyait : Freud faisait partie de ces êtres profonds chez qui le temps ne flétrit rien et qui repensent éternellement leur vie. A l'âge de soixante-seize ans, le reproche d'un homme jeune, lui-même intègre et passionné, dut raviver en lui le souvenir d'anciennes querelles, où il avait été tantôt l'accusateur, tantôt l'accusé, tantôt le coupable à ses propres yeux. Un peu avant sa rupture avec Jung, il lui avait vivement reproché d'avoir utilisé ses travaux dans un article sans citer son nom. Et à une époque plus reculée, il s'était trouvé mêlé à une déplorable affaire de priorité où l'accusateur, cette fois, était Wilhelm Fliess, l'homme dont l'amitié avait joué un si grand rôle dans sa vie.

11. Ouv. cité.

* Cette affaire passablement compliquée avait trait à la question de la bisexualité sur quoi Fliess revendiquait un droit et qui, dès 1897, avait fait l'objet d'une discussion entre les deux hommes lors de leur « congrès » de Breslau. Quelques années plus tard, Freud fut pris à ce sujet d'une étrange amnésie qu'il analysa dans la *Psychopathologie de la vie quotidienne* :

*En été 1901, j'ai déclaré à un ami avec lequel j'avais alors des discussions très vives portant sur des questions scientifiques : ces problèmes concernant les névroses ne peuvent être résolus que si l'on admet sans réserves l'hypothèse de la bisexualité originelle de l'individu. Et mon ami de répondre : « C'est ce que je t'ai déjà dit à Breslau, il y a plus de deux ans, au cours d'une promenade que nous fîmes un soir. Mais à ce moment-là, tu ne voulus pas en entendre parler. » Il est douloureux de se voir dépouillé ainsi de ce qu'on considère comme son originalité. Je ne pus me souvenir ni de cette conversation datant de plus de deux ans, ni de cette opinion de mon ami. L'un de nous deux devait se tromper ; d'après le principe* cui prodest ? *ce devait être moi. Et, en effet, au cours de la semaine suivante, j'ai pu me rappeler que tout s'était passé comme l'avait dit mon ami ; je sais même ma propre réponse d'alors : « Je n'en suis pas encore là et ne veux pas discuter cette question. » Depuis, je suis devenu plus tolérant quand je trouve exprimée dans la littérature médicale une des idées auxquelles on peut rattacher mon nom sans que celui-ci soit mentionné par l'auteur*[12]...

** Cette dernière assertion n'était pas tout à fait sincère : non seulement Freud ne devint pas plus serein dans les questions de priorité scientifique, mais dix ans plus tard, quand il reprocha à Jung un manquement semblable à son égard, il tomba soudain évanoui. L'incident se passait à Munich, ville où Freud était allé pour la première fois lors d'une maladie de Fliess et qui, depuis, était restée intimement associée à cette période de sa vie.

*** L'affaire de la bisexualité eut encore un lamentable épilogue. En 1903, un jeune philosophe viennois, Otto Weininger, avait publié un livre intitulé *Sexe et caractère*[13] dans lequel il mettait au

12. *Psychopathologie de la vie quotidienne, op. cit.*, 165 et suiv.
13. Otto Weininger : *Geschlecht und Charakter*, Vienne, 1903.

premier plan l'idée de la bisexualité. Ayant appris que Weininger était extrêmement lié avec un jeune psychologue élève de Freud, Swoboda, Fliess pensa aussitôt que l'idée de Weininger venait de lui.

✻ Interrogé là-dessus, Freud affirma que Swoboda n'était pas son élève, mais son patient. Il avait bien pu en cours de séance, lui parler d'une constitution bisexuelle de l'homme, sans l'initier autrement à la théorie. Mais Fliess ne se donna pas pour satisfait : était-il exact, oui ou non, que Freud avait eu un entretien avec Swoboda et lui avait fait lire un manuscrit de Fliess sur ce sujet ?

✻ ✻ Freud alors cessa de biaiser, il confessa qu'il l'avait fait, poussé par le désir obscur de dépouiller Fliess de son idée originale, désir qui se rapportait aux motivations extrêmement complexes de leur amitié. Fliess n'en fut pas touché, mais furieux. Il rompit définitivement et, deux ans plus tard, défia Freud en publiant un certain nombre de ses lettres choisies parmi les plus intimes.

✻ ✻ ✻ En 1905, il incita même l'un de ses amis à publier un petit livre où Freud, Swoboda et Weininger étaient publiquement accusés de plagiat. Weininger s'étant suicidé un an après la publication de son livre, Freud et Swoboda restaient seuls à se défendre. Freud le fit en écrivant à la presse, Swoboda en publiant un livre où il exposait et discutait les revendications de Fliess, lequel se rendait suspect par d'évidentes idées de persécution. Juridiquement, l'affaire sans doute était ambiguë. Moralement, elle fut pour Freud l'une de ces expériences douloureuses avec lesquelles il ne cessa de se confronter toute sa vie, pour en tirer non pas seulement une connaissance accrue de lui-même, mais un nouveau savoir sur l'homme.

✻ Freud ne se distinguait pas de l'homme ordinaire par une santé ou un équilibre psychique exceptionnels, son héroïsme, car c'en est un, tient uniquement à son refus de se débarrasser de son fardeau intérieur en l'oubliant, en le niant ou en l'enjolivant par d'habiles retouches esthétiques. Aucune des choses qui l'avaient fait souffrir ou troublé, aucune des énigmes qu'il s'était posées à lui-même ne sortaient jamais de sa vie. A l'âge de quatre-vingts ans, il écrit à Romain Rolland une lettre admirable où, en guise de cadeau d'anniversaire, il lui offre l'analyse d'un trouble de mémoire survenu lors de son premier voyage à Athènes, trente ans aupavant[14] ! Et il est fort âgé quand, se souvenant d'un homme qui s'était lui aussi frayé un chemin nouveau à travers le labyrinthe des rêves, il n'hésite pas à débattre publiquement cette obscure question de propriété intellectuelle qui l'avait troublé et poursuivi toute sa vie.

* * L'article intitulé *Popper-Lynkeus et la Théorie du rêve*[15] est l'un des deux textes que Freud consacra au savant, ni médecin ni psychologue du reste, mais physicien, dont le livre avait paru en 1899 et, de ce fait, se trouvait en quelque sorte frustré de sa gloire par *La Science des rêves*. Freud ne le connaissait pas personnellement, bien qu'il vécût à Vienne, et il n'avait pu citer son livre puisqu'il avait paru en même temps que *La Science des rêves*. L'article qu'il écrivit vingt-trois ans plus tard est tout à la fois un hommage ému à Popper-Lynkeus et une pénétrante analyse de cette situation :

*Il y aurait beaucoup de choses intéressantes à dire sur l'originalité scientifique. Quand une idée fait son apparition dans la science, idée à quoi l'on donne d'abord la valeur d'une découverte et qui, en bonne règle, est d'ailleurs combattue comme telle, la recherche objective ne tarde pas à démontrer qu'en fait ce n'était pas une nouveauté. En général, la découverte a déjà été faite à plusieurs reprises, puis on l'a oubliée, à des époques séparées parfois par de longs intervalles. Ou bien elle a eu des précurseurs, elle a été confusément pressentie ou imparfaitement exprimée. Ce sont là des choses trop connues pour qu'il soit besoin de s'y arrêter.*

*Mais le côté subjectif de l'originalité mérite aussi d'être examiné. Imaginons qu'un travailleur scientifique se demande un jour d'où lui viennent les idées singulières avec lesquelles il s'approche de son matériel. Pour une part d'entre elles, il retrouve sans beaucoup réfléchir à quelles instigations il a obéi, comment il a utilisé des données étrangères pour les modifier et les conduire jusqu'à leurs dernières conséquences. Mais pour une autre part de ses idées, il ne retrouve rien de tel, il lui faut admettre que ces pensées et façons de voir sont nées — il ignore comment — de sa propre fonction intellectuelle, et c'est sur elle qu'il fonde sa prétention à l'originalité.*

14. *Eine Erinnerungsstörung auf der Akropolis* (lettre à Romain Rolland), *G.W.*, tome XVI, 250-257 ; *cf* aussi chap. 13, p. 219).
15. *G.W.*, tome XIII, 357-359.

*Cette prétention se trouve encore restreinte par un examen psychologique minutieux. Celui-ci, en effet, découvre les sources cachées, oubliées depuis longtemps, où l'impulsion aux idées prétendues originales a pris naissance ; il met donc à la place de la création censément nouvelle des choses oubliées qui revivent en s'appliquant à une matière nouvelle. Il n'y a rien là à regretter, car on n'avait nullement le droit d'espérer que « l'originalité » fût dérivée de rien et indéterminée. C'est de cette manière que, dans mon cas, l'originalité de beaucoup d'idées nouvelles que j'ai apportées à l'interprétation des rêves et à la psychanalyse s'est peu à peu évaporée. Il n'y a qu'une seule de ces idées dont je ne connaisse pas l'origine. C'est celle qui est devenue la clé de ma conception du rêve et qui m'a aidé à déchiffrer ses énigmes, autant qu'elles sont devenues déchiffrables jusqu'à présent. J'étais parti du caractère étrange, embrouillé, absurde, que présentent beaucoup de rêves et l'idée m'était venue que le rêve devait être ainsi parce que, en lui, quelque chose lutte pour s'exprimer qui rencontre la résistance d'autres forces de la vie psychique. Dans le rêve, des tendances secrètes s'agitent qui se trouvent en opposition avec les convictions éthiques et esthétiques en quelque sorte officielles du rêveur. C'est pourquoi le rêveur a honte de ces tendances à l'état de veille et il s'en détourne, n'en veut rien connaître et si, la nuit, il ne peut pas leur interdire toute espèce d'expression, du moins les oblige-t-il à se dénaturer, ce qui rend le contenu du rêve confus et absurde. J'ai appelé* censure du rêve *la force psychique qui tient compte de cette contradiction intérieure et dénature les tendances primitives du rêve au profit des exigences conventionnelles, ou encore des besoins spirituels élevés du rêveur.*

*Or, ce point essentiel de ma théorie à été trouvé par Popper-Lynkeus lui-même. Il n'est pour s'en convaincre que de lire le passage suivant de son récit : « Rêver comme veiller », tiré des* Phantasmes d'un réaliste[16], *livre écrit sans aucun doute dans l'ignorance de ma « Science des rêves » publiée en 1900, tandis que de mon côté, j'ignorais tout des phantasmes de Lynkeus.*

"D'un homme qui a la particularité remarquable de ne jamais rien rêver d'absurde"... Cette merveilleuse particularité de rêver comme l'on veille repose sur tes vertus, sur ta bonté, ton esprit de justice, ton

16. « Traümen wie Wachen », dans *Phantasien eines Realisten*, Vienne, 1899.

amour de la vérité : c'est la transparence morale de ta nature qui me rend tout compréhensible en toi.

— En y songeant bien, répliqua l'autre, je croirais presque que tous les hommes sont faits comme moi et que personne ne rêve jamais rien d'absurde ! Un rêve dont on se souvient clairement et que l'on peut raconter, un rêve qui n'est pas le délire de la fièvre a toujours un sens. Et il ne peut pas en être autrement ! Car ce qui est en contradiction ne pourrait pas se grouper pour former un ensemble. Que le temps et l'espace soient parfois bousculés n'ôte rien au vrai contenu du rêve, car, certainement, ni l'un ni l'autre n'avaient d'importance pour sa teneur essentielle. Ne faisons-nous pas souvent de même à l' état de veille : pense aux contes, pense à tant d'images pleines de sens dont seul un ignorant dirait "C'est absurde parce que c'est impossible !"

— Si seulement on savait interpréter correctement les rêves comme tu viens de le faire pour le mien !", dit l'ami.

— Ce n'est sûrement pas une tâche facile, mais avec quelque attention, le rêveur devrait toujours y parvenir. Pourquoi est-ce que cela échoue la plupart du temps ? Il semble qu'il y ait quelque chose de caché dans vos rêves, une lubricité d'une nature spéciale et élevée, une certaine dissimulation difficilement concevable dans votre être. C'est pourquoi vos rêves paraissent si souvent dénués de sens, ou même être des non-sens. Mais tout au fond ce n'est pas vrai ; non, et il ne peut pas en être autrement puisqu'il s'agit toujours du même homme, qu'il veille ou qu'il rêve... »

*Je crois que ce qui m'a rendu capable de découvrir la cause de la déformation du rêve était mon courage moral. Chez Popper, c'était la pureté, l'amour de la vérité, la transparence morale de son être.*

# 13. LA NAISSANCE DU MOUVEMENT

* Malgré les documents que nous possédons sur cette époque, il n'est pas trop facile de reconstituer exactement les débuts de ce qui allait devenir la Société psychanalytique de Vienne, sans doute parce que ni Freud, ni le groupe qui s'était formé autour de lui n'avaient conscience de former un mouvement dont l'histoire devrait être écrite un jour. Dans *L'histoire du mouvement psychanalytique*, ouvrage datant de 1914 que nous avons déjà cité, Freud se borne à rappeler succinctement comment, peu à peu, des jeunes gens se réunirent autour de lui et mirent fin à l'isolement qu'il croyait à jamais son lot :

*A partir de 1902, quelques jeunes médecins se groupèrent autour de moi dans le dessein bien arrêté d'apprendre la psychanalyse, de l'exercer et de la répandre. L'impulsion vint d'un collègue qui avait pu expérimenter sur lui-même les effets heureux d'une cure. Nous convînmes de nous réunir chez moi à jours fixes pour discuter selon certaines règles, chercher à nous orienter dans ce domaine de recherches encore déroutant et amener d'autres personnes à partager notre intérêt. Un jour, un jeune homme frais émoulu d'une école professionnelle vint nous trouver avec un manuscrit qui témoignait d'une extraordinaire compréhension. Nous lui conseillâmes de faire des études secondaires, de fréquenter l'Université et de se consacrer aux applications non-médicales de la psychanalyse. C'est ainsi qu'Otto Rank devint pour notre petit groupe un secrétaire actif et dévoué, et, pour moi-même, le plus fidèle des collaborateurs*[1]...

** Freud ne nomme pas ici le premier médecin qui exerça la psychanalyse après lui : c'est Rudolf Reitler qui, avec Max Kahane, fréquentait depuis longtemps ses cours à la Faculté. Le collègue

1. *G. W.*, tome X, 63.

auquel il attribue l'initiative du premier groupement est Wilhelm Stekel, un médecin atteint de graves troubles névrotiques qui, vers 1901 ou 1902, était venu se faire soigner par lui. Max Kahane quitta la Société en 1907, sans avoir du reste été psychanalyste à proprement parler puisqu'il n'employait pas la méthode. Quelques années plus tard, le départ d'Adler provoqua la première scission à l'intérieur du mouvement ; celui de Stekel, moins lourd de conséquences « idéologiques », fut pour Freud une sérieuse cause de tracas.

*** Au début, les nouveaux venus se réunissaient tous les mercredis soir dans le salon d'attente de Freud et, pour cette raison, donnèrent à leur groupe le nom modeste de « Société psychologique du Mercredi ». La plupart des membres n'ayant encore rien publié — à part Stekel qui avait écrit un livre sur le *Coït chez les enfants* — on discutait principalement du travail de Freud et de problèmes purement théoriques. Stekel, qui collaborait comme « feuilletonniste » au *Neues Wiener Tagblatt*, publiait chaque semaine le compte rendu des discussions. En 1908, la Société psychologique du Mercredi prit le nom de Société psychanalytique de Vienne. Pendant deux ans encore, elle tint ses séances au 19 de la Berggasse, mais ensuite elle y fut trop à l'étroit et se transporta dans une salle du « Collège des docteurs ».

* Les premières années, l'existence de cette Société qui s'accroissait lentement ne changea pas grand-chose à la vie quotidienne de Freud qui, calculée avant tout pour les exigences du travail, était nécessairement très réglée. Amplement occupé par le traitement de ses malades et la composition de ses nombreux travaux, Freud vivait de la façon la plus simple, au milieu de sa famille et du cercle étroit de ses vieux amis, pour la plupart des médecins qu'il avait connus dans sa jeunesse. Ses distractions n'étaient pas variées, mais il y tenait et ne les sacrifia jamais complètement, même quand il dut défendre sa vie privée contre les obligations importunes de la gloire. C'étaient une promenade quotidienne, dont il profitait pour renouveler sa provision de cigares ; une partie de cartes chaque samedi soir avec ses amis le Pr Konigstein et le Dr Rie, puis, plus tard, avec ses propres enfants quand ils furent en âge de devenir ses partenaires ; de temps à autre le théâtre ou l'Opéra, mais rarement, et surtout la recherche d'objets archéologiques dont il avait commencé quelques années plus tôt à faire collection, et qui, plus que toute autre distraction, tint une grande place dans sa vie.

✻✻ Cette passion de l'archéologie dénotait chez Freud un goût pour le passé qui ne se limitait pas à l'enfance de l'âme mais, comme il le disait lui-même, allait à *toutes les formes humaines de la préhistoire*. Nous l'avons vu, il se comparait volontiers à ces explorateurs du passé qui ressuscitaient des mondes engloutis, il trouvait dans leur vie et dans leur œuvre plus d'une ressemblance profonde avec les siennes. Ainsi ses lettres à Fliess le montrent plein d'une sympathie intéressée pour *L'histoire de la civilisation grecque* de Burckhardt, ou encore pour L'*Ilias* de Schliemann, où l'auteur rapporte sa découverte de Troie ensevelie à un rêve d'enfance qui ne cessa de l'inspirer. *Cet homme*, disait-il, *a trouvé le bonheur en découvrant le trésor de Priam, tant il est vrai que la réalisation d'un désir infantile est seule capable d'engendrer le bonheur.* Il revient souvent sur cette loi du bonheur qui explique sa passion de l'archéologie, tout comme elle domine sa recherche :

*Le bonheur est la réalisation retardée d'un désir préhistorique. C'est la raison pour laquelle la richesse y contribue si peu. L'argent n'a pas fait l'objet d'un désir infantile...*

Et encore :

*Ma prédilection pour le préhistorique sous toutes ses formes humaines demeure égale à elle-même*[2]*...*

✻✻✻ Le goût des voyages était pour Freud une passion non moins profonde, encore qu'elle eut été longtemps contrariée par le manque d'argent et cette disposition intérieure que l'auto-analyse lui permit enfin de surmonter. Dans les premières années du siècle, les voyages deviennent pour lui un besoin d'autant plus naturel qu'ils sont le seul moyen d'échapper à une vie excessivement sédentaire, le seul moyen aussi de s'évader de Vienne, que Freud hait.

✻ Le climat de Vienne justifiait de très longues vacances d'été. La famille de Freud passait généralement trois mois à la campagne, plus ou moins loin de la capitale selon la situation financière du moment. Freud la rejoignait vers la fin de juillet, mais, le plus souvent, repartait pour des randonnées qui le menaient un peu partout, en

2. Fl., *N. psa.*, 244-250.

Allemagne, dans le Tyrol du Sud, et surtout en Italie, où il allait presque chaque été. Ses programmes touristiques étaient tellement chargés et accomplis à une allure si vertigineuse que sa femme, qui en supportait mal la fatigue, finit par s'abstenir d'y participer. Ses compagnons de voyage furent alors sa belle-sœur Minna, Fliess à l'époque de leurs « congrès », son frère Alexandre, et beaucoup plus tard, sa fille cadette Anna, celle qui devait continuer son œuvre et que, dans sa vieillesse, il appelait avec reconnaissance son Antigone. Il fit aussi de nombreux voyages de vacances avec Sandor Ferenczi, le seul entre ses disciples qui devint vraiment son ami.

* * L'un de ces voyages du début du siècle mérite de retenir l'attention parce que, pendant de longues années, il posa à Freud une manière de petite énigme dont la solution se trouve dans une lettre célèbre à Romain Rolland, publiée sous le titre de *Un trouble de mémoire sur l'Acropole*. C'était en 1936, plus de trente ans après l'épisode apparemment insignifiant qui faisait l'objet de l'analyse. Romain Rolland avait soixante-dix ans, Freud quatre-vingts :

*Très cher ami, vivement pressé d'écrire quelque chose pour célébrer votre soixante-dixième anniversaire, j'ai longtemps cherché un sujet qui fût en quelque manière digne de vous, qui exprimât mon admiration pour votre amour de la vérité, votre courage de penseur, votre humanité, votre nature secourable. Ou encore qui témoignât de la gratitude envers le poète auquel je dois tant de joies élevées. Ce fut en vain ; j'ai dix ans de plus que vous, ma production est tarie. Ce que je puis finalement vous offrir n'est que le don d'un homme appauvri ayant jadis « connu des jours meilleurs ».*

*Vous le savez, mon travail scientifique s'était donné pour but l'étude de certains phénomènes de la vie psychique — des phénomènes insolites, anormaux, pathologiques — ou plutôt, de les rapporter aux forces psychiques à l'œuvre derrière eux et d'en mettre à nu les mécanismes actifs. Je l'ai d'abord tenté sur ma propre personne, puis sur d'autres, et enfin, par un audacieux empiètement, sur l'espèce humaine tout entière. L'une de ces expériences, que j'ai faites moi-même en 1904, il y a de cela une génération, et que je n'avais jamais comprise depuis, m'est sans cesse revenue en mémoire ces dernières années, sans que je susse d'abord pourquoi. Enfin, je me suis décidé à analyser ce petit épisode et je vous communique le résultat de mon étude. En vous priant naturellement d'accorder aux données de ma vie personnelle plus d'attention qu'elles n'en méritent d'autre part.*

✻ Freud relate alors les circonstances de l'incident qui revient sans cesse le troubler. Il voyageait en Italie avec son frère Alexandre, son cadet de dix ans et, par conséquent, du même âge que Romain Rolland, comme il ne manque pas de le relever. De Trieste, les deux hommes projetaient d'aller à Corfou et de s'y reposer quelques jours, mais un ami les en détourna et leur conseilla d'aller plutôt à Athènes. Après avoir imaginé quantité d'obstacles à ce nouveau projet qui, sans qu'ils sussent pourquoi, les rendait fort maussades, Freud et son frère prirent néanmoins des billets et se trouvèrent à Athènes, en quelque sorte sans l'avoir vraiment décidé :

*J'étais sur l'Acropole l'après-midi de notre arrivée et quand j'embrassai le paysage du regard, il me vint subitement cette étrange idée :* Ainsi tout cela existe réellement comme nous l'avons appris à l'école ? *Ou pour décrire la chose plus précisément : la personne qui manifestait son sentiment se distinguait beaucoup plus nettement que d'ordinaire d'une autre personne qui, elle, enregistrait l'expression du sentiment, et toutes deux s'étonnaient, il est vrai que ce n'était pas de la même chose. La première faisait comme si, sous cette impression indubitable, il lui fallait croire à quelque chose dont, jusque là, la réalité lui avait paru incertaine. En exagérant quelque peu : elle faisait comme quelqu'un qui, se promenant en Ecosse sur les bords du Loch Ness, verrait tout à coup devant lui le corps du célèbre monstre jeté sur le rivage et serait ainsi contraint de s'avouer : il existe donc vraiment, ce serpent de mer auquel nous n'avons jamais cru ! Mais l'autre personne s'étonnait à bon droit parce qu'elle ne savait pas que l'existence réelle d'Athènes, de l'Acropole et de ce paysage eût jamais été un objet de doute. Elle eût été plutôt préparée à une expression d'exaltation et de ravissement.*

✻ Selon le principe qu'il applique à la petite pathologie de la vie de chaque jour — états insolites, actes manqués, oublis, lapsus — Freud analyse son trouble de mémoire comme il le ferait d'un rêve : il y trouve la déformation tendancieuse commune à toutes les productions psychiques de ce genre, la falsification apparemment innocente dont la cause, comme toujours, est à chercher dans le plus lointain passé. L'authentique et le faux se mêlent dans ce sentiment passager de dépersonnalisation, grâce à quoi Freud, sur l'Acropole, croit se rappeler que, dans sa jeunesse, il doutait réellement de la réalité d'Athènes. Une fois de plus, c'est un souvenir d'enfance qui rétablit la vérité :

*Ce n'est pas vrai que pendant mes années de lycée, j'ai jamais douté de l'existence réelle d'Athènes. Je doutais seulement de jamais voir Athènes de mes propres yeux. Aller si loin, « faire si bien son chemin » me paraissait hors de toute possibilité. Ce sentiment était lié à la gêne et à la pauvreté de nos conditions de vie dans ma jeunesse. Et sûrement, mes rêves de voyage exprimaient aussi le désir d'échapper à l'atmosphère familiale, ce même désir qui pousse tant d'adolescents à faire des fugues. J'avais depuis longtemps démêlé qu'une bonne part de mon envie de voyager tenait à ce désir d'une vie libre, autrement dit à mon mécontentement au sein de la famille. Quand on voit la mer pour la première fois, qu'on traverse l'océan, des villes et des paysages réels dont on a rêvé longtemps comme de choses lointaines et inaccessibles, on se fait à soi-même l'effet d'un héros ayant accompli d'incroyables prouesses, Ce jour-là, sur l'Acropole, j'aurais pu dire à mon frère : « Te souviens-tu de notre jeunesse ? Tous les jours nous faisions le même chemin pour aller au lycée, le dimanche nous allions sur le Prater ou dans un coin de campagne que nous connaissions déjà si bien, et maintenant nous sommes à Athènes, nous voilà sur l'Acropole ! Comme nous avons fait du chemin ! » S'il est permis de comparer de si petites choses avec des événements infiniment plus grands, Napoléon Ier, le jour de son couronnement à Notre-Dame, ne s'est-il pas tourné vers l'un de ses frères — je crois que c'était Joseph, l'aîné — en disant : « Que dirait Monsieur notre père s'il pouvait être ici maintenant ? »*

*Et si nous nous demandions pourquoi nous nous étions gâché dès Trieste le plaisir d'aller à Athènes, nous touchons à la solution du petit problème. Il faut admettre qu'un sentiment de culpabilité reste attaché à la satisfaction d'avoir fait si bien son chemin : il y a quelque chose là d'injuste et d'interdit depuis toujours. Cela s'explique par la critique de l'enfant à l'endroit de son père, par le mépris qui a remplacé l'ancienne surestimation infantile de sa personne. Tout se passe comme si le principal, dans le succès, était d'aller plus loin que le père, et comme s'il était toujours interdit de le dépasser.*

*A ces motivations générales s'ajoute dans notre cas un facteur particulier : c'est que les thèmes d'Athènes et de l'Acropole contien-*

*nent en eux-mêmes une allusion à la supériorité des fils. Notre père avait été négociant, il n'avait pas fait d'études secondaires, Athènes ne signifiait pas grand-chose pour lui. Ainsi, ce qui nous empêchait de jouir de notre voyage était un mouvement de piété. Maintenant, vous ne vous étonnerez plus que le souvenir de cet incident sur l'Acropole revienne si souvent me hanter depuis que je suis vieux moi-même, que j'ai besoin d'indulgence et que je ne puis plus voyager*[3]*...*

* * Dans cette lettre où il se peint mieux que ne le feront jamais ses biographes, Freud parle de l'année 1904 comme d'un moment où il est sûr du succès. En fait, c'était encore loin d'être la gloire, les quatre années qui venaient de s'écouler n'avaient pas changé grand-chose à sa position scientifique, mais ça et là, même à l'étranger, on lisait *La Science des Rêves*, et la Société psychologique du Mercredi, si faible et disparate qu'elle fût encore, commençait réellement d'étendre son influence. Chaque année voyait augmenter le nombre de ses élèves, des Viennois venus un peu de tous les horizons, médecins et non médecins, les uns poussés par la curiosité scientifique, les autres par des difficultés intérieures, une souffrance personnelle qui, en quelque sorte, authentifiaient leur vocation. Dès le début de 1908, la Société psychanalytique de Vienne comptait trente-deux membres, et à partir de 1907 — date importante du mouvement — elle reçut nombre de visiteurs étrangers, Suisses, Anglais, Américains, Allemands, qui allaient former le premier noyau de l'association internationale. La croissance un peu hasardeuse du mouvement ; le recrutement tout à fait anarchique de ses membres qui, ne l'oublions pas, n'avaient pas pour s'accorder un dogme ou même une doctrine achevée, mais un homme seul, n'ayant pour appui que quelques idées sûres et sa géniale intuition ; enfin le caractère particulier de cette science sans tradition ni passé qui, pour se construire, renvoyait d'abord le chercheur à sa propre subjectivité : tout cela ne laissa pas de retentir sur le destin ultérieur de la psychanalyse, au point quelquefois d'en compromettre le succès. Pour éviter les dissensions qu'il prévoyait sans doute et qui, de fait, ne manquèrent pas de se produire, Freud, au début, avait imaginé une procédure permettant à quiconque désirait quitter le groupe de le faire sans éclat ni gêne. Ernest Jones cite une circulaire de 1907 où il motive sa proposition :

*Je voudrais vous faire savoir que je me propose, dès le début de*

3. *G. W.*, tome XVI, 250-257.

*cette année de travail, de dissoudre la petite Société qui avait coutume de se réunir chez moi tous les mercredis, pour la reformer immédiatement après. Un simple mot, adressé à notre secrétaire Otto Rank avant le 1er octobre, suffira au renouvellement de votre carte de membre ; sans réponse de vous à cette date, nous estimerons que vous ne désirez plus faire partie de notre groupe. Je n'ai pas besoin de vous dire combien je serais heureux de vous voir rester parmi nous.*

*Permettez-moi de vous donner les raisons d'un changement qui pourrait vous paraître superflu. Nous ne faisons ainsi que tenir compte des changements naturels dans les relations humaines, pensant que telle ou telle personne faisant partie de notre groupe pourrait ne plus donner à la qualité de membre la même signification qu'auparavant, soit que son intérêt pour la question ait diminué, soit que ses loisirs et son mode de vie ne lui permettent plus d'assister à nos séances, soit encore que des raisons personnelles l'écartent de nous. Peut-être, dans ce cas, ne reste-t-il membre de notre Société que par crainte de voir considérer sa démission comme un acte inamical. C'est en envisageant tous ces cas que nous avons voulu dissoudre et reconstituer la Société, afin de rendre à chacun sa liberté personnelle et de lui permettre de rester en dehors de notre groupe, sans que les relations avec les autres membres en soient perturbées pour autant... Si, après cette explication, vous trouvez opportun de reconstituer la Société de cette façon, vous approuverez sans doute aussi que la même procédure se répète à intervalles réguliers — disons tous les trois ans*[4]*...*

*** Ce système n'était guère applicable à la longue et après 1910, il fut tout à fait abandonné. Sans doute Ernest Jones a-t-il raison d'y voir une preuve du tact de Freud, qui s'est toujours efforcé de ne pas intervenir dans les affaires délicates de la Société, sans pouvoir toujours échapper à son rôle d'arbitre ; on peut aussi l'interpréter comme un désir à demi avoué de changer la composition du groupe qui, à maint égard, laissait fort à désirer. Que Freud n'ait pas ressenti une sympathie excessive pour certains de ses premiers adeptes, la chose est attestée par Ludwig Binswanger, le psychiatre suisse qui vint à Vienne en 1907, et à qui Freud dit après une réunion : *Vous avez vu cette bande !* Un passage de *L'histoire du mouvement psychana-*

4. *J Bg.*, tome II, 9 et 10.

*litique* exprime moins brutalement la même sorte de désillusion :

*Le petit groupe ne tarda pas à s'étendre et, dans le cours des années suivantes, changea souvent de composition. Dans l'ensemble, je puis dire que pour ce qui est de la richesse et de la diversité des dons, il le cédait à peine à l'état-major de n'importe quel professeur de clinique. Parmi les hommes qui le composaient, il y eut dès le début ceux-là mêmes qui devaient jouer plus tard dans l'histoire de la psychanalyse un rôle si important, encore qu'il fût loin d'être toujours réjouissant. Mais à l'époque, cette évolution était imprévisible. Je pouvais être satisfait, et il me semble que j'ai fait tout mon possible pour rendre accessible aux autres ce que j'avais appris et dont j'avais l'expérience. Deux choses seulement étaient de mauvais augure, qui, pour finir, m'éloignèrent intérieurement du groupe. Je ne réussis pas à établir entre les membres cette entente amicale qui doit régner entre des hommes ayant à accomplir une lourde tâche, pas plus que je ne parvins à étouffer les querelles de priorité à quoi les conditions du travail commun donnaient amplement prétexte. Les difficultés de l'enseignement de la pratique psychanalytique, qui sont particulièrement grandes et portent la responsabilité de beaucoup de querelles actuelles, se faisaient déjà sentir dans la Société privée de Vienne. Moi-même, je n'osai pas imposer une technique encore inachevée et une théorie continuellement en formation avec cette autorité qui eût probablement épargné aux autres bien des erreurs et des déviations aujourd'hui définitives. La liberté des travailleurs intellectuels, leur précoce indépendance à l'égard de leurs maîtres est toujours satisfaisante psychologiquement parlant ; elles n'offrent un avantage scientifique que lorsque ces travailleurs réunissent certaines conditions personnelles, dont l'existence n'est pas trop fréquente. La psychanalyse, elle, justement, aurait dû exiger une longue et sévère discipline, une éducation en vue d'une maîtrise de soi-même. A cause du courage qu'il fallait pour se dévouer à une cause frappée d'un tel interdit et ayant si peu d'avenir devant elle, j'inclinais à passer aux membres de l'Association bien des choses qui, autrement, m'eussent profondément choqué* [5]*...*

✻ Nous évoquerons en leur temps ces graves dissensions qui aboutirent tour à tour au départ d'Adler, de Jung, d'Otto Rank, et

5. *G. W.*, tome X, 63 et suiv.

éloignèrent même de Freud le disciple qu'il chérissait comme un fils, Sandor Ferenzci. Ces querelles, débattues à grand fracas devant l'opinion publique, donnaient au dehors une assez fâcheuse image du mouvement, et il faut avouer qu'elles n'étaient pas de nature à faire taire les sarcasmes. Toutefois, on les comprendrait mal si on les comparait aux disputes internes d'un parti, car les diverses Sociétés de psychanalyse ne se réclamaient pas d'un corps de doctrine achevé, mais de deux ou trois idées essentielles dont les développements étaient encore incalculables et qui, quoiqu'on pût en penser, restaient étroitement liées à leur créateur. Freud lui-même s'est toujours élevé contre l'idée d'une orthodoxie ; ce qu'il voulait défendre dans la psychanalyse n'était pas un édifice idéologique complet et figé, mais un minimum de conceptions faute de quoi le travail en commun ne lui paraissait pas possible. Ainsi il écrit dans le *Manuel de psychanalyse* de Marcuse, publié en 1926 :

*La psychanalyse n'est pas comme un système philosophique qui part de quelques concepts fondamentaux rigoureusement définis, s'en sert pour embrasser la totalité du monde et, une fois achevé, n'a plus de place pour de nouvelles trouvailles ou des améliorations. Au contraire, elle reste liée aux faits qui se produisent dans son champ de travail, elle tente de résoudre les problèmes immédiats de l'observation, continue son expérience à tâtons, elle est toujours inachevée, toujours prête à rectifier ou à modifier ses théories. Elle supporte aussi bien que la physique ou la chimie que ses concepts essentiels soient vagues et ses suppositions provisoires, elle n'attend une définition plus rigoureuse que de son futur travail*[6]...

* * Ainsi, la psychanalyse est et doit rester une science empirique. Elle ne peut donc pas donner naissance à une « école », mais elle peut être pratiquée par tous ceux qui acceptent sans réserve ce que Freud, toujours dans le même *Manuel*, pose comme ses principaux fondements :

*L'existence de processus psychiques inconscients ; la théorie de la résistance et du refoulement ; l'appréciation du rôle de la sexualité et du complexe d'Œdipe sont les principaux contenus de la psycha-*

6. Cité par Heinrich Meng : « Aus meiner psychoanalytischen Anfangszeit », in *Psychoanalysis*, S. Karger, Bâle, 1962, 351-360.

*nalyse et les fondements de sa théorie. Quiconque ne les accepte pas ne devrait pas se compter parmi les psychanalystes.*

✻✻✻ On trouve exactement la même idée dans une lettre qu'il écrivit en 1917 à Georg Groddeck, un médecin et écrivain berlinois qui, contrairement à tant d'autres, se refusait à grossir les rangs de ses disciples. Dans son merveilleux *Livre du Ça*, écrit avec autant de profondeur que de talent littéraire, Groddeck lançait pour la première fois l'idée même de sa médecine psychosomatique. En même temps, il donnait un nouveau nom et une richesse imprévue à l'inconscient freudien.

*Je constate que vous me priez instamment de vous certifier de façon toute officielle que vous n'êtes pas psychanalyste, que vous ne faites pas partie de la troupe de mes adeptes, mais que vous avez le droit de vous donner pour un homme à part, établi à son propre compte. Je vous ferais visiblement un grand plaisir en vous rejetant loin de moi, là où se trouvent les Adler, Jung et autres. Mais je ne le puis pas, il faut que je vous réclame, il faut que je vous donne pour un merveilleux analyste, ayant saisi à jamais l'essence de la chose. Celui qui considère la résistance et le transfert comme les pivots du traitement, celui-là appartient sans retour à notre farouche armée*[7]*...*

Les luttes intestines du mouvement psychanalytique ont effectivement toutes tourné autour des quelques points — théorie de l'inconscient, de la résistance et du refoulement ; importance de la sexualité et du complexe d'Œdipe — dont Freud exigeait qu'ils fussent acceptés sans réserve par quiconque se réclamait de lui. Chaque scission, en effet, a été motivée par l'abandon partiel ou total de ces conceptions, ou encore par des déviations ou des extensions qui leur ôtaient tout leur sens primitif. Tantôt, comme chez Adler, la psychologie du conscient retrouvait son ancienne primauté, la névrose n'avait plus partie liée avec la sexualité infantile, mais avec de simples défectuosités organiques et des données de la vie sociale ; tantôt, comme chez Jung, l'inconscient individuel subsistait, mais désexualisé, noyé dans un inconscient collectif consolant où la métaphysique rentrait par une porte dérobée ; tantôt, dans le cas de Rank, le « traumatisme de la naissance » expliquait tout le mal

7. *Br.*, 6-6-1917, 316 et suiv.

humain par l'origine même de la vie, grâce à quoi on faisait l'économie du drame œdipien. Pendant plus de trente ans, toutes ces « hérésies », quelque vérité qu'elles pussent contenir en elles-mêmes, semblent n'avoir eu pour fin que de rétablir un état antérieur de la psychologie, en d'autres termes, d'annuler ingénieusement le scandale de la pensée freudienne. Et contrairement à ce qu'on penche souvent à croire, Freud ne fut pas toujours le premier à le pressentir.

* Reste à savoir pourquoi ces divergences donnèrent lieu à des ruptures si retentissantes, au lieu de se régler dans une paisible discussion d'idées. C'est qu'ici, comme en beaucoup d'autres domaines, mais de façon plus visible, les idées n'étaient pas la seule, ni même peut-être la vraie cause des conflits. Que la prétendue intransigeance de Freud, la tyrannie et l'entêtement dont on lui a fait si souvent grief aient moins compté dans ces affaires lamentables que son autorité morale et spirituelle, qui faisait à ses élèves les plus doués une situation difficile, il n'est pas possible de le nier. Le fait est que Freud, qui a perdu en cours de route tant d'êtres auxquels l'attachaient des sentiments profonds, est resté lié toute sa vie avec des hommes fort différents de lui par leurs origines, leurs préoccupations scientifiques et la tournure de leur pensée. Pour ne citer que deux cas, en l'occurrence deux cas exemplaires, Ludwig Binswanger et Oskar Pfister, l'un psychiatre, l'autre pasteur, surent lui garder une fidélité inébranlable à travers toutes les vicissitudes du mouvement, sans rien céder de leurs idées scientifiques ni de leurs convictions religieuses. Cette liberté affirmée avec tact, maintenue avec une sorte de grâce pendant plus d'un quart de siècle, Freud l'a sans aucun doute de beaucoup préférée à l'attitude de certains disciples qui le singeaient, et dont la dévotion était parfois bien proche de la haine. A lire la correspondance qu'il entretint jusqu'à la fin de sa vie avec les deux hommes, on voit combien il en était touché, et que ce n'est pas sa faute s'il ne l'a pas trouvée plus souvent.

* * Ludwig Binswanger s'était donné pour tâche de jeter un pont entre la psychanalyse et la psychiatrie, ou plus exactement, de créer entre les deux disciplines encore étrangères l'une à l'autre de solides bases de travail commun. Après les orages de sa rupture avec Jung, Freud avait songé un moment faire de lui le « dauphin » du mouvement, mais, soucieux de sa carrière et de ses recherches psychiatriques, Binswanger n'était pas entré dans ses vues. La déception

de Freud ne changea rien à sa chaleureuse amitié pour le jeune savant, et bien longtemps après, il eut à cœur de le lui confirmer :

*Nous sommes restés fidèles l'un à l'autre à travers tout un quart de siècle, mais c'était comme si cela allait de soi, et nous n'en avons pas fait grand bruit*[8]...

* * * Quant à Oskar Pfister, qui défendit toujours ses idées avec un tempérament vigoureux et beaucoup d'esprit, Freud l'appelait « son cher homme de dieu », un « vrai serviteur de dieu » dont la notion même et l'existence lui avaient « toujours paru fort improbables. » Pfister, docteur en philosophie et théologien, fut le premier à appliquer la psychanalyse à la pédagogie. Il s'entendit à pratiquer la psychanalyse sans sacrifier les exigences de son ministère, qu'il exerça à Zurich jusqu'à sa retraite ; et s'il acceptait les remarques parfois très vives de Freud, surtout sur le chapitre de la sexualité, il savait aussi lui tenir tête et garder son franc parler. Quand Freud publia *L'avenir d'une illusion*, où la religion est traitée comme une névrose collective, Pfister riposta en écrivant *L'illusion d'un avenir*, mais jamais la polémique entre les deux hommes ne prit ce tour hargneux auquel Freud était bien plus sensible qu'aux critiques. Un jour Freud demanda malicieusement au pasteur pourquoi la psychanalyse n'avait pas été inventée par quelques hommes pieux, mais par un Juif absolument impie, et Pfister répondit :

*Eh bien, parce que la piété ne fait pas encore le génie et que les gens pieux n'étaient pas du tout dignes pour la plupart d'accomplir une telle tâche. Et puis d'ailleurs, premièrement vous n'êtes pas Juif, ce qui, vu mon immense admiration pour Amos, Isaïe, Jérémie, le poète de Job et l'Ecclésiaste, me fait vraiment beaucoup de peine ; et deuxièmement vous n'êtes pas impie, car quiconque vit pour la vérité est en dieu, quiconque lutte pour la libération de l'amour est, selon Jean 4.16, dans le sein de dieu. Si vous éleviez à votre conscience le sentiment de votre insertion dans les grands ensembles universels,*

8. Ludwig BINSWANGER : *Erinnerungen an Sigmund Freud*. Francke Verlag, Bern, 1956, 109.

*insertion qui, à mon avis, est aussi nécessaire que la synthèse des notes dans une symphonie de Beethoven est nécessaire à l'ensemble musical, je dirais aussi de vous : « Jamais il n'y eut de meilleur chrétien*[9]*...»*

9. Pf., *Fr-Pf. Briefe*, 9-10-1918, 64.

# 14. LA PSYCHOPATHOLOGIE DE LA VIE QUOTIDIENNE

✻ *La Sciences des rêves* a été pour Freud le début d'une période extrêmement féconde, en ce qui regarde tant le nombre des œuvres que la diversité et l'originalité de leurs sujets. En fait, tous les livres publiés les années suivantes découlent de la théorie du rêve, soit directement comme dans le *Fragment d'analyse d'une hystérie*, où le rêve d'une malade, devenue célèbre depuis sous le nom de « Dora », explique magistralement un cas fort obscur ; soit indirectement, comme dans la *Psychopathologie de la vie quotidienne* et *Le Mot d'esprit dans ses rapports avec l'inconscient*, où Freud découvre de profondes analogies entre les mécanismes des processus oniriques et ceux qui régissent certaines activités de l'état de veille. Même les *Trois essais sur la théorie de la sexualité*, bien qu'ils aient une existence indépendante, doivent encore à *La Science des rêves* leur première et décisive impulsion.

✻✻ La date de publication de ces différents ouvrages donne une idée fausse de leur genèse. En réalité, ils ont été conçus et même élaborés en même temps, entre 1897 et 1900, comme en font foi les lettres à Fliess où les linéaments en sont déjà posés. Dès 1897, Freud s'intéresse aux mots d'esprit et fait collection d'histoires juives, d'abord par goût, puis pour comprendre ce qui le pousse lui-même à en raconter et à en parsemer ses écrits. En 1898, frappé d'avoir oublié apparemment sans raison le nom d'un poète qu'il connaît fort bien, il s'attache à résoudre cette petite énigme, dont l'importance apparaît soudain dans le contexte de son auto-analyse : c'est le début de ses recherches sur les anomalies bénignes de la conduite de chaque jour, oublis inexplicables de noms et de faits, actes manqués, lapsus, erreurs d'écriture, faux souvenirs, toutes choses qui, comme le rêve, n'étaient jusque-là pour l'observation scientifique que des déchets dénués de toute valeur.

*** Pendant toute cette période, Freud ressentait si vivement l'unité profonde de tous ses travaux qu'il rédigeait en même temps les *Trois essais sur la théorie de la sexualité* et *Le Mot d'esprit*, dont il avait disposé les manuscrits sur des tables contiguës. De fait, cette unité n'était pas seulement garantie par la continuité de ses préoccupations scientifiques qui, des années durant, tourneront presque exclusivement autour du rêve et de la sexualité, mais, plus solidement encore, par le travail qu'il avait entrepris sur lui-même et qui resta une des tâches de sa vie.

* Freud soulève pour la première fois la question de la *Psychopathologie de la vie quotidienne* dans une lettre à Fliess, où il rapporte succintement l'analyse de l'oubli d'un nom, celui du poète Julius Mosen. Ayant traité cet oubli sans conséquence comme un symptôme névrotique, Freud découvrit qu'il avait refoulé le nom de Mosen pour des raisons personnelles précises ; que le refoulement avait été déterminé par des raisons infantiles ; enfin, que les noms de remplacement qui lui étaient venus à l'esprit représentaient un compromis entre la force refoulante et les idées refoulées, analogue aux formations hybrides qui se produisent dans le rêve. Notons que Freud, ici, ne révèle rien du contenu même de l'analyse et que, par la suite, il ne joignit pas l'exemple de Mosen aux autres cas personnels de son recueil[1].

Un autre exemple de nom propre oublié, celui-là accompagné d'une fausse réminiscence, a été traité tout à la fois dans une lettre à Fliess, dans un article publié par Freud en 1898, et dans le premier chapitre de la *Psychopathologie de la vie quotidienne*, où il est donné comme un modèle de tous les troubles du même genre. Ernest Jones a cru y découvrir la trace d'un événement important de la vie de Freud, l'un de ceux sans doute qui l'avaient incité à commencer sa propre analyse. Comme si souvent, Freud n'a publié qu'en partie les résultats de son interprétation ; il les résume brièvement dans sa lettre à Fliess, où, d'ailleurs, il se demande s'ils pourront convaincre le public :

*J'ai encore pu expliquer facilement un second exemple d'oubli de*

1. Fl., *N. psa.*, 26-8-1898, 232.

*nom. Il m'était impossible de retrouver le nom du grand peintre à qui est dû le* Jugement dernier *d'Orvieto, le plus grandiose que j'aie jamais vu. A la place de ce nom me sont venus ceux de Botticelli et de Boltraffio, mais je me suis rendu compte que c'était inexact. Enfin, le nom me revint à l'esprit : Signorelli, et tout de suite après, le prénom, Luca, preuve qu'il s'agissait d'un refoulement et non d'un oubli véritable. Je vois clairement pourquoi le nom de Botticelli s'est imposé à moi : c'était le mot « signor » qui se trouvait refoulé. Le* Bo, *dans les deux noms de substitution, s'explique par le souvenir responsable du refoulement. Ce dernier avait trait à un incident survenu en* Bosnie *et lié à la phrase suivante : «* Herr *(Signor), qu'y faire ? » J'oubliai le nom de Signorelli au cours d'une petite excursion que j'ai faite en Herzégovine, à partir de Raguse, en compagnie d'un avocat berlinois (Freyhau). En cours de route, notre entretien porta sur la peinture, puis sur la question de la mort et de la sexualité, qui devint ainsi le souvenir sous-jacent et refoulant. Les syllabes* Traffio *constituent probablement une réminiscence de* Trafoï, *que j'ai visité lors de mon premier voyage. Mais comment et à qui rendre tout cela plausible*[2] ?

** Malgré ses craintes de n'être pas compris, Freud se hasarda à publier le cas Signorelli dès 1898, deux ans avant *La Science des rêves* par conséquent, et cela, sans doute, parce que l'oubli immotivé d'un nom lui paraissait bien propre à faire sentir la réalité du refoulement. Qu'est-ce qui explique la fuite obstinée d'un nom propre parfaitement connu dont on dispose généralement à son gré ? Ou plutôt : qu'est-ce qui s'oppose à la reproduction correcte du nom cherché, et à quelle fin ?

*Celui qui cherche à se rappeler un nom qui lui a échappé retrouve dans sa conscience d'autres noms,* des noms de substitution *qu'il reconnaît aussitôt comme incorrects, mais qui n'en continuent pas moins à s'imposer à lui obstinément. On dirait que le processus qui devait aboutir à la reproduction du nom cherché a subi un déplacement, s'est engagé sur une fausse route au bout de laquelle il trouve le nom de substitution, incorrect. Je prétends que ce déplacement n'est pas l'effet d'un arbitraire psychique, mais s'effectue selon des voies préétablies et possibles à prévoir. En d'autres termes, je*

2. *Ibid.*, 22-9-1898, 235.

*prétend qu'il existe entre le ou les noms de substitution et le nom cherché un rapport que l'on peut trouver, et j'espère que si je réussis à le trouver, j'aurai élucidé le processus qui entraîne l'oubli des noms* propres[3]...

Dans le cas de Signorelli, l'oubli du nom s'accompagne de circonstances banales, comme il arrive le plus souvent dans ces sortes de troubles. Freud est en voyage, il rencontre un avocat berlinois avec qui il n'est pas très lié et qui, comme lui, se rend de Raguse en Herzégovine. En bavardant, il demande à son compagnon s'il est allé à Orvieto et s'il a vu les magnifiques fresques de...

*L'oubli du nom s'explique lorsque je me rappelle le sujet qui a immédiatement précédé notre conversation sur l'Italie, il apparaît alors comme l'effet d'une* perturbation du sujet nouveau par le précédent. *Peu de temps avant que j'aie demandé à mon compagnon s'il était allé à Orvieto, nous nous entretenions des mœurs des Turcs habitant la Bosnie et l'Herzégovine. J'avais rapporté à mon interlocuteur ce que m'avait conté un confrère exerçant parmi ces gens, à savoir qu'ils sont pleins de confiance dans le médecin et pleins de résignation devant le sort. Quand il faut leur annoncer que l'état de tel ou tel malade de leurs proches est désespéré, ils répondent : « Herr, n'en parlons pas, je sais que s'il était possible de sauver le malade, tu le sauverais... ». Nous avons là deux noms : Bosnie et Herzégovine, et un autre :* Herr *(Signor), qui se laissent intercaler tous les trois dans une chaîne d'associations entre Signorelli-Botticelli et Boltraffio.*

*** Puisque le refoulement ne visait pas le nom de Signorelli ni rien de ce qui pouvait s'associer au peintre, Freud recherche ce qui a bien pu le motiver dans le sujet précédent de la conversation :

*J'admets que si la suite d'idées se rapportant aux Turcs de Bosnie, etc., a pu troubler une idée venant immédiatement après, c'est parce que je lui ai retiré mon attention avant même qu'elle fût achevée. Je rappelle en effet que j'avais eu l'intention de raconter une anecdote qui, dans mon esprit, voisinait avec la première. Ces Turcs attachent une valeur exceptionnelle aux plaisirs sexuels et, lorsqu'ils sont atteints de troubles, ils sont pris d'un désespoir qui contraste singu-*

3. *Psychopathologie de la vie quotidienne, op. cit.*, 2 et suiv.

*lièrement avec leur résignation devant la mort. Un des malades de mon confrère lui dit un jour : « Tu sais bien Herr, que quand* cela *ne va plus, la vie n'a plus aucune valeur. » Je me suis toutefois abstenu de communiquer ce trait caractéristique, préférant ne pas aborder ce sujet scabreux avec un étranger. J'ai même fait davantage : j'ai distrait mon attention de la suite des idées qui auraient pu se rattacher dans mon esprit au sujet : « Mort et sexualité. » J'étais alors sous l'impression d'un événement dont j'avais reçu la nouvelle quelques semaines auparavant pendant un bref séjour à* Trafoï *: un malade qui m'avait donné beaucoup de mal s'était suicidé parce qu'il souffrait d'un trouble sexuel incurable. Je sais parfaitement bien que ce triste événement et les détails qui s'y rattachent n'existaient pas chez moi à l'état de souvenir conscient pendant mon voyage en Herzégovine. Mais l'affinité entre* Trafoï *et* Boltraffio *m'oblige à admettre que, malgré la distraction intentionnelle de mon attention, je subissais l'influence de cette réminiscence*[4]...

✻ On voit que Freud recherche les mécanismes psychiques responsables de l'oubli de la même façon qu'il analyse un rêve pour en retrouver le contenu latent. C'est que, bien qu'ils se passent dans des sphères apparemment fort différentes, les deux phénomènes ont en commun des traits essentiels, et en tout premier lieu cette déformation des faits grâce à quoi leur sens est véritablement trahi, c'est-à-dire à demi exprimé, à demi tu.

*Je suis obligé de voir dans cet événement l'effet de mobiles psychiques. C'est pour des raisons d'ordre psychique que j'ai interrompu ma communication (sur les mœurs des Turcs, etc.), c'est pour des raisons du même ordre que j'ai empêché de pénétrer dans ma conscience les idées qui s'y rattachaient et qui auraient conduit mon récit jusqu'à la nouvelle que j'avais reçue à Trafoï. Je voulais donc oublier quelque chose ; j'ai* refoulé *quelque chose. Je voulais, il est vrai, oublier « autre chose » que le nom du maître d'Orvieto ; mais entre cette « autre chose » et le nom, il s'est créé un lien associatif de telle sorte que mon acte volontaire a manqué son but et que j'ai oublié le nom* malgré moi, *alors que je voulais* intentionnellement *oublier autre chose. Le désir de ne pas se souvenir portait sur un contenu ; l'impossibilité de se souvenir s'est manifestée relativement à un*

4. *Ibid.*, 2 à 8

*autre. Le cas serait évidemment plus simple si le désir de ne pas se souvenir et la déficience de mémoire se rapportaient au même contenu*[4]*...*

✻ ✻ ✻ Les conclusions de cette première étude sont encore extrêmement prudentes. Freud ne dit pas que tous les oublis de noms propres sont justiciables de son explication, mais que, à côté des cas simples décrits classiquement par les psychologues, il en existe d'autres *où l'oubli est déterminé par le refoulement.*

✻ La composition de la *Psychopathologie de la vie quotidienne* fait ressortir avec une grande netteté la façon dont Freud progresse pas à pas dans ce nouveau domaine dont une expérience toute personnelle lui a ouvert l'accès. Ayant acquis en s'analysant lui-même une certitude bien établie portant sur un groupe précis de phénomènes — ceux où l'oubli d'un nom propre s'accompagne d'une réminiscence erronée —, il tente d'expliquer empiriquement d'autres formes d'amnésie bénignes — oublis de noms en langues étrangères, de mots et de suites verbales — pour s'attacher finalement à tous les troubles passagers du comportement auxquels, après lui, on donne le nom d'*actes manqués.* La composition même du livre montre à l'évidence que Freud ne l'a pas conçu de façon abstraite et hâtivement généralisé, mais, au contraire, en approfondissant un fait apparemment infime de sa propre vie. Un oubli banal, l'une de ces erreurs que tout le monde fait sans s'y arrêter, lui a révélé ce qu'il voulait se cacher : les sentiments fort douloureux liés au suicide d'un malade. La certitude qu'il y a un lien entre ces deux ordres de choses de valeur si inégale lui donne le droit d'appliquer sa méthode à tous les troubles analogues.

✻ ✻ Pour trouver les exemples dont il avait besoin, Freud était d'ailleurs bien obligé d'utiliser les résultats de son auto-analyse ; en effet, il ne pouvait pas puiser dans le matériel que lui offraient ses malades, puisqu'il n'étudiait pas ici les manifestations de la névrose, mais les troubles en quelque sorte normaux de l'individu sain. Par la suite, ses élèves prirent l'habitude de collectionner pour lui des exemples de lapsus, d'actes manqués et d'erreurs symptomatiques de

4. *Ibid.*, 2 à 8

toutes espèces, mais au début, les cas qu'il pouvait observer directement étaient rares. Celui qu'il rapporte au début du chapitre II est aussi amusant que démonstratif :

* * * Le petit incident se passe en été. Freud, toujours en voyage, rencontre un jeune homme juif qu'il connaît et qui a quelque notion de ses travaux. Le jeune homme se répand en plaintes amères sur la condition inférieure à quoi le condamne sa qualité de Juif, et termine sa diatribe par le vers de Virgile où Didon en appelle à la postérité, qui la vengera de l'outrage que lui à fait subir Enée :

*Il voulut dire :* Exoriare... *mais ne pouvant pas reconstituer la citation, il chercha à dissimuler une lacune évidente de sa mémoire en intervertissant l'ordre des mots :* Exoriar(e) ex nostris ossibus ultor ! *Il me dit enfin, fort contrarié : « Je vous en prie, ne prenez pas cette expression moqueuse, comme si vous aviez plaisir à mon embarras. Venez-moi plutôt en aide. Il manque quelque chose à ce vers. Voulez-vous m'aider à le retrouver ? — Très volontiers, répondis-je, et je citai le vers complet :* Exoriar(e) aliquis nostris ex ossibus ultor ! *Que c'est stupide d'avoir oublié un mot pareil ! Au fait, à vous entendre, on n'oublie rien sans raison. Je serais très curieux de savoir comment j'en suis venu à oublier ce pronom indéfini* aliquis *». J'acceptai ce défi avec empressement, dans l'espoir d'enrichir ma collection d'un nouvel exemple. Je dis donc : « Nous allons voir. Je vous prie seulement de me faire part* loyalement *et* sans critique *de tout ce qui vous passera par la tête lorsque, sans aucune intention définie, vous dirigerez votre attention sur le mot oublié. — Fort bien ! Voilà qu'il me vient l'idée ridicule de décomposer le mot en* a *et en* liquis. *Qu'est-ce que cela signifie ? — Je n'en sais rien. Quelles sont les autres idées qui vous viennent à ce propos ? — Reliques. Liquidation. Liquide. Cela vous dit-il quelque chose ? — Non, rien du tout. Continuez. — Je pense à* Simon de Trente, *dont j'ai vu les reliques à Trente il y a deux ans. Je pense aux accusations de meurtre rituel qui, en ce moment précisément, s'élèvent de nouveau contre les Juifs, je pense aussi à l'ouvrage de Kleinpaul, qui voit dans ces prétendues victimes des Juifs des incarnations, autant dire des nouvelles éditions du Sauveur. — Cette dernière idée n'est pas tout à fait sans rapport avec le sujet dont nous nous entretenions avant que le mot latin vous ait échappé. — C'est exact. Je pense ensuite à un article que j'ai lu récemment dans un journal italien. Je crois qu'il avait* *pour titre* L'opinion de saint Augustin sur les femmes. *Quelles conclusions tirez-vous de tout cela ? — J'attends. — Et maintenant, il me vient une idée qui, elle, est certainement sans rapport avec notre sujet. — Je vous en prie, abstenez-vous de toute critique. — Vous me l'avez déjà dit. Je me souviens d'un superbe vieillard que j'ai rencontré la semaine dernière au cours de mon voyage. Un vrai* original. *Il ressemble à un grand oiseau de proie. Et, si vous voulez le savoir, il s'appelle Benoît. — Voilà du moins toute une série de saints et de pères de l'Église : saint Simon, saint Augustin, saint Benoît. Un autre père de l'Église s'appelait, je crois,* Origène. *Trois de ces noms sont d'ailleurs des prénoms comme* Paul *dans* Kleinpaul. — *Et maintenant, je pense à saint Janvier et au miracle de son sang. Mais tout cela se suit mécaniquement. — Laissez ces remarques. Saint Janvier et saint Augustin font tous deux penser au calendrier. Voulez-vous bien me rappeler le miracle du sang ? — Volontiers. Dans une église de Naples, on conserve dans une fiole le sang de saint Janvier qui, par un miracle,* se liquéfie *de nouveau tous les ans, à l'occasion d'un certain jour de fête. Le peuple tient beaucoup à ce miracle et se montre très mécontent quand il est retardé, comme ce fut le cas une fois lors de l'occupation française. Le général commandant — n'était-ce pas Garibaldi ? — prit alors le curé à part et, lui montrant d'un geste significatif les soldats rangés dehors, lui dit qu'il espérait que le miracle n'allait pas tarder à s'accomplir. Et il s'accomplit en effet. — Et ensuite ? Continuez donc. Pourquoi hésitez-vous ? — Je pense maintenant à quelque chose... Mais c'est une chose trop intime pour que je vous en fasse part... Je ne vois d'ailleurs aucun rapport entre cette chose et ce qui nous intéresse et, par conséquent, aucune raison de vous la raconter... — Pour ce qui est du rapport, ne vous en préoccupez pas. Je ne puis certes pas vous forcer à me raconter ce qui vous est désagréable ; mais alors ne me demandez pas de vous expliquer comment vous en êtes venu à oublier* aliquis. — *Vraiment ? Vous croyez ? Eh bien, j'ai pensé tout à coup à une dame dont je pourrais facilement recevoir une nouvelle aussi désagréable pour elle que pour moi. — La nouvelle que ses règles sont arrêtées ? — Comment avez-vous pu le deviner ? — Ce n'était pas bien difficile. Vous m'y avez suffisamment préparé. Rappelez-vous* tous les saints du calendrier *dont vous m'avez parlé, le récit sur* la liquéfaction du sang s'accomplissant un jour déterminé, *sur* l'émotion des assistants lorsque cette liquéfaction n'a pas lieu, *sur la* menace à peine déguisée que si le miracle ne s'accomplit pas, il arrivera ceci et cela... *Vous*

*vous êtes servi du miracle de saint Janvier d'une façon remarquablement allégorique, comme d'une représentation imagée de ce qui vous intéresse concernant les règles de la dame en question. — Et je l'ai fait sans le savoir. Croyez-vous vraiment que si j'ai été incapable de reproduire le mot* aliquis, *c'était à cause de cette attente anxieuse ? — Cela me paraît hors de doute. Rappelez-vous seulement votre décomposition du mot en* a *et en* liquis, *et les associations reliques, liquidation, liquide. Dois-je encore faire entrer dans le même ensemble le saint Simon sacrifié alors qu'il était encore enfant, et auquel vous avez pensé après avoir parlé de reliques ? — Mieux vaudrait vous en abstenir. J'espère que si j'ai réellement eu ces idées, vous ne les prenez pas au sérieux. Je vous avouerai en revanche que la dame dont il s'agit est une Italienne, en compagnie de laquelle j'ai d'ailleurs visité Naples. Mais ne s'agirait-il pas dans tout cela de circonstances fortuites ? — A vous de juger si toutes ces coïncidences se laissent expliquer par le seul hasard. Mais je tiens à vous dire que toutes les fois que vous voudrez analyser des cas de ce genre, vous serez infailliblement conduit à des "hasards" aussi singuliers*[5]*...* »

✻✻ L'analyse du cas « *aliquis* » met en lumière la vraie raison de l'oubli : c'est que le jeune homme était en proie à deux mouvements contraires et que, partagé entre son désir d'une postérité qui le venge et le refus d'une paternité importune, il ne peut exprimer entièrement ni l'une ni l'autre de ces pensées. Freud démontre qu'il en va de même pour tous les actes manqués, qu'ils affectent la mémoire, le langage ou certaines conduites insolites de la vie. Lapsus, erreurs d'écriture et de lecture, oublis d'impressions et de projets, méprises, maladresses, fausses reconnaissances — tout cela résulte de l'interférence de deux intentions dont l'une est manifeste, l'autre refoulée et par là même génératrice de désordre.

✻✻ Ainsi la condition nécessaire de tout lapsus est le refoulement d'un énoncé que l'interlocuteur ou le sujet lui-même pourrait juger indécent, blessant ou incongru. Étant de la sorte supprimée dans le discours, la tendance refoulée se manifeste malgré la personne qui parle, soit en modifiant la tendance avouée, soit en se confondant avec elle, soit en prenant tout simplement sa place. Grâce au lapsus qui

5. *Ibid.*, chap. II, 8 à 16.

en résulte, la tendance refoulée satisfait aux exigences de la censure, tout en se frayant une voie vers un début d'expression.

✻ ✻ ✻ Comme le rêve, l'acte manqué est donc un compromis entre deux intentions antagonistes qui veulent s'exprimer ensemble et ne le peuvent qu'au prix d'une sorte de concession mutuelle, en provoquant une déformation, une faille ou une apparente incorrection de pensée. Comme le rêve, il résiste sournoisement à l'analyse, de telle sorte que l'intéressé lui dénie en général toute valeur, tandis que la victime ou le témoin d'un oubli n'est jamais bien loin d'en percer la signification.

✻ ✻ Les nombreux exemples de lapsus et autres erreurs cités par Freud sont trop connus pour qu'il soit nécessaire de s'y arrêter. Ce sont eux qui ont le plus fait pour populariser les idées élémentaires de la psychanalyse et si, aujourd'hui, il n'est plus possible d'excuser une bévue par un oubli ou une distraction, c'est la *Psychopathologie de la vie quotidienne* qui en est cause, même pour ceux qui ne l'ont pas lue. Les petits manquements quotidiens, les aberrations inoffensives qui font ressembler l'homme le plus normal à une sorte de dément temporaire y sont décrits et étudiés avec tant de pénétration que, sur ce point au moins, le lecteur le plus réfractaire à l'explication psychanalytique semble abandonner toute résistance. Sans doute, il faut plus que s'amuser de quelques lapsus pour accepter la pensée de Freud dans son entier ; il n'empêche que la vogue de ce livre unique en son genre marque un changement considérable dans les esprits et que, à ce titre, elle demeure un fait historique.

✻ ✻ ✻ Pour Freud lui-même, la *Psychopathologie de la vie quotidienne* devait créer un trait d'union entre la pathologie et la psychologie de l'homme normal, deux domaines jusque-là rigoureusement séparés dont, pour la première fois, il montrait les racines communes et les démarcations incertaines. C'était comme une variante spirituelle et plus accessible de *La Science des rêves*, aux confins obscurs du quotidien et de l'irréel.

✻ Si bizarre que cela puisse paraître au lecteur d'aujourd'hui, ce livre plein de gaieté, tout entraîné par la joie de la découverte, était pour Freud quelque chose comme un journal intime où, une fois de plus, il tâchait de régler ses comptes avec lui-même. Sans doute, la confession a ici un ton d'impersonnalité sereine qui donne le change sur son caractère dramatique. Mais que l'on pense aux exigences intérieures de Freud, à la sévérité de ce qu'on pourrait appeler son « Surmoi » scientifique, et l'on comprendra ce qu'il dut lui en coûter de relever une à une toutes les erreurs de noms, de dates, de références et de citations qu'il avait laissé passer dans *La Science des rêves* — non pour s'en excuser, mais pour en exposer les raisons et avouer ainsi son trouble[6]. A part *La Science des rêves*, il n'est guère d'ouvrage scientifique qui ait su mêler avec autant de vérité l'observation stricte des faits et l'émotion vibrante de l'aveu.

* * La personne invisible qui, à l'époque de la *Vie quotidienne*, perturbe les actes et la pensée de Freud, fausse ses gestes et sème les erreurs jusque dans ses écrits, c'est à n'en pas douter Wilhelm Fliess, dont l'amitié en cette année 1901 est déjà gravement détériorée. Dira-t-on que Freud écrivit son livre pour se faire comprendre de son ami, se plaindre de son abandon et se justifier, comme d'autres le font en composant un roman ou un poème ? La lettre à Fliess qui accompagnait l'envoi de l'ouvrage donnerait presque le droit de le penser :

*Il est impossible de nous dissimuler que, toi et moi, nous nous sommes éloignés l'un de l'autre ; toutes sortes de petites choses me le font voir... Tu atteins là les limites de ta perspicacité. Tu prends parti contre moi en disant que « celui qui lit dans la pensée des autres n'y trouve que ses propres pensées », ce qui ôte toute valeur à mes recherches. S'il en est ainsi, jette sans la lire ma* Psychopathologie *dans la corbeille à papiers. Il y a dans ce livre des tas de choses qui te concernent, des choses manifestes pour lesquelles tu m'as fourni des matériaux, et des choses cachées dont la motivation t'est due. Tu m'as fourni aussi l'épigraphe. Quelle que soit la valeur durable de cet ouvrage, tu y trouveras la preuve du rôle que tu as joué jusqu'à présent dans ma vie. Après une pareille déclaration, il m'est sans doute permis de te l'envoyer dès que je l'aurai entre les mains, sans un mot de plus[7]...*

6. *Ibid.*, chap. X, 251 à 256 — La plupart des erreurs relevées par Freud dans *La Science des rêves* se trouvent mentionnées dans des lettres à Fliess.
7. Fl., *N. psa.*, 7-8-1901, 296 et suiv.

# 15. LA THÉORIE DE LA SEXUALITÉ

* L'accueil presque favorable réservé à la *Psychopathologie de la vie quotidienne* semblait ouvrir à la psychanalyse une nouvelle ère de pénétration pacifique, mais ce début de réconciliation n'eut pas de suite, car, l'année suivante, les *Trois essais sur la théorie de la sexualité* vinrent compromettre pour très longtemps les relations de Freud avec le public. Tandis que *La Science des rêves* avait été regardée comme un tissu de chimères ou d'absurdes contes de bonnes femmes, les *Trois essais* firent franchement scandale et Freud, de pseudo-savant qu'il était, passa désormais pour un esprit obscène et dangereux. Assurément, aucun de ses livres n'accumula sur sa tête autant de bêtise et de haine.

** Les titres des *Trois essais* : « Les Aberrations sexuelles » — « La Sexualité infantile » — « Les Transformations de la puberté » — suffisent à faire saisir la cause de l'indignation générale qui, autrement, paraîtrait difficilement concevable. Quelle que fût l'hypocrisie du temps sur ce chapitre — et elle était grande assurément —, la sexualité ne pouvait malgré tout être entièrement chassée de la science : qu'on le voulût ou non, la sexologie existait, des ouvrages comme la *Psychopathia sexualis* de Krafft-Ebing l'avait prouvé sans trop de tumulte. Ce n'était donc pas à proprement parler le sujet qui indignait, mais le fait que Freud, rompant avec les catalogues de perversions et d'aberrations propres à la sexologie, abolissait toute frontière entre le normal et le pervers, et surtout, entre la sexualité de l'adulte et la prétendue innocence de l'enfant. Pour autant qu'elle décrivait et classait des anomalies, la sexologie n'avait rien d'inquiétant puisque le lecteur normal y trouvait une preuve de sa santé. Au contraire, les *Trois essais* de Freud renvoyaient à l'homme une image révoltante, où il refusait de reconnaître ses propres traits.

* * * A l'idée conventionnelle d'une sexualité apparaissant à un moment donné de la vie humaine — la puberté — avec toute son intégrité et ses normes, Freud opposait la notion d'un instinct sexuel originel tendant à se satisfaire dès le premier âge de la vie, et appelé à passer par toutes sortes de stades intermédiaires avant de servir à la reproduction. Cette conception supposait un élargissement considérable de la notion même de sexualité qui, en partie libérée de sa dépendance étroite à l'égard des organes génitaux, devenait une fonction corporelle embrassant l'ensemble de l'être et, comme lui, susceptible d'une évolution compliquée. Elle permettait aussi d'englober des faits sexuels jugés jusque-là anormaux ou inexistants — ceux qui touchaient les enfants et les prétendus « pervers » — et de classer les phénomènes aberrants non plus selon la façon plus ou moins choquante dont ils s'écartent de la norme, mais en fonction de l'évolution de la *libido* dont, dans chaque cas, ils marquent précisément l'arrêt.

* Le propos de Freud dans les *Trois essais* n'est pas de définir la sexualité, mais de montrer à travers l'étude des perversions et des névroses que la définition usuelle ne rend compte de la réalité que si l'on ôte toute existence aux innombrables cas aberrants. Dire que la sexualité a pour but l'union charnelle de deux personnes de sexe opposé, comme le fait la définition courante, c'est soustraire à l'étude toutes les déviations qui prouvent justement que, par nature, l'instinct sexuel n'est obligatoirement lié ni à un but, ni à un objet amoureux défini comme norme. Freud, au contraire, propose d'étudier la sexualité normale à partir de ces déviations fréquentes, où l'instinct s'affranchit si remarquablement de sa prétendue finalité.

* * Après avoir classé les perversions en deux groupes, selon qu'elles ont trait au partenaire, désigné ici comme *objet* érotique — c'est le cas de l'homosexualité —, ou au *but* — c'est le cas du fétichisme, de l'exhibitionnisme et du voyeurisme, du sadisme et du masochisme, etc., Freud constate qu'elles existent toutes jusqu'à un certain point dans l'activité de l'individu normal. L'homosexualité, dit-il, mérite à peine d'être appelée perversion, elle procède de la constitution bisexuelle commune à tous et il n'y a guère de névropathe chez qui l'analyse ne permette de découvrir une part d'inversion dans le choix de l'objet sexuel, Quant aux autres perversions, celles qui

paraissent le plus contre-nature et provoquent communément l'aversion, Freud en dit :

*Ce sont peut-être les perversions les plus répugnantes qui accusent le mieux la participation du psychisme dans la transformation de la tendance sexuelle. Quelque horrible que soit le résultat, on y retrouve une part d'activité psychique qui correspond à une idéalisation de la tendance sexuelle. La toute-puissance de l'amour ne se manifeste jamais plus fortement que dans ces égarements. Ce qu'il y a de plus élevé et ce qu'il y a de plus bas, dans la sexualité, montrent partout les rapports les plus intimes... Du ciel — à travers le monde — jusqu'à l'enfer*[1].

*** Régulièrement, l'analyse des névropathes met à découvert des tendances perverses relatives, soit au but sexuel, soit au choix de l'objet amoureux. La seule différence entre le pervers et le névrosé est que l'un satisfait ses désirs dans la réalité, tandis que l'autre, dominé par la pudeur, le dégoût et un sentiment inconscient de culpabilité, les refoule de telle sorte qu'il ne peut les accomplir qu'en pensée. C'est ce qui justifie la formule célèbre de Freud, selon laquelle la névrose est le négatif de la perversion. Le destin sexuel de l'individu, qui fait de lui tantôt un pervers, tantôt un névrosé, tantôt encore un homme normal, et, le plus souvent, une personnalité mixte où ces trois types psychologiques coexistent, est déterminé tout à la fois par des dispositions constitutionnelles et par les circonstances en quelque sorte historiques qui, précocement, ont présidé au développement de sa psyché.

* Le problème de la sexualité infantile occupe tout le deuxième chapitre, de beaucoup le plus original. Freud cherche d'abord à comprendre pourquoi ce problème passe généralement inaperçu, quand il n'est pas simplement nié. C'est que l'immense majorité des hommes oublient radicalement les premières années de leur existence, et avec elles, les violentes émotions du premier âge, si décisives pour la formation de leur personnalité. Cette amnésie générale explique que l'activité sexuelle des enfants, pourtant facilement observable, ait été si longtemps ignorée des éducateurs et des parents.

1. *Trois essais sur la théorie de la sexualité*, trad. Dr Reverchon-Jouve, Paris, Gallimard, 1923, 54, 55.

✻ ✻ Dès le début de la vie, l'enfant est apte à ressentir des sensations voluptueuses ; ses instincts sexuels se développent progressivement jusqu'à l'âge de quatre ans environ, puis, jusqu'à la puberté, connaissent un arrêt, une période d'apaisement qui va de la cinquième à la onzième année. C'est ce que Freud appelle la *période de latence*, en reprenant un terme proposé par Fliess. Cette interruption, plus ou moins totale selon les individus, semble être le privilège distinctif du petit animal humain. Elle est à l'origine du remarquable processus dit de *sublimation*, grâce à quoi les instincts sexuels laissés sans emploi peuvent être détournés de leur but, et se mettre au service de toutes sortes d'activités créatrices profitables à la société. Avec l'accomplissement sexuel normal, la perversion et la névrose, la sublimation est l'une des grandes issues possibles à l'évolution de la libido, soumise par nature à quantité de risques et dramatiquement compliquée.

✻ ✻ ✻ La liaison entre les perversions et la sexualité infantile est établie par une conception des instincts, appelés plus souvent *pulsions* en français pour rendre le mot allemand de *Trieb* imparfaitement traduisible. Ce qui distingue ces pulsions entre elles et leur confère un caractère spécifique, c'est leur source et leur but. La source est toujours une excitation quelconque venue d'une partie du corps. Le but est l'apaisement de cette excitation. Le corps comprend des « zones érogènes » — ainsi appelées par analogie avec les « zones hystérogènes » dont on parle souvent à propos de l'hystérie —, qui peuvent être le siège de sensations érotiques. Chez le nourrisson, ces zones érogènes couvrent en quelque sorte le corps tout entier. Certaines, néanmoins, sont, toujours beaucoup plus sensibles que d'autres : ce sont, par exemple, les orifices alimentaires et les organes génitaux.

✻ Les organes génitaux de l'enfant étant insuffisamment développés, ils ne jouent qu'un rôle relativement faible dans les manifestations précoces de la sexualité infantile. C'est là l'origine du malentendu entre Freud et ses censeurs, qui donnaient au mot de *sexualité* le sens que Freud propose de réserver au dernier stade du développement, celui de la génitalité accomplie. Avant d'être au service de la reproduction, la libido trouve le moyen de s'exprimer et de s'accomplir en s'appuyant sur des fonctions organiques non sexuelles, mais essentielles au maintien de la vie. Ainsi le nourrisson tire du plaisir de l'absorption de sa nourriture qui, d'une part, supprime la tension douloureuse de la faim, et d'autre part, s'accompagne d'une succion en elle-même voluptueuse. Suivant en cela d'autres auteurs, Freud voit dans la succion le premier plaisir sexuel de l'enfant :

*Nous dirons que les lèvres de l'enfant ont joué le rôle de zone érogène et que l'excitation provoquée par l'afflux du lait chaud a provoqué le plaisir. Au début, la satisfaction de la zone érogène était étroitement liée à l'apaisement de la faim. L'activité sexuelle s'est d'abord étayée sur une fonction servant à conserver la vie, dont elle ne s'est rendue indépendante que plus tard. Quand on a vu l'enfant rassasié abandonner le sein, retomber dans les bras de sa mère, puis, les joues rouges, s'endormir avec un sourire heureux, on ne peut s'empêcher de se dire que cette image reste le modèle et l'expression de la satisfaction sexuelle qu'il connaîtra plus tard. Mais bientôt, le besoin de retrouver la satisfaction sexuelle se séparera du besoin de nutrition, et la séparation sera devenue inévitable dès la période de dentition, lorsque la nourriture ne sera plus seulement tétée, mais mâchée. A ce moment, l'enfant ne suce plus un objet extérieur à son corps, mais une partie de son propre épiderme, plus accessible, en quoi il se rend indépendant du monde extérieur qu'il n'est pas encore apte à dominer ; en outre, il crée ainsi une autre zone érogène, de moindre valeur toutefois que la première. L'insuffisance de cette seconde zone sera l'une des raisons qui pousseront l'enfant à rechercher une partie de valeur équivalente : les lèvres d'une autre personne. C'est comme s'il disait : « Hélas, je ne puis me baiser[2] »...*

** A cette phase d'organisation dite orale, à cause du rôle prépondérant qu'y jouent les muqueuses des lèvres et de la bouche, succède, sans toutefois y mettre fin complètement, une seconde phase où la zone érogène essentielle est un autre orifice alimentaire : l'anus. Cette seconde phase, appelée « sadique-anale » parce qu'elle est liée à un comportement agressif de l'enfant, présente exactement les mêmes caractéristiques que la première : elle s'appuie sur une fonction physiologique essentielle, son but est déterminé par l'activité d'une zone érogène, et elle est autoérotique, puisqu'elle se passe de tout « objet » sexuel. L'érotisme anal, lié principalement à la rétention des matières fécales, qui provoque une excitation accrue de la

2. *Ibid.*, 85 et suiv.

muqueuse, est appelé à jouer un rôle décisif dans la formation ultérieure du caractère.

✻✻✻ Vu le manque de maturité des organes correspondants, l'activité proprement génitale de l'enfant ne peut se donner libre cours que sous la forme de l'onanisme infantile, dont l'apparition et la disparition correspondent à des phases distinctes. La première phase a lieu au temps de l'allaitement, la deuxième pendant la courte période où l'enfant s'épanouit sexuellement, vers la quatrième année, la troisième enfin, la seule qui ait depuis toujours retenu l'attention des observateurs, au moment de la puberté. Entre deux et cinq ans, toutefois, il n'est pas rare que l'enfant éprouve un attrait érotique pour une personne déterminée de son entourage. C'est ce qui fait de cette période, malgré le caractère incertain du choix de l'objet, l'une des plus importantes parmi celles qui précèdent la formation sexuelle définitive.

✻ Ainsi, pendant les premières années de sa vie, l'enfant trouve en lui-même la source de son plaisir, et son besoin d'assouvissement ne connaît ni loi ni frein. Il est au plus haut point dépourvu de pudeur, il aime s'exhiber et découvrir le corps des autres, il peut prendre plaisir à la souffrance qu'il inflige comme à celle qu'il subit, il est, on l'a dit souvent, cruel par nature et sans pitié. En somme, tout se passe comme s'il possédait une disposition innée à la perversion, et même à ses formes les plus révoltantes pour le goût et la morale. La seule différence entre l'enfant et l'adulte perverti est que le premier est disponible pour toutes les sortes de satisfaction qui s'offrent, tandis que le second est électivement fixé à une déviation donnée. C'est ce qu'exprime la célèbre formule de Freud, qui définit l'enfant comme un « pervers polymorphe ».

✻✻ Aucune de ses idées ne fit autant de tapage et ne souleva autant de protestations indignées que cette définition, pourtant visiblement exempte de tout jugement moral[3]. Freud fut accusé de

3. C'est l'origine de tous les malentendus touchant l'éthique freudienne et la philosophie incluse dans la psychanalyse. Freud ne niait ni la morale, ni les aspirations spirituelles de l'homme, il voulait seulement ne rien en dire, pensant que d'autres s'en étaient chargés et s'en chargeraient encore après lui. Sa règle, toute pédagogique, était la suspension du jugement moral et le refus des

souiller la pureté sacrée de l'enfance et de calomnier l'homme en remplaçant la bienheureuse innocence de ses débuts par une sombre histoire tissée d'inconcevables horreurs. Ce que faisant, on oubliait naturellement que, bien avant lui, des écrivains sincères et courageux — Schopenhauer et Rousseau, par exemple — avaient pour leur part découvert d'étranges choses dans ce paradis de l'enfance si nécessaire à la morale bourgeoise et aux conventions de la poésie. On ne voyait pas non plus — mais sans doute ne voulait-on pas le voir — qu'une idée proposée comme instrument de travail, en quelque sorte à l'usage du laboratoire, n'impliquait pas nécessairement la moralité de son inventeur, pas plus qu'elle n'avait à concorder avec ses propres désirs et la délicatesse de ses sentiments. Freud qui, plus tard, rapporta l'analyse d'un petit garçon de cinq ans — le célèbre petit Hans — avec un amour, une tendresse, un respect que l'on eût pu souhaiter à tous ses critiques, dut donc souffrir de passer communément pour un monstre, et renoncer à être entendu.

✻ ✻ ✻ En se reportant aux controverses de l'époque, on s'étonne que tant de gens se soient indignés, et que si peu aient été sensibles à la description freudienne de ce combat grandiose pour la maturité et la santé où l'enfant est engagé par force dès l'aube de la vie. Plus faible et désarmé que le petit animal auquel il ressemble encore, l'enfant doit affronter quantité d'épreuves dans lesquelles, vu le caractère inachevé de son organisation et la faiblesse de ses moyens, il est sans cesse menacé d'échouer ou de ne réussir qu'en partie. A peine né, la vie lui impose des tâches écrasantes, lui demande des accomplissements, des renoncements pour lesquels ni son développement physique, ni son organisation mentale ne lui donnent d'outils appropriés.

✻ Ainsi, chaque fois qu'il lui faut s'adapter à un nouvel état, il doit renoncer au bonheur de l'état ancien, bonheur auquel il a d'au-

synthèses prématurées, et beaucoup même parmi les siens la trouvaient dure. Ludwig Binswanger (*op. cit.*, 98, *cf.* chap. 13, note 8) raconte qu'un jour, il fut absolument stupéfait de l'entendre dire : « *L'esprit est tout...* », puis ajouter : « *L'humanité a toujours su qu'elle a de l'esprit, il m'appartenait de lui montrer qu'elle a aussi des instincts... Mais les hommes sont toujours insatisfaits, ils ne peuvent attendre, ils veulent toujours des choses d'emblée entières et achevées...* »

tant plus de peine à s'arracher qu'il était complet, et que le plaisir y était lié à un sentiment de sécurité absolue. Après s'être détaché du sein maternel, au prix de quelles souffrances parfois, il lui faut devenir propre, c'est-à-dire renoncer aux satisfactions intenses que lui procuraient les produits de son propre corps, substituer au premier attrait le dégoût, à la liberté, la pudeur et la gêne. Un peu plus tard ses relations avec ses parents sont bouleversées par le complexe d'Œdipe, qui lui fait vivre son premier amour et sa première haine. Le bonheur de sa vie dépend pour une grande part de la façon dont il résout ce conflit primitif, où il est seul à lutter. Et de même qu'il ne peut mûrir qu'en se détachant peu à peu des objets qu'il a aimés, de même il n'atteint son plein épanouissement intellectuel qu'en disjoignant sa curiosité de la sexualité qui en était d'abord la cause, pour la porter sur les multiples objets du monde. La puberté n'est que la dernière de ces étapes franchies par à-coups, au prix de douloureux renoncements ; elle replace pour un temps l'adolescent dans la sphère érotique de son enfance, dont la prohibition de l'inceste l'oblige pourtant à se séparer. Comme le héros des contes de fées qui erre solitaire dans une forêt enchantée, il ne réussit son périlleux passage que s'il parvient à quitter sa maison paternelle, sans y laisser son cœur ni regarder derrière lui.

✻✻ A considérer cette évolution lente que tant d'obstacles risquent de faire dévier, on serait enclin à s'étonner que des individus puissent l'accomplir sans trop d'accidents jusqu'au bout, et devenir des êtres équilibrés, capables d'amour, disposant librement de leurs possibilités d'action et de pensée. Aux yeux du psychanalyste, de tels individus sont évidemment rares, ce sont ceux qui ont réussi à fondre harmonieusement ensemble les indestructibles tendances de la sexualité infantile pour les faire servir à la totalité de leur vie affective. Quant aux autres, dont des prédispositions constitutionnelles, des accidents familiaux et toutes sortes de causes complexes ont arrêté ou fait régresser le développement, ils relèvent plus ou moins gravement de la pathologie. A moins qu'ils ne soient doués pour changer leur difficulté d'être en une œuvre, une action, une pensée génératrice de beauté et de culture.

✻✻✻ Les *Trois essais sur la théorie de la sexualité* ne sont que la première pierre de l'édifice auquel Freud a travaillé toute sa vie, L'édition de 1905 a du reste été sans cesse augmentée au cours des années, et Freud en reprend les idées dans des ouvrages ultérieurs, par exemple dans ses premières Conférences[4] et son autobiographie. Certains problèmes posés dans les *Trois essais* n'ont été résolus que beaucoup plus tard, des idées que Freud y avait jetées sans les approfondir ont été le point de départ de nombreux travaux de ses élèves, mais le livre est resté ce qu'il était dès le début : l'inébranlable fondement de la théorie. Non seulement le temps ne l'a pas entamé, mais il a confirmé jusque dans les moindres détails l'exactitude de ses vues.

* Depuis plus de cinquante ans, en effet, d'innombrables observations pratiquées directement sur les enfants, spécialement sur les nourrissons, ont confirmé régulièrement les constatations surprenantes à quoi Freud avait été conduit uniquement par l'analyse de ses malades adultes. Ce qui, en 1905, passait pour le produit d'une imagination malsaine est maintenant admis par les spécialistes, et même par une bonne part de l'opinion publique, comme une incontestable vérité scientifique. Ces *Trois essais* si décriés sont l'une des causes directes du changement irréversible qui, au cours du dernier demi-siècle, s'est produit dans l'éducation de la petite enfance comme dans les méthodes de la pédagogie. Les détracteurs de Freud n'eussent pu recevoir de meilleur démenti.

* * Les analyses d'enfants commencèrent vers 1908. Le pasteur suisse Oskar Pfister fut le premier à les pratiquer, il conçut une pédagogie inspirée des théories freudiennes à quoi il donna le nom de « pédanalyse » et se dévoua avec une foi enthousiaste toute sa vie. Nous avons déjà parlé de l'amitié de Freud pour cet homme qu'il appelait son « cher homme de Dieu », bien que, par la force des choses, il fût loin de partager toutes ses idées. Pfister était théologien et philosophe, sa foi religieuse resta ardente et vraie, jamais elle n'entra en conflit avec ses convictions freudiennes qui, plus tard cependant, l'exposèrent à de très graves démêlés avec ses supérieurs ecclésiastiques. Freud admirait infiniment son amour de la vie, sa gaieté, sa vigueur. Il porta tout de suite un intérêt très vif à ses travaux pédagogiques, bien que, à cette époque, il fût encore assez sceptique quant aux applications pratiques de sa théorie. Dès 1908, Pfister avait

4. *Introduction à la psychanalyse*, trad. Jankélévitch, Paris, Payot, 1922, cf. chap. XX, XXI, XXII.

publié un article sur les « Idées délirantes et le Suicide des écoliers », Freud lui écrivit pour la première fois à ce sujet :

*Je voudrais encore vous dire ma satisfaction en voyant que nos recherches psychiatriques ont trouvé accueil chez un pasteur ayant librement accès à tant d'âmes jeunes et intactes. Nous avons coutume de reprocher à notre psychanalyse, à moitié par plaisanterie, mais aussi tout à fait sérieusement, d'exiger un état normal pour que son emploi soit possible, et de trouver une limite dans les anomalies organisées de la vie psychique, de sorte que ses conditions d'application trouvent leur optimum là où elle est inutile, chez l'homme sain ; eh bien, j'aimerais croire que cet optimum sera atteint dans les conditions où vous travaillez*[5]*...*

* * * Freud reprochait parfois à Pfister de se montrer un peu pusillanime, du moins en paroles, dans les questions touchant la sexualité. Pfister tenait le plus grand compte de ses remarques, mais, de son côté, reprochait à Freud de sous-estimer l'importance de la sublimation, grâce à quoi, selon lui, la cure psychanalytique pouvait prendre une haute valeur éducative. Par tempérament peut-être, ou, comme il le dit, à cause des expériences décevantes qu'il avait faites avec ses propres malades, Freud restait assez pessimiste sur ce point :

*Il est certain qu'un succès durable de la psychanalyse dépend des deux issues qu'elle parvient à se frayer ; l'une est la voie de la satisfaction libidinale ; l'autre, la maîtrise et la sublimation de la pulsion récalcitrante ; si nous avons plus de chances avec la première, cela tient en grande partie à notre matériel, qui est souvent de qualité inférieure : nos malades sont des gens qui souffrent beaucoup depuis très longtemps et n'attendent pas du médecin une élévation morale. Vous, vous avez devant vous des êtres jeunes en proie à des conflits tout frais, des êtres qui, fixés sur votre personne, sont prêts à la sublimation, et notamment à la forme la plus commode dont elle soit susceptible, la sublimation religieuse. Vous ne doutez pas, je suppose, que vos succès soient obtenus tout d'abord par le même moyen que les nôtres : le transfert érotique sur votre personne. Vous avez la chance de pouvoir conduire ce transfert jusqu'à Dieu et de rétablir ainsi ces temps heureux, heureux du moins sur ce point, où la*

5. Pf., *Fr-Pf. Briefe*, 18-1-1909, 11.

*foi religieuse étouffait la névrose. Pour nous, cette issue n'existe pas, notre clientèle, de quelque origine qu'elle soit, est irréligieuse, nous le sommes aussi nous-mêmes pour la plupart de façon tout à fait radicale, et comme les autres voies de la sublimation qui nous tiennent lieu de religion ne sont pas accessibles à la majorité de nos patients, notre cure se déroule le plus souvent dans le sens d'une issue par la satisfaction. En outre, nous ne voyons rien de mal ou d'interdit dans la satisfaction sexuelle en soi, au contraire nous la reconnaissons comme une part précieuse de l'activité vitale. Vous savez que ce que nous appelons érotisme inclut ce que vous autres directeurs de conscience appelez amour, c'est quelque chose qui ne veut pas du tout se limiter à la grossière jouissance des sens. Ainsi, nos malades doivent chercher auprès des autres hommes ce que nous ne pouvons pas leur promettre dans une sphère plus élevée et devons leur refuser en notre propre personne. C'est pourquoi naturellement notre tâche est beaucoup plus lourde et, au moment de la rupture du transfert, nous voyons maint succès nous échapper*[6]...

* Le pessimisme de Freud quant aux possibilités d'*élever* ses malades se retrouve dans son scepticisme à l'égard de l'éducation. Le propos qu'on lui prête à ce sujet n'est peut-être pas authentique, mais il contient sans doute un fond de vérité. Comme une maman lui demandait ce qu'il fallait faire pour élever les enfants d'une façon rationnelle, conforme aux idées de la science psychanalytique, il répondit, paraît-il : « Faites comme vous voudrez, de toute façon ce sera mal. » Pourtant, en 1907, il défendit âprement dans un article la nécessité d'une éducation sexuelle éclairée, proportionnée à la curiosité et à l'intelligence de l'enfant. C'est à cette occasion qu'il cita pour la première fois le petit Hans — appelé ici Herbert —, dont il devait publier le cas peu après. A l'âge de trois ans, le petit Hans, un garçon extrêmement éveillé, avait percé tout seul le secret de la naissance de sa sœur, et de la sorte, confirmé les idées de Freud sur la curiosité sexuelle des enfants.

** Le petit Hans est le premier enfant qui ait été traité, et guéri, par le moyen de l'analyse. A l'âge de cinq ans, il fut atteint d'une grave phobie, portant principalement sur les chevaux, qui le conduisit peu à peu à ne plus sortir du tout de chez lui. Les parents de l'enfant

6. *Ibid.*, 9-2-1909, 1 et suiv.

comptaient depuis plusieurs années parmi les premiers adeptes de Freud, qui avait soigné la jeune femme avant son mariage. Le père assistait assidûment à ses conférences, ce fut lui, et non pas Freud, qui prit la direction de l'analyse. Freud n'eut avec le petit Hans qu'un seul entretien, mais il avait de nombreuses conversations avec le père, qui consentit à ce que le cas fût publié. C'est le texte célèbre intitulé *Analyse d'une phobie chez un petit garçon de cinq ans*, l'un des cinq exposés de cas qui forment la part purement clinique de l'œuvre de Freud. Freud avait suivi avec une attention passionnée le travail intelligent, mais nécessairement fort peu orthodoxe du père. A sa grande surprise, l'analyse réussit complètement et, quatorze ans plus tard, il eut certainement l'un des plus grands plaisirs qu'il pût éprouver en recevant la visite du petit Hans, devenu un beau et robuste jeune homme, qui allait se marier. Chose remarquable : Hans se souvenait de Freud, mais toute trace de l'analyse elle-même s'était effacée de sa mémoire.

*** Le succès de cette première analyse infantile ne changea rien aux doutes de Freud sur les possibilités techniques du procédé. Il le dit dès les premières lignes de son exposé :

*Aucune autre personne que le père, je pense, ne serait parvenue à obtenir de l'enfant de tels aveux ; les connaissances techniques, grâce auxquelles le père a pu interpréter les dires de son fils de cinq ans, étaient indispensables ; sans elles, les difficultés techniques d'une psychanalyse à un âge si tendre seraient demeurées insurmontables. Seule la réunion de l'autorité paternelle et de l'autorité médicale en une seule personne, et la rencontre en celle-ci d'un intérêt dicté par la tendresse et d'un intérêt d'ordre scientifique, permirent, dans ce cas, de faire de la méthode une application à quoi sans cela elle n'eût pas été apte*[7]...

* L'extraordinaire développement de l'analyse infantile et de toutes les techniques psychothérapiques qui s'en inspirent a montré que, une fois au moins, la perspicacité ordinaire de Freud s'est trouvée en défaut sur un point important. Faut-il penser qu'après avoir poussé

7. « Analyse d'une phobie chez un petit garçon de cinq ans (Le petit Hans) », *Cinq psychanalyses*, trad. Marie Bonaparte et Dr Loewenstein, Denoël & Steele, 1935, 111.

l'exploration du psychisme enfantin jusqu'à un degré inconnu jusqu'alors, des raisons intérieures, restes de scrupules ou inhibitions, lui interdisaient d'aller lui-même plus loin ? Le fait est qu'à l'égard de ce domaine de la recherche où s'illustrèrent des femmes remarquables comme Helga Hug-Hellmuth et Mélanie Klein, il fit preuve toute sa vie d'une singulière réserve.

Que ce fût prudence ou méfiance à l'égard de l'étude des phénomènes les plus obscurs des processus psychiques précoces, Freud ne se départit jamais tout à fait de cette attitude sceptique, qui tenait aussi à son exigence classique de certitude et de clarté. C'est à peine si la vocation et la carrière brillante de sa fille Anna lui permirent de l'atténuer.

# 16. DEUX ŒUVRES DE 1905

✻ Le scandale des *Trois essais sur la théorie de la sexualité* trouva un aliment supplémentaire dans l'exposé clinique que Freud publia la même année, sous le titre de *Fragment d'une analyse d'hystérie*. Outre les raisons ordinaires d'indignation, l'analyse de « Dora » suscitait des reproches apparemment mieux fondés, puisque Freud, rompant avec la discrétion obligée du médecin, y révélait des détails très intimes sur sa patiente, une jeune fille de dix-huit ans dont il publiait le cas sans autorisation. Cette attitude parut généralement d'autant plus injustifiable que l'analyse, fondée principalement sur l'interprétation de deux rêves révélateurs, mettait à jour des tendances perverses que les bienséances et la morale courante interdisaient de prêter à une jeune fille. L'émoi fut tel qu'il brouilla la vue des critiques : l'un d'eux, malgré la clarté du texte, resta persuadé que Dora avait quatorze ans !

✻✻ Freud avait beaucoup hésité avant de livrer à la publication ce travail qui devait confirmer tout à la fois sa théorie du rêve et les principes déjà posés dans les *Études sur l'hystérie*. Il garda le texte six ans par devers lui, attendant qu'un changement se fût produit dans l'existence de la jeune fille et qu'elle fût moins sensible au rappel de cette période de sa vie. Dora vivait dans une petite ville de province et était complètement inconnue à Vienne. Elle n'apprit l'existence de la publication qu'en 1923, par un psychanalyste à qui elle parla du traitement de Freud et qui, bien entendu, n'eut pas de peine à l'identifier.

✻✻✻ Freud devait être d'autant plus touché par le reproche d'indiscrétion qu'il y était en général fort sensible, comme il le dit lui-même dans un passage du rêve *Non Vixit*. Pour l'éviter, il avait cherché un nom qui garantît entièrement l'anonymat de la jeune fille et qui, d'autre part, n'eût pour personne de son entourage un sens désobligeant. Il explique dans un passage de la *Psychopathologie de la vie quotidienne* pourquoi, de l'infinité des prénoms possibles, un seul, celui de Dora, s'était imposé à lui :

*En reconstituant l'observation d'une de mes malades en vue de sa publication*[1], *je me demande quel prénom je vais lui donner. Le choix paraît très grand ; sans doute, certains noms sont exclus d'avance : en premier lieu le vrai nom de la malade, ensuite les noms des membres de ma propre famille dont l'emploi me choquerait, enfin quelques autres noms de femmes, trop bizarres et trop prétentieux. D'ailleurs, je n'ai pas à me tourmenter outre-mesure : je n'ai qu'à attendre, les noms féminins viendront en foule. Mais, au lieu d'une foule, un seul nom vient s'offrir, et aucun autre avec lui : celui de Dora. Je cherche son déterminisme. Qui donc s'appelle Dora ? La première idée qui me vient à l'esprit et que je pourrais être tenté de repousser comme invraisemblable est que c'est le nom de la bonne d'enfants de ma sœur. Mais je suis trop exercé dans l'analyse pour céder à ce premier mouvement : je maintiens donc cette idée et je continue. Je me rappelle alors un petit incident survenu la veille au soir et qui m'apporte le déterminisme cherché. J'ai vu sur la table de la salle à manger de ma sœur une lettre portant l'adresse ; « à Mlle Rosa W... » Étonné, je demande qui s'appelle ainsi et j'apprends que celle que tout le monde appelait Dora se nommait en réalité Rosa, nom auquel elle avait renoncé en entrant au service de ma sœur parce que celle-ci s'appelle Rosa également. Je dis, attristé : « Ces pauvres gens, même leur nom ils ne peuvent pas le conserver ! » Je me rappelle que je suis resté alors silencieux quelques instants, pensant à toutes sortes de choses sérieuses qui se perdirent dans le vague, mais dont je pourrais maintenant facilement prendre conscience. Le lendemain, cherchant un nom pour une personne* qui ne pouvait pas conserver son nom réel, *seul* Dora *me vint à l'esprit. Cette exclusivité repose d'ailleurs sur une solide association de contenu, car dans l'histoire de ma malade, une personne étrangère à la maison, une gouvernante jouait un rôle décisif dans l'évolution du traitement*[2]...

1. « Fragment d'une analyse d'hystérie (Dora) », *Cinq psychanalyses*, *op. cit.*, 7-109.
2. *Psychopathologie de la vie quotidienne*, *op. cit.*, 279 et suiv.

✻ L'observation de Dora était la première où Freud, affirmant la primauté de l'intérêt scientifique sur les principes de la morale médicale, prenait sur lui de tout dire, sans même atténuer la crudité des mots. Contrairement à ce que pensaient ses confrères, une telle décision lui coûtait ; pendant des années, il en garda une certaine gêne qui se traduisit un jour par un acte symptomatique :

*Ce petit incident eut, plusieurs années après, une suite inattendue. Un jour, faisant une conférence où j'avais à parler du cas de Dora, depuis longtemps publié, je m'avisai qu'une de mes deux auditrices portait ce nom qui revenait si souvent dans mon exposé ; je m'excusai donc auprès de ma jeune collègue, que je connaissais d'ailleurs personnellement, en lui disant que je n'avais vraiment pas pensé qu'elle s'appelait aussi Dora, mais que j'étais prêt à remplacer ce nom par un autre. Il me fallait donc faire rapidement un choix, en prenant garde de ne pas tomber sur le prénom de l'autre auditrice, ce qui eût été d'un mauvais exemple pour les deux jeunes collègues déjà assez versées dans la psychanalyse. Aussi fus-je très content de trouver pour remplacer Dora le nom d'Erna, dont je me servis dans mon exposé. Après la conférence, je me demandai d'où le nom d'Erna avait bien pu me venir, et je ne pus m'empêcher de rire en constatant que l'éventualité redoutée avait quand même réussi à se réaliser, tout au moins en partie. L'autre dame, en effet, s'appelait de son nom de famille Lucerna, dont Erna est un fragment*[3]...

✻✻ Dans son avant-propos au cas de Dora, Freud expose les raisons qui l'empêchent de tenir compte des considérations de discrétion, non seulement dans son travail analytique, mais dans la publication de ses écrits. Que cette explication n'ait pas satisfait le public, il ne faut pas s'en étonner puisqu'elle ne parvint jamais à convaincre complètement certains de ses disciples :

*La publication de mes observations reste pour moi un problème difficile à résoudre, même dans les cas où je ne tiendrais pas compte des gens malintentionnés et incompréhensifs. Les difficultés sont d'ordre technique et, en outre, découlent de la nature même des circonstances. S'il est exact que l'hystérie a sa source dans l'intimité de la vie psychique sexuelle des malades, et que les symptômes*

3. *Ibid.*

*hystériques sont l'expression de leurs désirs les plus profondément refoulés, l'éclaircissement d'un cas d'hystérie doit dévoiler cette intimité et trahir ces secrets. Il est certain que les malades n'auraient jamais parlé s'ils avaient pensé à la possibilité d'une exploitation scientifique de leur aveux, et, tout aussi sûrement, c'est en vain qu'on leur aurait demandé l'autorisation de les publier. Des personnes scrupuleuses aussi bien que des timides, dans ces conditions, mettraient au premier plan le devoir de discrétion médicale et regretteraient de ne pouvoir rendre service à la science en l'éclairant. Cependant, je suis d'avis que le médecin a des devoirs non seulement envers le malade, mais aussi envers la science. Envers la science, cela veut dire, au fond, envers beaucoup d'autres malades qui souffrent du même mal ou en souffriront. La publication de ce qu'on croit savoir sur la cause et la structure de l'hystérie devient un devoir ; l'omission, une lâcheté honteuse, à condition toutefois que l'on parvienne à épargner à son malade un préjudice direct. Je crois avoir tout fait pour épargner un pareil préjudice à ma patiente*[4]...

*** Après avoir rappelé que seul un de ses confrères, probablement Wilhelm Fliess, avait eu connaissance du traitement de Dora, et qu'il en avait différé la publication pendant plusieurs années, Freud conclut son avant-propos sur le ton ferme, un peu hautain et triste aussi, que lui inspire la nécessité humiliante de se justifier :

*Je sais que, tout au moins dans cette ville, il y a nombre de médecins qui — cela est assez répugnant — voudront lire cette observation non pas comme une contribution à la psychologie de la névrose, mais comme un roman à clé destiné à leur divertissement. Je puis affirmer aux lecteurs de ce genre que toutes les observations que je pourrai publier ultérieurement seront en mesure, grâce aux mêmes garanties de secret, d'échapper à leur perspicacité, bien que de ce fait, l'utilisation de mes matériaux doive subir une limitation extrême. Dans cette observation, la seule que m'aient permise les restrictions exigées par le secret professionnel et les circonstances défavorables, les rapports sexuels sont franchement discutés ; les fonctions et les organes sexuels sont appelés par leur nom et, d'après mon exposé, le lecteur pudique pourra se convaincre que je n'ai pas reculé devant la discussion, avec une jeune fille, de tels sujets et en un tel langage.*

4. « Dora », *op. cit.*, 8 et suiv.

*Faut-il me justifier aussi de cette accusation ? Je revendique tout simplement les droits du gynécologue, ou plutôt, des droits beaucoup plus modestes. Supposer que de pareilles conversations fournissent un bon moyen d'excitation et d'assouvissement sexuels serait l'indice d'une étrange et perverse lubricité.*

✻ Et Freud finit par une citation tirée d'un livre de Richard Schmidt : *Contributions à l'érotique de l'Inde* :

*Il est lamentable de devoir faire une place, dans un ouvrage scientifique, à des protestations et déclarations de ce genre, mais qu'on ne m'en fasse pas le reproche à moi, qu'on accuse plutôt l'esprit du temps, grâce auquel nous en sommes venus à un heureux âge où aucun livre sérieux n'est sûr de vivre*[4]*...*

✻✻ Freud se trompait en pensant qu'aucun malade ne consentirait à la publication de son cas. Les autres observations qui, avec l'analyse des Mémoires du président Schreber, constituent le recueil de ses exposés cliniques, furent publiées avec l'autorisation expresse des intéressés : le père du petit Hans, l'Homme aux Loups et l'Homme aux Rats, qui s'étaient mis ainsi spontanément au service de la cause. Il est du reste remarquable que la psychanalyse, à ses débuts, ait trouvé plus d'aide et de compréhension chez les malades qu'auprès des médecins et des psychiatres. Certains patients célèbres, comme l'Homme aux Loups, eussent pu même revendiquer une part de ses progrès.

✻✻✻ Les problèmes touchant la vie intime des sujets et le parti pris catégorique de Freud en faveur d'une indiscrétion scientifiquement motivée, ne causaient pas des remous seulement au-dehors, Freud put se convaincre qu'ils agitaient aussi certains de ses disciples et que les Suisses, en particulier, n'acceptaient pas sans peine de passer outre à toutes les convenances et de braver ainsi l'opinion publique. Dès 1909, bien avant sa rupture avec Freud donc, Jung confiait à Ernest Jones qu'il trouvait inutile de laisser les patients s'attarder sur des détails répugnants : il était ensuite fort désagréable de les rencontrer dans le monde. Mieux valait se borner à effleurer ces sujets, les patients comprendraient sans qu'on fût obligé d'en parler

4. *Ibid.*

crûment[5]. De même le pasteur Pfister, malgré le courage avec lequel il affronta la colère de ses supérieurs, ne pouvait pas toujours se résoudre à rendre compte sans détours de ses cas cliniques. Freud lui en fit le reproche dans une lettre où il affirme une fois de plus l'importance de sa propre règle.

*Selon moi, votre analyse souffre du péché originel—de la vertu ; elle est l'œuvre d'un homme convenable qui, par conséquent, se croit tenu à la discrétion. Or, les choses psychanalytiques ne se comprennent que si elles sont relativement complètes et détaillées, de même que l'analyse elle-même ne marche que si le patient descend de ses abstractions de remplacement jusqu'aux plus petits détails. Il s'ensuit que la discrétion est incompatible avec un bon compte rendu d'analyse ; il faut devenir un sale type, s'exposer, se compromettre, se trahir, se comporter comme un artiste qui prend l'argent du ménage pour acheter des couleurs ou brûle les meubles pour faire du feu à son modèle. On ne peut rien accomplir de vrai sans être un brin criminel[6]...*

* Outre les raisons dictées par les scrupules moraux et les règles professionnelles, Freud aurait pu avoir un autre motif de ne pas livrer le cas de Dora à la publicité : d'abord, en effet, le compte rendu de l'analyse était très fragmentaire, puisqu'il se limitait à l'interprétation détaillée de deux rêves, et pouvait facilement passer pour n'être pas probant ; ensuite, la cure de la jeune fille, interrompue au bout de trois mois, était bien loin d'être un succès, c'était même un exemple assez fâcheux d'échec, dont Freud savait bien qu'on pourrait se servir contre lui. La jeune fille, qui souffrait d'une « petite hystérie », avec toux nerveuse, aphonie, migraines, dépression, l'avait quitté débarrassée de ses symptômes, mais nullement guérie et, en 1905, Freud connaissait assez son état pour ne pas se faire d'illusions sur les effets de la cure. Une vraie guérison eût été de toute façon impossible après un traitement de trois mois, mais Freud l'avait compromise à son insu par des erreurs techniques, dues à l'inévitable insuffisance de sa théorie.

** C'était justement pour tirer un enseignement de ces erreurs

5. *J Bg.*, tome II, 148.
6. Pf., *Fr-Pf. Briefe*, 5-6-1910, 36.

qu'après bien des hésitations, il s'était résolu à publier le cas, l'un des premiers où il n'eût pas visé seulement à une guérison symptomatique, mais, en laissant à la malade la liberté totale de ses associations, à comprendre les causes et la structure de la maladie. Les différences entre les cas traités dans les *Études sur l'hystérie* et l'observation de Dora n'expliquent pas ce changement de méthode qui, de façon inattendue, déplaçait le centre de la cure. Jusque-là en effet, le traitement tournait principalement autour des symptômes à supprimer ; celui de Dora obligea Freud à approfondir sa conception du transfert, phénomène dont il connaissait depuis longtemps l'existence, mais dont il n'avait pas encore saisi pleinement le rôle décisif. L'échec relatif de la cure était dû pour la plus grande part à cette méconnaissance de son ressort principal, dont Freud, après coup, mesura tous les effets.

*Que sont donc ces* transferts *? Ce sont de nouvelles éditions, des copies de tendances et de phantasmes qui doivent être rendus conscients, réveillés par les progrès de l'analyse, et dont le trait caractéristique est de remplacer une personne antérieurement connue par la personne du médecin. Autrement dit : un nombre considérable d'états psychiques antérieurs revivent non pas comme des états passés, mais comme des relations actuelles avec la personne du médecin. Certains transferts ne diffèrent en rien de leur modèle quant à leur contenu, sauf en ce qui touche la personne remplacée. En se servant de la même métaphore, on dira que ce sont de simples rééditions stéréotypées, des réimpressions. D'autres sont faits avec plus d'art, ils ont subi une atténuation de leur contenu, une sublimation, comme je dis, et sont même capables de venir à la conscience en s'étayant sur une particularité réelle, habilement utilisée, de la personne du médecin ou des circonstances qui l'entourent. Ce ne sont plus alors des réimpressions, mais des éditions revues et corrigées*[7]*...*

* * * Les travaux ultérieurs des psychanalystes montreront que le transfert est un phénomène général, qui intervient avec plus ou moins de force dans la plupart des relations humaines. Pour l'instant, Freud constate seulement qu'il existe toujours dans les relations des malades avec les médecins, et qu'il est responsable tant de l'échec que de la réussite de maint traitement.

7. « Dora », *op. cit.*, 103 et suiv.

*La cure psychanalytique ne crée pas le transfert, elle ne fait que le démasquer comme les autres phénomènes psychiques cachés. Sa différence avec les autres cures ne se manifeste qu'en ceci : au cours d'autres traitements, le malade n'évoque que des transferts affectueux et amicaux favorables à sa guérison ; quand il ne le peut pas, il se détache aussi vite que possible du médecin qui ne lui est pas « sympathique », et sans s'être laissé influencer par lui. Dans le traitement psychanalytique, en revanche, et ceci tient encore à une autre motivation, toutes les tendances, même les tendances hostiles doivent être éveillées, utilisées pour l'analyse en étant rendues conscientes ; c'est ainsi que le transfert est sans cesse détruit. Destiné à être le plus grand obstacle à la psychanalyse, il devient son plus puissant auxiliaire si, chaque fois, on réussit à le deviner et à en livrer le sens au malade*[7].

* L'histoire de Dora contient une leçon très profitable à la pratique psychanalytique aussi bien qu'au développement de sa théorie : c'est que la moindre erreur d'appréciation, la moindre incompréhension ou négligence dans l'utilisation du transfert entraîne une sanction plus ou moins immédiate qui, dans les cas extrêmes, est tout simplement la fuite du malade. Mal éclairée sur ses sentiments profonds, Dora avait su se venger de son médecin par le moyen auquel maint névrosé recourt inconsciemment : en refusant de guérir, ce qui revenait à lui montrer sur sa propre personne combien il était au-dessous de sa tâche, et en réalité, impuissant.

* Autant le *Fragment d'analyse d'une hystérie* avait fait de tapage, autant le livre de Freud publié presque aussitôt après sur le *Mot d'esprit dans ses rapports avec l'inconscient* souleva peu de passion. L'ouvrage, qui traite du langage et de l'esthétique, est du reste d'une lecture ardue. C'est le moins bien compris et, aujourd'hui encore, le moins lu des livres de Freud. Comme une bonne part des « mots » cités en exemples se rendent mal dans d'autres langues, c'est aussi le moins souvent traduit.

* * * Cette étude tout à fait étrangère à la psychopathologie semble être née d'une remarque de Fliess, qui s'étonnait de trouver dans les lettres de Freud tant d'histoires drôles, de jeux de mots et de

7. *Ibid.*

mauvaises plaisanteries. Freud s'en excusait en alléguant la fréquence de ces productions verbales spontanées dans les associations et les récits de rêves de ses patients. Pourtant, il finit par se demander pourquoi l'on retrouvait si souvent des créations de ce genre parmi les matériaux inconscients, et s'il n'y avait pas un lien jusque-là insoupçonné entre ces derniers et les mots d'esprits ordinaires. En 1897, il déclare à Fliess qu'il a trouvé la solution du problème, mais, à cette époque, il est entièrement absorbé par la composition de *La Science des rêves*, et abandonne le sujet.

⁕ En 1898, la lecture de l'ouvrage de Théodor Lipps, *Comique et Humour*, le stimula à tel point qu'il eut le courage de reprendre son étude. Ce fut le début d'une longue suite de recherches et de méditations poussées qui demandèrent plusieurs années de travail, et cela sur un sujet dont, à première vue, la psychanalyse ne semblait devoir profiter qu'indirectement. Dans son introduction, Freud justifie le lourd travail que lui a coûté cette recherche apparemment si accessoire, et si éloignée de ses préoccupations habituelles :

*Le thème du mot d'esprit vaut-il de tels efforts ? A mon avis, on n'en saurait douter. Sans parler des considérations personnelles que révélera la suite de ces études et qui m'ont poussé à scruter les problèmes de l'esprit, je puis en appeler à l'étroite solidarité des diverses manifestations psychiques. Cette solidarité est telle que toute acquisition psychologique, aussi lointaine qu'elle puisse paraître, marque une avance de prime abord inestimable dans d'autres domaines de la psychologie. D'autre part, on pourrait faire valoir le charme particulier, la fascination exercés par l'esprit dans notre société. Un mot d'esprit nouveau fait presque l'effet d'un événement d'ordre général ; on le colporte de bouche en bouche comme le message de la plus récente victoire. Des hommes en vue eux-mêmes, qui considèrent leur passé comme digne d'être révélé, qui nous transmettent les noms des villes et des pays qu'ils ont visités, des personnages importants qu'ils ont fréquentés, ne dédaignent pas d'insérer dans le récit de leur vie certains bons mots qu'ils ont pu glaner au passage*[8]*...*

8. *Le Mot d'esprit et ses rapports avec l'inconscient*, trad. Marie Bonaparte et M. Nathan, Paris, Gallimard, 1930, 17.

** En fait, il n'y a pas tant d'écart qu'on le croirait entre *Le Mot d'esprit dans ses rapports avec l'inconscient* et les *Trois essais sur la sexualité* par exemple, auxquels Freud, rappelons-le du reste, travaillait exactement en même temps. Si hétérogènes qu'ils paraissent, les deux ouvrages ont en commun le thème du plaisir, thème freudien par excellence qui sera bientôt élevé à la hauteur d'un principe. La valeur psychologique du mot d'esprit consiste dans le plaisir qu'il procure et qui, comme tout plaisir, ramène l'adulte tristement raisonnable aux jeux de son enfance :

*Lorsque l'enfant apprend le vocabulaire de sa langue maternelle, il se plaît à* expérimenter ce patrimoine de façon ludique (Groos). *Il accouple les mots sans souci de leur sens, pour jouir du plaisir du rythme et de la rime. Ce plaisir est progressivement interdit à l'enfant jusqu'au jour où, finalement, seules sont tolérées les associations de mots déterminées par le sens. Mais, avec les progrès de l'âge, il cherche encore à s'affranchir de ces restrictions acquises à l'usage des mots, il les défigure par certaines fioritures, les altère par certains artifices (redoublement, tremblement), il se forge même avec ses camarades une langue conventionnelle. Ces démarches se retrouvent dans certaines catégories de psychopathies.*

*Je pense que, quel qu'ait été le mobile qui a dicté à l'enfant l'initiative de tels jeux, il s'y prête, au cours de son développement ultérieur, en pleine conscience de leur absurdité et pour le seul attrait du fruit défendu par la raison. Il emploie le jeu à secouer le joug de la raison critique. Plus tyranniques encore sont les contraintes que nous imposent l'apprentissage du jugement droit et la discrimination du vrai et du faux dans la réalité ; aussi la tendance à réagir contre la rigueur de la pensée et de la réalité demeure-t-elle chez l'homme profonde et tenace... Dans la dernière partie de l'enfance, et durant la période scolaire qui dépasse la puberté, la critique a pris une telle puissance que le sujet ne se risque plus que rarement à goûter directement au plaisir du « non-sens libéré ». Il ne se hasarde plus à énoncer de contresens ; mais la tendance foncière du jeune garçon à l'activité intempestive et absurde me paraît dériver en droite ligne du plaisir du non-sens. Dans les cas pathologiques, cette tendance s'exalte souvent au point de recommencer à dominer les discours et les réponses de l'élève ; j'ai pu, chez quelques lycéens atteints de névrose, me convaincre que leurs ratés n'étaient pas moins imputa-*

*bles à leur attrait inconscient pour le non-sens qu'à leur ignorance réelle*[9]...

✻✻✻ Si le *Mot d'esprit* se rattache à la *Théorie de la sexualité* par la place qu'y tient la notion même de plaisir, il découle de façon plus immédiate encore de *La Science des rêves* qui, durant toute cette période, reste la principale source des trouvailles freudiennes. Cette filiation apparaît déjà dans la composition du livre qui, comme celle de *La Science des rêves* traite deux sortes de matériaux distincts : la littérature secondaire sur le sujet et les exemples destinés à illustrer chaque catégorie de phénomènes. Les exemples ici sont très nombreux et variés, ils donnent à l'ouvrage un agrément qui contraste fort avec le sérieux, la minutie parfois un peu pédante de l'analyse. Freud les puisait soit dans d'autres recueils, soit dans les réparties de personnalités célèbres, comme ce ministre autrichien, le Dr Unger, à qui il doit ses plus beaux mots ; soit dans le trésor d'écrivains spirituels comme Heine et Lichtenberg, dont la technique spéciale requerrait à elle seule tout un livre. Mais sa principale source était évidemment la tradition juive, à quoi l'attachaient les liens indestructibles de l'enfance et de sa propre condition[10].

✻ Freud prend manifestement grand plaisir à accumuler les exemples, lesquels, du reste, sont remarquablement choisis. Il gâche un peu celui du lecteur en serrant de très près les idées philosophiques émises sur le sujet, ce qui embrouille parfois l'exposé de sa théorie. Sans doute s'était-il imposé ce travail méticuleux comme il l'avait fait dans *La Science des rêves*, pour obéir malgré tout aux règles des publications scientifiques. Ici encore, nous retrouvons une trace de ses difficultés personnelles dans les questions de propriété et de priorité intellectuelles. Chose remarquable, du reste, ce n'est pas dans son domaine propre qu'il éprouve surtout ces scrupules, mais dans celles de ses œuvres qui empiètent sur d'autres branches du savoir et par là, s'exposent aux reproches des spécialistes.

✻✻ Les travaux des auteurs ont ceci d'utile qu'ils permettent à Freud de réduire à l'essentiel les définitions habituelles du rire, du

9. *Ibid.*, 144.
10. Il avait commencé de recueillir les histoires juives dès 1898 (cf. lettres à Fliess).

comique, de l'humour ou de la plaisanterie. Qu'y a-t-il de commun entre toutes ces formes de productions verbales dont les mécanismes se laissent si mal saisir ? C'est, dit-il, que toutes obéissent au principe de plaisir et que, pour cela, elles se servent d'une certaine technique qui ne leur est nullement réservée, mais commande bien d'autres activités psychiques. Sur plus d'un point, cette technique ressemble étonnamment à l'élaboration et au travail du rêve. Le mot d'esprit n'est rien d'autre que l'élaboration d'un matériel inconscient infantile que, s'il ne veut pas aller contre la bienséance, l'homme adulte ne peut exprimer sans détours. Pour traduire ses tendances profondes — plaisir pris au non sens et au jeu gratuit des mots, agressivité défendue par les convenances sociales —, il emploie les mêmes procédés techniques qui permettent au rêve de réaliser un désir intempestif ou illicite. Comme le rêve, il transforme des idées en images, condense et déplace ses éléments, et, de la sorte, parvient tout à la fois à voiler et à trahir sa pensée ; comme le rêve enfin, il trouve un sens même dans son absurdité. Cette technique commune rapproche étroitement les deux phénomènes qui, d'autre part, sont loin d'avoir la même importance sociale, car l'on rêve seul, tandis que le mot d'esprit a toujours besoin d'un public :

*Le rêve est un produit psychique parfaitement asocial ; il n'a rien à communiquer à autrui : né dans le for intérieur d'une personne, comme un compromis entre les forces psychiques engagées dans un conflit, il reste incompréhensible à cette personne elle-même et, par conséquent, manque totalement d'intérêt pour les autres. Loin d'attacher du prix à sa compréhension, il doit même se garder d'être compris, sous peine de se détruire. Il est conditionné par le déguisement, il peut donc user à son gré du mécanisme qui domine les processus de la pensée inconsciente et, dans ce sens, il va jusqu'à se servir des déformations les plus radicales. L'esprit, au contraire, est la plus sociale des activités psychiques visant à un bénéfice de plaisir. Il nécessite le plus souvent l'intervention de trois personnes et ne complète son cycle que grâce à la participation d'un tiers au processus psychique qu'il a déclenché. Il doit donc être compréhensible, il n'a le droit d'utiliser la déformation qui peut s'accomplir dans l'inconscient grâce à la condensation et au déplacement que si la compréhension du tiers peut en corriger les effets. Au reste, rêve et mot d'esprit sont issus de sphères entièrement différentes de notre psychisme et occupent dans le système psychologique des régions très distantes. Malgré ses travestissements, le rêve demeure toujours un désir ; l'esprit est un développement du jeu. Malgré son absence de valeur dans la vie pratique, le rêve reste lié aux intérêts primordiaux de notre existence ; il cherche à satisfaire à nos besoins par le détour régressif de l'hallucination ; il doit son admission à la vie psychique au seul besoin qui subsiste à l'état nocturne : celui de dormir. L'esprit, en revanche, cherche à procurer un petit bénéfice de plaisir par l'activité simple et désintéressée de notre appareil psychique ; plus tard il s'efforce de saisir au vol un bénéfice accessoire de cette activité elle-même, de sorte qu'il acquiert secondairement des fonctions assez importantes orientées vers le monde extérieur. Le rêve sert surtout à épargner le déplaisir ; l'esprit à procurer du plaisir ; et c'est autour de ces deux centres que gravitent toutes nos activités psychiques*[11]...

11. *Le Mot d'esprit, op. cit.*, 208, 209.

# 17. FIN DE L'ISOLEMENT

* L'année 1906 est une date importante dans la vie de Freud, car, à ce moment, la psychanalyse cesse d'être l'affaire personnelle dans laquelle il luttait à peu près seul pour faire accepter ses idées ; elle commence à être connue et discutée hors de Vienne, et devient peu à peu ce qu'il appellera bientôt *die Sache*, la *cause*. Par une coïncidence à quoi lui-même peut-être donnait un autre nom, cette année-là vit tout à la fois le début de ses relations avec Jung, et sa rupture définitive avec Wilhelm Fliess, qui avait traîné six ans.

** Freud avait alors cinquante ans et pour la première fois, son anniversaire fut fêté par le petit groupe de ses disciples viennois. En cette occasion, qui, plus tard, donna lieu à des cérémonies et à des manifestations mondiales de sympathie, ses élèves avaient eu l'idée de lui offrir une médaille gravée où l'on voyait, à l'avers, le profil de Freud, au revers, Œdipe répondant au Sphynx, et sur la tranche, ce vers de l'Œdipe-Roi de Sophocle :

*Qui résolut l'énigme fameuse et fut un homme de très grand pouvoir.*

Ernest Jones rapporte à ce propos une anecdote troublante :

*Un curieux incident s'était produit lors de la remise de ce médaillon. En lisant l'inscription, Freud pâlit, s'agita et, d'une voix étranglée, demanda qui en avait eu l'idée. Il se comporta comme s'il avait rencontré quelque revenant, et c'était bien ce qui était arrivé. Federn dit à Freud que c'était lui qui avait choisi la citation, alors ce dernier révéla que, jeune étudiant à l'Université de Vienne, il avait coutume de marcher de long en large dans la grande Cour et de contempler les bustes des professeurs célèbres du passé. C'est là que non seulement il avait eu le phantasme de voir son propre buste futur parmi les autres, ce qui n'avait rien de surprenant chez un étudiant ambitieux, mais encore qu'il avait imaginé le buste* portant exactement les mêmes mots que le médaillon. *Récemment, j'ai exaucé ce désir de jeunesse de Freud en remettant à l'Université de Vienne, pour qu'elle l'érige, le buste du maître sculpté par Königsberger en 1921 et au bas duquel on a depuis gravé les vers de Sophocle. C'est là un exemple fort rare d'un phantasme d'adolescent réalisé dans ses moindres détails, fût-ce quatre-vingts ans plus tard*[1]...

* * Le plus grand événement de l'année, cependant, fut pour Freud le début de sa correspondance avec Jung, l'un des premiers psychiatres étrangers qui eussent sérieusement réfléchi à sa théorie, et même commencé de l'appliquer. Assistant du Pr Bleuler au *Burghölzli*, établissement psychiatrique fameux qui attirait les étudiants de tous les coins de l'Europe, Jung était évidemment une recrue de choix pour le jeune mouvement psychanalytique, qui ne comptait pas trop d'hommes éminents et, nous l'avons vu, inspirait à son fondateur des sentiments très mélangés. Freud fut ébloui par cette adhésion inespérée qui lui ouvrait les portes d'un haut lieu de la science, et par là même, de l'Europe. Le jeune savant étranger qui venait à lui spontanément et, par surcroît, lui gagnait les sympathies de son célèbre patron, l'impressionna aussitôt par la puissance de son esprit, l'étendue de sa culture, et surtout, son courage, car, à ce moment, il en fallait pour risquer sa réputation en se réclamant ouvertement de ses idées. Reconnaissant et séduit, il vit en Jung le champion idéal de la cause, celui-là même qui pourrait le seconder ou même le remplacer complètement dans sa lutte. Et dès les premières lettres qu'ils échangent, il lui laisse entendre, bien imprudemment peut-être, à quel point il a besoin de son appui[2].

* * * Jung avait lu très tôt *La Science des rêves*, et l'avait même mentionnée par trois fois dans son ouvrage sur l'occultisme. En 1904, Freud avait reçu de Bleuler lui-même l'impressionnante nouvelle que le professeur zurichois s'intéressait à la psychanalyse depuis quelques années et, sur l'instigation de Jung, son principal assistant, recherchait les applications possibles de la nouvelle méthode au domaine obscur de la schizophrénie. Bleuler, qui poursuivait et étendait les travaux du grand psychiatre allemand Kraepelin sur la

1. *J Bg.*, tome II, 14 et suiv.
2. *Jg, Br.*, lettres de 1907 et 1908.

démence précoce, était une autorité mondialement reconnue dont l'adhésion, déjà flatteuse en elle-même, avait de surcroît un inappréciable poids scientifique. Freud en fut profondément touché et reporta toute sa gratitude sur Jung, qui, de fait, en avait été l'énergique agent.

* Il faut dire un mot de ce *Burghölzli* où la psychanalyse trouvait soudain de si précieux alliés. Naturellement, les Suisses en formaient l'élément dominant, mais il accueillait aussi de nombreux étudiants et médecins étrangers qui y passaient parfois plusieurs années. Malgré son caractère cosmopolite, le célèbre hôpital psychiatrique était un lieu assez particulier à quoi les Suisses, groupés autour de leurs maîtres, Forel et Bleuler, donnaient une teinte presque mystique. Liés non seulement par l'intérêt scientifique, mais par leurs convictions religieuses et une conception commune de la vie, ils étaient pour la plupart végétariens et abstinents, ce qui dressait une sorte de barrière entre eux et leurs camarades étrangers. Cette attitude sectaire, évidemment fort étrangère aux habitudes de Freud et de ses élèves viennois, s'accordait assez mal avec leur enthousiasme pour la nouvelle psychologie. Certains médecins qui travaillaient dans le service de Bleuler et de Jung ne furent pas sans pressentir ce que la mystique du *Burghölzli* comportait de problématique pour le rapprochement entre Zurich et Vienne. Ainsi, Karl Abraham, qui avait passé trois ans chez Bleuler et connaissait bien la maison, tenta dès le début d'ouvrir les yeux de Freud sur ces incompatibilités qui lui semblaient de fâcheux augure. Mais Freud avait mis de tels espoirs en Jung, il était tellement séduit par celui dont il faisait déjà son successeur que, pendant longtemps, aucun avertissement ne parvint à l'éclairer.

* * * L'exaltation dont Freud faisait preuve à l'égard des Suisses pouvait passer pour de l'aveuglement aux yeux de ses élèves viennois qui, les uns par lucidité, les autres par jalousie, ne voyaient pas sans appréhension la faveur des nouveaux venus. Mais si l'avenir donna raison aux sceptiques, l'entraînement sentimental et intellectuel de Freud avait de profondes raisons, qui, du reste, étaient loin d'être toutes intéressées. Freud, nous l'avons maintes fois souligné, était resté le disciple de Brücke pour qui toute science se fonde d'abord sur l'observation et la mesure des faits. Mais, par la force des choses il n'avait pas pu lui-même donner à ses travaux cette base ex-

périmentale qui leur eût ôté tout caractère aventureux et l'eût seule pleinement contenté. Et contrairement à ce qu'il espérait peut-être, ses premiers élèves ne semblaient guère soucieux d'asseoir la psychanalyse sur des fondements plus solides. Ils n'en avaient du reste nullement le moyen et on a vu dans *L'Histoire du mouvement*, combien il avait souffert de leur peu de rigueur scientifique.

✻✻ Or, l'école de Bleuler lui apportait précisément cet apport de l'expérience de laboratoire dont, malgré sa certitude d'avoir raison, il avait au fond la nostalgie. Jung et ses élèves, en effet, avaient mis au point une méthode expérimentale destinée à l'étude des associations qui, d'abord dérivée de la psychologie de Wundt et appliquée au diagnostic de la démence précoce, servit de démonstration éclatante aux idées de Freud sur la reproduction des souvenirs et, par là, à un point essentiel de la théorie de l'inconscient. La démonstration avait d'autant plus de valeur que Jung avait modifié ses tests selon les données d'une expérience rigoureuse, en tenant compte non pas des normes qu'il s'était fixées, mais des innombrables erreurs qui, à l'étonnement de l'observateur, en faussaient sans cesse les résultats.

✻✻✻ Ces tests, appelés *expériences d'associations*, ne doivent pas être confondus avec la méthode des associations libres inventée par Freud, qui n'a ni le même point de départ, ni le même but. Les « expériences d'associations » ont une valeur purement diagnostique, tandis que les associations libres ne sont ni plus ni moins que la matière même de la cure. Jung, par la suite, a abandonné sa méthode, qui n'a gardé qu'un intérêt didactique. Freud ne s'en est jamais vraiment servi.

✻ Les « expériences d'association » ne sont pas sans analogie avec les tests psychologiques dits « projectifs », tels que le Rorschach, le Thematic Aperception Test, le Szondy, etc. Jung les a maintes fois décrites dans ses ouvrages, ainsi il les expose longuement dans l'une des conférences qui composent *L'homme à la découverte de son âme* :

*L'expérimentateur dispose d'une liste de mots, dits* mots inducteurs, *qu'il a choisis au hasard et qui ne doivent avoir entre eux aucun rapport de signification, condition indispensable à une expérience de* *pures associations. En voici un exemple : eau, rond, chaise, herbe, bleu, couteau, aider, poids, prêt. Lorsqu'on présente l'un après l'autre ces mots à un sujet, il n'émane de cette liste aucune suggestion (ce qui est toujours le cas dès que plusieurs mots constituent un thème quelconque). L'expérimentateur invite le sujet à réagir à chaque mot inducteur aussi rapidement que possible en prononçant seulement le premier mot qui lui vient à l'esprit. Au mot « eau », lancé, pour ainsi dire, par l'expérimentateur, le sujet répondra aussi vite que possible par le premier mot qui lui traverse l'esprit par exemple « mouillé » ou « vert » ou « $H^2O$ » ou « laver », etc. L'expérimentateur mesure le temps de réaction avec un chronomètre qui indique les cinquièmes de seconde. On déclenche le chronomètre par exemple chaque fois que l'on prononce la dernière syllabe du mot inducteur et on l'arrête dès que le sujet fait entendre la première syllabe du* mot induit. *On note le temps écoulé, dit temps de réaction. Je procède à une cinquantaine de réactions ou davantage, un trop grand nombre de réactions étant cependant nuisible du fait de la fatigue qui intervient*[3]*...*

*** Jung explique dans un autre passage comment cette expérience, conçue d'abord pour l'étude des processus normaux d'associations, força de prendre en considération non pas ce qu'elle cherchait, mais les innombrables erreurs qui en faisaient dévier la marche. Porté à l'origine sur la vitesse moyenne des réactions et la qualité des réponses, l'intérêt de l'expérience finit par se concentrer entièrement sur les *fautes de réaction* :

*Au cours de ces expériences, on remarque que les temps de réaction sont fort inégaux, tantôt courts, tantôt longs ; on remarque aussi que certaines réponses subissent des perturbations : le sujet oublie la recommandation initiale qui l'invitait à répondre par un seul mot et répond par toute une phrase ; ou bien il néglige le sens du mot inducteur et réagit par une association tonale, ce qui est aussi une légère entorse aux instructions préalables. D'autres incidents surviennent également : l'expérimentateur prononçant le mot « eau », il arrive que le sujet réagisse par « Eau — tiens — vert », ce qui constitue une répétition du mot inducteur ; ou bien encore par « Vert*

3. C. G. Jung : *L'homme à la découverte de son âme* ; trad. Cahen-Salabelle, éditions du Mont-Blanc, Genève, 1950, 136 et suiv. (réimprimé dans la « Petite Bibliothèque Payot », n° 53).

*—Ah ! je voulais dire bleu » : le sujet a fait un lapsus. Ou bien encore il se met à rire et répond quelque chose d'inadéquat, « oui » ou « non » précédant par exemple la réaction requise. Ou encore le sujet ne comprend pas ou comprend mal le mot inducteur clairement prononcé, ou réagit par un mot stéréotypé, c'est-à-dire par un même mot induit, indifféremment à divers mots inducteurs. Certains sujets, par exemple, réagissent fréquemment en répétant le mot « beau ». On appelle toutes ces perturbations, ainsi que les temps de réactions trop prolongés ou les absences de réaction, des* indices de complexes. *On a constaté, en effet, que les mots inducteurs qui déterminent une perturbation quelconque de la réaction sont ceux qui se rencontrent chez le sujet avec un* contenu émotionnel *touchant de quelque façon à la sphère intime tabou. Lorsqu'un mot inducteur n'intéresse que la surface de la conscience, la réaction est normale et il ne se produit rien d'insolite ; mais lorsque au contraire il entame et traverse les digues protectrices de la vie intérieure et pénètre dans l'intimité du moi, il détermine une perturbation de la réaction extérieure en déclenchant à l'intérieur de l'être un* automatisme *auquel le sujet n'était pas préparé, qui capte son attention, le subjugue en quelque sorte, et l'empêche de ce fait d'accomplir les instructions données*[4]*...*

⁕ L'exposé de Jung permet de se faire une idée de ce mot de « complexe » qui a connu une telle fortune et qui, à force de généralisations et d'à-peu-près, a perdu peu à peu toute signification précise. Le mot, notons-le en passant, n'a été inventé ni par Jung ni par Freud, mais par un psychiatre allemand, Ziehen, qui fut du reste l'un des adversaires les plus acharnés de la psychanalyse. Au sens où l'entend Jung, c'est un concept strictement expérimental désignant *un contenu psychique à tonalité affective* qui peut être soit inconscient, soit conscient à divers degrés, et par quoi les mots inducteurs choisis pour l'expérience se trouvent en quelque sorte aimantés. Jung, par la suite, a complété son expérience d'associations par l'emploi d'un galvanomètre, qui enregistrait les modifications du fonctionnement des organes végétatifs, et d'un pneumographe, qui mesurait le rythme et l'amplitude respiratoires du sujet. Les résultats concordants de ces différents tests lui permit d'affirmer que les *complexes sont des grandeurs affectives*, autrement dit des phénomènes affectifs susceptibles de mesures exactes. La situation d'expérience ne les crée pas,

4. *Ibid.*, 137 et suiv.

cela va de soi, mais elle seule peut les faire apparaître avec leur valeur en quelque sorte numérique et les rendre vérifiables pour n'importe quel témoin. Issu du travail de laboratoire, le « complexe » selon Jung peut être l'objet d'une définition scientifique :

*Qu'est donc, scientifiquement parlant, un « complexe affectif » ? C'est l'image émotionnelle et vivace d'une situation psychique arrêtée, image incompatible, en outre, avec l'attitude et l'atmosphère conscientes habituelles ; elle est douée d'une forte cohésion intérieure, d'une sorte de totalité propre, et, à un degré relativement élevé, d'autonomie : sa soumission aux dispositions de la conscience est fugace, et elle se comporte par suite dans l'espace conscient comme un* corpus alienum *animé d'une vie propre. Au prix d'un effort de volonté, on peut à l'ordinaire réprimer un complexe, le tenir en échec ; mais aucun effort ne parvient à l'annihiler, et il réapparaît à la première occasion favorable avec sa force originelle. Des recherches expérimentales paraissent indiquer que sa courbe d'activité ou d'intensité est ondulatoire, avec une longueur d'ondes qui peut varier de quelques heures ou quelques jours à quelques semaines. Cette question très compliquée n'est pas encore élucidée*[5]*...*

✻✻ Jung distinguait autant de complexes qu'il y a de situations traumatisantes, de troubles et de gênes possibles pour l'individu. Sous son influence, on parla du complexe du père, de la mère, du frère, de la sœur, etc. et bien qu'il eût précisé que le contenu affectif ainsi défini n'avait en lui-même rien de morbide, il admettait volontiers que l'on « avait » des complexes, ce qui laissait entendre que la chose, malgré tout, s'attrapait comme une maladie. Quoi qu'il en eût, Jung traitait couramment les complexes comme des phénomènes parasites dont l'homme sain doit se débarrasser. Et quand il reprochait à Freud — ce qu'il faisait souvent — son complexe paternel mal résolu, il accréditait lui-même la conception vulgaire de son idée.

✻ C'est le lieu de se demander s'il y a plus qu'un rapport verbal entre la théorie jungienne des « complexes » et le « complexe d'Œdipe » qui, comme le dit Freud dans les *Trois essais sur la théorie de la sexualité*, est le « schibboleth » de sa psychologie. Sans même parler des extensions ultérieures du *complexe* jungien, qui prit le sens

5. *Ibid.*, 198 et suiv.

d'une personnalité indépendante, ou même, comme le dit l'auteur, d'une *âme parcellaire* au sein de l'individu, il semble que le mot ait recouvert dès le début des réalités psychiques fort différentes. Pour Jung, en effet, on « a » des complexes et les complexes vous « possèdent », il s'agit bien d'une sorte de possession momentanée, accidentelle, dont les causes peuvent être récentes ou anciennes, liées à des événements, à des crises, à des traumatismes ou des difficultés quelconques de la vie. Ce sont des entités du psychisme humain, mais on peut en « avoir » ou pas, ils vont et viennent, apparaissent et disparaissent à leur guise, et Jung, pour finir, les compare à de malins génies ou à ces cobolds de l'imagination populaire qui contrarient l'action des hommes par leurs mauvais tours. Jouant à l'intérieur de l'âme le rôle de petites personnes séparées, ce sont eux, aussi, qui causent les hallucinations et les visions des aliénés.

*** On voit tout de suite que le « complexe d'Œdipe » — seul concept freudien, avec celui de la castration, auquel le mot de complexe reste attaché — n'a pas grand-chose de commun avec ces petits démons pour lesquels Freud, du reste, trouva une autre explication psychologique. La situation œdipienne, en effet, est définie par un conflit *infantile* que tous les hommes sans exception traversent et doivent en quelque façon surmonter : il n'est donc pas question de « l'avoir », on la vit nécessairement, ce qui compte n'est pas de s'en débarrasser, mais de la dénouer de telle sorte qu'elle contribue au bonheur et à la plénitude de l'existence. Aucune expérience de laboratoire ne peut permettre de mesurer la grandeur et la valeur de cette situation infantile, d'où dérivent non seulement les conflits, mais aussi, quand elle est heureusement résolue, l'équilibre et les joies de l'adulte.

* Il n'est pas facile de repérer exactement le moment où le mot de *complexe* est apparu dans l'œuvre de Freud, chaque livre, au cours des éditions successives, ayant été remanié et pourvu d'additions dont les dates ne sont pas toujours établies. Il semble pourtant que le « complexe d'Œdipe » n'existe pas sous ce nom dans la première édition de *La Science des rêves* et des *Trois essais*, mais seulement dans les éditions ultérieures, de sorte que son apparition date au plus tôt de 1905, d'un moment, donc, où Freud correspondait avec Bleuler et connaissait les travaux des Suisses. Qu'il l'ait emprunté directement à Jung ou trouvé de son côté par l'une de ces rencontres

fréquentes dans le domaine des inventions, il l'a adopté parce que, selon ses propres dires, il le jugeait d'un emploi commode, mais, avec son peu de goût pour les précisions terminologiques, sans se soucier de le définir.

* * L'histoire de ce mot qui, aujourd'hui, est entré dans le langage populaire où il représente du reste à peu près tout ce que l'on sait pratiquement de Freud, illustre de façon très suggestive comment les idées se propagent, dévient de leur première direction, se combinent avec d'autres, triomphent et se perdent. Issu du laboratoire, le mot de « complexe » désigna d'abord ces émotions intempestives et déplacées, qui, dans une situation plus ou moins critique, trahissent l'individu et contrarient son action. Le complexe du père, de la mère, des frères et sœurs, etc., devint alors une explication commode pour tous les troubles de la personnalité et du comportement qui, du point de vue strictement freudien, rentraient dans la catégorie des névroses. Après quoi, le mot perdit la nuance un peu magique qu'il avait prise dans la psychologie jungienne pour se rapprocher peu à peu de tout ce qui touche aux sentiments d'infériorité — notion aussi étrangère à Jung qu'à Freud, ce dernier n'y voyant qu'un affaiblissement du « complexe de castration », mais essentielle, en revanche, dans la psychologie fondée par Adler. Avoir des complexes aujourd'hui ne signifie plus être « possédé », mais se sentir inférieur en raison d'une insuffisance organique ou intellectuelle, supposée ou réelle, source en tout cas d'une gêne sociale. Complexe d'infériorité ou complexe tout court, le mot sans doute renvoie toujours implicitement à Freud. Mais il n'a « réussi » qu'en perdant une à une toutes ses attaches avec la psychologie de l'inconscient, et, par conséquent, avec le principe de la pensée freudienne.

* * * Freud, nous l'avons dit, ne se servait guère des « expériences d'associations », il ne leur reconnaissait de valeur que dans les cas rebelles, principalement dans les états psychotiques comme la démence précoce. Il ne fit rien contre la confusion que les « complexes » jungiens risquaient d'introduire dans son propre édifice. Lui-même employa le mot quelque temps, bien que, comme le montre une lettre à Pfister datée de 1910, il ne laissât pas de s'en défier :

*Il faut être extrêmement prudent avec les complexes ; autant le concept est indispensable dans certaines manipulations et démons-*

*trations, quand on fait de la théorie, autant il faut veiller à toujours lui substituer ce qui se cache derrière lui... Il est vraiment par trop vague et inadéquat*[6]*...*

⁂ On voit que même en cette année 1910 où les choses commençaient imperceptiblement à se gâter entre Vienne et Zurich, Freud ne s'inquiétait pas outre mesure des déviations que la tournure d'esprit de Jung, plus encore que ses travaux du moment, pouvait faire subir à sa théorie. Pourtant, entre le complexe selon Jung, presque entièrement détaché de ses racines infantiles et pour ainsi dire « psychologisé », et les archétypes qui, plus tard, remplacèrent le père et la mère charnels par des figures purement symboliques, un esprit plus méfiant eût pu prévoir qu'il n'y aurait pas tant de chemin. Mais Freud aimait Jung, il s'était persuadé que son œuvre n'aurait pas de meilleur défenseur, ni de continuateur plus digne d'elle. Et puis, s'il voyait bien ce que ses élèves jaloux ou clairvoyants interprétaient comme de mauvais signes, il comprenait qu'un fils de pasteur, élevé dans de solides traditions morales et religieuses, très dépendant encore de son milieu, avait plus de mérites qu'un autre à vaincre ses préjugés pour rejoindre sa « farouche armée ». C'est la raison qu'il fit valoir auprès d'un de ses élèves les plus proches, Karl Abraham, qui cachait mal son antipathie instinctive pour Jung et très tôt était entré en conflit avec lui.

⁎ C'était en 1908, à Salzbourg, lors du premier Congrès international de psychanalyse, qui, sur la proposition de Jung, du reste, porta le nom modeste de « Rencontre des psychologues freudiens ». Contrairement à ceux qui allaient le suivre, ce congrès ne dura qu'une journée, il n'eut ni président, ni secrétaire, ni comité, ni même ordre du jour. Le seul nuage de cette journée historique fut justement le différend qui éclata entre Abraham et Jung à propos de la démence précoce, sujet principal des travaux du *Burghölzli*. Jung présenta les vues de son maître Bleuler, selon lesquelles la démence précoce est due à un état organique du cerveau déterminée par une hypothétique psycho-toxine. Abraham, de son côté, soutint les idées de Freud sur la maladie, à savoir que la démence n'était pas imputable à une destruction des capacités mentales, mais à un blocage massif des processus affectifs. Par surcroît, il oublia de mentionner les travaux

6. Pf., *Fr-Pf. Briefe*, 10-1-1910.

de Jung et de Bleuler, auxquels il n'attachait pas grande valeur, et Jung prit fort mal cette omission, qui avait du reste vraiment un sens freudien. Pour l'amener à une attitude conciliante Freud lui écrivit une lettre où il lui exposait sa politique et où on lit pourtant moins de diplomatie que de bonté :

*Cher et honoré confrère,*

*Je suis heureux d'apprendre que vous considérez Salzbourg comme un heureux événement. Ayant été au centre de tout cela, je ne puis moi-même en juger, mais j'incline à croire prometteuse cette première réunion.*

*A ce propos, j'aimerais vous présenter une requête. Beaucoup de choses vont dépendre de l'accueil que vous lui réserverez. Je crois me rappeler que votre communication a été à l'origine d'un différend entre Jung et vous, c'est du moins ce que j'ai cru comprendre d'après ce que vous m'en avez dit ensuite. Je crois maintenant une certaine rivalité entre vous inévitable, mais jusqu'à un certain point inoffensive. Je vous ai donné raison sans hésiter, et j'ai attribué la susceptibilité de Jung à ses propres incertitudes. Il me serait néanmoins désagréable qu'une mésentente naquît entre vous. Nous sommes encore si peu nombreux que les désaccords, surtout s'ils proviennent de complexes personnels, devraient être hors de question. Il nous importe aussi que Jung revienne aux vues qu'il vient d'abandonner et dont vous vous êtes fait l'énergique avocat. Je crois qu'il y a quelque espoir, Jung lui-même m'a écrit que Bleuler se laissera convaincre et que, même, il semble enclin à abandonner sa conception de la nature organique de la démence précoce. Aussi me feriez-vous un plaisir personnel en consentant à vous mettre en rapport avec Jung avant de publier votre article, vous pourriez discuter ses objections entre vous afin de pouvoir en tenir compte. Un geste amical de ce genre mettrait certainement fin à votre désaccord naissant. Cela me donnerait beaucoup de satisfaction et montrerait que nous sommes capables de tirer des avantages pratiques de la psychanalyse dans la conduite même de notre vie. Ne rendez pas trop malaisée cette petite victoire sur vous-même.*

*Montrez-vous tolérant et n'oubliez pas qu'il vous est vraiment plus facile qu'à Jung d'adopter mes vues, d'abord parce que vous êtes totalement indépendant, ensuite parce que des affinités de race vous rapprochent davantage de mon tempérament intellectuel. Rappelez-vous aussi que Jung, chrétien et fils de pasteur, n'a trouvé son chemin vers moi qu'en surmontant de grandes résistances intérieures. Son adhésion n'en a donc que plus de valeur. J'allais presque dire que son entrée sur la scène de la psychanalyse en a éloigné le danger de voir cette science devenir une affaire nationale juive*[7]*...*

✻ Abraham s'inclina et écrivit à Jung une lettre conciliante, sans toutefois beaucoup de succès. Déjà il prévoyait que Jung ne resterait pas longtemps dans le mouvement, mais Freud répondit à ses doutes en disant : *Pour nous autres Juifs, la chose est plus facile, il n'y a pas en nous d'élément mystique.* Puis dans sa lettre suivante :

*Je ferai tout mon possible pour arranger les choses quand je serai à Zurich en septembre. Comprenez-moi : je n'ai rien à vous reprocher. Je présume que l'antisémitisme refoulé des Suisses, qu'ils sont forcés de m'épargner, s'est trouvé retourné contre vous avec une force accrue. Je suis d'avis que si, nous autres Juifs, nous voulons collaborer avec les autres, nous devons faire preuve d'une certaine dose de masochisme et nous préparer à supporter quelque peu d'injustice. Il n'y a pas d'autre système pour collaborer. Soyez certain que si je m'appelais Oberhuber, mes idées nouvelles auraient suscité moins de résistances, en dépit de tout*[7]*...*

✻✻✻ Les querelles nées des jalousies, des divergences idéologiques et des différences de tempérament n'allaient pas manquer pendant les sept ans que Jung et Freud tentèrent de travailler ensemble à la Cause. Dès 1909, au cours de leur voyage en Amérique, Jung s'était déjà bien éloigné intérieurement de celui qui, trois ans auparavant, avait été selon ses propres termes « l'événement le plus important de sa vie ». Freud, cependant, le regardait toujours comme le Josué destiné à fouler la terre promise de la psychiatrie que lui, tel Moïse, était condamné à ne contempler que de loin. Et jusqu'au bout, il ne vit pas ou ne voulut pas voir les incompatibilités profondes qui laissaient présager la rupture.

7. Abr., mai 1908, *J Bg.*, tome II, 49 et suiv.
8. *Ibid.*, 52.

# 18. LE VOYAGE EN AMÉRIQUE

* Freud est l'un de ces hommes qu'on a de la peine à se représenter jeunes, parce que l'âge, chez eux, n'apparaît pas comme l'effet naturel des années, mais plutôt comme une dignité, une sorte de noblesse native donnant à leurs traits une sagesse un peu anonyme, Freud avait plus de cinquante ans quand il connut la notoriété, soixante-dix quand il devint l'une des figures les plus célèbres de son temps. Le vrai visage de ce vieillard de légende, à la fois pénétrant et serein, il n'est pas facile de le découvrir à travers les documents photographiques et littéraires qui tentent de nous le faire connaître. Stefan Zweig l'avait bien vu, qui écrivait dans *La Guérison par l'esprit* :

*Au cours des années, tous les caricaturistes ont été désespérés par ses traits, car dans cet ovale parfaitement régulier, rien ne s'offre à une exagération du dessin, rien ne permet de saisir une ligne saillante et vulnérable. C'est en vain qu'on range ses portraits de jeunesse côte à côte pour tâcher d'y découvrir un trait marquant, une indication révélatrice de son caractère. Les traits de l'homme de trente, puis de quarante et cinquante ans, sont aussi fermés que sa vie extérieure. Ils ne montrent rien de plus qu'un bel homme, un homme d'apparence virile, un monsieur aux traits presque trop réguliers. Sans doute le regard sombre et concentré dénote l'homme de pensée, mais guère plus. Désemparé, on fouille du regard ces photographies et l'on n'y découvre jamais que l'une de ces figures de médecin encadrées d'une barbe bien soignée et idéalement virile, comme Lenbach et Makart aimaient à en peindre, une figure sombre, douce et grave, mais peu révélatrice en fin de compte. Cette même porte qui dissimule sa vie cache aussi son visage et, passant d'une photo à l'autre, il faut renoncer à déchiffrer les caractères de cette physionomie si bien protégée par sa propre harmonie. Pourtant, brusquement, les derniers portraits se mettent à parler. La maladie et la vieillesse sculptent indiscutablement une physionomie dans le bloc du simple visage. Depuis que les cheveux grisonnent, que la barbe ne couvre plus tout à fait le menton ferme et jette une ombre moins profonde sur la bouche aux contours marqués, quelque chose de dur, de nettement offensif se dévoile : la volonté inflexible et presque acharnée qui caractérise sa nature. Et le regard qui, autrefois, ne paraissait que contemplatif, prend quelque chose de plus profond et de plus perçant, un pli d'amère méfiance coupe le front dégagé et sillonné de rides comme la ligne nette d'une plaie. Les lèvres étroites, durement tendues, se ferment comme pour dire « non » ou « ce n'est pas vrai ». On sent pour la première fois la véhémence et la vigueur de la nature freudienne et puis l'on pense : non, ce n'est pas là un bon vieillard à cheveux blancs, devenu doux et sociable avec l'âge, mais un examinateur impitoyable qui ne se laisse tromper par rien et ne consent à tromper sur rien. Un homme devant lequel on aurait peur de mentir*[1]...

*** Le portrait que trace Ernest Jones diffère sensiblement de cette imposante figure de patriarche. Il est vrai que le modèle avait vingt ans de moins et que Jones lui-même, fort éloigné de toute prétention littéraire, pouvait l'observer de près, avec le naturel et la perspicacité d'un étroit attachement :

*A cinquante-deux ans, Freud commençait à peine à grisonner. Il avait une tête admirablement conformée, ornée d'une chevelure noire, épaisse et soignée. Sa moustache et sa barbe étaient élégamment taillées. Il mesurait 1 m 72 et avait un peu d'embonpoint, encore que son tour de taille n'excédât probablement pas son tour de poitrine. Tout révélait sa vie sédentaire... Il était plein d'entrain, montrait une certaine agitation et même un peu d'anxiété. Son regard vif semblait pénétrant et grave. J'eus l'impression confuse qu'il y avait, dans sa manière d'être et ses gestes, quelque chose d'un peu féminin. C'est ce qui me poussa sans doute à me montrer tout disposé à l'aider, voire à le protéger, au lieu, comme beaucoup de psychanalystes, d'adopter à son égard une attitude filiale. Son élocution était parfaitement claire, ce que moi, étranger, j'appréciais avec reconnaissance. Le son de sa voix était amical, plus agréable dans les*

1. *La Guérison par l'esprit*, Paris, Stock, 1931.

*graves que dans les aigus. Il comprenait mon allemand malgré ma mauvaise prononciation et ne réagissait qu'à mes fautes de genre, en s'impatientant par exemple quand je disais* die Schnee[2]...

✻✻ Que Freud ait eu tout à la fois des traits paternels fortement accusés et une certaine féminité, comme le note Jones non sans finesse, cela explique qu'avec une ténacité inouïe et le courage d'aller contre le monde entier s'il le fallait, il fût aussi capable d'abandon et cherchait souvent à se décharger sur plus fort que lui des responsabilités pratiques du mouvement. Cet homme si bien taillé pour le rôle de père et de maître, savait comme personne se montrer reconnaissant d'un conseil ou d'une aide. Sa correspondance en fait foi, et notamment cette lettre à Oskar Pfister où il exprime sans détour sa joie d'avoir été compris et aidé :

*Le « Mont-Cervin » est maintenant sur mon bureau, pressant les lettres auxquelles je dois répondre. J'accepte bien volontiers ce petit bout de Suisse au sens symbolique que vous me proposez, comme un hommage du seul pays où je possède beaucoup de biens, où je me sache favorisé de l'inclination de cœur et d'esprit d'hommes forts et bons. Je ne pense pas à ma défense personnelle. A dessein, j'ai toujours mis ma personne en avant comme exemple, jamais comme modèle et encore moins comme* vénérabile.

*Il est bien facile aussi de donner au Mont-Cervin une autre signification, moins exaltante. L'échelle 1 : 50.000 est à peu près la proportion dans laquelle le destin réalise nos désirs, et nous-mêmes accomplissons nos projets... Mais le Mont-Cervin me suggère encore une troisième signification. Il me rappelle un homme singulier qui vint me voir un jour, un vrai serviteur de Dieu dont le concept et l'existence étaient pour moi choses bien improbables. Il est le serviteur en ceci qu'il évoque le besoin de faire bénéficier tous ceux qu'il rencontre de quelque bienfait spirituel. A moi aussi, vous avez fait du bien. Après vos exhortations, je me suis demandé pourquoi je ne me sentais pas vraiment heureux, et j'ai bientôt trouvé la réponse. J'ai renoncé au projet impossible de m'enrichir par des moyens honnêtes et, après le départ fortuit d'un de mes patients, j'ai décidé de ne pas le remplacer ; depuis lors je me sens heureux et gai et je vous donne*

2. *J Bg.*, tome II, 45.

*raison. De plus, je suis déjà resté trois fois fidèle à cette décision : sans votre visite et votre action, jamais je n'y serais parvenu*[3]...

✻ On pourrait s'étonner que Freud se sentît désemparé, un peu las, inquiet de sa production, et toujours indécis quant à l'organisation de sa propre vie, juste au moment où, de l'étranger, lui parvenaient les premiers signes du succès. Ce phénomène devenu banal pour les psychanalystes et que lui-même à décrit plus tard comme la maladie de « ceux qui échouent devant le succès », c'était le même qui l'avait si longtemps retenu d'aller à Rome et fait douter de la réalité d'Athènes, le même qui semblait lui ôter le droit de faire son chemin. En 1909, après avoir accepté d'aller en Amérique y faire une série de conférences, il est pris de fatigue, d'une sorte d'apathie, et lui qui a en général une inépuisable imagination touristique, il semble désabusé d'avance et ne prépare même pas son voyage. La lettre qu'il écrit à Oskar Pfister juste avant de partir insiste curieusement sur cet état de dépression :

*Je suis encore incapable de tout travail. Cette année m'a davantage marqué que les précédentes. Je n'ai pas non plus la moindre envie de me préparer pour l'Amérique. Peut-être que mon contact avec Jung et Ferenczi (celui-là aussi un des meilleurs) pourra me tirer quelques idées. Par chance, je ne suis plus aussi nécessaire, j'ai le droit de me rabougrir jusqu'à devenir un simple ornement : il y a peut-être là un brin de Providence*[4]...

✻ ✻ ✻ En réalité, Freud ne pouvait pas se méprendre sur l'importance de cette invitation qui, émanant d'une grande université américaine, devait marquer l'entrée de la psychanalyse dans le monde. Il est probable que son apathie ne recouvrait que de l'inquiétude, devant une épreuve dont l'issue lui paraissait douteuse. On conçoit qu'il n'en ait rien dit à Jung et à Ferenczi, les deux élèves qui l'accompagnaient. Mais bien qu'il prétendit n'attacher aucune importance à ses conférences et même refusât de les préparer, il confia ensuite à ses proches qu'il avait dû trouver un subterfuge pour maîtriser son agitation : il s'était persuadé qu'il allait en Amérique

3. Pf., *Fr-Pf. Briefe*, 10-5-1909, 20. — Le « Mont-Cervin » était une reproduction en argent, dont Pfister avait fait cadeau à Freud.
4. *Ibid.*, 16-8-1909, 26.

accessoirement pour faire des conférences, mais principalement pour voir un porc-épic sauvage ! Il en vit un, en effet, et rentra chez lui avec le sentiment d'avoir rempli sa lourde tâche.

* Freud avait été invité par Stanley Hall, président de l'université Clark à Worcester, Massuchetts, à l'occasion du vingtième anniversaire de cet établissement. Stanley Hall était une sommité de la psychologie expérimentale, et pour la psychanalyse américaine à peine naissante — elle comptait alors un seul membre marquant, A. A. Brill —, son appui officiel était évidemment d'un secours inappréciable. Cependant, Freud ne se hâta nullement d'accepter. Il ne voulait pas partir au mois d'août, ce qui lui eût fait perdre trois semaines de clientèle, alors que, disait-il, « l'Amérique devrait me rapporter de l'argent, et non pas m'en coûter ». Finalement, la cérémonie fut reportée à la première semaine de septembre et Freud n'eut plus de raison de refuser. Son voyage était assez largement défrayé pour qu'il pût emmener Ferenczi, et comme Jung avait été invité de son côté, les trois hommes décidèrent de s'embarquer ensemble.

* * Ils se rencontrèrent à Brême, où ils passèrent la journée. Freud invita ses compagnons à déjeuner, et ce fut l'occasion d'un incident symptomatique qui dut passablement l'affecter, bien qu'il en eût fait tout de suite l'analyse. Secondé par Ferenczi, il avait en effet poussé Jung à boire un peu de vin, et celui-ci, partisan fanatique des principes anti-alcooliques du *Burghölzli*, avait fini par céder à ses instances. A peine Freud eut-il remporté cette petite victoire qu'il se trouva mal, à la consternation de ses amis. Trois ans plus tard, à Munich, le même incident devait se reproduire à l'occasion d'un conflit plus grave avec Jung où Freud, encore une fois, supporta mal d'avoir le dessus. Le déjeuner de Brême eut d'ailleurs des conséquences imprévues : il contribua à la brouille de Jung avec son patron Bleuler qui, par la suite, reprocha sérieusement à Freud d'avoir poussé son élève à l'alcoolisme !

* L'arrivée des trois hommes à New York ne fit pas grand bruit. Freud visita la ville, mais ce qui l'attira surtout fut le Metropolitan Museum et ses antiquités grecques. Le 4 septembre, il quitta New York pour Worcester, où ses conférences devaient commencer le lendemain. Jones, qui l'avait rejoint à New York, raconte ses souvenirs de ce premier contact avec le public américain :

*Les théories de Freud n'étaient pas inconnues en Nouvelle-Angleterre. En l'automne de 1908, lorsque je m'y étais trouvé avec Morton Prince, j'avais organisé deux ou trois* symposia *auxquels avaient assisté seize personnes, dont Putnam, professeur de neurologie à l'Université de Harvard, E. W. Taylor, Munsterberg, professeur de psychologie à Boston, Boris Sidis et Waterman. Je n'obtins de réel succès qu'auprès de Putnam. Puis en mai 1909, peu de temps avant la visite de Freud, avait eu lieu à New Haven un important congrès au cours duquel Putnam et moi avions lu plusieurs communications qui avaient suscité des discussions animées. On attendait donc la venue de Freud avec un grand intérêt.*

*Lui-même, du moins il l'affirmait, n'avait pas la moindre idée du sujet qu'il allait aborder. Au début, il fut tenté de se rallier à la suggestion de Jung qui lui avait conseillé de consacrer ses conférences à l'étude des rêves. Mais lorsqu'il me demanda mon avis, je l'engageai à choisir un sujet plus vaste, ce qu'il fit en considérant que les Américains pourraient bien trouver le sujet trop peu « pratique » ou frivole. Il se décida donc à faire un exposé plus général de la psychanalyse. Il composa chacune de ses conférences au cours de promenades d'une demi-heure en compagnie de Ferenczi — ce qui montre le déroulement harmonieux de ses pensées... Freud prononça ses cinq causeries en allemand, sans aucune note et sur un ton familier qui impressionna beaucoup l'auditoire. Une dame était fort curieuse de l'entendre parler de sexualité et me demanda de l'en prier. A cette requête, il répondit : « En ce qui touche la sexualité, je ne me laisse ni imposer, ni interdire le sujet[5]... »*

* * * Les conférences américaines de Freud présentent le même souci de clarté didactique que tous ses exposés destinés au public. Après avoir rappelé la part de Breuer dans l'invention de la méthode psychanalytique et ses propres travaux sur l'hystérie, il parle du rêve, des actes manqués, de la sexualité infantile et de la nature profonde de ces maladies de l'âme où l'individu trouve paradoxalement son profit. Dans sa conclusion, visiblement calculée pour l'Amérique, il aborde le problème de la répression des instincts et de ses excès, dont les risques ne sont pas moins graves pour la santé individuelle que pour celle de la culture :

5. *J Bg.*, tome II, 59.

*Nous ne devrions pas pousser l'orgueil jusqu'à négliger complètement la part primitivement animale de notre nature ; nous ne devrions pas non plus oublier que le bonheur de l'individu ne peut pas être rayé de nos buts culturels. La plasticité des composantes sexuelles, qui se révèle dans leur capacité de sublimation, peut être cause d'une grande tentation : celle d'étendre indéfiniment la sublimation pour contribuer à l'enrichissement de la culture. Mais de même que, dans nos machines, nous ne pouvons pas escompter transformer en travail mécanique utile plus qu'une certaine fraction de la chaleur mise en œuvre, de même nous ne devrions pas chercher à détourner entièrement l'énergie sexuelle de ses buts propres. Cela ne peut pas réussir, et dès que la limitation de la sexualité est poussée trop loin, elle entraîne nécessairement tous les dommages d'une mauvaise exploitation.*

*J'ignore si, de votre côté, vous ne prendrez pas l'avertissement sur quoi je conclus comme une outrecuidance. Je me hasarderai à exprimer ma conviction par un moyen indirect, en vous contant une vieille bouffonnerie dont vous pourrez tirer vous-même l'application. Il y a, dans la littérature allemande, une petite ville nommée Schilda, dont les habitants passent pour faire toutes sortes de facéties. Ces Schildiens, donc, possédaient un cheval dont le travail les satisfaisait pleinement et auquel ils ne reprochaient qu'une chose : l'avoine coûteuse dont il fallait le nourrir. Pour le guérir de cette mauvaise habitude, ils décidèrent de diminuer sa ration de quelques épis par jour, jusqu'au moment où il serait habitué à se passer complètement de nourriture. Pendant un moment, cela alla très bien, le cheval était sevré à un épi près, le lendemain il allait enfin travailler sans avoine du tout. Au matin, toutefois, le perfide animal fut trouvé mort, les habitants de Schilda ne parvinrent pas à s'expliquer pourquoi*[6]*...*

* A l'issue de la cérémonie, Freud reçut avec l'émotion qu'on imagine le titre de docteur de l'Université. Son discours de remerciement commençait par ces mots : « C'est la première reconnaissance officielle de nos efforts... » Dans son autobiographie, il a évoqué les

6. *Ueber Psychoanalyse*, 5e conférence (1909), *G.W.*, tome VIII. 59 et 60 ; en français, *Cinq leçons sur la psychanalyse*, trad. Yves Le Lay, Payot, 1921, reprises dans *Psychologie collective et Analyse du moi*, trad. Jankélévitch, Payot, 1950.

hommes à qui il devait cet honneur et son sentiment de vivre tout à coup un incroyable rêve diurne :

*Hall était à juste titre un psychologue et un pédagogue en vue qui, depuis des années, avait fait entrer la psychanalyse dans son enseignement ; il y avait en lui quelque chose du* Kingmaker, *à qui il plaît d'investir et de déposer des autorités. Nous rencontrâmes là J. Putnam, le neurologue de Harvard qui, malgré son âge, s'enthousiasma pour la psychanalyse et prit fait et cause pour sa valeur culturelle et la pureté de ses intentions, ceci avec le poids de sa personnalité respectée de tous. Nous ne fûmes gênés que par la prétention de cet homme excellent — orienté principalement vers l'éthique de par une disposition obsessionnelle — de vouloir rattacher la psychanalyse à un système philosophique déterminé et de la mettre au service de tendances moralisatrices. Ma rencontre avec le philosophe William James me laissa aussi une profonde impression. Je ne puis oublier cette petite scène : au cours d'une promenade, il s'arrêta soudain, me confia sa serviette et me pria de continuer, il allait me suivre, dès que la crise d'angine de poitrine qu'il sentait venir serait passée. Il mourut un an plus tard d'une crise cardiaque ; jamais, depuis, je n'ai cessé de me souhaiter une pareille intrépidité en face de l'imminence de la mort*[7]*...*

❊❊ Son voyage en Amérique prouvait à Freud que la psychanalyse n'était plus une production délirante, mais une part de la réalité que des hommes éminents s'étaient plus à juger précieuse. Cependant, il ne parvenait pas encore à y croire ; émerveillé et à demi incrédule, il écrivait à Oskar Pfister dès son retour :

*C'est l'un des phantasmes les plus agréables que d'imaginer quelque part, sans qu'on en sache rien, l'existence de gens honnêtes qui sympathisent avec nos pensées et nos efforts et qui, soudain, paraissent réellement au jour. C'est ce qui nous est arrivé avec Stanley Hall. Qui aurait cru qu'il existait là-bas, en Amérique, à une heure de train de Boston, un vieux monsieur respectable qui attend impatiemment notre « Jahrbuch », lit tout et comprend tout, et puis, comme il le dit lui-même, sonne le rappel pour nous*[8] *?*

7. *Ma Vie...*, 80, 81.
8. Pf., *Fr-Pf. Briefe*, 4-10-1909, 26 et 27.

* Malgré les satisfactions personnelles et les bénéfices politiques qu'il retirait de son voyage, Freud ne garda pas un bon souvenir de l'Amérique. Ni les villes ni les curiosités naturelles ne semblent l'avoir intéressé, à part les chutes du Niagara, dont la visite lui fut gâtée par une remarque du guide qui avait dit en le désignant : « Laissez passez d'abord le vieux monsieur ! » D'une manière générale, tout l'irritait dans ce pays dont il disait à Jones que c'était « une erreur, une erreur gigantesque sans doute, mais quand même une erreur ». Lui qui, en général, cherchait toujours à se montrer équitable, il ne revint jamais complètement sur ce préjugé, même quand l'Amérique fut entièrement conquise par ses idées.

* * Cette aversion n'avait pas pour cause des conceptions sociales ou politiques bien arrêtées, mais plutôt, le mauvais état de santé qui lui gâcha en partie le séjour. Pendant des années, il imputa à la détestable nourriture américaine tous les maux dont il lui arrivait de souffrir. Sans doute s'était-il trouvé dépaysé, sans pouvoir s'en plaindre à son entourage. Et puis, Freud avait un besoin profond d'être compris et de se faire comprendre, or il comprenait mal les Américains — littéralement et moralement parlant, car leur langue, leurs manières d'être et leurs conceptions du travail scientifique le déroutaient, et surtout, ne lui inspiraient pas de sympathie. Plus de cinquante ans après son voyage, on peut se demander si, malgré l'immense succès qu'elle lui a réservé, l'Amérique elle-même l'a mieux compris.

* * * Freud suivait naturellement avec beaucoup d'attention les progrès du mouvement psychanalytique sur le nouveau continent. Il entretint d'excellentes relations avec Putnam, qui collabora au *Jahrbuch* dirigé par Jung, puis quand celui-ci fut passé définitivement à la dissidence et que sa revue eut disparu, à la *Internationale Zeitschrift für ärztliche Psychoanalyse* (*Revue internationale de psychanalyse médicale*), l'organe officiel de l'Association internationale. Stanley Hall continua quelque temps de sonner le « rappel », puis il se rallia aux idées de Adler, qui trouvèrent du reste leur plus grand écho aux États-Unis. Par la suite, Freud reçut de nombreux malades et élèves américains qui lui étaient envoyés par ses correspondants, surtout par Jones quand il fut installé au Canada. Pendant la période de famine et d'atroce misère qui, à Vienne, marqua la fin de la première guerre mondiale, cet afflux de clientèle américaine

ne fut rien de moins que le salut : il lui permit de ne pas mourir de faim.

✻✻ Au fond de l'attitude de Freud à l'égard de l'Amérique, il y avait probablement une vieille méfiance envers le puritanisme traditionnel de ce pays, qui le rendait tout à la fois accueillant aux idées freudiennes et dangereux pour les quelques vérités auxquelles Freud tenait par-dessus tout. Logiquement, en effet, la psychanalyse devait surtout réussir là où la morale sexuelle dépassait les limites normales de la rigidité et de l'hypocrisie ; mais d'un autre côté, c'était là aussi qu'elle risquait le plus d'être dénaturée. Bien des années après son voyage, Freud se rendait parfaitement compte de ce qu'il y avait de problématique dans la vogue des idées psychanalytiques en Amérique ; en 1925, par exemple, il écrivait dans son autobiographie :

*La psychanalyse n'a pas perdu de terrain en Amérique depuis notre visite, elle jouit dans le public d'une popularité peu commune et est reconnue par beaucoup de psychiatres officiels comme une partie importante de l'enseignement médical. Malheureusement, là-bas aussi, il y a été mêlé beaucoup d'eau. Plus d'un abus emprunte son nom, avec qui elle n'a rien de commun ; la possibilité y manque de former des analystes quant à la technique et la théorie. Elle se heurte aussi au « Behaviourism », qui, dans sa naïveté, se vante d'avoir entièrement éliminé le problème psychologique*[9]*...*

✻ Ces lignes donnent à penser que Freud ne se fût pas beaucoup réjoui de l'évolution de la psychanalyse américaine qui, même lorsqu'elle se réclame de lui et reste fidèle à sa théorie, sert des fins qu'il n'aurait pas pu souhaiter, vu l'individualisme extrême de sa pensée. Que la thérapeutique psychanalytique qui, dans son esprit comme dans celui de la psychanalyse européenne, a toujours conservé des indications cliniques précises, puisse être appliquée en quelque sorte massivement, en se souciant moins de rendre l'individu à lui-même que de le conformer aux normes sociales, et par là, de le niveler, voilà sans aucun doute qui eût découragé Freud, autant que, de son vivant, l'inquiétaient les diverses déviations subies par son enseignement. Il est vrai qu'il ne se faisait pas d'illusions et que, à l'exception

9. *Ma Vie...*, 82.

de quelques moments, il n'avait guère le sentiment d'être vraiment suivi. C'est pourquoi, si fêté et comblé d'hommages qu'il fût dans sa vieillesse, il ne tira jamais de sa gloire une joie sans mélange. Ce qu'il disait à ce propos en 1920 dans une lettre à Pfister, il est probable qu'il l'a pensé jusqu'à la fin de sa vie :

*C'est vrai, la Cause gagne du terrain partout, mais vous semblez surestimer la joie que j'en retire. Ce que l'analyse peut procurer en fait de satisfaction personnelle, je l'ai déjà eu au temps où j'étais seul, et depuis que d'autres se sont joints à moi, j'ai eu plus d'occasions d'ennuis que de joie. La façon dont les gens prennent la psychanalyse et s'en servent ne m'a pas donné d'eux une meilleure opinion que leur comportement de naguère, quand ils la rejetaient sans la comprendre. Il faut croire qu'à cette époque, une brèche irréparable s'est creusée entre les autres et moi*[10].

* Quelle qu'ait été la déception de Freud en Amérique, il demeure que son voyage marque une étape importante dans la diffusion de ses idées. Cette année 1909 voit du reste un peu partout une sorte d'éveil, ainsi au Canada, sous l'impulsion d'Ernest Jones, et même en Australie, où un pasteur de l'Église presbytérienne de Sydney avait fondé un petit groupe et fait des conférences sur la psychanalyse devant diverses sociétés. Moins chanceux ou moins bien armé qu'Oskar Pfister, le pasteur australien dut donner sa démission en raison de ses « opinions freudiennes ». Vers la fin de la même année, un médecin français, le Pr Morichau-Beauchant de Poitiers, écrivit à Freud une lettre qui constitue la première contribution de la France au mouvement psychanalytique, contribution tout à fait isolée, du reste, qui resta quelques années sans aucune suite. Freud devait être d'autant plus sensible à cette abstention, ou plutôt à cette résistance de la France que ce pays restait lié pour lui à l'image de son maître Charcot comme à l'idée même de la liberté intellectuelle.

*** En 1909, l'absence de Freud et de Jung avait rendu impossible la convocation d'un congrès international, mais l'année suivante, le deuxième congrès eut lieu, à Nuremberg cette fois, avec la participation de membres des principaux pays d'Europe et d'un

10. Pf., 25-12-1920, *ibid.*, 81 et suiv.

délégué américain. Freud songeait déjà depuis quelque temps à resserrer dans une association les liens scientifiques entre les analystes. Il chargea Ferenczi de soulever cette question devant le Congrès, en lui présentant un programme de travail et un plan précis d'organisation. Le programme de Ferenczi, qui proposait Zurich comme siège de la future association et Jung comme président, provoqua des protestations violentes de la part des psychanalystes viennois, que l'orateur avait du reste durement pris à partie. Certaines propositions de Ferenczi visaient à accorder au président des pouvoirs discrétionnaires, un droit de contrôle sur toutes les communications et les articles écrits par les psychanalystes de tous pays. Personne n'était disposé à accepter une pareille dictature, il s'ensuivit des discussions orageuses dont Jones a décrit l'atmosphère et le dénouement :

*Cette attitude de Ferenczi devait par la suite amener de graves dissensions entre analystes américains et européens. Il me fallut des années et bien des efforts pour les apaiser... Naturellement, nul n'était prêt à accepter les propositions les plus outrancières, mais les Viennois, et surtout Adler et Stekel, s'opposèrent avec violence à la nomination des Suisses aux postes de président et de secrétaire, alors que leurs longs et loyaux services, à eux, resteraient dans l'ombre. Quant à Freud, il comprenait l'avantage qu'il y aurait à établir les travaux psychanalytiques sur une base plus large que celle qui pouvait être assurée par les Juifs viennois. Il s'agissait d'en convaincre ses collègues de Vienne. Apprenant que plusieurs d'entre eux tenaient un meeting de protestation dans la chambre d'hôtel de Stekel, il s'y rendit et les adjura de se laisser convaincre. Il mit l'accent sur la violente hostilité dont ils étaient entourés à Vienne et souligna la nécessité de lutter contre elle grâce à un appui extérieur. Puis il déclara, en rejetant son pardessus d'un geste dramatique : « Mes ennemis seraient ravis de me voir mourir de faim ; ils me dépouilleraient même de mes vêtements*[11]*... »*

⁕ Finalement, les choses s'arrangèrent tant bien que mal, pour peu de temps il est vrai, grâce à certaines mesures d'apaisement. L'Association internationale fut créée avec Jung comme président. Pour dédommager les Viennois, Freud consentit a publier une nouvelle revue, à côté du *Jahrbuch* de Jung, dont la direction serait

11. *J Bg.*, tome II, 72 et suiv.

confiée à Alder et à Stekel, les deux têtes principales de la révolte. Enfin, il pensa que le meilleur moyen d'assurer la paix était de s'effacer et de ne plus jouer dans la Société viennoise que le rôle d'un collaborateur ou d'un conseiller scientifique. L'idée qu'il devait quitter le devant de la scène semble l'avoir beaucoup préoccupé pendant ces années où, après avoir été seul, il devait affronter les passions partisanes de ses disciples. Elle prend tout son relief dans une lettre qu'il écrivit à Ferenczi pour commenter ce congrès, ou comme il dit, ce « Reichstag » de Nuremberg, qui mettait fin à l'enfance du mouvement :

*Cher ami, le succès n'est pas douteux. Et pourtant, nous avons été tous les deux les moins favorisés. Il est évident que mon allocution a eu peu de retentissement. J'ignore pourquoi. Elle contenait beaucoup de choses qui méritaient de susciter de l'intérêt. Peut-être ai-je montré ma grande fatigue. Votre chaleureuse plaidoirie a eu l'infortune de provoquer tant de contradictions qu'ils en ont oublié de vous remercier de toutes les suggestions nouvelles que vous leur avez offertes. Toute société est ingrate, tant pis. Mais on peut nous reprocher de ne pas avoir tenu compte de l'effet que tout cela produirait sur les Viennois. Il aurait été facile de négliger entièrement leurs critiques et de les assurer de leur entière liberté scientifique ; de cette façon, nous aurions affaibli leurs protestations. A mon avis, ma longue aversion réprimée à l'égard des Viennois s'est alliée à votre complexe fraternel pour nous rendre peu perspicaces. Maintenant tout va démarrer. J'ai constaté que le moment est venu de mettre à exécution une décision que j'ai prise depuis longtemps. Je vais quitter la présidence du groupe viennois et ne plus occuper de fonctions officielles. Je passerai les pouvoirs à Adler, non que cela me plaise ou que je m'en félicite, mais parce que, après tout, c'est ici la seule personnalité et que, dans cette nouvelle situation, il se sentira peut-être obligé de défendre notre bien commun. Je lui en ai déjà parlé et en informerai les autres mercredi prochain. Je ne crois pas qu'ils en seront navrés. J'assume déjà le rôle ingrat d'un vieillard indésirable et grincheux. Cela me déplaît et je préfère m'en aller de mon propre gré avant que mon départ ne devienne indispensable. Les chefs auront tous le même âge. Ils pourront agir librement et s'entendre entre eux*[12]...

12. Fer., 3-4-1910, *J Bg.*, 73 et suiv.

# 19. LES DISSENSIONS

* Contrairement à l'espoir de Freud, le deuxième Congrès international de Nuremberg, où la fondation de l'Association psychanalytique internationale avait été décidée, n'instaura pas une ère de paix, mais une petite guerre qui dura presque sans interruption quatre années. En passant les pouvoirs à Adler au sein de la Société viennoise, Freud n'avait gagné que de déchaîner les jalousies plus ou moins latentes dans le groupe. Les choses commencèrent de se gâter entre Adler et Stekel, l'un rédacteur en chef, l'autre éditeur de la revue créée au Congrès : le *Zentralblatt für Psychoanalyse*. Adler quitta la rédaction et afficha de plus en plus bruyamment son désir de s'émanciper. Il le fit définitivement au Congrès de Weimar en 1911, et créa un nouveau groupe sous le nom de « Société de psychanalyse libre ». L'année suivante, ce fut le tour de Stekel et, au Congrès de Munich en 1913, celui de Jung et de la plupart des analystes suisses qui l'avaient suivi. Dans son *Histoire du mouvement psychanalytique*, écrite en 1914, Freud commente longuement ces événements qui, par deux fois, avaient menacé l'unité de son œuvre et assombri sa vie au moment même où il pouvait entrevoir le succès :

*La déception que cela me causa aurait été évitable si nous avions été plus attentifs à ce qui se passe chez nos analysés. En effet, je comprenais fort bien que quelqu'un puisse prendre la fuite dès son premier contact avec les désagréables vérités analytiques ; j'avais même toujours soutenu que la compréhension de chacun est entravée par ses propres refoulements, ou plutôt, par les résistances qui les maintiennent, de telle sorte que ses relations avec l'analyse ne dépassent pas un point déterminé, Mais je ne m'étais pas attendu que quelqu'un qui a compris l'analyse jusqu'à un certain degré de profondeur, puisse renoncer à sa compréhension et la perdre. Et pourtant, notre expérience quotidienne des malades nous avait mon-*

*tré qu'une appréhension totale des vérités psychanalytiques peut se produire à partir de n'importe quelle couche profonde où une résistance particulièrement forte est préalablement accrochée ; a-t-on obtenu d'un malade de ce genre qu'il comprenne des portions de savoir analytique et s'en serve comme de son propre bien, il peut encore arriver que, sous l'emprise d'une nouvelle résistance, il envoie promener tout ce qu'il a appris et recommence à se défendre comme à ses plus beaux jours de débutant. Il me restait à apprendre que, dans l'analyse, il en va des psychanalystes exactement comme des malades*[1]...

*** Freud explique donc par les résistances inconscientes des premiers analystes l'histoire tumultueuse de ces quatre années qui devaient laisser le mouvement affaibli, ou à tout le moins, lui ôter en partie le bénéfice de ses succès. Pour dire tout à fait la vérité, il aurait dû ajouter que ses premiers élèves n'avaient pour la plupart qu'une expérience toute intellectuelle de l'analyse et que, lorsqu'ils avaient été analysés, leur traitement avait été trop bref et trop superficiel pour qu'on pût en attendre des résultats durables. Stekel, qui souffrait d'une névrose caractérisée, avait été analysé par Freud pendant quelques semaines, et dans de mauvaises conditions, les deux hommes se connaissant beaucoup trop bien pour que la distance indispensable entre malade et médecin puisse être strictement gardée. Plus tard, quand les notions de résistance, de transfert et de contre-transfert se furent techniquement précisées, il devint évident que la formation de tout analyste, qu'il se tînt lui-même ou non pour névrosé, devrait comporter nécessairement une analyse semblable en tous points à celle des malades. L'obligation de faire une analyse didactique fut alors édictée par tous les Instituts et c'est aujourd'hui une règle absolue. Au début, toutefois, une pareille mesure était inconcevable : Freud ne pouvait poser aucune condition à ces gens inconnus qui venaient courageusement à lui et qui se présentaient naturellement en médecins, non en malades, même quand, au regard de la psychanalyse, leur équilibre psychique ne se montrait pas à toute épreuve. Il semble que les premiers temps, Freud ait analysé ceux de ses jeunes collègues qui le lui demandaient ou en manifestaient le besoin. Pour les autres, ils firent comme tous les étudiants et tirèrent leur savoir des

1. *Zur Geschichte der psychoanal. Bewegung*, *op. cit.*, 91.

livres, autrement dit de l'œuvre de Freud, qui contenait alors toute la matière de leur étude.

* D'autres raisons encore rendaient l'analyse didactique obligatoire d'une application difficile : c'est que les premiers candidats à l'exercice psychanalytique n'étaient plus des jeunes gens, la plupart étaient déjà médecins, d'autres venaient de professions différentes, une analyse didactique telle qu'on la pratique aujourd'hui leur eût imposé un gros sacrifice de temps, d'énergie et, surtout, d'argent, point essentiel pour des gens qui tous sans exception étaient pauvres. Freud lui-même ne fit jamais fortune ; à l'époque où il devait former des élèves, il lui fallait le plus souvent borner son enseignement à des conversations improvisées pendant de longues promenades où le candidat était tout à la fois analysé et instruit dans la théorie. Ces entretiens « socratiques » furent effectivement pendant longtemps le seul mode de formation des futurs analystes. Si passionnants qu'ils fussent, ils ne devaient guère faciliter la rupture du « transfert », autrement dit ce lent détachement de la personne du thérapeute sans quoi aucune analyse n'est jamais vraiment achevée.

** Faute d'une analyse systématique présentant toutes les garanties d'une cure thérapeutique, les adeptes étaient naturellement conduits à une sorte d'activité psychanalytique diffuse qui, dans la vie quotidienne, n'avait pas que des effets heureux. Par un mouvement bien naturel, chacun se sentait plus porté à analyser les autres que lui-même et le faisait du reste avec infiniment plus de clairvoyance ; il s'ensuivait des critiques et des reproches où la vérité analytique remplaçait la morale ordinaire, ce qui ne les empêchait nullement de blesser. Sous couvert de compréhension analytique, bien des jalousies, des antipathies et des haines s'exprimaient franchement, qui, dans d'autres circonstances, eussent pris un tour plus hypocrite et plus poli. Et en définitive, les sentiments puissants qui cimentaient et divisaient en même temps cette communauté d'hommes primitivement fermée se retournaient contre celui qui en était le chef, le maître, et qui, dispensateur de tout savoir et de toute aide, était forcé de jouer au grand jour son rôle paternel.

*** Freud, en effet, ne représentait pas seulement pour ses élèves un savant génial parmi d'autres ayant illustré sa spécialité : il en était le créateur ; sans précédent ni concurrent, il incarnait tout à la fois le passé et l'avenir d'une science inédite, et ceux qui le suivaient devaient attendre de lui non pas seulement un enrichissement de leurs connaissances, mais jusqu'à la moindre bribe de leur savoir. Cet état de choses n'avait pas que des conséquences morales, il entraînait aussi une étroite dépendance matérielle, puisque les premiers psychanalystes n'avaient pas d'autre source de clientèle que les malades envoyés par le maître. Les plus ambitieux d'entre eux pouvaient craindre aussi de voir leur chemin à jamais barré par cet homme à qui ils devaient tout et qui, par là même, les ensevelissait sous son ombre.

* * Freud ne s'appesantit pas sur ce point épineux dans son *Histoire du mouvement*, il rapporte néanmoins un mot révélateur d'Adler, que d'autres, par la suite, eussent pu également prendre à leur compte :

*J'ai le droit de parler publiquement des motivations personnelles qui l'ont conduit à ses travaux, puisqu'il les a exprimées lui-même en présence de quelques membres du groupe viennois :* « Croyez-vous donc que ce soit un si grand plaisir pour moi de passer la vie entière dans votre ombre ? » *Or, je ne vois rien de répréhensible à ce qu'un jeune homme reconnaisse ouvertement l'ambition en quoi l'on verrait de toute façon l'un des moteurs de son travail. Mais même sous l'empire d'un pareil motif, on devrait pouvoir éviter d'être ce que les Anglais, avec leur subtil tact social, appellent* unfair, *et pour quoi les Allemands ne disposent que d'un terme infiniment plus grossier. A quel point Adler a mal su l'éviter, on le voit à la foule de méchancetés mesquines qui défigurent ses travaux, comme à cette rage de priorité qu'ils trahissent. Un jour, nous l'entendîmes dire au cours d'une séance de la Société qu'il réclamait la priorité des notions « d'unité » et de « conception dynamique » des névroses. Ce fut pour moi une grande surprise, car j'avais toujours cru que ces deux principes étaient représentés par moi, bien avant que j'eusse connu Adler*[2]...

* * * L'autorité écrasante de Freud n'était pas la seule cause de conflit et de malaise, il y avait aussi son amour, qui se portait inégalement sur ses élèves et, en cela encore, rappelait de trop près l'amour paternel. Ainsi, il avait de l'estime pour les qualités intellec-

2. *Ibid.*, 94 et suiv.

tuels d'Adler, mais il jugeait l'homme maussade et ennuyeux et ne se sentait nullement attiré par lui. En revanche, il ne faisait pas mystère de sa vive inclination pour Jung, et, pendant de longues années, il montra à l'endroit de Rank et de Ferenczi, par exemple, une affection, une sollicitude, une tendresse même qui contrastaient fort avec la dureté dont il pouvait être capable envers d'autres élèves non moins doués, et parfois plus fidèles. Otto Rank qui, sur le conseil de Freud, avait fait des études tardives, n'exerça jamais la psychanalyse à Vienne, et comme il était extrêmement pauvre, personne ne sut jamais très bien de quoi il vivait. Il est probable que Freud, à l'insu de tous, l'aidait souvent de ses deniers, Ernest Jones soupçonne même qu'un jour il lui offrit un voyage en Grèce. Quant à Ferenczi, le seul qu'il eût introduit dans sa famille et qui l'accompagnait régulièrement dans ses voyages de vacances, il le traitait comme une sorte de fils adoptif et lui avoua même un jour qu'il avait espéré lui voir épouser sa fille aînée. S'autorisant de ces liens étroits, Ferenczi de son côté exigeait de Freud un amour total, une confiance et une sincérité de tout instant. Cette exigence démesurée montrait clairement son caractère infantile ; elle gâta souvent les vacances des deux hommes et provoqua bien des petits drames que Freud s'efforçait ensuite d'apaiser. En 1910, à la suite d'un voyage en Sicile où Ferenczi s'était senti très malheureux, Freud lui écrivit une lettre émouvante, qui éclaire l'aspect le moins connu de ses relations avec ses disciples :

*Cher ami, votre lettre m'a opportunément rappelé que je suis la même personne qui cueillait des papyrus à Syracuse, se chamaillait à Naples avec le personnel du train et achetait des antiquités à Rome. Mon identité est maintenant rétablie. Elle est remarquable, cette tendance à quoi l'on cède si facilement d'isoler ses diverses personnalités.*

*Vous me croirez si je vous dis que je ne pense à votre présence à mes côtés qu'avec des sentiments de chaleureuse sympathie, bien que vous m'ayez souvent fait de la peine en vous montrant déçu et que, à maint égard, j'aurais aimé vous voir autrement. Votre déception vient sûrement de ce que vous vous attendiez à nager dans une excitation intellectuelle ininterrompue, alors que rien ne m'est plus odieux que la pose et que, précisément par une attitude contraire, il m'arrive souvent de me laisser aller. Ainsi, je me suis probablement conduit la plupart du temps comme un vieux monsieur tout à fait ordinaire, dont vous pouviez mesurer avec étonnement tout ce qui le sépare de l'idéal de votre imagination. D'un autre côté, j'aurais souhaité que vous sortiez de votre rôle infantile, que vous preniez place à mes côtés en égal, ce que vous n'avez pas pu faire, et puis, à un point de vue pratique, que vous vous acquittiez plus sérieusement du petit bout de tâche qui consistait à vous orienter dans le temps et dans l'espace. Mais vous étiez inhibé et perdu dans votre rêve*[3]*...*

* Ferenczi, qui éprouvait pour Freud la même passion dévorante qu'il vouait à son propre père et qui, vingt ans plus tard, devait le conduire à de malheureux changements dans la technique psychanalytique, ne fut nullement apaisé par cette explication bienveillante. Dans une seconde lettre, Freud décida alors de lui parler plus franchement :

*Il est étonnant de voir combien il vous est plus facile de décrire votre caractère dans une lettre que de vive voix. Je connaissais naturellement une grande partie — la plus grande — de ce que vous m'écrivez et il faut maintenant que je vous donne quelques explications. Pourquoi je ne vous ai pas grondé afin d'ouvrir la voie à une compréhension mutuelle ? C'est parfaitement exact, je me suis montré faible. Je ne suis pas le surhomme que vous avait présenté votre imagination et je n'ai pas non plus surmonté mon contre-transfert*[4]*. Il m'a été aussi impossible de vous traiter de cette façon que d'agir ainsi envers mes fils, parce que je les aime trop et qu'ils m'auraient fait pitié.*

*Vous avez non seulement observé, mais également compris, que* je n'éprouve plus *le besoin de révéler complètement ma personnalité et vous l'avez fort justement attribué à une raison traumatisante. Depuis l'histoire de Fliess, qu'il m'a fallu liquider récemment, comme vous le savez, ce besoin n'existe plus pour moi. Une partie de l'investissement homosexuel a disparu et je m'en suis servi pour élargir mon propre moi. J'ai réussi là où le paranoïaque échoue.*

3. Fer., 2-10-1910, *Br.*, 281 et suiv.
4. Le « contre-transfert » est l'ensemble des réactions affectives, inconscientes tant qu'elles n'ont pas été analysées, du psychanalyste à l'égard de son patient, à l'intérieur de la situation analytique. L'analyse du « contre-transfert » qui, comme le « transfert » du malade est une reviviscence d'affects infantiles et, partant, irrationnels, est une partie très importante de la tâche du thérapeute.

*En outre, vous devez savoir que je me suis senti moins bien et que j'ai souffert de mes troubles intestinaux plus que je n'ai voulu l'avouer. Je me dis souvent moi-même que celui qui ne peut régenter son* Konrad[5] *ne devrait pas voyager. C'est là qu'aurait dû jouer la sincérité, mais vous ne me paraissiez pas être assez stable pour éviter d'être par trop inquiet à mon sujet.*

*Quant au déplaisir que vous m'avez causé et qui implique une certaine résistance passive, il sera soumis aux modifications que subissent généralement les souvenirs de voyage : on les épure. Les petits désagréments fuient de la mémoire et ce qui a été beau demeure au compte du plaisir intellectuel.*

*Il était visible que vous me soupçonniez d'avoir de grands secrets et que vous étiez curieux de les connaître : réaction infantile facile à déceler. De même que je vous ai tout dit en ce qui concerne les sujets scientifiques, de même je ne vous ai guère dissimulé les faits* personnels. *A l'époque en question, mes rêves, comme je vous l'ai fait comprendre, étaient entièrement remplis de Fliess, ce qui, vu la situation, pouvait difficilement vous être sympathique... Ainsi, en considérant les faits de plus près, vous trouverez qu'il n'y a pas entre nous autant de questions à trancher que vous l'imaginiez peut-être au début... Maintenant, je vous en prie, tournez plutôt votre attention vers le présent*[6]*...*

*** Il est fort dommage que la correspondance de Freud avec ses élèves les plus proches n'ait pas été intégralement publiée. Elle seule ferait comprendre les causes obscures de ces crises qui secouèrent la psychanalyse pendant presque toute son histoire et assombrirent encore la vieillesse de Freud, torturée par la maladie. Assurément, il fallait être fort pour rester tout à la fois aimant et libre en face de cet homme imposant qui contenait en lui tant d'éléments contradictoires. Certains, comme Ernest Jones et Karl Abraham, réussirent à faire une œuvre personnelle tout en gardant avec lui des relations

5. Expression fréquente dans les lettres de Freud, qui l'empruntait à *Imago*, roman de l'auteur suisse Karl Spitteler, où elle personnifie l'intestin et ses fonctions. La célèbre revue *Imago* tire son nom de ce roman dont les thèmes se rapprochent étonnamment des thèmes œdipiens décrits par la psychanalyse. Hanns Sachs, rédacteur de la revue avec Otto Rank et lui-même écrivain, était un fervent admirateur de Karl Spitteler.
6. Fer..., 6-10-1910, *J Bg.*, tome II, 87 et suiv.

harmonieuses et saines. D'autres échangèrent leur indépendance contre une soumission aveugle à ses vues. Quelques-uns réclamèrent à grand bruit leur émancipation et finirent par le quitter. Enfin, d'autres encore tâchèrent de vivre auprès de lui le drame quotidien de l'amour et de la révolte, au risque d'aggraver leur mal et de sombrer tout à fait.

** Les solutions, ici, dépendaient de l'organisation psychique et intellectuelle, et même de la situation sociale de chacun. Les Juifs, sensibles à toute contrainte et traditionnellement très dépendants des liens familiaux, avaient probablement la part la plus difficile ; les Anglais, avec ce « subtil tact social » dont parle Freud, surent généralement trouver une solution élégante ; ceux des Suisses qui ne suivirent pas Jung restèrent attachés à Freud avec autant de bon sens que de sérénité. De toute façon, Freud ne pouvait guère influencer leur choix par ses actes ou ses décisions : il était destiné à provoquer et à essayer sur sa propre personne toutes les solutions de compromis, bonnes ou mauvaises, saines ou morbides, par quoi les *fils* tentent depuis toujours de se libérer.

* On aurait tort de s'étonner que, parmi les analystes de la première génération, il y eût tant de gens mal équilibrés, mal adaptés aux nécessités sociales ou même atteints de graves troubles psychiques. Qui donc aurait pu pressentir l'urgence et la portée de la révolution freudienne, sinon des hommes ayant une expérience intime de la souffrance ? S'il n'est pas vrai, comme le veut le jugement populaire, que tous les psychiatres soient fous, du moins ont-ils un lien spécial avec la maladie, qui justifie en grande partie leur vocation. La psychanalyse offrait tout à la fois une issue et un extraordinaire aliment intellectuel à des esprits doués n'ayant pas su ou pas pu employer leurs dons ; ou encore à des êtres passionnés et fragiles qui y voyaient une chance d'échapper à leur destin. Son histoire en a été tragiquement marquée, non seulement par ces crises qui, vues du dehors, pouvaient paraître puériles, mais encore par le suicide et la folie.

** Dès sa jeunesse, Freud avait vécu dans un milieu où les troubles mentaux et la maladie, la tuberculose surtout, entretenaient une atmosphère tragique. Son ami Paneth était mort à la fleur de l'âge, il avait vu le lent supplice d'Ernst von Fleischl, un de ses camarades d'hôpital s'était suicidé presque sous ses yeux[7] et tout cela l'avait profondément bouleversé, ravivant en lui la pensée de la mort qui ne le quittait pas et finit par trouver une place centrale dans sa doctrine. Par la suite, il y eut le suicide de plusieurs de ses élèves, celui du psychanalyste suisse Honegger ; d'Otto Gross, un jeune homme de Graz, dont les travaux montraient un esprit extrêmement brillant ; de Viktor Tausk, l'un des hommes en qui la psychanalyse a sûrement le plus perdu. Enfin, il dut assister à la lente évolution qui conduisit Otto Rank à la folie, puis, quelques années plus tard, à l'effondrement tragique de Ferenczi, le seul ami qu'il eût vraiment trouvé parmi ses disciples. Otto Rank semble n'avoir pas pu surmonter l'épreuve de la première guerre mondiale, tout comme Gross et Tausk, qui se tuèrent à la fin des hostilités. Notons que ses derniers ouvrages, en particulier *Le Traumatisme de la naissance* qui s'écartait considérablement de la ligne freudienne et provoqua la rupture des deux hommes, témoignent d'une pensée vigoureuse, nullement atteinte par la maladie. Quant à Ferenczi, il mourut avant que ses spéculations audacieuses et du reste passionnantes n'aient amené Freud à se séparer de lui.

*** Il serait tout à fait injuste de réduire les discordes psychanalytiques à des causes purement psychologiques, de surcroît en grande partie inconscientes. Freud lui-même n'allait pas si loin, et bien qu'il se sentît secrètement visé par les plus grosses déformations théoriques, il ne déniait pas aux différends la valeur d'un débat d'idées. En fait, la psychanalyse avait rapproché des hommes de goût, de tempérament et de formation si divers et parfois si opposés que leur mésentente était d'emblée prévisible. Entre Adler et Jung, par exemple, il n'y avait absolument rien de commun. Adler venait d'un milieu intellectuel où dominaient les préoccupations politiques. Sa femme, d'origine russe, était très liée avec Trotski et les chefs révolutionnaires émigrés. Lui-même animait un petit groupe de psychanalystes socialistes qui, du reste, quittèrent tous la Société viennoise en même temps que lui. Il est certain que sa « psychologie individuelle », fondée sur la primauté du Moi et du conscient, reflétait

7. Cf. M., 16-9-1883, *Br.*, 57-64, où Freud se montre bouleversé par le suicide de Nathan Weiss, son confrère et ami. Cette lettre est intéressante parce que Freud y décrit longuement l'histoire familiale et la situation affective du jeune homme, d'une façon qui anticipe vaguement quelques-unes de ses futures idées.

bien ses convictions politiques, tout comme la théorie nietzschéenne de la puissance qu'il finit par installer dans son édifice.

* Jung, de son coté, était aussi étranger que possible à toutes les questions sociales, son intérêt allait depuis toujours à l'ésotérisme, aux phénomènes occultes et religieux, au problème général du symbolisme. Il est probable que dès le début, il ne concevait pas la psychanalyse comme une fin, mais comme un moyen qu'il fallait faire servir à de plus vastes synthèses. Sa théorie ultérieure de *l'inconscient collectif* et des *archétypes* le montre fidèle à lui-même sur ce point.

* * En somme, après une brève rencontre sous le drapeau freudien, les deux chefs dissidents continuèrent chacun leur chemin, qui en fait ne s'était jamais croisé. Freud n'en eût peut-être pas été aussi affecté si l'un et l'autre n'eussent présenté leur dissidence comme un progrès pour la psychanalyse et, chose pénible vu sa susceptibilité aux questions d'âge, une victoire de leur jeunesse. C'est en grande partie pour protester contre cette prétention qu'en 1914, il écrit l'*Histoire du mouvement psychanalytique*, où il met en balance les innovations revendiquées par les deux doctrines et ce qu'elles apportent de vraiment neuf et d'utile.

*Les deux tendances rétrogrades qui s'écartent de la psychanalyse et que je veux maintenant comparer ont ceci de commun qu'elles sollicitent un préjugé favorable en affirmant certains points de vues élevés, pour ainsi dire* sub specie aeternitatis. *Chez Adler, ce rôle est joué par la relativité de toute connaissance et le droit de toute personnalité à élaborer individuellement et artistiquement la matière du savoir ; chez Jung, on en appelle au droit historique et culturel de la jeunesse de rejeter les chaînes dont une vieillesse tyrannique figée dans ses idées voudrait la charger. Ces arguments demandent quelques mots de réfutation. La relativité de notre connaissance est une considération qu'on pourrait opposer à n'importe quelle science autant qu'à la psychanalyse. Elle provient de courants réactionnaires actuels dont on connaît l'hostilité à la science, elle veut se donner une apparence de supériorité qui ne nous revient pas de droit. Personne d'entre nous ne peut prévoir le jugement définitif de l'humanité sur nos efforts théoriques. On a des exemples montrant que le refus de trois générations peut être corrigé et transformé en acceptation par les générations suivantes. Il ne reste rien d'autre à l'individu que de représenter de toutes ses forces les convictions qu'il s'est faites en s'appuyant sur l'expérience, après avoir prêté une oreille attentive à la voix de sa propre critique comme à celle de ses adversaires. Qu'on se contente donc de mener honnêtement son affaire, sans s'arroger ce droit de juger qui appartient à un lointain avenir*[8]...

** Après avoir noté que les idées d'Adler sur la relativité des vérités scientifiques ne sont prises au sérieux ni par Adler, ni par ses partisans, qui le célèbrent comme le Messie, Freud examine l'argument de Jung sur la révolte libératrice de la jeunesse :

*L'argument jungien* ad captandam benevolentiam *repose sur une condition préliminaire vraiment par trop optimiste : celle que le progrès de l'humanité, de la culture, du savoir, s'accomplit toujours selon une ligne continue. Comme s'il n'y avait jamais eu d'épigones, de réactions et de restaurations après chaque révolution, comme s'il n'arrivait jamais qu'une époque fasse marche arrière et renonce ainsi à l'acquis d'une génération précédente. Le ralliement au point de vue de la masse, l'abandon d'une innovation jugée désagréable, rendent tout à fait improbable que le correctif jungien de la psychanalyse puisse se faire passer pour un acte libérateur de la jeunesse. Après tout, ce n'est pas l'âge de celui qui agit, mais le caractère de l'acte qui emporte ici la décision*[9]...

*** Cherchant ce qui reste d'authentiquement psychanalytique dans les deux théories dissidentes, Freud constate que celle d'Adler se fonde entièrement sur l'instinct d'agression et, ne faisant plus aucune place à l'amour, devrait repousser au lieu d'attirer le public. Qu'une conception du monde aussi désolante trouve des partisans prouve une fois de plus que l'humanité écrasée par ses propres besoins sexuels consent à n'importe quelle construction qui lui permette de les surmonter. Il faut pourtant reconnaître à la doctrine d'Adler plus de poids qu'à la *modification* jungienne, laquelle fournit un bon pendant au couteau de Lichtenberg, qui est sans lame et auquel il manque le manche. Jung a changé la lame du couteau et lui a mis un

8. *Geschichte...*, 103 et suiv.
9. *Ibid.*, 105 et suiv.

autre manche, mais comme il a gardé la marque de fabrication, il prétend toujours qu'il s'agit du même objet :

*Des deux mouvements dont je traite ici, celui d'Adler est sans aucun doute le plus important ; radicalement faux, il a cependant pour lui sa logique et sa cohérence. Et puis, il reste malgré tout fondé sur une théorie de l'instinct. En revanche, la modification de Jung a complètement disloqué le lien des phénomènes avec la vie instinctive. Elle est en outre, comme ses critiques l'ont constaté, si obscure et embrouillée qu'il n'est pas facile d'adopter une attitude à son égard*[10]*. Par quelque côté qu'on la prenne, il faut s'attendre au reproche de l'avoir mal comprise, et l'on ignore ce qu'il faut faire pour la comprendre correctement. Elle même se présente d'une façon étonnamment flottante, tantôt comme « une déviation tout à fait anodine, qui ne mérite pas tant de tapage », tantôt comme un message de salut inaugurant une nouvelle ère pour la psychanalyse, voire une nouvelle conception du monde pour toutes les autres... Il faut toutefois concéder que les représentants des nouvelles doctrines se trouvent dans une situation difficile. Ils combattent maintenant des choses qu'ils défendaient eux-mêmes autrefois, et cela non pas en vertu de nouvelles observations qui les eussent instruits, mais par suite de changements d'interprétation qui leur font voir les choses autrement qu'ils ne les voyaient jusque-là. C'est pourquoi ils ne veulent pas rompre leurs liens avec la psychanalyse, à laquelle ils doivent leur notoriété, ils préfèrent proclamer que c'est la psychanalyse qui a changé... De même que la recherche adlérienne a apporté quelque chose de nouveau à la psychanalyse — une contribution à la psychologie du Moi — et a voulu se faire payer ce cadeau beaucoup trop cher en rejetant tous les principes analytiques fondamentaux, de même Jung et ses partisans ont commencé la lutte contre la psychanalyse en lui offrant une nouvelle acquisition. Ils ont montré dans le détail (en quoi Pfister les avait d'ailleurs précédés) comment le matériel des images sexuelles issues du complexe familial et du choix incestueux est employé à la représentation des plus hauts intérêts éthiques et religieux de l'homme. Autrement dit, ils ont éclairé un cas significatif de sublimation des pulsions érotiques. Ceci se trouvait en concordance parfaite avec les implications de la psychanalyse et eût parfaitement pu se concilier avec l'idée que le rêve et la névrose montrent*

10. *Ibid.*

*la dissolution régressive de cette forme de sublimation comme de toutes les autres. Seulement, dans ce cas, le monde eût poussé les hauts cris parce qu'on sexualisait l'éthique et la religion ! Pour une fois, je ne peux pas éviter de penser en* « finaliste[11] »... *et d'admettre que les découvreurs ne se sentaient pas de taille à affronter cette tempête d'indignation. Peut-être aussi commençait-elle à gronder dans leur poitrine. La préhistoire théologique de beaucoup de Suisses est aussi peu indifférente pour leur position à l'égard de la psychanalyse que le passé socialiste d'Adler pour l'évolution de sa psychologie. Cela fait penser à l'histoire célèbre où Mark Twain raconte les destinées de sa montre, et à l'ébahissement sur quoi elle prend fin : « And he used to wonder what became of all the unsuccessful tinkers, and gunsmiths, and shoemakers, and blacksmiths ; but nobody could ever tell him*[12]. »

✳ On sent dans tout ce texte important combien Freud s'irrite lui-même de devoir descendre à la polémique. Quoiqu'il s'efforce au calme et à l'équité, il ne parvient pas toujours à dissimuler son amertume. C'est que la défection de Jung, bien plus encore que celle d'Adler, lui a porté un coup dont, en 1914, il ne sait pas lui-même si la psychanalyse se relèvera tout à fait. Il conclut néanmoins sur un ton optimiste, moins, semble-t-il, pour exprimer sa propre certitude que pour maintenir la loi dans ses propres rangs.

*On inclinera peut-être à craindre que cette défection de Jung ait des suites plus désastreuses que d'autres pour le destin de la psychanalyse parce qu'elle est le fait de personnalités qui ont joué un grand rôle dans le mouvement et ont contribué pour une large part à ses progrès. Je ne partage pas cette crainte.*

*Les hommes sont forts tant qu'ils représentent une idée forte ; ils deviennent impuissants quand ils s'y opposent. La psychanalyse surmontera cette perte et gagnera d'autres partisans en échange de ceux-ci. Pour conclure, je ne puis formuler qu'un souhait : puisse le*

11. C'était un point de désaccord avec l'école de Jung, qui reprochait à Freud de raisonner trop exclusivement d'une manière « causale », en négligeant les « buts » à quoi tend naturellement le comportement humain. Pour l'école suisse, la névrose même avait une finalité dont la thérapeutique devait tenir compte.

12. *Ibid.*, 106 et suiv.

*destin accorder une ascension commode à tous ceux qui se sont sentis mal à l'aise dans les bas-fonds de la psychanalyse. Quant aux autres, qu'il leur soit permis de poursuivre tranquillement jusqu'à la fin leur travail dans les profondeurs*[13].

13. *Ibid.*, 112 et suiv.

# 20. LES EXPOSÉS CLINIQUES

* Dans *Un souvenir d'enfance de Léonard de Vinci*, Freud propose d'expliquer le destin singulier du peintre par un conflit en grande partie inconscient entre l'art et la science, d'où l'art ne sortit pas victorieux, mais partiellement nié et détruit. Qu'il y ait là une allusion à un trait personnel, on pencherait à le croire en considérant que Freud s'analyse bien souvent lui-même à travers les grandes figures qu'il prend pour objet, et qu'il pouvait réellement trouver un conflit analogue à l'origine même de son œuvre.

** Pour le savant que Freud était et voulait être, le conflit avait pris nécessairement une forme très atténuée. Il n'y avait pas là en effet deux vocations nettement et également affirmées, mais d'un côté, un idéal scientifique de vérité et de rigueur qui s'était formé dès sa jeunesse, et d'autre part, un besoin de s'exprimer esthétiquement, de donner libre cours à son imagination que son milieu, sa formation, et probablement de fortes interdictions intérieures, l'avaient très tôt conduit à réprimer. Moralement et intellectuellement parlant, Freud devait naturellement donner le pas à la science, vers laquelle il se sentait vraiment appelé.

Très souvent, plus qu'il n'y était tenu peut-être, il rappela qu'il n'avait aucune compétence dans le domaine prestigieux de la création artistique, où seules les nécessités de la recherche le poussaient à entrer. Mais l'insistance de ses dénégations sur ce point, la nostalgie que lui inspiraient visiblement les dons du romancier ou du poète permettent de penser que l'art restait pour lui un point sensible[1], quelque chose comme un ancien regret. Des sentiments de ce genre s'expriment dans toute son œuvre de façon plus ou moins voilée, on en trouve l'écho dans une lettre à Arthur Schnitzler, l'écrivain

1. Cf. lettres à Fliess sur *La Science des rêves*, infra chap. 9.

viennois dont l'œuvre faisait scandale un peu à la façon de la sienne et qui, plus tard, devint son ami :

*Depuis de nombreuses années, je suis conscient de l'accord extrêmement étendu qui existe entre mes idées et votre conception de certains problèmes psychologiques et érotiques ; tout récemment, j'ai même trouvé le courage d'en parler ouvertement (*Fragment d'une analyse d'hystérie *— 1905). Souvent, je me suis demandé avec étonnement d'où vous teniez cette connaissance secrète que j'ai dû acquérir par une étude laborieuse de mon objet, et finalement, j'en suis venu à envier le poète à qui, autrement, je donnais mon admiration...*

*Maintenant, vous pouvez imaginer quel plaisir, quelle exaltation j'ai puisés dans votre lettre, où vous me dites que vous aussi, vous vous êtes senti stimulé par mes écrits. Je suis presque blessé d'avoir dû attendre jusqu'à l'âge de cinquante ans pour connaître un pareil honneur*[2]*...*

* * * Nous reviendrons plus longuement sur ce conflit inavoué, et à ses propres yeux peut-être inavouable, que Freud résolut par un compromis original entre la littérature et la science, en allliant à la véracité exigée par sa tâche les dons d'imagination et de style dont il se savait favorisé, sans toutefois oser les revendiquer pleinement. Le jugement qu'il portait sur ses propres écrits était en grande partie déterminé par le degré de réussite de ce compromis qui, vu la nature de ses travaux, était inégalement réalisable dans les différentes parties de son œuvre et de ce fait, ne le laissait pas toujours satisfait. D'une manière générale, ses préférences allaient à ceux de ses livres dont les qualités littéraires sont effectivement sensibles, même à un public peu familiarisé avec ses idées. Ainsi, il jugeait gracieuse son étude sur la *Gradiva* de Jensen, et c'est probablement parce qu'il les sentait littérairement très réussis qu'il aimait ses travaux sur Léonard de Vinci et sur le *Moïse* de Michel-Ange, bien que, par une timidité dont ses détracteurs ne le croyaient sûrement pas capable, il n'ait pas osé d'abord publier ce dernier sous son nom. En revanche, nous l'avons vu, il critiquait sévèrement la pesanteur et la maladresse de certains passages de *La Science des rêves*, où la synthèse de ses deux exigences principales lui semblait avoir échoué.

2. Lettre à Arthur Schnitzler, 3-5-1906, *Br.*, 249.

✻✻ La joie d'écrire que Freud connaissait au plus haut point, il est probable qu'il la trouvait moins dans ses écrits purement théoriques que dans ses observations cliniques et dans cette part très large de ses travaux qui ne ressortissaient pas à la métropole psychanalytique, mais, comme il le disait en plaisantant, à ses lointaines colonies. Ses plus belles pages sont en effet celles qu'il a consacrées à Léonard de Vinci, à Goethe, à Shakespeare, au *Moïse* de Michel-Ange, et tout à la fin de sa vie, au Moïse vivant de la Bible. Là, il est vraiment l'écrivain que ses contemporains les plus notoires se sont plus à honorer en lui conférant le Prix Goethe, une haute distinction littéraire qui devait réparer l'injustice à son endroit des milieux savants. Et il justifie ce qu'un autre grand savant lui-même artiste, Einstein, disait dans une lettre de l'ensemble de son œuvre :

*Je vous remercie cordialement de m'avoir envoyé votre nouvel ouvrage, qui naturellement m'intéresse beaucoup. Votre conception, selon laquelle Moïse aurait été un noble égyptien appartenant à la classe cléricale, a beaucoup de pouvoir de conviction, de même ce que vous dites du rite de la circoncision. Je ne peux naturellement pas juger des motifs proprement religieux de votre analyse.*

*J'admire tout particulièrement les dons d'écrivain qui se manifestent dans votre travail, comme dans tous vos écrits. Je ne connais pas un seul contemporain de langue allemande qui ait aussi magistralement traité ses sujets. J'ai toujours regretté qu'un non spécialiste n'ayant pas l'expérience des malades soit à peu près hors d'état de se former un jugement sur la vérité contenue dans la plupart de vos livres. Mais, après tout, il en va ainsi de toutes les œuvres scientifiques. On peut déjà s'estimer heureux quand les constructions intellectuelles vous sont accessibles*[3]*...*

✻✻✻ Les éloges d'Einstein devaient flatter Freud, mais plus encore peut-être le fâcher, car la réussite littéraire, si fort qu'il y tînt, n'était pas son premier objectif et ne pouvait le consoler de n'être pas compris. Il demeure qu'elle lui a gagné une bonne part du public cultivé qui, autrement, se fût malaisément ou plus lentement frayé un chemin vers ses idées.

✻ Le talent de Freud, qui offre au lecteur ce qu'il appelle dans

3. *J Bg.*, Band III (édition allemande), 286 et suiv.

sa psychologie une « prime de plaisir », profite surtout à ceux de ses ouvrages où les considérations théoriques peuvent s'insérer dans un récit, autour d'une figure centrale dont l'analyse dévoile peu à peu les traits. C'est le cas des histoires de malades que Freud transcrit à mesure de son expérience depuis les *Études sur l'hystérie* et dont certaines forment aujourd'hui dans tous les instituts le premier manuel des étudiants. Les héros de ces histoires — Dora, le petit Hans, l'Homme aux Rats, le président Schreber, l'Homme aux Loups — sont connus et cités communément à l'égal des personnages les plus célèbres de la littérature romanesque. A juste titre, car Freud les a dépeints avec cette chaleur humaine, ce sentiment de solidarité qui sont la marque du vrai romancier et qu'on ne rencontre pas trop souvent dans les traités de psychiatrie. Si la littérature et la psychanalyse ont quelque chose en commun, c'est bien cet intense pouvoir d'identification grâce à quoi les malades de Freud sont devenus des figures émouvantes, aujourd'hui encore vivantes et vraies.

* * En fait, ces cinq personnages n'étaient pas tous des malades de Freud : le petit Hans avait été psychanalysé par son propre père, le président Schreber était tout à fait étranger à la psychanalyse et Freud ne le connaissait que par le livre surprenant qu'il avait écrit sept ans auparavant sur sa maladie. Le seul qui eût subi une longue analyse était l'Homme aux Loups, ainsi nommé à cause du célèbre rêve des sept loups qui permit à Freud d'étudier après coup une grave névrose infantile. L'Homme aux Loups suscita un tel intérêt dans les milieux psychanalytiques qu'il en conçut un immense orgueil : au cours d'une rechute, il prétendit être le fils préféré de Freud, son héritier et l'unique malade dont Freud eût publié le cas.

* Outre leur valeur clinique considérable, *Le Président Schreber* et *L'Homme aux Loups* ont ceci de particulier qu'ils reflètent l'évolution de la pensée de Freud à un moment où les conflits dont nous avons parlé l'obligent tout à la fois à élargir le cercle de ses préoccupations et à maintenir l'unité de son mouvement. Jung, en 1910, lui avait fait connaître l'autobiographie de Schreber, publiée sous le titre de *Mémoires d'un névropathe*. C'est donc sous l'influence de son élève que, pour la première fois, il empiète sur le domaine propre de la psychiatrie en abordant les problèmes insurmontables posés par les psychoses, schizophrénie et paranoïa. Mais Jung avait sur le cas de Schreber des vues personnelles que l'analyse de Freud fut bien loin

de corroborer. Il ne le dissimula pas, et même laissa paraître en partie son désaccord dans *Les Métamorphoses et symboles de la libido*[4], publiées à peu près à la même époque. Ce fut, encore à demi cachée, la première cause sérieuse de différend entre les deux hommes, du moins en ce qui touche leurs conceptions scientifiques.

*** *Le Président Schreber* n'avait pourtant pas un caractère polémique. En 1911, en effet, Freud croyait encore pouvoir aplanir les difficultés doctrinales qui surgissaient çà et là entre lui et les psychiatres suisses. Il n'en va plus de même pour *L'Homme aux Loups* qui, écrit et composé en 1914-1915, c'est-à-dire après le départ des principaux dissidents, put servir d'argument contre les deux écoles adverses, désormais indépendantes. Ayant eu la chance de reconstituer, grâce au fameux rêve des loups, la névrose infantile dont avait souffert le malade adulte, Freud pensait réduire à néant les attaques violentes de Jung et d'Adler contre son étiologie des névroses. Le principal de sa démonstration reposait sur cette particularité décisive que le malade n'avait pas fait son rêve pendant la cure, mais à l'âge de quatre ans, après que son grand-père lui eut conté le Loup et le Tailleur, l'un des nombreux contes de Grimm où le loup tient un rôle. Ce souvenir, que le malade illustrait par un dessin, paraissait d'autant plus propre à emporter la conviction qu'il était lié à d'autres faits biographiques. Quelques années plus tard, cependant, Otto Rank en contesta l'exactitude, laissant entendre qu'en prenant le rêve des loups pour un rêve d'enfant, alors que le malade l'avait sans doute fait pendant l'analyse, Freud s'était montré ou de mauvaise foi ou crédule. Ainsi le cas de L'Homme aux Loups, écrit dans une intention polémique, fut l'enjeu d'âpres disputes et se trouva mêlé à une nouvelle rupture.

** Pour étudier le cas de Schreber, Freud ne disposait que des *Mémoires d'un névropathe* publiées par le malade, où manquaient presque complètement les antécédents personnels et les données biographiques détaillées. En 1885, Schreber avait fait un séjour dans la clinique psychiatrique du Pr Flechsig à Leipzig et en était sorti complètement guéri, plein de gratitude et d'affection pour son médecin. Les troubles, apparemment névrotiques, avaient été qualifiés d'hypocondrie.

4. C. G. Jung : *Métamorphoses et symboles de la libido*, trad. L. de Vos, Paris Éditions Montaigne, 1932.

✻ Neuf ans plus tard, peu après avoir été nommé président de la Cour d'appel de Dresde, Schreber retomba malade et cette fois beaucoup plus gravement. Il fut soigné pendant six ans et recouvra la santé, à part quelques idées délirantes auxquelles il resta fixé. Malgré les pressions exercées sur lui, il avait tenu à publier ses *Mémoires*, en avançant des raisons que Freud reprit à son compte pour justifier sa propre publication :

*Il est possible que le Dr Schreber vive encore à ce jour et ait abandonné le système délirant dont, en 1903, il s'était fait l'avocat, au point d'être froissé par mes observations sur son livre. Mais... je puis en appeler à ses propres arguments, aux arguments que* cet homme d'un niveau intellectuel si élevé, possédant une acuité d'esprit et un don d'observation peu ordinaires (a) *opposait à ceux qui s'efforçaient de le détourner de publier ses* Mémoires : « Je ne me suis pas dissimulé les scrupules qui semblent s'opposer à une publication ; il s'agit en effet des égards dus à certaines personnes encore vivantes. D'un autre côté, je suis d'avis qu'il pourrait être important pour la science et la reconnaissance des vérités religieuses que, de mon vivant encore, il soit possible de se livrer à des observations sur mon corps et sur tout ce qui m'est arrivé, et que ces observations soient faites par des hommes compétents. Au regard de ces considérations, tout scrupule d'ordre personnel doit se taire... J'espère que chez le Pr Flechsig, l'intérêt scientifique porté à mes Mémoires tiendra en échec d'éventuelles susceptibilités personnelles[5]... »

✻✻✻ Schreber était paranoïaque ; ce qui dans son cas passionnait les psychiatres, c'était la richesse des idées de persécution et de grandeur, dont il faisait du reste l'historique avec une rare pénétration. Freud constata qu'ici encore, l'étonnement des psychiatres n'était pas le point de départ de leur compréhension. Quant à lui, en vertu de sa conviction que les manifestations de l'esprit les plus singulières et les plus absurdes dérivent des processus naturels de la vie psychique, il entreprit de chercher pourquoi et comment Schreber, autrement

(a) Ce portrait de Schreber par lui-même, qui est loin d'être inexact, se trouve à la page 35 de son livre.

5. « Remarques psychanalytiques sur l'autobiographie d'un cas de paranoïa (Dementia paranoïdes) (Le Président Schreber) », *Cinq psychanalyses, op. cit.*, 302 et suiv.

homme de sens droit et tout à fait capable d'assumer ses hautes tâches, avait subi son étonnante transformation.

* Quinze ans auparavant, Freud s'était déjà occupé de la paranoïa, dont le secret, disait-il, lui avait été révélé par Fliess à l'époque de leur amitié. Ce secret fait désormais partie des connaissances classiques de la psychanalyse : c'est que la paranoïa est intimement liée à une homosexualité refoulée. Schreber, dont le délire tournait principalement autour de sa transformation en femme et du viol que lui faisait subir son persécuteur, le Pr Flechsig, se prêtait évidemment mieux que quiconque à en fournir la preuve.

* * * La maladie de Schreber, qui avait commencé peu après sa nomination au poste de président de la Cour d'appel de Dresde, comportait deux phases distinctes : dans la première, il s'imaginait être la victime d'horribles attentats homosexuels perpétrés par Flechsig, lequel ne tardait pas à avoir pour complice Dieu lui-même. Dans la seconde, il acceptait son destin avec une résignation pleine de volupté, cependant que Flechsig était remplacé par Dieu et que le délire s'organisait autour d'une profusion d'idées religieuses et d'une cosmogonie compliquée. Pour finir, Schreber se conçut comme le sauveur féminin du monde, destiné à renouveler le monde en engendrant une nouvelle race d'êtres humains supérieurs.

* En ce qui concerne la formation des symptômes délirants, Freud met en évidence le trait le plus frappant, qui est le phénomène de la *projection*. La projection consiste en ceci que le sujet ressent comme une perception venant de l'extérieur une perception interne qui a été préalablement réprimée et dont le contenu a subi une certaine déformation. Ainsi se produit un retournement de l'affect : ce qui devrait être ressenti intérieurement comme de l'amour est perçu extérieurement comme de la haine. De fait, l'expérience montre régulièrement que, dans le délire paranoïaque, le persécuteur est toujours une personne à qui le malade était auparavant très attaché. La prétendue haine de Flechsig pour Schreber n'était que le renversement de l'amour inconscient de celui-ci pour son médecin et, à travers ce dernier, pour le Dr Schreber, son propre père.

* * L'amour est du reste le point central de cette maladie dangereuse qui se traduit au-dehors par la jalousie et la haine. Porté vers

un être du même sexe, il est scandaleux et inacceptable : les quatre formes de délire auxquelles il donne lieu ne sont que des façons en quelque sorte grammaticales de le nier, ou à tout le moins d'en contredire la proposition principale.

* Freud a enfermé dans une formule célèbre ces transformations de la libido paranoïaque qui engendrent les phantasmes les plus surprenants[6]. Tout se passe, dit-il, comme si les formes connues de la paranoïa se ramenaient toutes à diverses façons de contredire une proposition unique : « Moi, un homme, je l'aime, lui, un homme ». Le délire de persécution, en effet, proclame très haut : « Je ne l'aime pas, je le hais » ; puis, en vertu de la projection : « Il me hait ou me persécute, ce qui justifie la haine que je lui porte ». Le délire de l'érotomane, qui se croit aimé et poursuivi par l'amour de l'autre, s'en prend à un autre élément de la proposition scandaleuse. Il dit : « Ce n'est pas lui que j'aime, c'est *elle* que j'aime — *parce qu'elle m'aime.* » Un autre mode de contradiction est fourni par le délire de jalousie, qui dit : « Ce n'est pas moi qui aime l'homme, c'est *elle* qui l'aime. » Enfin, le délire des grandeurs trouve un moyen de contradiction encore plus radical : il dit « Je n'aime pas du tout et personne ». Mais comme il faut bien que la libido se porte quelque part, la proposition revient à : « Je n'aime que moi ». Ainsi s'explique la fantastique surestimation sexuelle du Moi qui est au fond de la mégalomanie.

*** Le manque de données biographiques empêche Freud de serrer de près les relations du président Schreber avec son père, lequel est évidemment à l'origine l'objet d'amour convoité et haï. Tout ce que l'on sait est que le Dr Schreber était médecin, ce qui lui permettait de jouer, comme Flechsig, son rôle de Dieu tout à la fois sauveur et meurtrier. A ce propos, Freud fait observer un fait saisissant de la paranoïa, qui, dit-il, *divise* tandis que l'hystérie *condense.* Dans l'hystérie, en effet, chaque symptôme résulte d'une condensation d'affects se rapportant à diverses personnes aimées par le sujet. Dans la paranoïa au contraire, tout affect est susceptible d'incarnations multiples dont chacune apparaît comme une idée délirante distincte. Pour Schreber, le persécuteur se divise en Flechsig et en Dieu, puis plus tard, Flechsig lui-même se divise en Flechsig-supérieur et en

6. *Ibid.*, 351 et suiv.

Flechsig-du-milieu, comme Dieu se scinde en un Dieu d'en bas et en un Dieu d'en haut. Toutes ces figures sont des doublets d'une importante et même relation, tels qu'on en trouve dans les mythes, les légendes et les religions polythéistes, où les dieux incarnent sous des formes diverses les sentiments et désirs multiples des fidèles. Le délire de Schreber, qui mêle dans une inextricable confusion une mythologie, une cosmogonie, une apocalypse et une prophétie, ne fonctionne pas autrement que les plus hautes productions de l'esprit.

* Le cas de l'Homme aux Loups est tout aussi remarquable que celui du président Schreber, encore que ses difficultés et sa gravité soient d'une toute autre espèce. A l'époque où il vint consulter Freud, le malade était un jeune homme russe de vingt-deux ans, fils d'un avocat qui possédait des terres à Odessa et lui laissa une immense fortune. Une névrose extrêmement grave le rendait incapable de résoudre les problèmes les plus simples de l'existence. Il ne se déplaçait qu'accompagné d'un médecin et d'un domestique, étant hors d'état de faire quoi que ce soit tout seul, même de s'habiller. Venu en Allemagne pour se soigner, il avait séjourné dans plusieurs maisons de santé, consulté des psychiatres célèbres comme Ziehen et Kraepelin, sans trouver nulle part une amélioration de son état. Désespéré, le jeune homme était rentré chez lui, où un autre médecin lui redonna un peu de courage. C'est en se rendant en Suisse pour faire une nouvelle tentative que ce médecin et lui s'arrêtèrent à Vienne, où, ayant entendu parler de Freud par hasard, ils vinrent lui demander son aide.

* * * Ce cas, qui avait tenu en échec les spécialistes les plus éminents, était effectivement d'une difficulté exceptionnelle. Freud ne l'a pas rapporté dans toute son étendue, et cela pour deux raisons : d'abord parce qu'une relation complète d'une analyse de plusieurs années est une tâche presque impraticable, vu l'abondance et le désordre inévitable du matériel ; ensuite parce que son malade était très connu à Vienne et que, bien que celui-ci insistât pour que son cas fût publié intégralement, il ne pouvait prendre sur lui de révéler tous les détails du traitement. D'autre part, il voulait se servir de cette observation providentielle pour réfuter certaines conceptions d'Adler et de Jung, qui tendaient à remplacer les traumatismes sexuels infantiles responsables de la névrose de l'adulte par des facteurs pathogènes plus tardifs, tels qu'en produisent par exemple les diver-

ses variations et influences de la culture. Si l'Homme aux Loups avait réellement eu ses premiers troubles névrotiques à l'âge de quatre ans, il réduisait à rien cette conception d'une étiologie tardive. Freud concentra donc tout son intérêt sur l'étude de la névrose infantile, et obtint ainsi un matériel inattendu, qu'il jugea lui-même stupéfiant :

*Une troisième particularité de l'analyse m'a rendu encore plus difficile de me résoudre à l'exposer. Dans l'ensemble, ses résultats ont concordé de façon satisfaisante avec notre savoir antérieur ou y ont été aisément adjoints. Mais certains détails m'ont semblé à moi-même si extraordinaires et si incroyables que j'éprouve quelque hésitation à demander à d'autres d'y ajouter foi. J'ai incité le patient à une sévère critique de ses souvenirs, mais il ne trouva rien d'invraisemblable à ses dires et les maintint fermement. Que les lecteurs soient au moins persuadés que je rapporte simplement ce qui se présenta à moi en tant qu'observation indépendante et non influencée par mon attente. Ainsi, je n'avais plus qu'à me rappeler les sages paroles d'après lesquelles il y a plus de choses entre ciel et terre que n'en peut rêver notre philosophie. Et certainement, celui qui parviendrait à éliminer plus radicalement ses convictions préexistantes verrait encore plus de choses se dévoiler*[7]...

✻✻ On sent que tout en rédigeant son travail, Freud ne peut se défaire de certains doutes sur beaucoup de points essentiels qui, pourtant, furent confirmés plus tard par bien des cas analogues. Deux lettres mentionnées par Jones révèlent l'étrange façon dont il interprétait cet état d'esprit : il le reliait aux doutes qui, dès novembre 1914, l'avaient assailli quant à la victoire de l'Autriche et à l'issue de la guerre mondiale...

✻ La première analyse de l'Homme aux Loups — il en eut quatre en tout, deux avec Freud, et douze ans plus tard, deux autres avec une de ses élèves, Ruth Mack Brunswick — dura quatre ans et ne fit pendant la majeure partie du temps aucun progrès. Ne sachant comment vaincre cette résistance têtue de son malade, Freud se résolut à une mesure technique exceptionnelle, qui amena presque aussitôt la fin heureuse de la cure :

7. « Extrait de l'histoire d'une névrose infantile (L'Homme aux Loups) », *ibid.*, 375 et suiv.

*Le patient se retrancha longtemps dans une attitude d'indifférence aimable. Il écoutait, comprenait — et ne se laissait pas approcher davantage. Il fallut une longue éducation pour l'amener à prendre une part personnelle au travail et dès que, grâce à cet effort, il commença à se sentir un peu libéré, il interrompit aussitôt la cure afin de se garder de tout changement et de se maintenir confortablement dans la situation acquise. Son horreur d'une situation indépendante était si grande qu'elle l'emportait pour lui sur tous les ennuis de sa maladie. Il ne se trouva qu'une seule voie pour la surmonter. Je fus obligé d'attendre que son attachement pour moi fût devenu assez fort pour contrebalancer cette aversion, et je jouai alors ce facteur contre l'autre. Je décidai — non sans m'être laissé guider par de sûrs indices d'opportunité — que le traitement devrait être terminé à une certaine date, à quelque degré d'avancement qu'il fût alors. J'étais résolu à m'en tenir à ce terme ; le patient finit par s'apercevoir que je parlais sérieusement. Sous l'impitoyable pression de cette date précise, sa résistance, sa fixation à la maladie finirent par céder, et l'analyse livra alors en un temps d'une brièveté disproportionnée avec son allure précédente tout le matériel permettant la résolution des inhibitions et la levée des symptômes du patient. Tout ce qui permit de comprendre sa névrose émane de cette dernière période de travail, pendant laquelle la résistance céda provisoirement et où le patient fit preuve d'une lucidité à laquelle on n'atteint d'ordinaire que dans l'hypnose*[8]*...*

*** La pièce majeure de ce matériel est le rêve des loups, qui, à l'âge de quatre ans, avait inauguré pour le patient une période d'angoisse et de phobie dont les loups étaient précisément l'objet. Freud avait déjà rapporté ce rêve ailleurs, dans un texte consacré aux éléments de contes de fées dans les rêves[9]. Il le relate ici sans y apporter de changement :

*J'ai rêvé qu'il faisait nuit et que j'étais couché dans mon lit (mon lit avait les pieds tournés vers la fenêtre ; devant la fenêtre il y avait une rangée de vieux noyers ; je sais avoir rêvé cela l'hiver et la nuit). Tout à coup, la fenêtre s'ouvre d'elle-même et, à ma grande terreur, je vois que sur le grand noyer en face de la fenêtre il y a plusieurs loups*

8. *Ibid.*, 374 et suiv.
9. *Märchenstoffe in Träumen* (1913), G. W., tome X, 2-9.

*blancs perchés. Il y en avait six ou sept, ils étaient tous blancs et ressemblaient plutôt à des renards ou à des chiens de berger, car ils avaient de grandes queues comme les renards, et leurs oreilles étaient dressées comme les chiens quand ils sont attentifs à quelque chose. En proie à une grande terreur, évidemment d'être mangé par les loups, je criai et m'éveillai. — Ma bonne accourut auprès de mon lit, pour voir ce qui était arrivé. Il me fallut un bon moment pour être convaincu que ce n'avait été qu'un rêve, tant m'avait semblé vivant le tableau de la fenêtre s'ouvrant sur les loups perchés sur l'arbre. Je me calmai enfin, me sentis comme délivré d'un danger et me rendormis. La seule action qui ait eu lieu dans le rêve était l'ouverture de la fenêtre, car les loups étaient assis tout à fait tranquillement sur les branches de l'arbre, à gauche et à droite du tronc, et me regardaient sans faire aucun mouvement. On aurait dit que toute leur attention était fixée sur moi. Je crois que ce fut là mon premier rêve d'angoisse. J'avais alors trois, quatre, tout au plus cinq ans, De ce jour jusqu'à ma onzième année, j'eus toujours peur de voir quelque chose de terrible en rêve*[10]*...*

*** Le malade avait illustré son rêve par un dessin, où l'on voit non pas six ou sept, mais cinq loups blancs regardant fixement devant eux et ressemblant effectivement à des chiens. Le rêve avait été raconté tout au début de la cure. Il fallut à Freud et à son patient plusieurs années pour en déchiffrer le sens. Le malade finit par le comprendre en le rapprochant du Petit Chaperon rouge, du Loup et des Sept Petits Chevreaux et du conte de Grimm où l'ont voit un tailleur couper la queue du Loup avec son aune — tous récits qu'il avait lus ou entendus dans des circonstances précises. Conformément à sa grammaire habituelle, le rêve avait fait subir à sa pensée profonde un renversement radical : les longues queues des loups signifiaient l'absence de queue, autrement dit la castration ; le regard fixe et attentif n'appartenait pas aux loups, mais au petit rêveur lui-même, tandis que leur immobilité terrifiante signifiait le *mouvement* insolite que l'enfant avait surpris par une nuit d'hiver, bien longtemps auparavant sans doute, et dont il restait épouvanté. L'analyse permit de reconstituer ce spectacle angoissant auquel l'enfant avait assisté en son tout jeune âge — vers dix-huit mois à peu près — et qui porte depuis dans la littérature psychanalytique le nom de *scène primitive* :

10. « L'Homme aux Loups », *ibid.*, 390.

c'était le coït de ses parents, événement incompréhensible sur le moment et source après coup de cette peur archaïque du loup ou de l'ogre commune à tant de contes et de mythes. La scène primitive, ici, n'était pas un souvenir réel, mais une reconstruction que la convergence de quantité de détails rendait extrêmement plausible. Instruit par son erreur de naguère sur la séduction précoce des hystériques, Freud se demanda si elle recouvrait un événement vraiment vécu ou seulement un phantasme du malade ; il conclut toutefois que dans les deux cas, le rôle de la scène dans la genèse de la névrose eût été le même.

✻ De même que le président Schreber avait conduit Freud à rapprocher la paranoïa de certaines créations mythologiques (il avait créé un mythe du soleil concordant de façon surprenante avec celui des religions primitives), de même l'Homme aux Loups lui permit de découvrir de profondes analogies entre les rêves et le folklore universel, dont les thèmes alimentent l'âme enfantine de tous les temps. A cette époque, du reste, Freud commence de se tourner vers l'histoire des religions et les problèmes de la mythologie (spécialité d'Otto Rank) qui, dès 1912, avaient suscité entre lui et Jung d'insurmontables désaccords. Cette nouvelle orientation de sa recherche aboutit en 1913 à la publication de *Totem et Tabou*, l'un des livres les plus importants, et certainement le plus scandaleux, de la deuxième partie de son œuvre.

✻✻ Les *Mémoires d'un névropathe* de Schreber ont fait depuis Freud l'objet de nombreux travaux dont l'intérêt n'est pas épuisé. Quant à l'Homme aux Loups, la singularité et la richesse de son histoire pathologique, les aléas de ses différentes cures, la gratitude que Freud lui devait pour tout ce qu'il lui avait appris, enfin le tragique de sa vie personnelle — tout cela fit de lui un cas à part dans les annales psychanalytiques, presque un personnage historique. Après sa première cure, il était rentré en Russie complètement rétabli psychiquement, et capable d'affronter les difficultés de la vie. La Révolution bolchevique lui fit perdre son immense fortune et il tomba d'un coup dans la plus profonde misère. En 1919, il put s'échapper et revenir à Vienne. Là, il fit une nouvelle cure de quatre mois avec Freud, pour une constipation hystérique dont il put guérir. Non seulement Freud le traita gratuitement, mais encore il organisa parmi ses collègues et ses élèves une collecte régulière grâce à quoi l'Homme aux Loups et sa femme, malade elle aussi, purent subsister pendant six ans dans la Vienne affamée d'après-guerre. En 1926, le malade sauvé deux fois par l'affection et la générosité de Freud fit une grave rechute, qui nécessita un nouveau traitement. Atteint autrefois d'une névrose obsessionnelle, il souffrait maintenant d'une psychose paranoïaque, ou son attachement homosexuel pour son premier analyste, mal *liquidé*, renforcé même par l'aide matérielle et les dons de Freud, trouvait une nouvelle et dangereuse issue. Il fut soigné par une élève de Freud, Ruth Brunswick, qui le traita à plusieurs reprises et publia des observations qui enrichissent la connaissance du cas[11]. Sa dernière observation date de 1940, époque où l'Homme aux Loups semble avoir joui d'une parfaite santé. Après la dernière guerre, d'autres psychanalystes eurent l'occasion de le rencontrer et rapportèrent leur entrevue. Ernest Jones, qui, en 1956, correspondait encore régulièrement avec lui, affirme que ses lettres contenaient sur la technique et la personne de Freud bien des choses justes et instructives, inconnues même de ses disciples. Malgré son étrange notoriété, toutefois, l'Homme aux Loups fut assez discret et assez fidèle pour s'abstenir de les publier.

11. Ruth Mack Brunswick : « En supplément à l'extrait d'une névrose infantile de Freud », trad. Marie Bonaparte, *Revue franç. de psychanalyse*, tome IX, n° 4, 1936, p. 606-655.

# 21. FREUD ET LA LITTÉRATURE

* A considérer l'intérêt passionné de Freud pour la littérature, si manifeste à travers la profusion d'allusions et de citations qui parsèment son œuvre, et même envahissent ses lettres et ses rêves, on pourrait s'attendre qu'il eût consacré à ce sujet de nombreux travaux, proportionnés en volume à son propre goût et à ses dons. Or, il n'en est rien : le genre de l'analyse littéraire, qu'il a fondé et qui, jusqu'à une époque toute récente, a connu dans les milieux psychanalytiques une vogue extraordinaire, n'est représenté dans ses œuvres complètes que par quatre textes assez courts, à quoi il faut ajouter, il est vrai, quelques pages essentielles sur la création littéraire et les problèmes du langage. Le volume, ici, est sans commune mesure avec l'importance et la nouveauté des idées : il est peut-être l'indice d'un de ces conflits intérieurs que Freud a décrits dans *La Science des rêves* et que, dans ce domaine où il devait un peu se ressentir comme un intrus, il parvint à résoudre par un compromis.

*** A la différence de ses élèves les plus brillants, qui prenaient pour objet d'analyse soit la personnalité d'un auteur, soit une œuvre dans son ensemble, soit de vastes domaines comme la mythologie et le folklore, Freud ne s'est attaché qu'aux œuvres et aux écrivains qui, par quelque côté, lui révélaient à un moment donné une part de lui-même. Tandis que les auteurs comme Jung, Otto Rank, Theodor Reik, Karl Abraham ou Jones appliquaient à la littérature des connaissances psychanalytiques solides, développées pour la plupart avec beaucoup de pénétration et de talent, Freud écrivait les essais littéraires comme il avait écrit *La Science des rêves* ou la *Psychopathologie de la vie quotidienne* : en poursuivant sa propre analyse.

*** Ainsi s'explique que Freud n'ait pas écrit de monographies psychanalytiques comparables à celles de Jones sur Hamlet, de

Marie Bonaparte sur Edgar Poë ou de René Laforgue sur Baudelaire. Il ne parle que de ce qui l'a retenu lui-même intensément au cours de ses lectures et avec quoi il s'est identifié assez étroitement pour avoir quelque droit à en faire l'analyse. Naturellement, son choix lui est aussi dicté par ses prédilections personnelles ; il arrive même, dans son étude sur le Roi Lear, par exemple, qu'il se rattache à une circonstance de sa vie.

*** La première étude littéraire de Freud porte sur un livre de Wilhelm Jensen, la *Gradiva*, une charmante nouvelle qui avait au moins deux mérites à ses yeux : d'abord, en effet, elle était entièrement construite sur le délire et les rêves du héros, autrement dit sur des données oniriques inventées de toutes pièces par l'auteur. Freud trouva tentant d'interpréter ce délire et ces rêves artificiels comme il l'aurait fait pour des rêves nocturnes spontanés. Les résultats de l'analyse furent surprenants, ils vinrent combler naturellement les lacunes de l'intrigue, que l'auteur avait multipliées pour en intensifier le fantastique. Une fois de plus la clé freudienne du rêve faisait ses preuves en ouvrant des portes secrètes et des tiroirs cachés.

*** L'autre mérite de la *Gradiva* tenait à la vocation de son héros qui, archéologue de profession, partageait nécessairement la passion de Freud pour les fouilles et la mise à jour du passé. Dès longtemps, Freud avait reconnu dans son propre goût pour les antiquités comme un doublet de son activité psychanalytique. Le jeune Norbert, absorbé jusqu'à l'hallucination par l'enfance de l'humanité comme il était prisonnier de son propre passé infantile, venait lui apporter une confirmation gracieuse de son idée.

** Le D^r Norbert Hanold a pu admirer dans une collection romaine un bas-relief qui l'a extraordinairement frappé. Le moulage de ce bas-relief, dont l'origine et la date lui sont inconnues, est accroché en bonne place dans son cabinet de travail, où sa contemplation le plonge constamment dans une étrange rêverie.

*Cette sculpture représentait, en pied, une femme en marche à peu près au tiers de sa grandeur naturelle. Elle était jeune, ce n'était plus une enfant et évidemment pas encore une femme, mais une vierge romaine d'environ vingt ans... Le corps était grand et svelte, les cheveux mollement ondulés et presque entièrement recouverts par un fichu. Le visage, un peu menu, ne fascinait pas particulièrement, mais il était évident qu'il ne cherchait pas un tel effet... La tête légèrement inclinée, elle tenait ramassé dans sa main gauche un pan de sa robe extraordinairement plissée, qui lui tombait de la nuque aux chevilles et découvrait ainsi ses pieds dans ses sandales. Le pied gauche était posé en avant, et le droit, qui se disposait à le suivre, ne touchait le sol que de la pointe de ses orteils, cependant que sa plante et son talon s'élevaient presque verticalement. Ce mouvement exprimait à la fois l'aisance agile d'une jeune femme en marche et un repos sûr de soi-même, ce qui lui donnait ce charme particulier, en combinant une sorte de vol suspendu à une ferme démarche*[1]*...*

✻ ✻ ✻ Norbert est fasciné par la démarche de la jeune fille de pierre, à qui il donne le nom de *Gradiva*, celle qui s'avance. Lui qui ne prête aucune attention aux femmes et ignore même leur existence, il sort dans la rue pour examiner leurs pieds et s'assurer que la démarche si insolite de Gradiva peut être reproduite par des femmes vivantes. Toutefois ses observations ne lui permettent pas de trancher. Peu après, il a un songe terrible qui le transporte dans l'antique Pompéi, en 79, c'est-à-dire au moment où le Vésuve en éruption va ensevelir la ville. Là, il aperçoit tout à coup devant lui Gradiva, qui semble ignorer la catastrophe imminente. Il lui vient alors l'idée décisive pour son délire que Gradiva était pompéienne, qu'elle vivait dans sa ville natale et, sans qu'il s'en doutât, en même temps que lui. Avant qu'il ait pu rien faire pour l'avertir, Gradiva s'étend sur le portique du temple et s'endort, jusqu'au moment où une pluie de cendres vient l'ensevelir.

✻ Le délire du jeune homme le poursuit dans la vie éveillée, où Gradiva lui apparaît, bien vivante, cette fois, dans les ruines de Pompéi qu'il est allé visiter. Cette apparition lui suggère qu'à midi, heure des fantômes, l'antique Pompéi se met à revivre telle qu'elle était avant d'être ensevelie. Il adresse la parole à la jeune fille, en grec, naturellement mais Gradiva lui répond en souriant : Si tu veux causer avec moi, il faut le faire en allemand.

1. *Délires et rêves dans la* « Gradiva » *de Jensen*, trad. Marie Bonaparte, Paris, Gallimard, 1931, avec le texte de W. Jensen trad. par E. Zak et G. Sadoul, 9 et suiv.

** Néanmoins, le jeune homme reste prisonnier de son délire. Gradiva décide alors de le guérir : elle entre d'abord dans son rêve, puis le ramène peu à peu à la réalité, avec des moyens qui ressemblent fort à ceux de la cure analytique. Pour finir, Norbert reconnaît dans Gradiva Zoe Bertgang, la jolie voisine qui est aussi la camarade des jeux de son enfance et dont, sans le savoir, il fuyait depuis longtemps l'amour. En lui démontrant que les sentiments qu'il portait à la femme de pierre allaient en réalité à la femme vivante, la maligne jeune fille a rompu le cercle du délire.

*** Les thèmes de la Gradiva semblent conçus tout exprès pour donner à *La Science des rêves* et à la théorie de l'inconscient une éclatante confirmation. Freud les débrouille avec l'habileté du détective, mais aussi avec un tact et un amusement visibles. Il reconstruit la vie de Norbert, son amour infantile pour sa camarade de jeux, puis le refoulement qui l'a conduit à devenir fétichiste (il est ce que les psychiatres appellent un « fétichiste du pied ») et a coupé finalement tous liens avec le monde réel, principalement avec les femmes et l'amour. Toute son analyse a quelque chose de léger et de transparent qui justifie sa célébrité. Elle se termine par quelques considérations sur une analogie en quelque sorte fonctionnelle entre la psychanalyse et le roman :

*Notre démarche consiste en l'observation consciente des processus anormaux chez autrui, afin d'en pouvoir deviner et énoncer les lois. Le romancier s'y prend certes autrement ; il concentre son attention sur l'inconscient de son âme, à lui, prête l'oreille à toutes ses virtualités et, au lieu de les refouler par la critique consciente, leur accorde l'expression artistique. Il apprend par le dedans de lui-même ce que nous apprenons par les autres : quelles sont les lois qui régissent la vie de l'inconscient ; mais point n'est besoin pour lui de les exprimer, ni même de les percevoir clairement ; grâce à la tolérance de son intelligence elles sont incorporées à sa création. Nous tirons ces lois de l'analyse de ses œuvres de la même manière que nous les démêlons dans des cas morbides réels, aussi sommes-nous prisonniers de ce dilemme : ou bien le romancier et le médecin ont compris l'inconscient aussi mal l'un que l'autre, ou bien tous deux l'ont compris correctement. Cette conclusion nous est très précieuse : elle justifie la peine que nous avons prise d'étudier, par les méthodes de la psychanalyse médicale, la genèse et la guérison du délire, de même que les rêves de la* Gradiva[2]...

✻ La *Gradiva* avait paru en 1903, le texte de Freud en 1906, ce dont Wilhelm Jensen tira sans doute une gloire inattendue. Freud, désireux comme toujours de vérifier ses résultats par des données biographiques, écrivit au poète déjà âgé pour lui demander des précisions sur sa vie. Le 15 mai 1907, Freud lut sa réponse aux membres de la Société de Vienne et quelques jours plus tard, la résuma à l'intention de Jung :

*Qu'est-ce que Jensen lui-même en dit ? Il s'est montré extrêmement aimable. Dans sa première lettre, il exprimait sa joie de voir que, etc., et m'assurait que l'analyse avait touché l'intention du petit texte sur tous les points essentiels. Naturellement, il ne parlait pas de notre théorie, étant apparemment incapable, en sa qualité de vieux monsieur, d'entrer dans d'autres intentions que celles de son travail poétique. A son avis, notre accord devait être mis au compte de l'intuition poétique, et peut-être en partie de la médecine qu'il avait étudiée jadis. Ma deuxième lettre fut plus indiscrète, je lui demandais des détails sur le côté subjectif de son travail, d'où il avait tiré son thème, où il se plaçait lui-même etc. Il m'apprit seulement que le relief antique existe bien, il en possède un moulage, mais n'a jamais vu l'original. C'est lui qui a imaginé qu'il représentait une Pompéienne, lui aussi qui aimait à rêver à Pompéi dans la chaleur torride de midi et là, tomba une fois dans un état presque visionnaire. Il n'en sait pas davantage sur l'origine de son sujet. Le début lui est venu subitement pendant qu'il travaillait à autre chose, il laissa tout le reste, se mit à écrire sans être jamais arrêté, trouva le texte comme s'il était déjà achevé devant lui et écrivit tout d'un trait. Cela signifie probablement qu'une analyse poursuivie à travers sa propre enfance conduirait à son érotisme le plus intime. Il s'agit donc une fois de plus d'un phantasme égocentrique*[3]...

✻✻✻ Quelque temps après, Jung eut connaissance de trois autres nouvelles de Jensen, dont l'analyse lui permit d'avancer des hypothèses plus précises : Jensen avait dû être très attaché dans son

2. *Ibid.*, 205 et suiv.
3. Jg., 26-5-1907, *Br.*, 251.

enfance à une petite fille, peut-être sa sœur, qui lui avait causé déception et chagrin. Cette enfant était peut-être affligée d'une infirmité physique que l'écrivain aurait rappelée et niée tout à la fois en inventant la démarche gracieuse de Gradiva. Interrogé par Freud sur ce point, Jensen, qui ne répondit pas à la question du défaut physique, déclara qu'il n'avait pas eu de sœur, mais s'était passionnément épris dans son enfance d'une petite fille élevée avec lui et morte de tuberculose à l'âge de 18 ans. Longtemps après, il était tombé amoureux d'une jeune fille qui lui rappelait la première et était morte dans la fleur de l'âge, subitement.

** La *Gradiva* amena Freud à étudier plus à fond les analogies qu'il avait toujours entrevues entre le rêve et la création littéraire et qui, plusieurs années auparavant, lui avaient suggéré l'analyse de *La Femme-Juge* de Conrad Ferdinand Meyer, ainsi que les pages célèbres de *La Science des rêves* où il traitait d'Hamlet et d'Œdipe-Roi. En 1907, il composa un petit essai intitulé *La création littéraire et le Rêve éveillé* [4] dont il exposa librement les idées devant un cercle d'écrivains réunis chez son éditeur. Contrairement à ses autres conférences, cette improvisation reçut de l'assistance un accueil chaleureux où il crut trouver un signe favorable pour les relations futures de la psychanalyse et de sa nouvelle « colonie ». Il est vrai que là, il s'en tenait aux généralités, sans aborder encore l'analyse intime des auteurs et des œuvres qui, bientôt, allait lui attirer une fois de plus l'accusation de sacrilège. Si l'opinion bourgeoise et les milieux académiques pouvaient s'alarmer de son procédé, à vrai dire les écrivains eux-mêmes, du moins les plus sincères et les plus clairvoyants d'entre eux, avaient bien peu de raisons de s'en choquer.

* Le texte, en effet, fait ressortir avec beaucoup de relief l'extraordinaire respect que Freud, de tout temps, porta à l'art et aux artistes. En vertu d'une surestimation un peu naïve de la littérature qu'il partage du reste avec la bourgeoisie de son temps, le créateur dans ce domaine est à ses yeux un être mystérieux doué d'un pouvoir surhumain, presque divin, admirable et incompréhensible quoi qu'on fasse pour percer son secret. Dans tous ses écrits littéraires, il répète que l'analyse finit où l'art commence et que, si elle est en mesure de

4. *In Essais de psychanalyse appliquée*, trad, Marie Bonaparte et E. Marty, Paris, Gallimard, 1933.

contribuer largement à une connaissance profonde de l'âme humaine en éclairant ses plus belles réussites, elle n'a strictement rien à dire sur l'inspiration, laquelle reste le privilège inexplicable de l'artiste.

✻✻✻ On peut croire qu'en portant la main sur Goethe et Shakespeare, une main légère et combien pieuse il est vrai, il devait se sentir lui-même un peu sacrilège, mais trouver dans sa ferveur même de quoi lever ses propres scrupules. Son étude sur le *Thème des trois coffrets*[5] dans Shakespeare est à peine psychanalytique, elle est empreinte d'une délicatesse et d'une mélancolie qui doivent apaiser même les dévots les plus fanatiques du poète. Quant au *Souvenir d'enfance dans « Fiction et Vérité », de Goethe*[6] qu'il publia en 1917, il en garda l'idée plusieurs années par devers lui, étant soucieux de ne rien affirmer qui ne fût confirmé par les faits cliniques. Et sa conclusion est toute à la gloire de l'Olympien.

✻✻ Le thème des trois coffrets est traité par Shakespeare dans *Le Marchand de Venise*, sous une forme comique, et dans *Le Roi Lear*, en tragédie. Freud y découvre une parenté avec les nombreux thèmes folkloriques et mythologiques où il s'agit pour le héros de choisir entre trois femmes, trois incarnations de l'amour dont le sens primitif était en réalité celui des Moires, déesses de la Mort. Après avoir étudié ce retournement de sens à travers de nombreux exemples, Freud revient au roi Lear, qui lui inspire les pages suivantes :

*Jusqu'ici, nous avons suivi le mythe dans son évolution, et nous espérons avoir indiqué les obscures raisons de cette évolution. A présent, nous nous sentons en droit de nous intéresser à la façon dont le poète s'est servi du thème. Or, chez le poète — on en a l'impression — s'est accomplie une sorte de retour du thème vers le mythe primitif, si bien que le sens poignant de celui-ci, affaibli par les déformations ultérieures, nous est de nouveau rendu sensible. Par cette réduction des déformations, par ce retour partiel à ce qui était primitif, le poète parvient à exercer sur nous son action profonde...*

*Lear est un vieillard. Nous l'avons dit : c'est à cause de son âge que les trois sœurs sont présentées comme ses filles. La relation de père à enfants, d'où pourraient découler tant de fructueuses inspi-*

5. *Ibid.*
6. *Ibid.*

*rations dramatiques, le poète ne s'en sert plus au cours du drame. Mais Lear n'est pas seulement un vieillard, c'est aussi un mourant. La proposition si extraordinaire du partage de l'héritage perd ainsi toute son étrangeté. Cependant cet homme voué à la mort ne veut pas renoncer à l'amour de la femme, il veut se faire dire à quel point il est aimé. Qu'on se reporte ensuite à l'émouvante scène de la fin, l'un des sommets du tragique dans le drame moderne : Lear porte le cadavre de Cordélia sur la scène. Cordélia, c'est la Mort. En retournant la situation, celle-ci nous apparaît compréhensible et familière. C'est la déesse de la Mort qui emporte le héros mort du champ de bataille, comme la Walkyrie de la mythologie germanique. La sagesse éternelle drapée dans le vêtement du mythe antique conseille au vieil homme de renoncer à l'amour, de choisir la mort, de se familiariser avec la nécessité de mourir.*

*Le poète nous permet de toucher du doigt le thème antique en faisant opérer le choix entre les trois sœurs par un homme vieilli et mourant... On pourrait dire que ce sont les trois relations inévitables de l'homme avec la femme qui sont ici représentées : voici la génitrice, la compagne et la destructrice. Ou bien les trois formes sous lesquelles, au cours de la vie, se présente l'image de la mère : la mère elle-même, l'amante que l'homme choisit à l'image de celle-ci, et finalement la Terre-Mère, qui le reprend de nouveau. Mais le vieil homme cherche vainement à ressaisir l'amour de la femme tel qu'il le reçut d'abord de sa mère ; seule la troisième des filles du Destin, la silencieuse déesse de la Mort, le recueillera dans ses bras*[7]*...*

✻ Ce beau texte est sans qu'il y paraisse une confession, où Freud, bien qu'il n'eût encore que cinquante-sept ans, s'identifie de toute évidence avec le vieux roi mourant[8]. Comme Lear, il est hanté par la pensée de la mort ; comme lui aussi, il a trois filles dont l'une est sur le point de se marier et entre lesquelles il a déjà choisi : sa Cordélia, celle qu'il appelait aussi son Antigone, c'est Anna, la cadette, qui le soignera avec un dévouement de tous les instants pendant seize ans et dont l'amour l'aidera effectivement à mourir.

7. « Le Thème des trois coffrets », *ibid.*, 101 et suiv.
8. Fer., 7-7-1913, *Br.*, 2198 : « *Ma compagnie la plus proche sera désormais ma fillette, dont l'épanouissement fait plaisir à voir (vous aurez certainement deviné depuis longtemps cette détermination subjective des Trois Coffrets...* »).

* * *Un Souvenir d'enfance de Goethe*[9] a fort peu de rapport avec la littérature : c'est une étude purement psychanalytique, fondée sur un épisode de *Fiction et Vérité*, où Goethe se voit dans sa petite enfance jeter par la fenêtre toute la vaisselle de ses parents. En comparant la date de naissance de ses frères et sœurs, Freud put interpréter ce geste dépourvu de sens comme une réaction agressive à la naissance d'un frère, réaction qu'il avait déjà rencontrée sous d'autres formes, en particulier dans le cas du petit Hans et, on s'en souvient sans doute, dans sa propre analyse. Néanmoins, l'hypothèse lui parut longtemps hasardeuse, il fallut que ses élèves lui fournissent de nombreux exemples analogues pour qu'il se résolut à la publier.

* * * Le dernier écrit littéraire de Freud est consacré à Dostoïevski, ou plus exactement au thème du parricide tel qu'il est traité dans *Les Frères Karamazov* et dans bien d'autres livres du romancier. En soi, une telle analyse ne présentait pas un bien grand intérêt : dans ce cas où le parricide est étalé avec une franchise déconcertante, elle n'avait pas grand-chose à dévoiler. Freud en tira pourtant des remarques intéressantes sur la personnalité du romancier, sa passion du jeu, et surtout, son épilepsie, où il suggère de voir plutôt une forme d'hystérie. La part la plus remarquable est celle où il décrit les différentes formes du sens moral, dont Dostoïevski lui fournit l'exemple. Visiblement, il est choqué qu'un écrivain de génie, qu'il admire à l'égal des plus grands, ait pu se dégrader par un conformisme servile et des idées platement réactionnaires. Tout le texte contraste d'ailleurs avec sa neutralité habituelle, on sent que son admiration ici est gênée par quelque chose de profond, dont il ne peut pas parler[10]. Il écrivit à ce sujet à Theodor Reik qui, dans une longue critique consacrée à l'essai, avait relevé cet état d'esprit :

*Vous avez raison en supposant que, malgré toute mon admiration pour la supériorité et l'intensité de son œuvre, en réalité je n'aime pas Dostoïevski. Cela vient de ce que ma patience envers les natures pathologiques s'épuise entièrement dans l'analyse. Ce sont là des*

9. « Un souvenir d'enfance dans *Fiction et Vérité* de Goethe », *Essais de psa. appliquée, op. cit,.*
10. *Dostojewski und die Vatertötung, G.W.*, tome XIV, 399-418 ; en français : « Dostoievski et le parricide », dans *Dostoïevski*, par sa femme, A. G. Dostoïewska, trad. A. Beucler, Paris, Gallimard, 1930.

*traits de caractères personnels, qui n'entraînent pas d'obligations pour les autres*[11]...

✳ Ces quelques critiques littéraires ne représentent qu'un aspect des relations de Freud avec la littérature, il faudrait encore parler des livres qu'il aimait[12], de son commerce avec les écrivains et de la façon dont la littérature elle-même lui a rendu son immense intérêt. Il faudrait aussi évoquer le mouvement tout à fait original auquel il a donné son impulsion et qui, rallié autour de la revue *Imago* (dont le nom est du reste emprunté au roman de l'écrivain suisse Karl Spitteler), a produit une foule de travaux, les uns passionnants, les autres discutables, dont la critique littéraire a plus ou moins à son insu tiré profit. En créant un genre nouveau où la littérature est soumise pour la première fois à un traitement scientifique, Freud, c'est certain, ne cherchait qu'à consolider et à enrichir sa métapsychologie, en s'appuyant sur des exemples universels porteurs d'une intense humanité. Il a obtenu beaucoup plus, et si tant de choses ont changé dans notre conception de la littérature, de la condition et des tâches de l'écrivain, il est l'un de ceux qui ont le plus contribué au changement.

✳ Moins spectaculaire, mais fort important pour la recherche est le travail de Freud dans le secteur voisin de la linguistique où, jusqu'à une date récente, il n'a été que fort peu suivi. Pour l'inventeur d'une méthode thérapeutique dont le langage est l'unique instrument, l'étude du langage offrait évidemment un intérêt primordial et Freud

11. Theodor Reik : *Freud als Kulturkritiker*, 1930, *J Bg*., Band III, 494.
12. Freud pratiquait et admirait surtout les classiques (son grand homme était Goethe). Il a souvent exprimé son peu de goût et son incompréhension pour la littérature et l'art « d'avant-garde ». Ainsi il écrivait à Pfister (ouv. cité, 21-6-1920, 80) : « *J'ai abordé avec autant de curiosité que d'aversion votre petit livre sur l'expressionisme, et je l'ai lu d'un trait... Et sans cesse je me disais : quel brave homme que ce Pfister, comme il est plein d'amour et incapable de la moindre injustice, tu ne peux pas te comparer avec lui, mais comme il est bien que tu juges bon tout ce qu'il trouve sur son chemin. Sachez en effet que je suis dans la vie terriblement intolérant envers les fous, je ne vois en eux que ce qu'ils ont de nuisible, ainsi en ce qui regarde ces « artistes », je suis positivement l'un de ces philistins que vous stigmatisez...* » On reconnaît la même attitude dans la lettre à Stephan Zweig (20-7-1938, *Br*., 441), où Freud traite les surréalistes de « fous absolus (disons comme pour l'alcool à 95 %)... ».

en était bien conscient. Mais les connaissances du spécialiste lui faisaient défaut et, faute de temps pour les acquérir, il n'osait pas s'aventurer trop loin dans un domaine aussi excentrique. Inspiré par ses inépuisables réflexions sur le rêve et des lectures un peu hasardeuses, son travail de linguiste ne pouvait être qu'une ébauche, ou plus exactement, une incitation à la recherche. En dehors de quelques remarques sur le tétragramme sacré des Hébreux (*Signification de la suite des voyelles*[13]), il se résume presque entièrement dans quelques pages dont l'idée lui avait été suggérée par un ouvrage de Karl Abel sur les langues primitives : c'est le petit essai intitulé *Des sens opposés dans les mots primitifs*[14], qui, depuis quelques années, sert de base de recherches pour tout un groupe de psychanalystes français.

* * Abel apprenait à Freud que ce qu'il avait observé tant de fois dans le rêve — à savoir que dans le langage onirique, une chose peut signifier à la fois elle-même et son contraire — était un trait commun aux langues des plus anciennes cultures, lesquelles, tout comme le rêve, ne voyaient là aucune absurdité. Cette coïncidence venait fort opportunément corroborer ses vues. Elle forme le thème central de l'article, où le traité d'Abel est abondamment cité :

*J'ai été amené à comprendre cette tendance singulière que possède l'élaboration du rêve à faire abstraction de la négation et à exprimer par une même représentation des choses contraires, en lisant par hasard un ouvrage de Karl Abel. L'intérêt du sujet m'autorisera à citer ici textuellement les passages décisifs du traité... Nous y apprenons en effet cette chose surprenante : c'est que le procédé employé couramment par le rêve est également propre aux plus anciennes langues connues. Ainsi, après avoir fait ressortir l'antiquité de la langue égyptienne, qui a dû se constituer longtemps avant les premières inscriptions hiéroglyphiques, Abel nous dit :... Dans la langue égyptienne, cette relique unique d'un monde primitif, se trouve un certain nombre de mots ayant deux sens dont l'un est exactement le contraire de l'autre. Qu'on se figure, s'il est possible de se la figurer, une absurdité aussi flagrante que celle-ci : le mot* fort *signifiant aussi bien fort que faible ; le mot* lumière *servant aussi bien à désigner la lumière que l'obscurité ; un bourgeois de Munich*

13. *Die Bedeutung der Vokalfolge*, G. W., tome VIII, 349.
14. *In Essais de psa. appliquée, op. cit.*, 50-67.

*appelant* bière *la bière, tandis qu'un autre emploierait le même terme pour dire eau, et on a l'extraordinaire usage que les anciens Égyptiens pratiquaient habituellement dans leur langue. Comment en vouloir à qui, entendant cela, hocherait la tête avec incrédulité*[15] *?....*

✻✻ Vu le haut niveau de la culture égyptienne, Abel rejette sans peine l'idée que cette absurdité pût relever d'une infériorité du développement intellectuel. Elle semble bien plutôt concertée, comme le prouvent d'autres formes bizarres qu'elle affecte :

*De toutes les excentricités du lexique égyptien, la plus extraordinaire est peut-être celle-ci : outre les mots qui unissent entre eux les sens les plus opposés, il possède encore des mots composites, dans lesquels deux vocables de sens contraires forment un composé ne possédant que l'un des deux sens de ses éléments constitutifs. Ainsi, dans cette langue étonnante, il n'y a pas seulement des mots voulant dire aussi bien fort que faible ou ordonner qu'obéir, mais encore des mots composites tels que vieux-jeune, loin-près, lier-séparer, dehors-dedans... lesquels, malgré un assemblage de mots comprenant les sens les plus dissemblables, ne veulent dire, le premier que jeune, le second que près, le troisième que lier, le quatrième que dedans... C'est donc vraiment intentionnellement qu'ont été réunies dans ces mots des contradictions quant aux concepts, non pas afin de créer un nouveau concept comme cela arrive parfois en chinois, mais simplement afin d'exprimer, par ce mot composite, le sens d'un seul de ses termes contrastés que ce terme isolé eût à lui seul pu fournir*[16]*...*

✻✻ Abel se demande ensuite si cette particularité de la langue égyptienne n'appartenait pas aussi aux langues sémitiques et indoeuropéennes. Pour ces dernières, Freud relève des exemples qui permettent de le penser :

*En latin,* altus *veut dire haut et profond ;* sacer, *impur et sacré, ici les sens opposés subsistent pleinement sans modification de l'élocution elle-même. La transformation phonétique en vue de la séparation des contraires est illustrée par des exemples tels que :* clamare, *crier ;* clam, *silencieux, tranquille ;* siccus, *sec,* succus, *suc. En allemand, le*

15. *Ibid.*, 60.
16. *Ibid.*, 62.

*mot* boden *désigne maintenant encore ce qu'il y a de plus haut dans la maison (le grenier) comme ce qu'il y a de plus bas (le sol). Au* bös *allemand (mauvais) répond un* bass *(bon) en anglais,* to lock, *fermer, s'oppose à l'allemand* lücke, loch, *trou, vide. En allemand* kleben, *coller, en anglais,* to cleave, *fendre ; en allemand* stumm, *muet,* stimme, *voix, etc. On trouverait ainsi un sens à la locution dont on s'est tant moqué :* lucus a non lucendo...

*Abel, dans son* Origine du langage, *attire encore l'attention sur d'autres vestiges des modes de la pensée primitive. L'anglais dit encore aujourd'hui pour exprimer* sans, without, *c'est-à-dire avec-sans ; de même le Prussien de l'Est emploie l'expression* mitohne. With *lui-même, qui répond à l'allemand* mit *(avec), a dû à l'origine vouloir dire aussi bien avec que sans, comme on peut le voir dans* withdraw *(s'en aller, se retirer), et dans* withhold, *retenir.*

*La langue égyptienne possède encore une autre particularité des plus étranges, qui est de nouveau à mettre en parallèle avec l'élaboration du rêve. En égyptien, les mots peuvent subir un retournement aussi bien de leur élocution que de leur sens. Supposons que le mot allemand* gut *(bon) soit égyptien, il pourrait, à côté de bon, signifier aussi mauvais et se prononcer soit* gut, *soit* tug. *De ces renversements trop nombreux pour qu'on puisse les expliquer par le hasard, on pourrait encore citer bien des exemples empruntés aux langues aryennes et sémitiques. En se limitant pour commencer aux idiomes germaniques, on a* Topf — pot ; boat — tub ; hurry — Ruhe ; care — reck ; Balken, Klobe, Club... *Et si on en appelle aux autres langues indo-européennes, le nombre des cas augmente en proportion du nombre d'idiomes considérés, par exemple :* capere — packen ; ren — niere ; the leaf *(feuille)* — folium... kreischen-to shriek, etc.

*Abel cherche à expliquer le phénomène du renversement du son des mots par un redoublement, une réduplication de la racine. Nous aurions peine ici à suivre le philologue. Nous nous rappellerons le plaisir avec lequel les enfants jouent à renverser le son des mots, la fréquence avec laquelle l'élaboration du rêve se sert d'un renversement du matériel représentatif, et cela à des fins diverses. Dans ce cas, ce ne sont plus des lettres, mais des images dont l'ordre se trouve interverti. Nous serions donc plutôt disposés à rapporter le renversement des sons à un facteur actif à une plus grande profondeur*[17]...

17. *Ibid.*, 66.

*** On voit que Freud assumait avec infiniment de modestie le rôle de pionnier que lui imposait la logique même de son travail. Parmi ses élèves, rares furent ceux qui surent garder sa discrétion et son sens de la mesure, rares aussi ceux qui comprirent tout à fait l'orientation classique de son esprit. Vues du dehors, ses incursions sur le terrain des autres disciplines scientifiques ont souvent paru déplacées et lui ont attiré bien des reproches. Nous aurons encore l'occasion de voir qu'il a tout fait pour les soumettre malgré tout à une règle, au risque de paraître trop timoré pour certains des siens, et chimérique aux yeux du public.

# 22. FREUD ET L'ART

✻ Nous avons dit que les écrits de Freud sur la littérature sont inspirés en partie par le même besoin de connaissance de soi qui est à l'origine de *La Science des rêves* et donne aux principaux moments de l'œuvre freudienne le sens d'un aveu discret. Ce qui attire Freud dans la *Gradiva* de Jensen, c'est bien entendu le sujet onirique du récit, mais aussi, plus secrètement, l'analyse qu'il peut y faire de sa propre passion pour l'archéologie et le passé. S'il choisit dans l'autobiographie de Goethe l'anecdote infantile du bris de vaisselle, c'est qu'il y avait entre l'enfance de Goethe et la sienne de profondes analogies : lui aussi avait souhaité la mort d'un petit frère nouveau-né, lui aussi avait été exaucé de telle sorte qu'il était resté toute sa vie le favori de l'amour maternel. Et si le thème des trois coffrets le retient plus qu'aucun des innombrables sujets de réflexion qu'il eût pu trouver dans Shakespeare, c'est moins pour des raisons théoriques que parce qu'il y découvre de singulières correspondances avec ses sentiments intimes. Partout, Freud part de la subjectivité extrême qui est le premier degré de la connaissance psychanalytique et qui, par son radicalisme justement, donne à la recherche objective quelque chose comme un pouvoir poétique.

✻✻ Il en va de même pour ses ouvrages sur l'art, qui ne reflètent pas seulement l'intérêt théorique du psychologue, mais aussi la passion d'un homme perpétuellement assailli de questions, capable en outre de vivre intensément à travers d'autres le tourment de son esprit. En écrivant sur Léonard de Vinci, Freud à mi-voix parle encore de lui-même, il confie au lecteur cette insatiable curiosité intellectuelle qu'il avait en commun avec le peintre et dont, fondateur d'une nouvelle science, il se sentait tenu de retrouver les causes profondes. De même, ce qui le fascine dans la figure légendaire du *Moïse* de Michel-Ange, c'est le débat qu'il connaît bien entre des passions violentes et contraires, la façon dont le héros, emporté et dominateur comme lui, apaise ses orages intérieurs par la seule discipline de la pensée.

*** N'eût été l'expérience personnelle dont il pouvait s'autoriser à ses propres yeux, Freud eût sans doute été gêné de n'accomplir en cette matière si complexe de l'art qu'un travail de dilettante. Des scrupules de cette espèce sont attestés pour le *Moïse*, puisqu'il ne consentit à signer l'essai que sur les instances de ses élèves, et au bout de plusieurs années. Les arts plastiques, en effet, ne lui offraient pas même ce rapport de voisinage que la littérature, par l'intermédiaire du langage au moins, entretenait après tout normalement avec la psychanalyse. Ils constituaient un domaine de la culture étroitement délimité, jalousement gardé par surcroît contre les amateurs de toutes espèces, parmi lesquels il lui fallait bien se compter. Les œuvres d'art dont il allait parler, il n'avait avec elles que les relations d'un amateur moyen, extrêmement doué pour en jouir, mais fort limité dans ses connaissances et dépourvu de l'outillage spécial qui eût facilité son entreprise. C'était folie que de se hasarder sur un pareil terrain : il s'en aperçut bien à la tempête de protestations indignées qui accueillit son Léonard de Vinci, et même à l'effroi de certains de ses adeptes.

** Une fois de plus, il faut se reporter au temps pour comprendre les réactions presque générales de l'opinion devant la conception freudienne de l'homme. Pour tous ceux — et c'était la majorité — qui pensaient et sentaient selon les patrons tout faits hérités du siècle précédent, une chose était intangible au milieu des vicissitudes sociales, politiques et philosophiques de l'époque : c'était ce qu'on appelle fort justement une échelle des valeurs, échelle ayant aux deux bouts un haut et un bas nettement distincts, séparés par toute la distance que mettent entre le corps et l'âme, aussi bien qu'entre les classes sociales, l'histoire et la culture. Le haut, c'étaient les créations spirituelles et morales de toutes espèces, le beau, le bien, le sublime. Le bas, c'étaient le corps et ses appétits, la faim, l'amour, toute la nudité du besoin. Le bas pouvait aspirer à monter, à condition de se renier d'abord ou de se détruire. Le haut était tout à fait isolé, il créait et jugeait, mais, de par son essence même, ignorait ce qui se passait aux derniers degrés de la hiérarchie.

✻ Vers 1910, ce schéma dont les classes élevées s'inspiraient exclusivement, au moins dans leurs écrits et leurs discours, avait cessé depuis longtemps d'être une norme et une vraie mesure. Les grandes entreprises de démolition du siècle précédent n'avaient en réalité rien détruit : elles avaient seulement montré le véritable état de l'édifice, dont les superstructures apparemment bien conservées et toutes couvertes d'ornements étaient en fait déjà caduques. Marx, Darwin, Nietzsche, Stirner, Kropotkine, pour ne citer que les démolisseurs les plus puissants, avaient si fortement ébranlé les façades idéologiques que le haut et le bas étaient en danger d'intervertir leur rôle et par là même, de se nier mutuellement. Humilié par la découverte de ses origines, taxé d'illégalité ou d'impuissance, accusé de vol et de mensonge, le *haut* se sauva provisoirement en se réfugiant dans les régions où il s'était le moins compromis : dans l'art, la beauté, la sublimité de l'esthétique.

✻ ✻ La révolution freudienne vint porter un dernier coup à cette conception des valeurs à quoi la généralité s'accrochait d'autant plus qu'elle était irrémédiablement condamnée. Toutefois, elle aidait au renversement par une contribution originale, car elle ne disait pas : les hautes productions de la religion, de la morale, de l'art, de la philosophie, n'ont pas droit au culte qu'on leur voue, elle se bornait à affirmer, mais cela de façon catégorique, que le haut et le bas procèdent de la même chose, qu'ils travaillent exactement avec la même énergie et que, si grandiose qu'il soit réellement, le haut n'est jamais autre chose que la sublimation des plus bas instincts. Cette filiation, qui expliquait le caractère précaire, aventureux et émouvant de toute civilisation humaine, eût pu être comprise comme une nouvelle attestation de noblesse. Ce ne fut pas le cas : le public d'Allemagne et d'Europe centrale, appelé pourtant peu après à sombrer dans de bien autres abîmes, en fut horrifié comme d'une diabolique calomnie.

✻ C'était d'autant plus bête et injuste que Freud, nous l'avons dit souvent au risque même de donner trop de poids à cette remarque, restait par bien des côtés un petit-bourgeois que seuls distinguaient son besoin héroïque de connaissance et l'incorruptibilité de son esprit. Pour lui comme pour ceux qui l'identifiaient avec le diable, l'art, par exemple, était incontestablement le dernier dépositaire du sacré, l'une des rares choses peut-être auxquelles un homme raisonnable pût encore vouer un culte. Mais ce sacré lui-même ne pouvait lui imposer silence, l'homme magnifié par sa propre création n'en était pas moins l'homme à ses yeux, c'est-à-dire quelque chose dont il devait suivre toutes les traces pour en reconstituer lentement le chemin. Quand il fut sûr que sa reconstitution était juste, il eut le sentiment que sa vérité, si triviale et décevante qu'elle fût pour les esprits épris de noblesse, était encore un vrai hommage au génie.

* * De fait, on ne peut rien imaginer de plus délicat, de plus respectueux, de plus sensible à l'effort humain que ce *Souvenir d'enfance de Léonard de Vinci*[1] qui, en 1910, fit un effet si provocant, même dans certains milieux psychanalytiques, et passe aujourd'hui à bon droit pour une œuvre classique de la littérature allemande. Freud y cerne de près le problème des origines du besoin de connaissance, besoin qui, selon lui, explique l'étrange attitude du maître à l'égard de l'achèvement et du destin de son œuvre. Procédant pas à pas, avec une minutie et une logique qui ne négligent aucune objection, il retrace le cheminement de l'artiste vers la science qui, tout d'abord, devait uniquement servir son art :

*... Il étudia les propriétés et les lois de la lumière, des couleurs, des ombres, de la perspective, afin de s'assurer la maîtrise dans l'imitation de la nature et montrer à d'autres le même chemin. Dès ce moment, sans doute, il s'exagérait la valeur de ces connaissances pour l'artiste. Ensuite, suivant l'orientation de ses besoins de peintre, il fut poussé à l'exploration des objets que représente la peinture : des animaux, des plantes, des proportions du corps humain ; et de l'extérieur du corps, il passa par le même processus mental à l'étude de leur structure interne et de leurs fonctions vitales, qu'exprime aussi leur apparence et que l'art cherche à représenter. Et enfin, cette force démesurée l'entraîna à rompre tout lien avec les nécessités de son art. Il découvrit les lois de la mécanique, devina l'historique des gisements et des fossiles de la vallée de l'Arno, et en vint à inscrire en grandes lettres dans ses notes :* Il sole non si muove. *Ainsi s'étendirent ses investigations dans presque tous les domaines de l'histoire naturelle et il fut en chacun un découvreur, ou du moins un précurseur et un pionnier. Cependant sa soif de savoir demeura tournée vers le*

1. *Un souvenir d'enfance de Léonard de Vinci*, trad. Marie Bonaparte, Paris, Gallimard, 1927.

*monde extérieur, quelque chose l'écartait de l'exploration de la vie psychique de l'homme ; dans l'*Academia Vinciana, *pour laquelle il dessina des emblèmes artistement entrelacés, peu de place restait pour la psychologie*[2]...

* Cette dernière remarque nous rappelle que Freud, lui-même passionné de sciences naturelles, n'avait pas sacrifié sans combat l'étude de la nature à celle de l'homme. C'est à coup sûr en méditant son propre cas qu'il a pu découvrir, tout au fond de l'activité scientifique du peintre, la question première d'où dérive toute connaissance intellectuelle.

** L'obsession de l'investigation qui, chez Léonard, contrarie fortement le plein épanouissement de l'art, s'explique par les données de la sexualité infantile dont Freud a fait la théorie dans les *Trois essais* : elle provient d'une tendance prédominante à la curiosité qui, dans la petite enfance du sujet, se portait exclusivement sur les mystères de la sexualité et s'est mise depuis au service de l'intellect, tout en gardant la forme inquiète, insatiable et excessive caractéristique de son origine. Cette curiosité détournée de son but par un refoulement précoce est susceptible de développements variables selon les individus : Freud lui en voit trois, qui épuisent toutes les possibilités de son destin.

*** En effet, ou bien elle partage le sort de la sexualité refoulée, et le libre exercice de l'intelligence est entravé pour le reste de la vie ; ou bien la curiosité sexuelle est étouffée, mais assez puissante pour sexualiser la pensée, dont les opérations sont alors sources de plaisir ou d'angoisse, tout comme la sexualité elle-même ; dans ce cas, les spéculations de l'intellect prennent un caractère obsédant, car elles ressemblent à celles de l'esprit infantile, dont le propre est d'être sans conclusion ni fin. Le troisième cas est le plus rare et le plus pur. Là, en effet, il n'y a ni inhibition, ni obsession, mais une *sublimation* précoce de la libido qui, se soustrayant au refoulement, vient renforcer d'emblée l'instinct de recherche déjà très fort par lui-même. Les caractères de la névrose manquent, l'intellect, détaché des données primitives de l'investigation infantile, peut se consacrer librement à ses intérêts et développer toutes ses facultés : sauf sur un point

2. *Ibid.*, 48 et suiv.

toutefois, celui de la sexualité que lui ont interdite les conditions même de son développement.

*Chez Léonard, nous rencontrons ensemble et une curiosité intellectuelle dominante, et un étiolement marqué de la vie sexuelle, laquelle se limite à l'homosexualité dite platonique. Nous serons donc enclins à le prendre pour modèle de notre troisième type. Après une période infantile d'activité intellectuelle au service d'intérêts sexuels, Léonard serait parvenu à sublimer la plus grande partie de sa libido en instinct d'investigation. Tels seraient l'essence et le secret de son être. Mais il n'est pas facile d'en faire la preuve. Il nous faudrait connaître l'évolution psychique de ses premières années ; or, il semble insensé d'espérer trouver des documents à cet effet, les données sur la vie de Léonard étant fort rares et incertaines ; de plus il s'agit d'une période de la vie dont les circonstances échappent à l'attention des observateurs, même chez les personnes de notre génération*[3]...

* Freud a pourtant trouvé une donnée précise sur l'enfance de Léonard, et cela dans un récit scientifique. Il s'agit d'observations sur le vol du vautour, que le peintre interrompt pour évoquer un souvenir de ses premières années, bizarrement lié à son sujet :

*Il me semble que je suis destiné de tout temps à m'occuper tout spécialement du vautour, car je me rappelle comme d'un de mes tous premiers souvenirs d'enfance qu'étant encore au berceau, un vautour vint à moi, m'ouvrit la bouche avec sa queue et à plusieurs reprises poussa cette queue entre mes lèvres*[4]...

* * A partir de cet unique phantasme, dont la traduction érotique est fournie aisément par le mot « queue », équivalent de

3. *Ibid.*, 61 et suiv.
4. *Ibid.*, 64 et suiv. En réalité, il s'agit d'un *nibio*, c'est-à-dire un milan, ce qui ruine toute la démonstration de Freud, pour autant qu'elle porte sur toutes les associations que le vautour peut évoquer. *Cf.* à ce sujet l'article de l'historien américain Meyer Shapiro, *in Style, artiste et société*, Gallimard, 1982, ainsi que Marthe Robert, *La tyrannie de l'imprimé*, pp. 42 à 44. Lire aussi la préface très documentée de J. B. Pontalis à la nouvelle édition de *Souvenir d'enfance de Léonard de Vinci* de Freud, Gallimard, 1987. *(Note de 1989.)*

membre viril en italien comme dans toutes les langues, Freud reconstitue un à un tous les éléments du drame précoce dont le peintre adulte a tout à la fois subi et exploité les douloureuses conséquences. A l'aide de ces quelques lignes dédaignées par les biographes et ignorées des critiques d'art, il jette une lumière éblouissante sur toutes les singularités de la vie du Maître, aussi bien sur son intérêt pour le vol des oiseaux et ses rêves de vol humain, que sur ses relations avec ses élèves, son goût immodéré pour les jouets et le sourire énigmatique dont il a doté tant de ses figures.

*** La démonstration, qui cadre exactement avec les données biographiques attestées, repose sur ce phantasme du vautour dont Freud trouve des équivalents dans de nombreuses croyances superstitieuses ou mythologiques. Dans la mythologie égyptienne, le vautour est une divinité maternelle pourvue d'un attribut viril, le prototype par conséquent de ce que les psychanalystes appellent une « mère phallique ». Pour les Pères de l'Eglise, il sert de preuve naturelle au dogme de l'Immaculée Conception, car il passe pour être constitué de telle sorte qu'il peut se féconder lui-même. Freud y découvre l'image de la mère du peintre, de cette jeune paysanne abandonnée dont l'amour passionné et les caresses excessives avaient scellé le destin de l'enfant.

* Enfant illégitime abandonné, puis repris par son père ; arraché très tôt à une jeune mère qui, après avoir été pour lui tout l'amour du monde, disparut entièrement de sa vie et céda la place à une belle-mère pleine de tendresse d'autant plus aimante qu'elle était elle-même sans enfant, Léonard peignit la maternité comme il l'avait connue dans sa petite enfance, avec l'ambiguïté et, littéralement, le double visage dont Freud a retrouvé la hantise dans la troublante composition de sa *Sainte-Anne* :

*L'enfance de Léonard fut aussi singulière que ce tableau. Il avait eu deux mères, d'abord sa vraie mère, Catarina, à qui on l'arracha entre trois et cinq ans, ensuite une jeune et tendre belle-mère, Donna Albiera, la femme de son père. Une autre circonstance de son enfance : la présence simultanée d'une mère et d'une grand-mère au foyer de son père, le conduisit à concevoir Sainte-Anne en condensant les deux figures. La figure maternelle la plus éloignée de l'enfant, la grand-mère, correspond par son apparence et sa situation dans le tableau à la première et vraie mère : Catarina. Et l'artiste recouvrit, voila du bienheureux sourire de la Sainte-Anne la douleur et l'envie que ressentit la malheureuse quand, après avoir cédé le place, elle dut abandonner l'enfant à sa noble rivale*[5]...

✻ Ainsi s'explique le singulier défaut de composition qui a si souvent intrigué les critiques : Anne et Marie, en effet, ne sont pas nettement délimitées, mais presque entièrement confondues, comme deux figures de rêve dont la condensation n'aurait pas réussi. C'est que le peintre a fondu en une seule personne les deux mères de son enfance, en donnant toutefois à la vraie ce sourire qu'elle avait peut-être réellement et qui, propre à la fois aux jeunes gens et aux femmes de ses tableaux, passe justement pour être indéfinissable.

*Ainsi, une autre œuvre de Léonard vient confirmer notre hypothèse : le sourire de Monna Lisa del Giocondo réveilla en l'homme fait qu'était alors Léonard le souvenir de la mère de ses premières années. Et depuis lors, chez les peintres de l'Italie, les madones et les nobles dames eurent l'humble inclination de tête et le sourire étrange et bienheureux de la pauvre paysanne Catarina, qui avait donné au monde ce fils de gloire, destiné à l'art, à la recherche et à la souffrance... Car la tendresse excessive de sa mère lui fut fatale, elle scella son destin, provoqua les manques de son être et de sa vie. La violence des caresses que révèle son phantasme au vautour n'était que trop naturelle ; la pauvre mère abandonnée devait épancher dans l'amour maternel, et tout son souvenir des tendresses perdues, et sa nostalgie de tendresses nouvelles ; elle se sentait poussée non seulement à se dédommager elle-même de n'avoir pas d'époux, mais à dédommager l'enfant de n'avoir pas un père qui l'eût caressé. Alors, à la façon des mères insatisfaites, elle mit le petit enfant à la place de l'époux et, par une trop précoce maturation de son érotisme, le dépouilla d'une part de sa virilité* [6]...

5. *Ibid.*, 153. Là encore Meyer Schapiro relève une erreur de Freud : il a ignoré que la jeunesse de sainte Anne et la bizarre posture de Marie ne sont pas des inventions du peintre, ce sont des éléments canoniques, liés à la conception religieuse d'une époque où le culte de sainte Anne est particulièrement répandu. On ne peut donc rien en tirer quant à l'organisation psychique de Léonard, puisqu'on les retrouve chez une foule d'artistes contemporains. *(Note de 1989.)*
6. *Ibid.*, 155 et suiv.

* * Freud ici aborde le point de son analyse qui provoqua le plus de tapage : celui de l'homosexualité latente du peintre, que les contemporains prenaient probablement à tort pour une inversion déclarée. Par suite d'un attachement infantile exclusif, Léonard s'était interdit toutes les femmes, puis identifié avec la figure androgyne qui dominait ses phantasmes primitifs, de sorte que son choix amoureux se porta sur l'objet même qu'avait aimé et caressé sa mère : le jeune garçon, image fascinante où il retrouvait tout à la fois ses propres traits et les traces de la passion maternelle. Cependant, une fidélité absolue à l'image originale condamnait cette inclination elle-même à rester toute idéale : aussi l'inversion du peintre ne se réalise-t-elle que dans son art, à travers le sourire indéchiffrable qu'il pose sur les lèvres de ses adolescents :

*Quand Léonard, parvenu à l'apogée de sa vie, rencontra de nouveau ce sourire de béatitude extatique semblable à celui qui se jouait sur les lèvres de sa mère tandis qu'elle le caressait, lui-même était depuis longtemps la proie d'une inhibition qui lui interdisait de jamais plus demander de telles tendresses à des lèvres de femme. Mais il était devenu peintre, et ce sourire, il s'efforça de le recréer avec son pinceau, il en dota tous ses tableaux, qu'il les exécutât lui-même ou les fît exécuter sous sa direction par ses élèves... Ces tableaux restituent une mystique dont on n'ose pas pénétrer le secret ; on peut tout au plus tenter d'en rechercher le lien avec les créations antérieures de Léonard. Ces figures sont encore androgynes, mais non plus dans le sens où l'était le phantasme au vautour. Ce sont de beaux jeunes gens d'une délicatesse féminine, aux formes efféminées ; ils ne baissent pas les yeux, mais nous regardent d'un regard mystérieusement vainqueur, comme s'ils connaissaient un grand triomphe de bonheur que l'on doit taire ; le sourire ensorceleur que nous connaissons laisse deviner qu'il s'agit d'un secret d'amour. Peut-être Léonard a-t-il désavoué, et surmonté par la force de l'art, le malheur de sa vie amoureuse en créant ces figures où la fusion bienheureuse de l'être mâle avec l'être féminin figure la réalisation des désirs de l'enfant jadis fasciné par sa mère*[7]...

* La conclusion de cet admirable essai, où l'émotion et les idées s'exaltent mutuellement sans que la démonstration perde de sa

7. *Ibid.*, 161 et suiv.

rigueur, porte la discussion sur le problème du déterminisme psychique qui, pour Freud, est depuis longtemps un point résolu. Y a-t-il lieu, demande-t-il, de s'indigner qu'on attribue aux hasards de la constellation parentale une telle influence sur le destin des hommes, en faisant dépendre par exemple le destin de Léonard de sa naissance illégitime et de la stérilité de sa belle-mère ?

*Je crois qu'on n'y serait pas fondé ; juger le hasard indigne de décider de notre sort, c'est retourner à la conception religieuse du monde, dont Léonard lui-même prépara la défaite en écrivant que le soleil ne se mouvait pas.*

*Certes, cela nous mortifie de penser qu'un Dieu juste et une Providence bienveillante ne nous préservent pas de telles influences au temps de notre vie où nous sommes le plus désarmés. Mais, pensant ainsi, nous oublions que dans notre vie justement tout est hasard, et cela dès notre naissance par la rencontre du spermatozoïde et de l'ovule, hasard qui rentre cependant dans l'ensemble des lois et des nécessités de la nature, et manque seulement de rapports avec nos désirs et nos illusions. La ligne de partage entre les déterminations de par les « nécessités » de notre constitution, ou bien de par les hasards de notre enfance a beau être encore incertaine dans son tracé, il ne nous est plus permis de douter de l'importance des premières années de notre vie. Nous avons encore trop peu de respect pour la nature qui, selon les paroles sibyllines de Léonard, paroles qui annoncent déjà celles d'Hamlet, « est pleine d'infinies raisons qui ne furent jamais dans l'expérience ». Chacun des hommes, chacun de nous répond à l'un de ces essais par quoi ces « raisons » de la Nature se pressent vers l'existence*[8]*...*

✻ L'étude de Freud sur Léonard est à sa manière un acte de piété et d'amour envers la Mère, qui, comme la Nature à laquelle Freud a finalement dédié son œuvre, tout à la fois sauve et perd ses enfants favoris. A cet égard, elle forme un contraste parfait avec *Le Moïse de Michel-Ange*[9] qui lui, traite exclusivement du père, au point que la personne de l'artiste y disparaît presque entièrement au profit de son sujet. Le vrai héros de cet essai qui, à strictement parler, n'appartient pas à la littérature psychanalytique, ce n'est pas Michel-Ange, en effet, mais Moïse, cet imposant Moïse biblique qui apporte la loi aux

8. *Ibid.*, 214 et suiv.

hommes et, avec elle, la promesse et la menace terribles de l'accomplissement viril. En attendant de se mesurer avec le géant dont il a tenté de récrire la Loi, Freud le contemple dans l'admiration et l'effroi, non plus en analyste revêtu d'autorité, mais avec toute la curiosité, l'amour et la secrète envie du fils.

*** Nous avons dit qu'il s'était refusé longtemps à signer ces pages qui, vu leurs liens très lâches avec la psychanalyse, étaient pourtant bien moins compromettantes que d'autres et trop prudentes pour irriter les spécialistes. Il a expliqué cette réserve par son incompétence en matière d'art, mais son étude sur Léonard, écrite quatre ans plus tôt, prouve bien que ce scrupule n'était pas invincible. Aussi peut-on se demander s'il n'y avait pas là des raisons plus profondes et si, par exemple, il ne répugnait pas à montrer publiquement ce renversement de situation qui le mettait à la place du fils, sans l'excuse, cette fois, d'une nécessité théorique. N'est-ce pas pour se faire entendre à demi-mot qu'il écrivit à Jones : *Pourquoi ferais-je du tort à Moïse en accolant mon nom au sien*[10] ? Du reste, le texte n'a rien de psychanalytique, il se développe à partir d'un détail de la sculpture que Freud confronte avec l'ensemble pour en induire le sens psychologique. Et avant d'oser une analyse systématique du prophète, il attendra lui-même presque la dernière limite de sa vie.

* Assurément, l'écrasante figure de Moïse tenait une place immense dans l'esprit de Freud, qui connaissait fort bien la Bible et ne pouvait manquer de ressentir le prophète comme une incarnation grandiose de la loi paternelle, la plus saisissante et la plus pure peut-être de l'Histoire. Cette image toute puissante et éternelle explique sa bizarre attirance pour la sculpture de Michel-Ange, qu'il alla voir dès sa première visite à Rome, en 1901, et revit avec la même exaltation à chacun de ses voyages. Il décrit dans son essai les sentiments violents que provoquait en lui la vue de la statue :

*Je suis ravi chaque fois qu'à propos de cette œuvre, je lis par exemple qu'elle est « la couronne de la sculpture moderne ». Car jamais aucune sculpture ne m'a fait une impression plus puissante. Combien de fois n'ai-je pas grimpé l'escalier raide qui mène du disgracieux Corso Cavour à la place solitaire où se trouve l'église délaissée ! Toujours j'ai essayé de tenir bon sous le regard courroucé et méprisant du héros. Mais parfois, je me suis ensuite glissé prudem-*

*ment hors de la pénombre de la nef, comme si j'appartenais moi-même à la racaille sur laquelle est dirigé ce regard, racaille incapable de fidélité à ses convictions et qui ne sait ni attendre ni croire, mais pousse des cris d'allégresse dès que son idole illusoire lui est rendue*[11]...

✻✻ Et un peu plus loin, cherchant si Moïse, comme le veulent certains critiques, est figuré au moment où il va bondir pour fracasser les tables, il rappelle son espoir ou sa crainte fantastique de voir la pierre s'animer :

*... Je me souviens de ma déception lorsque, lors de mes premières visites à Saint-Pierre-ès-Liens, j'allais m'asseoir devant la statue dans l'attente de la voir se lever brusquement sur son pied dressé, jeter les Tables à terre et déverser toute sa colère. Rien de tout cela n'arriva ; la pierre se raidit au contraire de plus en plus, une sainte et presque écrasante immobilité en émana et j'éprouvai la sensation que ce qui est représenté là est quelque chose d'à jamais immuable, que ce Moïse resterait ainsi éternellement assis et irrité*[12]...

✻ Est-ce pour se délivrer de cette éternité que Freud tenta de retrouver l'hypothétique mouvement du héros à l'instant où la pierre l'a saisi ? Il lui fallait en tout cas un puissant motif pour consacrer presque deux ans de travail aux quelques pages de son essai. En 1912, lors de son séjour à Rome, il va voir Moïse tous les jours, ensuite il se plonge dans la lecture de tout ce qui a été écrit sur ce sujet. Ernest Jones raconte les alternatives de foi et de doute qui marquent son travail et le lui font même abandonner pendant plusieurs mois :

*A cette époque, je lui envoyai de Florence les photographies de deux statues qui se trouvent dans le Duomo et dont l'une, due à Donatello, passe pour avoir incité Michel-Ange à avoir entrepris son chef-d'œuvre. Cette idée émut beaucoup Freud, car si le fait était exact, la raison de la posture de Moïse aurait été d'ordre purement artistique, sans comporter de signification particulière. Je lui envoyai ensuite de Rome deux photographies et, à sa demande, en fis prendre d'autres représentant le bord inférieur des Tables... Pendant*

11. « Le Moïse de Michel-Ange », *op. cit.*, 12.
12. *Ibid.*, 21.

*un an environ ses doutes relatifs à son interprétation l'empêchèrent de reprendre ce sujet*[13]*...*

✻✻ C'est pour élucider les raisons de sa propre fascination que Freud se concentre sur l'étude de la statue. Qu'a donc la figure de si énigmatique ? Et d'abord que représente-t-elle ? Hormis quelques traits sans ambiguïté, les auteurs ne s'accordent pas sur sa signification et Freud relève soigneusement leurs surprenantes divergences. Comme toujours, il trouve son bien dans le rebut de l'observation des autres, en confrontant avec le réel tous les détails censément acquis. Ainsi, on dit en général que Moïse fourrage dans sa barbe ruisselante et que, du même bras droit, il retient les Tables qui commencent de lui échapper. Freud, au contraire, établit que le Titan ne tient sa barbe que d'un seul doigt et que les Tables, qui un instant auparavant ont effectivement tourné, sont maintenant solidement calées. En coordonnant ces relations entre le bras droit, la barbe et les Tables, il reconstitue l'histoire d'un mouvement intérieur qui n'aboutit pas à l'explosion de colère rapportée dans le récit de la Bible, mais à une formidable, à une surhumaine maîtrise de soi. Une fois de plus, la détection patiente d'un réel à demi caché découvre à Freud non pas un événement futur, mais le passé.

*..Notre Moïse ne va ni s'élancer, ni jeter les Tables loin de lui. Ce que nous voyons en lui n'est pas le début d'une action violente, mais les restes d'une émotion qui s'éteint. Il avait voulu, dans un accès de colère, se précipiter, se venger, oublier les Tables, mais il a vaincu la tentation, et, sa fureur maîtrisée, il va rester assis dans une douleur mélangée de mépris. Il ne rejettera pas non plus les Tables pour les briser sur la pierre, car c'est à cause d'elles qu'il a dominé son courroux, c'est pour les sauver qu'il a vaincu son emportement passionné. Au moment où il s'abandonnait à l'indignation, il fallait qu'il négligeât les Tables, qu'il retirât la main qui les tenait. Alors elles se mirent à glisser et furent en danger de se briser. Cela le rappela à lui. Il pensa à sa mission et, à cause d'elle, renonça à satisfaire sa passion. Sa main se retira brusquement et sauva les Tables avant qu'elles eussent pu tomber. Il resta dans cette position d'attente, et c'est ainsi que Michel-Ange l'a représenté comme gardien du tombeau... Par là, il a introduit dans la figure de Moïse*

13. *J Bg.*, tome II, 388.

*quelque chose de neuf, de surhumain, et la puissante masse ainsi que la musculature exubérante de force du personnage ne sont qu'un moyen d'expression tout matériel servant à rendre l'exploit psychique le plus formidable dont un homme soit capable : vaincre sa propre passion au nom d'une mission à laquelle il s'est voué*[14]...

* Le *Moïse* parut en février 1914, dans la revue *Imago*, avec cette note humoristique des rédacteurs : *La rédaction ne s'est pas refusée à accepter cet article, qui ne rentre pas à strictement parler dans son programme, parce que l'auteur, qui lui est connu, touche de près aux cercles psychanalytiques et que sa manière de penser présente quelque analogie avec les méthodes de la psychanalyse.*

** Freud ne renonça à l'anonymat que dix ans après, en 1924, donc au moment de la publication de la première édition de ses œuvres complètes. Entre-temps, lui aussi avait été renié par une partie de son « peuple » et, comme il l'avait écrit à Ferenczi, il avait craint que dans ces crises violentes où sa « loi » avait risqué de périr, il n'eût parfois ressemblé davantage à l'intraitable héros de la Bible qu'au surhomme de Michel-Ange[15]. Quoi qu'il en soit, il lui fallut un quart de siècle pour en finir avec Moïse.

14. « *Le Moïse* », *op. cit.*, 31 et suiv.
15. Fer., 17-10-1912, *J Bg.*, tome II, 390 : « Actuellement la situation à Vienne (rupture avec Stekel) me fait sentir que je ressemble davantage au Moïse historique qu'à celui de Michel-Ange... »

# 23. TOTEM ET TABOU

✻ Il n'est pas de domaine où Freud ait le plus risqué sa réputation scientifique que celui de la psychologie religieuse où la curiosité intellectuelle, aussi bien que la logique de sa recherche le portèrent plusieurs fois à s'aventurer. *Totem et Tabou*[1], *L'Avenir d'une illusion*[2], *Moïse et le Monothéisme*[3] sont les trois moments de cette aventure compromettante qui, jugée inadmissible par ceux-là même qu'elle concernait — croyants, théologiens, anthropologues — lui fit perdre une partie de ses troupes et reste aujourd'hui encore un point épineux pour une certaine lignée de psychanalystes freudiens.

✻✻ Freud était strictement athée et, nous l'avons dit en parlant de sa jeunesse, ses convictions d'adolescent s'exprimaient parfois dans des démonstrations un peu théâtrales, où l'on peut déceler une réaction contre l'éducation religieuse de son enfance. Jakob Freud, son père, n'était pourtant pas un homme pieux au sens où l'entend un judaïsme de stricte observance, mais il tenait à la Bible, et c'est de lui que Freud avait reçu cette connaissance intime du livre saint dont on retrouve tant de traces de son œuvre. C'est peut-être aussi grâce à sa tolérance et à ses idées humanistes que son fils put devenir incroyant sans traverser de graves crises, et, tout naturellement, convertir la foi en intérêt intellectuel pour les questions religieuses.

✻✻✻ Il est permis de penser que Freud a pu puiser partiellement dans sa connaissance du ritualisme juif les idées qu'il exprime

1. *Totem et Tabou*, trad. Jankélévitch, Paris, Payot, 1923.
2. *L'Avenir d'une illusion*, trad. Marie Bonaparte, Paris, Denoël & Steele, 1932.
3. *Moïse et le Monothéisme*, trad. Anne Berman, Paris, Gallimard, 1948.

dès 1907 dans *Actes obsédants et exercices religieux*[4], où il compare certains actes individuels et collectifs des cérémonies religieuses avec ce qu'on appelle *le cérémonial des obsédés*. Qu'il relève d'une névrose obsessionnelle ou de prescriptions religieuses légales, l'acte rituel procède d'une contrainte intérieure, d'une *compulsion* qui entraîne avec elle la crainte d'un malheur ou d'un châtiment sanctionnant l'omission ou l'accomplissement incorrect du rite. L'idée d'une nécessité impérieuse à quoi il faut satisfaire sous peine de sanction automatique est la même dans les deux cas, mais, pour l'obsédé, elle reste strictement individuelle et ne s'accomplit que dans l'intimité, tandis que le croyant la partage avec la masse des fidèles. Les deux conduites ont en commun un sentiment très fort et inconscient de culpabilité, elles diffèrent toutefois en ceci que dans l'une le refoulement porte principalement sur les tendances sexuelles, alors que dans l'autre, il s'exerce surtout sur les tendances égoïstes et agressives dangereuses pour la société. Freud résume la comparaison en disant que si le névrosé obsessionnel semble se faire quelque chose comme une religion à son propre usage, la religion peut être qualifiée de névrose obsessionnelle engageant la généralité.

* Cet article était bien loin d'épuiser la question. Freud n'en a pas poursuivi l'idée comme on aurait pu s'y attendre, en approfondissant par exemple la psychogenèse des grandes religions historiques ou des mythologies de l'antiquité, domaines où il ne manquait pas de connaissances. Pour de multiples raisons, dont l'une tenait peut-être à la virtuosité de Jung dans l'analyse des mythes et des symboles religieux, il est allé chercher des concordances dans le secteur le plus obscur et le plus fascinant de l'anthropologie : le totémisme.

** Le goût de Freud pour ce sujet, alors très en vogue et tout à fait neuf dans la littérature psychanalytique, avait trouvé un aliment de choix dans l'ouvrage monumental de Frazer : *Totemism and Exogamy*, dont les quatre gros volumes, publiés en 1910, faisaient sensation dans les milieux savants. Dans les innombrables faits rapportés par Frazer sur les cultes totémiques, et les étranges rapports qu'ils supposent ou créent entre l'homme et l'animal, Freud trouva aussitôt quelque chose de connu : il en avait rencontré de tout semblables dans

4. « Actes obsédants et Exercices religieux », *L'Avenir d'une illusion, op. cit.*, 157-183.

les phobies infantiles liées à la crainte immotivée d'un animal, dans le cas du petit Hans, par exemple, qui, à maint égard, traitait le cheval comme le primitif son totem. La phobie de l'animal qui, dans des cas rapportés par Abraham et Ferenczi, s'attachait parfois à un arbre ou à un quelconque objet inanimé, était-elle le modèle psychique de cette stupéfiante conception du monde où l'anthropologue voyait alors l'origine de toutes les cultures humaines existantes ? Pour la genèse et la psychogenèse des religions, la question valait évidemment la peine d'être posée.

*** Comme à son habitude, Freud se plongea avec impatience dans la lecture des ouvrages spécialisés. Jones, qui n'était pas sans compétence en matière d'anthropologie, semble avoir été son conseiller technique, il envoya à Freud les travaux importants, mais sa liste n'était pas exhaustive et Freud travailla sur des auteurs semblablement orientés, sans pressentir que la notion même de totémisme, si fort attaquée depuis, était déjà diversement contestée. Du reste, cet indispensable travail préparatoire l'excitait et l'exaspérait tout ensemble. Comme à l'époque de *La Science des rêves*, il s'impatienta de devoir absorber tant de littérature indigeste avant d'exposer lui-même ses idées. Deux mois après avoir commencé sa compilation, en 1911, il écrivait à Ferenczi :

*Rien ne me satisfait là-dedans et je me trouve dans l'état physique et mental qui m'est habituel pendant un travail intérieur intense, ou plutôt pendant la préparation de celui-ci. C'est une sorte de souffrance, je suis rarement productif quand je me sens bien. Je lis, je lis et tout cela fermente. Vais-je aboutir à quelque chose ? Je n'en sais rien*[5].

*** Une lettre à Jones datée du même jour dit la même impatience :

*Une grande quantité de choses bouillonnent dans ma tête, mais elles n'en sortent que très lentement et je continue à trouver dur de me conformer complètement aux pensées d'autrui. Je ne puis tout faire par moi-même, et la part des autres, de Jung, par exemple, a la plus grande importance... Je travaille d'arrache-pied à la psychogenèse*

5. Fer., 5-11-1911, *J Bg.*, tome II, 374.

*des religions et me retrouve sur la même piste que les* Métamorphoses *de Jung*[6]...

✻ En janvier 1912, il a terminé le premier chapitre, consacré à la « Peur de l'inceste » chez les peuples primitifs. Le mois suivant il communique à Jones le plan général de l'essai :

*Mon travail sur « la Peur de l'inceste » n'est pas du tout fameux, mais les autres chapitres seront peut-être bien meilleurs. Le deuxième a pour titre « Tabou et Ambivalence ». Il nous révélera, j'espère, l'essence de cet étonnant « tabou » ; il est à moitié rédigé et même terminé dans ma tête. Le troisième chapitre n'a pas encore de forme précise ; il s'appellera « Magie et Toute-puissance des pensées ». Je considère ces trois chapitres comme les précurseurs d'un autre, plus important, que je me propose d'appeler « Retour infantile du totémisme ». Je me suis procuré tous les livres que vous m'avez indiqués : Crawley, Bourke* (Rites scatalogiques), *Hartland* (Paternité), *Pearson* (Grammaire de la science), *de sorte que je n'ai pas besoin de vous importuner en vous demandant de m'en expédier un de Toronto. Je possède même maintenant L'Encyclopédie britannique*[7]...

✻✻ C'est en avril 1913 qu'il commença le quatrième chapitre de l'essai, ce « retour infantile du totémisme » où il expliquait l'origine de la religion et de la société par le meurtre du père primitif et qui, pour diverses raisons, ligua contre lui la grande majorité des spécialistes. En recherchant les concordances entre la vie psychique des primitifs et celle des névrosés — c'est là le sous-titre de l'ouvrage —, il arrivait à une conclusion dont il semble lui-même quelque peu effaré :

*Je rédige lentement la quatrième de mes « Concordances », celle sur le totémisme qui doit clore cette série. C'est la plus osée des entreprises dans lesquelles je me sois jamais lancé. Sur la religion, la morale et* quibusdem aliis. *Que Dieu me vienne en aide*[8] *!*

✻ Freud ne soupçonnait pas du tout que son *Totem* allait prendre

6. E. J., *ibid.*
7. E. J., *ibid.*
8. *Ibid.*, 376.

une tournure polémique et précipiter la crise qui, depuis quelque temps déjà, était imminente entre lui et Jung. Au début, en effet, il croyait se retrouver « sur la piste » de son élève, mais à mesure que son travail avançait, il se rendait compte que le meurtre originel du père, tel qu'il le reconstituait en s'appuyant sur une thèse de Darwin, empêcherait toute tentative de conciliation, si même il ne provoquait pas la rupture. Ses lettres à Jones, Abraham et Ferenczi le montrent tour à tour pénétré de la valeur de son travail et saisi tout à coup d'obscurs scrupules. D'abord il est sûr de son fait :

*Tout va bien quant à la rédaction de l'œuvre : j'écris en ce moment le* Totem *avec l'impression que ce sera mon plus important, mon meilleur et peut-être mon dernier bon travail. Quelque chose en moi me dit que j'ai raison. Malheureusement le temps dont je dispose pour travailler est très réduit, c'est pourquoi je me vois sans cesse obligé de me replonger dans l'état d'esprit nécessaire, ce qui nuit à mon style... Depuis* La Science des rêves *je n'ai rien écrit avec autant de conviction, je puis donc prédire le destin réservé à cet essai*[9]*...*

*** Les mêmes sentiments ressortent d'une lettre à Ferenczi datée du 13 mai 1913, jour où l'ouvrage est enfin terminé :

*Depuis* La Science des rêves, *je n'ai jamais travaillé à rien avec autant de conviction et de joie. L'accueil sera le même, une tempête d'indignation, excepté de la part de mes proches. Dans ma controverse avec Zurich, ce livre vient juste à point pour nous diviser, comme par l'effet d'un acide sur le sel*[10]*...*

* A cette exaltation succède comme si souvent chez Freud une période de dépression et de doutes qui modifie complètement son opinion. Il est si troublé qu'il envoie les premières épreuves du livre à trois de ses élèves, en leur demandant leurs suggestions sur l'épineuse dernière partie. Jones a raconté comment Ferenczi et lui-même étaient parvenus à l'apaiser :

*Ferenczi et moi lûmes les épreuves ensemble à Budapest et tous les deux, nous écrivîmes à Freud dans le même sens. Nous lui*

9. *Ibid.*, 376.
10. Fer., *J Bg.*, *ibid.*, 376.

*suggérâmes qu'il avait vécu en imagination les faits réels décrits dans le livre. Son exaltation figurait, disions-nous, l'excitation causée par le meurtre du père et le fait de le manger. Ses doutes en étaient une simple réaction. Quand je le rencontrai quelques jours après, lors d'un séjour à Vienne, je lui demandai comment il se faisait que l'auteur de* La Science des rêves *pût maintenant douter de la sorte. Il répondit avec sagesse : C'est qu'alors je parlais du désir de tuer le père et que maintenant je décris le fait réel ; après tout, il y a un grand pas à franchir entre le désir et l'acte... Le 30 juin 1913, nous célébrâmes l'événement en offrant à Freud sur le Konstantinhügel, au Prater, un dîner que nous qualifiâmes de repas totémique. Loe Kann lui donna une figurine égyptienne dont il fit son totem*[11]*...*

✻ ✻ Ce n'est pas sans raison que Freud rapproche *Totem et Tabou* de *La Science des rêves*, ce livre dont la pensée imprègne toute son œuvre et dont il avait fait son propre guide. Les deux ouvrages sont bien de la même lignée, l'un et l'autre portent le double cachet de l'expérience concrète et de l'imaginaire que Freud admirait tant chez les poètes, l'un et l'autre témoignent d'un esprit incapable de repos, refusant même les commodités légitimes de l'âge. Agé de cinquante-sept ans, parvenu à la notoriété après combien de luttes et de sacrifices, Freud remet tout en cause par un retour sur soi qui l'effraye lui-même, comme si le meurtre primordial dont il a eu la vision était vraiment sa propre faute. Cette participation intense au drame originel qu'il imagine, c'est elle qui fait tout le prix du livre.

✻ L'essai, nous l'avons dit, se compose de quatre parties inégalement développées, les plus longues étant *Le Tabou et l'Ambivalence des sentiments* et ce *Retour infantile du totémisme* qui est jusqu'à présent le plus généralement contesté. Dans le premier chapitre, Freud traite de la prohibition de l'inceste, la seule de toutes les institutions humaines qui soit absolument universelle, et qui, chez les peuples primitifs, a un caractère si contraignant qu'elle détermine toute l'organisation sociale et enferme les moindres actes dans un réseau complexe d'interdits. Si l'inceste est prévenu et défendu par un système aussi compliqué et aussi rigide, c'est, note-t-il, que la tentation en est plus forte chez le primitif que chez l'individu des cultures évoluées. A cet égard, le primitif pourrait se comparer au névrosé qui,

11. *Ibid.*, 377.

pour se préserver de violentes tentations inconscientes, se forge des phobies et d'autres symptômes ayant pour lui la valeur de tabous.

✳✳✳ Dans *Le Tabou et l'Ambivalence des sentiments*, Freud relève l'ambivalence du mot « tabou », mot qui n'a plus d'équivalent dans nos langues, mais correspond assez bien, par exemple, au « sacer » des Romains ou au « kadosch » des Hébreux. Le tabou est autonome, on ne lui donne ni motivation rationnelle, ni justification morale ou sociale, il représente quelque chose comme notre « impératif catégorique » — la seule loi, dit Freud, dont nous ayons une connaissance immédiate — et ses violations entraînent des sanctions rigoureusement automatiques, de telle sorte que le tabou violé se venge seul à plus ou moins bref délai. Ces caractères des tabous primitifs offrent des ressemblances précises avec la symptomatologie des obsédés, qui manque elle aussi de motivations conscientes, découle d'une nécessité intérieure impérieuse, possède une aptitude à se déplacer et à contaminer d'autres personnes, et enfin, comprend l'accomplissement de certains rites destinés à annuler le mal redouté.

✳ Cependant, la ressemblance la plus profonde entre les névrosés et les primitifs réside dans l'ambivalence des sentiments, autrement dit dans une hostilité inconsciente à l'égard d'êtres chers ou particulièrement respectés. En élevant d'insurmontables barrières rituelles entre lui et ses chefs, ses prêtres, ses seigneurs, ses ancêtres, le primitif donne libre cours à cette ambivalence affective qu'on trouve à l'œuvre dans toute névrose, car en isolant les hauts personnages sous prétexte de les protéger, il se protège lui-même comme s'il les jugeait dangereux et, à force d'adoration et de respect, se venge d'eux en leur faisant une existence intenable. Les mêmes sentiments de crainte, de haine et d'amour mélangés expliquent l'attitude des primitifs à l'égard de la mort, les rites funéraires et le culte des défunts.

✳✳ Le troisième chapitre de *Totem et Tabou* se tient étroitement aux idées de l'époque sur l'animisme et la magie, idées abandonnées par la plupart des ethnologues modernes, pour qui ces deux phénomènes ont perdu en tout cas leur caractère premier. Freud admet que la pensée animiste et magique est à l'origine de toutes les conceptions religieuses ultérieures, et qu'elle obéit au mécanisme appelé par un de ses malades[12] la « toute-puissance » des idées. Cette toute-puissance, qui est en réalité celle du désir, repose chez le névrosé comme chez le primitif sur une estimation exagérée des actes purement psychiques et par là, se rattache à cette phase narcissique du développement de la libido où le sujet ne porte pas son amour sur un objet, mais sur lui-même, sur son corps et sur sa propre pensée. La pensée sauvage offre à Freud l'occasion de préciser la notion de *narcissisme*, ou comme il dit, de *narcisme*, qu'en 1914 il introduira en quelque sorte officiellement dans la théorie :

*Nous dirons que chez le primitif, la pensée est encore très fortement sexualisée, d'où la croyance à la toute-puissance des idées, d'où aussi la conviction qu'il est possible de dominer le monde, conviction maintenue malgré les expériences pourtant faciles à faire qui renseignent l'homme sur sa place exacte dans l'univers. D'un côté, nous retrouvons dans la nature du névrosé une bonne part de cette attitude primitive ; d'un autre côté, nous constatons que la répression sexuelle, qui chez lui a eu lieu, a déterminé une nouvelle sexualisation de ses processus intellectuels. Les effets psychiques doivent être les mêmes dans les deux cas de transformation libidineuse de la pensée, c'est-à-dire aussi bien quand la transformation est primitive que lorsqu'elle résulte d'une régression ; ces effets apparaissent dans le narcissisme intellectuel et la toute-puissance des idées.*

*S'il est vrai que la toute-puissance des idées chez les primitifs fournit un témoignage en faveur du narcissisme, nous pouvons essayer d'établir un parallèle entre le développement des conceptions du monde et celui de la libido individuelle. Nous trouvons alors qu'aussi bien historiquement que par son contenu, la phase animiste correspond au narcissisme ; la phase religieuse au stade d'objectivation caractérisé par la fixation de la libido aux parents ; tandis que la phase scientifique a son pendant dans cet état de maturité où l'individu renonce à la recherche du plaisir et subordonne son choix amoureux aux convenances et aux exigences de la réalité.*

*L'art est le seul domaine où la toute-puissance des idées se soit maintenue jusqu'à nos jours. Dans l'art seulement, il arrive qu'un homme tourmenté par des désirs obtienne quelque chose comme une*

12. (L'Homme aux Rats), Remarques sur un cas de névrose obsessionnelle *Cinq psychanalyses*, *op. cit.*

*satisfaction ; et grâce à l'illusion artistique, ce jeu produit les mêmes effets affectifs que s'il s'agissait de quelque chose de réel. C'est avec raison qu'on parle de la magie de l'art et qu'on compare l'artiste à un magicien. Mais cette comparaison est peut-être encore plus significative qu'elle le paraît. L'art, qui n'a certainement pas débuté en tant que l'art pour l'art, se trouvait au début au service de tendances qui sont aujourd'hui éteintes pour la plupart. Il est permis de supposer que, parmi elles, se trouvaient bon nombre d'intentions magiques*[13]...

* Le *Retour infantile du totémisme* passe généralement aux yeux des spécialistes pour une fiction ingénieuse et séduisante à quoi l'on ne peut reconnaître aucune valeur scientifique. Là, de fait, Freud abandonne le terrain clinique où il se tient encore dans la première partie du chapitre, pour se lancer dans une hypothèse aventureuse dont il développe les conséquences avec beaucoup de rigueur, sans toutefois pouvoir prouver ses prémisses. Il y est conduit en tâchant de résoudre le problème crucial qui reste une énigme pour l'anthropologie : trouver les raisons qui, un jour, ont motivé la prohibition universelle de l'inceste et, depuis, pèsent si lourd sur le destin de l'humanité.

** Freud résume d'abord les définitions du totémisme qu'il a trouvées principalement dans les ouvrages de Frazer, de Salomon Reinach et dans *La Psychologie des peuples* de Wundt. Toutefois, il ne s'arrête qu'aux caractères du totémisme animal, alors que le totem peut être à peu près n'importe quoi, une plante, un élément, un objet inanimé ou un quelconque phénomène naturel. C'est qu'il adopte pour l'essentiel le point de vue de Frazer et la formulation de Wundt, selon laquelle *les totem n'étaient primitivement que des animaux et étaient considérés comme les ancêtres des tribus*. Il admet aussi que la principale prohibition portait sur le meurtre et la consommation de cet ancêtre animal, avec comme corollaire l'interdiction pour les membres d'un même totem de contracter mariage entre eux, autrement dit l'exogamie.

*** A vrai dire, les vues sur le totémisme étaient alors et sont encore en partie extrêmement confuses. Freud ne s'en embarrasse pas

13. *Totem et Tabou, op. cit.*, 126.

trop, ayant pour dessein non pas de proposer une nouvelle théorie, mais d'éclairer les données psychologiques du phénomène, en se fondant sur l'expérience clinique de l'analyste. Par la façon dont il identifie l'homme avec l'animal, et la sorte de terreur sacrée dont le totem est l'objet, le totémisme évoque en effet pour le psychanalyste les étranges zoophobies infantiles qu'il rencontre parfois dans sa pratique. Après avoir rappelé le cas du petit Hans, Freud cite celui d'Arpád, appelé le *Petit Homme-Coq*[14], dont la belle observation a été rapportée par Ferenczi :

*Un jour qu'il était à la campagne, le petit Arpád, âgé de deux ans et demi, voulut uriner dans le poulailler et eut la verge mordue ou happée par une poule. Étant retourné dans le même endroit l'année d'après, il s'imagina être lui-même une poule, ne s'intéressa qu'au poulailler et à tout ce qui s'y passait, cependant qu'il échangeait son langage humain contre le piaillement et le gloussement de la basse-cour. A l'époque de l'observation (il avait alors cinq ans), il avait recouvré son langage, mais ne parlait que de poules et autres volailles. Il ne connaissait aucun autre jouet et ne chantait que des chansons où il était question de volatiles. Son attitude à l'égard de son animal totem était nettement ambivalente : haine et amour démesurés. Son jeu préféré était le combat de poules... Après quoi il se mettait à embrasser et à caresser l'animal tué, à nettoyer et à couvrir de baisers les poules qu'il avait lui-même maltraitées...*

*Le petit Arpád prenait soin de ne laisser aucun doute sur le sens de sa bizarre attitude. A l'occasion, il savait transposer ses désirs, en remplaçant leur mode d'expression totémique par le langage vulgaire. « Mon père est le coq », dit-il un jour. « A présent, je suis petit, je suis un poussin. Mais quand je serai plus grand, je serai une poule, et plus grand encore, un coq. » Une autre fois, il voulut manger de la « mère confite » (par analogie avec le confit de poulet)*[15]*...*

✻ Le Petit Homme-Coq, qui ne voulait pas seulement manger sa mère, mais l'épouser, et tuait son père sous l'espèce de coqs voués au sacrifice, ouvrait de nouvelles perspectives à la recherche psychanalytique, en rétablissant le chaînon manquant entre les deux commandements majeurs du totémisme :

14. Sandor Ferenczi : *Ein kleiner Hahnemann*, Int. Z., 11, 1913, 1, n° 3.
15. *Totem et Tabou, op. cit.*, 180 et suiv.

*Si l'animal totémique n'est autre que le père, nous obtenons en effet ceci : les deux commandements capitaux du totémisme, les deux prescriptions tabou qui enforment le noyau, à savoir l'interdiction de tuer le totem et celle d'épouser une femme appartenant au même totem que soi, coïncident quant à leur contenu avec les deux crimes d'Œdipe, qui a tué son père et épousé sa mère, ainsi qu'avec les deux désirs primitifs de l'enfant dont le refoulement insuffisant ou le réveil forment peut-être le noyau de toute névrose. Si cette ressemblance n'est pas un jeu du hasard, elle doit nous permettre d'expliquer la naissance du totémisme aux époques les plus reculées. En d'autres termes, nous devons pouvoir rendre vraisemblable le fait que le système totémique est né des conditions du complexe d'Œdipe, tout comme la zoophobie du petit Hans et la perversion du petit Arpád*[16]...

** Freud continue sa démonstration en s'appuyant d'une part sur l'idée du sacrifice, telle qu'elle est développée par Robertson Smith dans *La Religion des Sémites*, et d'autre part sur une hypothèse de Darwin touchant les mœurs de la horde humaine primitive. D'après Robertson Smith, l'ancien sacrifice s'accompagnait d'un repas rituel dans lequel les membres du clan se partageaient la chair de l'animal, compagnon du dieu ou dieu lui-même. La consommation de l'animal donnait lieu à des manifestations et à des fêtes solennelles, au cours desquelles les tabous étaient rituellement violés. Smith y voit une forme évoluée du repas totémique, dans lequel, à l'origine, l'animal sacrifié et mangé était tenu pour un membre du clan.

* Quant à l'hypothèse de Darwin, elle est tout à fait étrangère au problème du totémisme : elle suppose simplement l'existence d'une horde humaine primitive, analogue à celles des grands anthropoïdes, dans laquelle la jalousie du mâle le plus âgé et le plus fort empêchait toute promiscuité sexuelle. Cette horde à l'état de nature était imaginée selon les modèles des bandes de gorilles :

*D'après ce que nous savons de la jalousie de tous les mammifères, nous pouvons conclure en effet qu'une promiscuité générale des sexes à l'état de nature est extrêmement peu probable... Mais si, remontant le cours du temps assez loin en arrière, nous jugeons les habitudes humaines d'après ce qui existe actuellement, la conclusion*

16. *Ibid.*, 182 et suiv.

*paraissant la plus plausible est que les hommes ont vécu primitivement en petites sociétés, chaque homme ayant généralement une femme, parfois, s'il était puissant, plusieurs femmes qu'il défendait jalousement contre les autres hommes... Lorsque le jeune mâle a grandi, il entre en lutte avec les autres pour la domination, et c'est le plus fort qui, après avoir tué ou chassé tous ses concurrents, devient le chef de la société... Les jeunes mâles ainsi éliminés et errant d'endroit en endroit se feront à leur tour un devoir, lorsqu'ils auront enfin réussi à trouver une femme, d'empêcher les unions consanguines trop étroites entre les membres d'une même famille*[17]*...*

* * C'est en combinant la théorie de Smith sur le sacrifice et celle de Darwin et d'Atkinson sur la horde originelle que Freud se crut en droit de reconstituer l'événement décisif, non plus psychologique cette fois mais historique, à quoi les civilisations ultérieures durent leurs croyances, leurs lois et les formes de leurs sociétés. Le caractère quelque peu fantaisiste d'une pareille hypothèse ne lui échappait pas, il tint cependant à la maintenir parce qu'elle rétablissait une continuité entre des séries de phénomènes décrites jusque-là sans liens :

*L'organisation la plus primitive que nous connaissions consiste en* associations d'hommes *jouissant de droits égaux et soumis aux limitations du système totémique, y compris l'hérédité en ligne maternelle. Cette organisation a-t-elle pu provenir de celle que postule l'hypothèse darwinienne, et par quel moyen a-t-elle été obtenue ? En nous basant sur la fête du repas totémique, nous pouvons donner à cette question la réponse suivante : un jour, les frères chassés se sont réunis, ont tué et mangé le père, ce qui a mis fin à l'existence de la horde paternelle. Une fois réunis, ils sont devenus entreprenants et ont pu réaliser ce que chacun d'eux pris individuellement aurait été incapable de faire. Il est possible qu'un progrès de la civilisation, l'invention d'une arme nouvelle leur aient procuré le sentiment de leur supériorité. Qu'ils aient mangé le cadavre de leur père, il n'y a à cela rien d'étonnant puisqu'il s'agit de sauvages cannibales. L'aïeul violent était certainement le modèle envié et redouté de chacun des membres de cette association fraternelle. Or, par l'acte de l'absorption, ils réalisaient leur identification avec lui, s'appropriant chacun une partie de sa force. Le repas totémique, qui est peut-*

17. *Ibid.*, 174.

*être la première fête de l'humanité, serait la reproduction et comme la fête commémorative de cet acte mémorable et criminel qui a servi de point de départ à tant de choses : organisations sociales, restrictions morales, religions.*

*Pour trouver vraisemblables les conséquences, en faisant abstraction de leurs prémisses, il suffit d'admettre que la bande fraternelle en état de rébellion était animée à l'égard du père des sentiments contradictoires qui, d'après ce que nous savons, forment le contenu du complexe paternel chez chacun de nos enfants et de nos malades névrosés. Ils haïssaient le père, qui s'opposait si violemment à leur besoin de puissance et à leurs exigences sexuelles, mais tout en le haïssant, ils éprouvaient pour lui amour et admiration. Après l'avoir supprimé, après avoir assouvi leur haine et réalisé leur identification avec lui, ils ont dû se livrer à des manifestations affectives d'une tendresse exagérée. Ils le firent sous la forme du repentir ; ils éprouvèrent un sentiment de culpabilité qui se confond avec le sentiment du repentir tel qu'il est communément ressenti. Le mort devenait plus puissant qu'il l'avait jamais été de son vivant ; toutes choses que nous constatons aujourd'hui encore dans les destinées humaines. Ce que le père avait empêché par le seul fait de son existence, les frères se le défendaient à présent eux-mêmes, en vertu de cette « obéissance rétrospective » caractéristique d'une situation psychique que la psychanalyse nous a rendue familière. Ils désavouèrent leur acte en prohibant la mise à mort du totem, substitut du père, et renoncèrent à recueillir les fruits de cet acte en refusant les rapports sexuels avec les femmes qu'ils avaient libérées. C'est ainsi que le* sentiment de culpabilité du fils *a engendré les deux tabous fondamentaux du totémisme qui, pour cette raison, devaient se confondre avec les deux désirs réprimés de complexe d'Œdipe. Celui qui agissait à l'encontre de ces tabous se rendait coupable des deux seuls crimes à quoi la société primitive était intéressée*[18]...

*** En un sens, donc, le meurtre du père était une duperie, puisque les frères, pour apaiser les discordes qui s'ensuivirent entre eux, durent renoncer à cela même qui avait motivé leur révolte. D'un autre côté, le remords des fils suscita une institution d'un niveau plus élevé, destinée à empêcher le retour de semblables forfaits et, aussi, à entretenir un perpétuel désir de réconciliation avec le père jadis

18. *Ibid.*, 195-198.

sacrifié. Culpabilité, renoncement, nostalgie — le totémisme est né de ce mélange inextricable de sentiments qui, pour Freud, fait la substance même des religions :

*Des traits ont alors apparu qui resteront désormais attachés à toute religion, quelle qu'elle soit. La religion totémique a résulté du sentiment de culpabilité des fils, c'était une tentative pour étouffer ce sentiment et obtenir par une obéissance rétrospective la réconciliation avec le père offensé. Toutes les religions ultérieures ne sont qu'autant de tentatives de résoudre le même problème, tentatives qui varient selon l'état de la civilisation où elles sont nées et ne diffèrent que par la direction qu'elles ont suivie pour trouver cette solution : mais toutes représentent des réactions contre le grand événement par quoi la civilisation a débuté et qui, depuis lors, n'a cessé de tourmenter l'humanité*[19]*...*

✳ *Totem et Tabou* reçut l'accueil que Freud avait prévu, mais cette fois, les critiques n'étaient pas tous de mauvaise foi ni systématiquement hostiles. Le livre, en effet, était irrecevable pour les anthropologues, d'une part à cause de sa méthode peu scientifique et de ses nombreuses inexactitudes, d'autre part parce qu'il passait arbitrairement de la psychologie à l'histoire, ce qui, vu l'ignorance totale ou l'on est des faits en cause, le soustrayait à toute réfutation comme à toute preuve. Toutefois, les spécialistes eux-mêmes n'étaient pas d'accord, certains changèrent même sensiblement d'opinion au cours des années, tel Kroeber qui, en 1919[20], condamna l'ouvrage pour ses erreurs et son peu de fondement scientifique et, vingt ans plus tard, revint en grande partie sur son jugement[21]. D'une manière générale, on s'accorde aujourd'hui à reconnaître dans le scénario du parricide primordial non pas l'événement historique que Freud suggère, sans trop y insister du reste, mais un mythe, l'un de ces rêves dont la psychanalyse a justement découvert la vérité et l'importance pour une connaissance profonde de l'homme. Comme le dit Claude Lévi-Strauss dans *Les Structures élémentaires de la parenté*, *Totem et Tabou* est sans doute un roman, mais un roman plus vrai en un sens qu'un simple fait d'histoire ne le serait :

19. *Ibid.*, 199 et suiv.
20. A. L. Kroeber : « *Totem and Taboo : An Ethnological Psychoanalysis* (1920) », in *The Nature of Culture*, Chicago, 1952.
21. A. L. Kroeber : « *Totem and Taboo in Retrospect* (1939) », *ibid.*

*On a dit et redit ce qui rend* Totem et Tabou *irrecevable comme interprétation de la prohibition de l'inceste et de ses origines : gratuité de l'hypothèse de la horde des mâles et du meurtre primitif, cercle vicieux qui fait naître l'état social de démarches qui le supposent. Mais, comme tous les mythes, celui que* Totem et Tabou *présente avec une si grande force dramatique comporte deux interprétations. Le désir de la mère ou de la sœur, le meurtre du père et le repentir des fils ne correspondent, sans doute, à aucun fait ou ensemble de faits occupant dans l'histoire une place donnée. Mais ils traduisent peut-être sous une forme symbolique un rêve à la fois durable et ancien. Et le prestige de ce rêve, son pouvoir de modeler, à leur insu, les pensées des hommes, proviennent précisément du fait que les actes qu'il évoque n'ont jamais été commis parce que la culture s'y est, toujours et partout, opposée. Les satisfactions symboliques dans lesquelles s'épanche, selon Freud, le regret de l'inceste, ne constituent donc pas la commémoration d'un événement. Elles sont autre chose, et plus que cela : l'expression permanente d'un désir de désordre, ou plutôt de contrordre. Les fêtes jouent la vie sociale à l'envers, non parce qu'elle a jadis été telle, mais parce qu'elle n'a jamais été, et ne pourra jamais être autrement. Les caractères du passé n'ont de valeur explicative que dans la mesure où ils coïncident avec ceux de l'avenir et du présent*[22].

22. *Les Structures élémentaires de la parenté*, Paris, P.U.F., 1949.

# 24. LES ANNÉES DE GUERRE

✻ La petite guerre qui couvait depuis 1910 au sein du mouvement psychanalytique précéda de peu la Grande, puisque la dissidence principale éclata en 1914, d'abord en avril quand Jung abandonna la présidence de l'Association internationale, puis en août, quand il quitta définitivement l'organisation, entraînant avec lui la plupart de ses compatriotes. Longtemps nourries par des antipathies de races et de nationalités, les hostilités dans ce coin retiré de la science furent comme l'annonce ou la minuscule répétition de celles qui, quelques jours plus tard, allaient embraser l'Europe.

✻✻ Freud s'était résigné à perdre Jung comme ami, mais tenait à le garder comme allié dans une lutte commune pour la « Cause ». Il ne comprit son illusion qu'en 1913, en constatant que ses travaux l'éloignaient de plus en plus de ce qu'il appelle dans une lettre la « psychologie des aryens ». Dès ce moment, il renonça à ménager l'adversaire et, au lieu d'atténuer les incompatibilités, résolut de les montrer maintenant en pleine lumière,

✻✻✻ Cette nécessité de dégager son chemin de tout ce qui commençait de l'encombrer engagea Freud dans une nouvelle réflexion sur quelques points théoriques litigieux qui, vu l'imprécision en quelque sorte native de la terminologie psychanalytique, étaient effectivement susceptibles de diverses interprétations. C'est pour les préciser qu'il écrivit sa *Contribution à l'histoire du mouvement psychanalytique*, essai qui détermina le départ de Jung, puis, au début de 1914, *L'introduction de la notion de narcissisme*[1] qui fut pour ses disciples immédiats une petite révolution.

1. *Zur Einführung des Narzissmus* (1914), *G. W.*, tome X, 138-170.

* En fait, tout tournait autour du concept de « libido », à quoi Freud voulait absolument garder son sens strict d'énergie sexuelle, alors qu'Adler en faisait une force au service de la vie sociale, et que Jung l'étendait si démesurément qu'elle devenait l'énergie en soi, quelque chose comme le moteur de la vie universelle. La « libido » était ainsi en grand danger de se dissoudre, d'autant plus que selon Jung, Freud lui-même, dans le cas du président Schreber par exemple, avait pris le mot dans une acception très élargie. Il devait dire maintenant s'il maintenait le mot dans son sens étroit, ou s'il consentait à une extension qui eût réconcilié avec la libido bien des esprits réfractaires à ses idées.

** Freud maintint la libido comme il l'avait toujours conçue, mais au prix d'une importante révision théorique qui ne laissa pas d'apporter le trouble autour de lui. Jung, en effet, avait conclu de ses travaux sur la démence précoce et les psychoses que, dans ces affections la libido qui se retire massivement de tous les objets extérieurs ne se distingue plus de l'ensemble de l'énergie psychique, de sorte qu'elle perd toute valeur spécifique. Cela pouvait paraître vrai, si l'on s'en tenait à l'opposition fondamentale entre les instincts du Moi, ou instincts de conservation, et les instincts sexuels mûs par une énergie propre et orientés vers des buts bien à eux, étrangers ou même hostiles au Moi. Le conflit qui, dans les névroses dites de « transfert », éclatait entre ces deux catégories d'instincts, ne pouvait exister dans les psychoses où, au contraire, le Moi malade faisait refluer sur lui toute la libido qu'il retirait au monde. Il fallait donc ou bien admettre, avec Jung, que la libido n'était rien d'autre qu'une énergie psychique indifférenciée, ou bien concevoir le Moi lui-même comme doué d'une énergie et de propriétés sexuelles, ce qui abolissait la dualité des instincts,

*** Freud évita ces deux extrémités en introduisant dans la théorie le concept de *narcissisme* qu'il avait déjà utilisé accessoirement dans d'autres travaux, en particulier dans le Président Schreber, où l'on voit la tendance homosexuelle aboutir au retournement : je n'aime rien ni personne, je n'aime que moi — et dans *Totem et Tabou*, où la fantastique surestimation du Moi commune à tous les primitifs explique la toute-puissance des idées, et par là, la magie. Tel qu'il est décrit dans l'essai de 1914, le narcissisme ne change pas de sens, mais prend une place inattendue dans la théorie.

* * * Le mot de *narcissisme* est emprunté à la clinique psychiatrique ; selon Freud, il est dû à Näcke, selon Jones, à Havelock Ellis, qui l'appliqua à une perversion assez analogue à celle du Narcisse de la fable grecque, mort de s'aimer trop lui-même. Toutefois, le narcissisme n'est pas seulement une tendance morbide, car si on le trouve dans la mégalomanie des aliénés, ou l'attention que l'hypocondriaque prête à son propre corps, il est aussi hautement développé chez les enfants, les malades gravement atteints, les vieillards ; même les relations amoureuses normales n'en sont pas exemptes, de sorte que Freud, en suivant ses différentes formes dans la santé et la maladie, peut en faire le commencement et le modèle de tout amour.

* Ainsi se dessine une nouvelle opposition, qui ne joue plus cette fois entre le Moi et la sexualité, mais à l'intérieur de la libido elle-même, laquelle est qualifiée de *narcissique* quand elle reste fixée ou se reporte sur le Moi du sujet, ou dite *objectale* quand elle s'épanche au-dehors et s'attache à un objet, autrement dit à autrui. Néanmoins, cette nouvelle distinction ne supprime pas la première, car Freud, bien qu'il affirme l'existence d'un Moi libidinal inconcevable dans l'ancienne théorie, tient à garder au sexe et au Moi leur caractère d'antinomie. Le paradoxe théorique est patent, mais il ne tente pas sérieusement de le réduire, il se contente de l'écarter provisoirement en invoquant les preuves cliniques massives fournies tant par la psychologie normale que par la pathologie.

* Il y avait là pour son école un grave sujet de trouble, car la nouvelle polarité introduite par le narcissisme semblait exiger un remaniement complet de la théorie. Ce trouble se sent encore dans l'exposé que Jones en fait, plus de vingt ans après la publication du livre :

*La raison qui m'a fait qualifier de troublant l'essai de Freud sur le narcissisme, la voici : c'est que ce travail a assené un coup bien désagréable à la théorie des instincts sur quoi jusque-là la psychanalyse s'appuyait. Les observations sur lesquelles se fondait la nouvelle conception du narcissisme étaient si nettes, si aisément véritables que nous devions les accepter sans réserves. Mais nous nous rendîmes immédiatement compte qu'il y aurait lieu de modifier la théorie à laquelle nous étions habitués. En effet, si le Moi lui-même se trouve investi de libido, il s'ensuit que nous devons considérer sa caractéristique la plus remarquable, l'instinct de conservation, comme un élément narcissique de l'instinct sexuel. Les adversaires de la psychanalyse ont toujours négligé une moitié des conflits sur quoi Freud voulait attirer l'attention, d'où l'accusation de tout réduire au sexe et de ne voir dans le psychisme que la sexualité. Un fait, il est vrai, semblait leur donner raison : à cette époque, la plupart des découvertes de Freud appartenaient au domaine des pulsions sexuelles refoulées, un très petit nombre à l'autre moitié du psychisme. Cependant Freud aurait aisément pu répliquer que l'essentiel à ses yeux était le fait d'un conflit entre les deux moitiés. Mais voilà que le Moi lui-même devait être considéré comme libidinal, les critiques n'avaient-ils pas raison en dénonçant la tendance de Freud au « pansexualisme » ? Et qu'était-il advenu de son fameux conflit ? Il est exact que les psychonévroses, son principal champ d'investigation, pouvaient toujours être regardées comme des conflits, cette fois entre la libido narcissique et la libido objectale. Mais cela signifiait-il que le conflit entre deux formes d'instincts sexuels fût le seul, qu'il n'existât aucune autre source de conflits dans le psychisme ? Ces questions et d'autres semblables agitaient nos esprits au moment où la guerre éclata, et Freud ne put nous fournir de réponse qu'après la fin des hostilités*[2]*...*

✻ La réponse se trouve effectivement dans l'une des conférences que Freud tint à Vienne pendant les années de guerre et qui ne furent publiées qu'en 1917, comme une introduction à la psychanalyse et aux principaux points de sa théorie[3]. Dans l'exposé ayant pour titre *La Théorie de la libido et le Narcissisme*, Freud coupe court aux discussions en admettant que le narcissisme est le complément libidinal de l'égoïsme propre à l'instinct de conservation, ou plus exactement, que le Moi se compose de deux tendances, l'une narcissique et partant sexuelle, l'autre égoïste et conservatrice, dont les buts peuvent selon les cas coïncider ou s'opposer. De la tendance narcissique dérive l'idéal du Moi, image exemplaire toute intérieure à quoi le Moi s'efforce de ressembler, afin de rétablir ce contentement de soi-même, ce sentiment de perfection qu'il tirait jadis de son narcissisme infantile et à quoi l'existence adulte inflige de si cruels démentis.

2. *J Bg.*, tome II, 323.
3. *Introduction à la psychanalyse*, trad. S. Jankélévitch, Paris, Payot, 1922.

✻ On a souvent noté que la pensée de Freud est foncièrement dualiste, au point de fuir tout ce qui pourrait concourir à une conception de l'unité. Toujours ses concepts vont par paires opposées génératrices de conflits : c'est le conscient et l'inconscient, les instincts du Moi et les instincts sexuels, le principe de plaisir et le principe de réalité, plus tard le Moi et le Ça, et pour finir, l'instinct de vie et l'instinct de mort, couple antithétique en quoi se résument toutes les oppositions et qui, une dernière fois, renverse la théorie. Est-ce une coïncidence ou un reflet du déterminisme psychique à quoi la pensée logique elle-même est soumise ? La doctrine de la libido passe par trois étapes qui sont aussi pour Freud trois phases essentielles de la vie : la première, où l'idée de la sexualité domine, s'impose à lui dans la force de l'âge ; la deuxième, avec le rôle primordial du narcissisme, au moment de ce repliement sur soi qui annonce la vieillesse ; la troisième enfin, où la mort triomphe de la vie, coïncide avec une période de deuils cruels, de tortures physiques dues à une maladie incurable et, pour le vieux savant redevenu solitaire, avec le sentiment de son propre déclin.

✻ ✻ ✻ L'essai sur le narcissisme représente aussi sans doute l'un de ces moments de solitude qui se répètent sans cesse dans la vie de Freud, et culminent tantôt dans de spectaculaires ruptures, tantôt dans de brusques revirements idéologiques, tantôt dans des calamités imprévisibles comme les guerres et la maladie. La solitude était une étrange fatalité pour cet homme qui la détestait et la provoquait peut-être en partie, et qui malgré l'amour des siens, l'attachement fanatique de ses disciples et même la gloire, dut finalement s'y résigner. Venant après les ruptures avec Breuer et avec Fliess le départ de Jung devait l'affecter plus qu'il ne pouvait le laisser paraître : non seulement il menaçait l'unité et l'avenir du mouvement, mais il le rejetait dans le cercle solitaire qu'il avait eu tant de mal à rompre quinze ans auparavant.

✻ C'est pour prévenir ce risque que Jones, prévoyant que les choses tourneraient mal avec Jung et que Freud, dans l'avenir, serait sans doute exposé plus d'une fois à des épreuves du même genre, conçut dès 1913 l'idée d'un Comité secret composé d'un petit groupe d'analystes dignes de confiance, unis par une étroite solidarité et une foi solide dans leur tâche. Ce Comité formerait autour de Freud une sorte de vieille garde qui le réconforterait en cas de nouvelles dissensions, répondrait à sa place aux critiques, puisqu'il répugnait à le faire, et l'aiderait de mainte façon dans l'accomplissement de ses travaux. Jones ne voyait qu'une clause à cet étrange contrat :

*Nous n'aurions à nous engager que sur un seul point : si l'un d'entre nous décidait de rejeter l'un des principes fondamentaux de la psychanalyse, par exemple, le concept du refoulement, de l'inconscient, de la sexualité infantile, etc., il promettrait de ne pas le faire publiquement avant d'avoir discuté de la question avec les autres. L'idée d'un tel groupe n'avait naturellement pas surgi d'un seul coup dans mon esprit : je pensais au précédent des paladins de Charlemagne, histoire que je connaissais depuis mon enfance, et je me rappelais les nombreuses sociétés secrètes citées dans la littérature. Ferenczi approuva entièrement la suggestion, que je soumis alors à Otto Rank ; j'écrivis aussi à Freud à ce sujet. Rank fût naturellement d'accord, mais un fait curieux que je n'oubliai pas advint au cours de l'entrevue. Ferenczi, avec sa franchise coutumière, demanda à Rank s'il pensait rester toujours fidèle à la psychanalyse. Cette question, posée à un ami aussi dévoué à Freud que l'était alors Rank, me parut blessante. Ce dernier eût quelque embarras à trouver une réponse adéquate. Je mentionne le fait car, par une étrange coïncidence, ces deux hommes devaient l'un et l'autre au cours des années ultérieures être les seuls à ne pas respecter la règle que nous nous étions imposée de nous consulter entre nous*[4]*...*

✻ ✻ Freud adopta aussitôt le projet avec enthousiasme et répondit à Jones par retour du courrier :

*Ce qui s'est imposé immédiatement à moi, c'est l'idée d'un conseil secret composé des meilleurs et des plus dignes de confiance d'entre nos amis. Il surveillerait le développement futur de la psychanalyse et défendrait notre cause contre les gens et les accidents lorsque je n'y serai plus... Je sais qu'il y a quelque chose d'enfantin et peut-être même un élément romantique dans cette conception, mais sans doute pourrait-elle être modifiée pour s'adapter aux exigences de la réalité. Je vais donner libre cours à mon imagination et vous laisser le rôle de censeur.*

4. *J Bg.*, tome II, 162 et suiv.

*J'avoue que vivre et mourir me deviendrait plus facile si je savais qu'une telle association existe pour veiller sur mon œuvre.*

*Et tout d'abord, l'existence comme l'action de ce Comité devraient rester* absolument *secrètes. Il se composerait de vous, de Ferenczi et de Rank, puisque c'est chez vous tous que l'idée a germé. De Sachs, en qui j'ai une confiance sans limites malgré le peu de temps que je le connais, et d'Abraham, que nous appellerons ensuite, mais seulement si vous y consentez tous. Il vaut mieux que je sois laissé en dehors de vos décisions et de vos engagements : il va sans dire que je vous garderai le secret le plus absolu et que je recevrai avec reconnaissance tout ce que vous me communiquerez. Je ne ferai pas la moindre allusion à tout ceci, même auprès de Ferenczi, avant d'avoir reçu votre réponse. Quoiqu'il advienne, le futur chef du groupe psychanalytique pourrait bien émerger de ce groupe restreint, mais choisi, où je suis déjà prêt à mettre ma confiance, en dépit des récents déboires que m'ont causés les hommes*[5]*...*

✻ ✻ Le Comité, appelé à l'existence par des nécessités pratiques autant que par les rêveries nostalgiques de ses membres, se réunit pour la première fois le 25 mai 1913, et en cette occasion solennelle, Freud offrit à chacun des cinq une intaille grecque prise dans sa collection. Les adeptes la firent monter en chevalière, comme tous ceux qui, par la suite, reçurent le précieux anneau. Avec la bague de Freud lui-même, et celle que reçut Max Eitingon quand, en 1919, il devint le sixième membre du groupe, il y eut en tout sept anneaux, tels qu'on les voit reproduits sur le livre de Hanns Sachs : *Freud, le maître et l'ami*. En fait, d'autres personnes privilégiées semblent avoir joui de la même faveur sans appartenir au comité. Ainsi, Anna Freud, qui continua l'œuvre de son père et à qui Jones a dédié sa Biographie ; et l'écrivain allemand Arnold Zweig qui, paraît-il, a toujours porté l'anneau prestigieux.

✻ ✻ ✻ Le Comité entra en fonctions avant la déclaration de guerre, mais il n'eut guère le temps de faire ses preuves, car dès 1914, ses membres furent dispersés aux quatre coins de l'Europe et ses activités interrompues. Jones était anglais, Ferenczi hongrois, Abraham allemand, seuls Otto Rank et Hanns Sachs étaient viennois et, avant d'être mobilisés, ils purent rester quelque temps auprès de

5. *Ibid.*, 163 et suiv.

Freud qui, autrement eût été complètement isolé. La guerre prit tout le monde au dépourvu, sauf Jones, qui l'avait prévue et la prédisait longue. Bien que devenu un « ennemi », ce dernier s'efforça de rester en contact avec Freud qui, à part quelques voyages de vacances, passa toute la guerre à Vienne. Il y parvint par l'intermédiaire de psychanalystes hollandais et du « vieux gentleman » américain, James Putnam, jusqu'à l'entrée en guerre des Etats-Unis.

* Freud n'accueillit pas du tout la guerre avec le mouvement d'horreur qu'on pourrait supposer chez un penseur individualiste de son espèce, naturellement méfiant à l'endroit des entraînements collectifs, sceptique quant aux mobiles réels des actes humains et attaché toute sa vie à l'intelligence comme à la seule sauvegarde contre le chaos des passions. Aujourd'hui, il paraîtra sans doute inconcevable qu'il n'eût pas été parmi les rares esprits, très rares en vérité, qui, dès l'ouverture des hostilités, appelèrent publiquement à protester contre le massacre. C'est un fait pourtant que, malgré la condition inférieure que lui faisait le racisme officiel de l'Autriche, malgré son humeur pacifique et son horreur de la brutalité, Freud réagit d'abord à la déclaration de guerre, non pas par le chagrin ou l'inquiétude, mais par un élan patriotique presque joyeux. Comme des millions d'hommes dans tous les pays d'Europe, il ne croit pas à la durée de la guerre et se sent solidaire du destin de son pays. Ainsi il approuve les diverses déclarations de guerre de l'Allemagne et, s'il faut en croire Jones, affirme avoir *fait don de toute sa libido à l'Autriche-Hongrie*[6].

* * De tels sentiments n'étaient pas exceptionnels parmi les Juifs d'Allemagne et d'Europe centrale qui, écartés de toute vie nationale par leur statut particulier, tenaient d'autant plus à la langue et à la culture allemandes qu'elles étaient leurs seules attaches, les seules choses qui pussent remplacer tant bien que mal pour eux l'appartenance à une nation. Dans la lutte des minorités contre la double monarchie, leur choix allait instinctivement au pouvoir central qui, malgré ses impérities et ses absurdités, représentait la culture la plus évoluée et même une forme de libéralisme. Et puis, ces minorités qui luttaient pour leur indépendance étaient elles-mêmes animées d'un antisémitisme farouche auprès de quoi celui des Allemands et

6. *Ibid...*, 182.

des Autrichiens paraissait alors presque rassurant. En 1914, les Juifs allemands, autrichiens ou hongrois allèrent se battre avec la croyance naïve de retrouver ou de gagner une patrie, la même croyance qui faisait dire à Freud que, pour la première fois depuis trente ans, il se sentait vraiment autrichien. Freud, il est vrai, ne tarda pas à se ressaisir, mais bon nombre de ses congénères gardèrent jusqu'au bout une foi patriotique intacte : on sait ce que, trente-cinq ans plus tard, il advint des survivants.

⁕ Le fils aîné de Freud, Martin, s'engagea dès la deuxième semaine de guerre, les deux autres, Oliver et Ernst, partirent également quelque temps après, ainsi qu'un de leurs cousins, qui fut tué en 1917. En fait de collaborateurs, Freud n'eut plus auprès de lui que Hanns Sachs, qui était réformé, et Otto Rank, qui fut mobilisé un peu plus tard et envoyé à Cracovie, où il resta jusqu'à la fin des hostilités. Abraham était retourné en Allemagne, Ferenczi, qui était venu à Vienne pour faire avec Freud une psychanalyse didactique, fut appelé lui aussi sous les drapeaux et incorporé dans un régiment de hussards hongrois, où il servit comme médecin major. Cette circonstance lui permit de ravitailler Freud et sa famille aux dépens de l'armée, quand la famine commença de menacer Vienne.

⁕ ⁕ ⁕ Affectivement, c'est certain, Freud avait lié son sort à celui de l'Autriche-Hongrie. Les premiers désastres subis par son pays le désolent, les victoires de l'Allemagne tout à la fois le rassurent et l'inquiètent. A la fin de l'automne, ses lettres ne portent plus trace des sentiments confiants de l'été, l'une d'elles, adressée une amie, l'écrivain Lou Andréas-Salomé, trahit même le pessimisme extrême qu'il n'exprime pas encore ouvertement, mais qui, après la guerre, installera au cœur de son œuvre l'idée de la mort et de la destruction :

*...L'humanité, je n'en doute pas, se remettra même de cette guerre, mais je suis certain que ni moi ni mes contemporains nous ne retrouverons un monde heureux. Tout est trop horrible. Et ce qu'il y a de plus triste, c'est que tout arrive comme la psychanalyse aurait pu le prévoir d'après sa connaissance de l'homme et de son comportement. C'est pour cela que je n'ai jamais partagé votre joyeux optimisme. Voici ma secrète conclusion : puisque nous ne pouvons considérer notre civilisation actuelle — la plus évoluée de toutes — que comme une gigantesque hypocrisie, il doit s'ensuivre qu'organique-*

*ment nous ne sommes pas faits pour elle. Il faut abdiquer, et le Grand Inconnu, Lui ou le Grand Manitou dissimulé derrière le Destin, renouvellera cette expérience avec une race différente*[7]*...*

⁂ En contradiction avec cette sombre vision apocalyptique, Freud se remet au travail, et sa dernière lettre de l'année, qu'il écrit à Jones sans savoir si elle le joindra jamais, le montre préoccupé de la seule chose dont il se sente responsable : l'avenir de la « Cause » :

*Je ne m'illusionne pas sur le fait que la floraison de notre science s'est trouvée brusquement interrompue, que nous aurons des jours difficiles à vivre et que la seule chose à faire est de maintenir une petite flamme dans nos foyers, jusqu'au moment où un souffle permettra de la ranimer. Ce que Jung et Adler ont laissé subsister de notre mouvement a été détruit par le conflit des nations. Notre organisation, qui se dit internationale, n'est pas plus capable que les autres de garder des contacts. Nos périodiques semblent agoniser, peut-être réussirons-nous à maintenir le* Jahrbuch *en vie. Tout ce que nous avons tenté de cultiver de soigner, nous voilà maintenant contraints de le laisser devenir inculte. Naturellement, je ne me préoccupe pas du sort ultime d'une cause qui vous inspire tant de touchant dévouement, mais le proche avenir qui seul peut m'intéresser m'apparaît désespérément sombre*[8]*...*

✻ Naturellement, la clientèle de Freud était elle aussi dispersée, de sorte qu'il avait enfin tout le temps de se consacrer à ses travaux — voilà, disait-il, comment nos désirs finissent par se réaliser ! Grâce à cette liberté tout à la fois indésirable et souhaitée, l'année 1915 fut l'une des plus productives de la deuxième période de son œuvre, qui s'achève à peu près en 1919. Croyant n'avoir plus que peu de temps à vivre — il se voyait mourir en 1918, en vertu de calculs superstitieux sans cesse remaniés depuis l'époque de Fliess ! —, Freud entreprit une tâche à laquelle il pensait depuis longtemps, mais qui, on ne sait pourquoi, le faisait toujours reculer : l'établissement d'une synthèse générale de ses conceptions psychologiques ou, comme il disait, de sa *métapsychologie*. Il concevait ce travail sous la forme de douze essais qu'il réunirait en volume après la guerre et qui, s'il venait à dis-

7. Lou Andreas-Salome : *Lebensrückblick*, 1951, 368.
8. *J Bg.*, 190 et suiv.

paraître, représenteraient en quelque sorte la Somme de ses idées. Malheureusement pour la commodité de ceux qui vinrent après lui, cette Somme ne fut pas achevée. Elle se réduisit à cinq études[9] : *Les Pulsions et leur Destin*, *Le Refoulement*, *L'Inconscient*, *Complément métapsychologique à la Science des rêves*, et *Deuil et Mélancolie*, dont la portée générale est telle qu'elles font regretter celles qui eussent dû les suivre. On ne sait si les sept essais manquants ont été écrits, si Freud a renoncé à les publier, s'il les a perdus ou volontairement détruits. Jones penche vers cette dernière hypothèse, supposant que de nouvelles idées avaient rendu ces travaux caducs avant même qu'ils fussent achevés. Chose surprenante, bien que les membres du Comité eussent été au courant du projet de Freud, aucun, après la guerre, ne songea à l'interroger sur le sort de ces essais.

* * * Les désastres militaires des années suivantes assombrirent de plus en plus la vie de Freud, qui, outre les difficultés matérielles croissantes et ses inquiétudes de chaque instant au sujet de ses fils, se voyait séparé de ses collaborateurs immédiats et sans moyen d'action pour préparer une renaissance du mouvement après la fin de la tourmente. La psychanalyse ne vivait plus que par ses revues, encore celles-ci étaient-elles gravement menacées. Le *Jahrbuch*, naguère le fief de Jung, cessa bientôt de paraître, *Imago* continua grâce aux efforts désespérés de Sachs et de Rank, mais quand celui-ci fut mobilisé, la revue dut être éditée à Cracovie, au milieu de quelles difficultés. Quant à la *Revue internationale*, elle n'avait plus d'international que le nom et, sur une proposition de Ferenczi, elle faillit perdre jusqu'à ce dernier vestige de son passé. Jones, toutefois, s'opposa à ce qu'on changeât le titre du périodique, de sorte que le mot « international » resta sur la couverture, avec le nom des deux co-directeurs « ennemis ».

* En 1916, les restrictions alimentaires et la fermeture des frontières isolent complètement Freud, qui ne peut quitter Vienne que pour les semaines traditionnelles de vacances. Il n'a plus du tout de malades et presque plus d'argent. Ce sont ces soucis matériels qui lui font regretter le prix Nobel, pour lequel il avait été proposé en 1915, et qu'il n'eut ni l'année suivante, ni après. La situation générale

9. *Métapsychologie*, trad. Marie Bonaparte et Anne Berman, Gallimard, 1940.

commence à devenir inquiétante et l'activité de Freud s'en ressent. Il n'écrit rien de nouveau, mais prépare la série de conférences qu'il se propose de faire au cours de l'hiver 1916-1917 et qui paraîtront sous le titre de *Leçons d'introduction à la psychanalyste*. Écrites sur un ton familier, ces leçons très claires et très complètes mettaient les principaux aspects de la théorie psychanalytique à la portée du grand public, elles contribuèrent certainement beaucoup à l'essor inattendu que connut le mouvement dès 1918.

** 1917 est une année terrible, les denrées manquent, la sous-alimentation et l'absence complète de chauffage rendent tout travail impossible, Freud souffre tellement du froid qu'il ne peut plus tenir une plume. Mais, chose curieuse, il affirme qu'il se trouve malgré tout fort bien et nullement abattu par les souffrances physiques, il se plaint surtout d'être obligé de se passer de tabac, ce qui, dit-il, avec une mauvaise foi touchante, aggrave la douloureuse enflure qu'il a au palais. Cette enflure était pourtant fort suspecte, il est probable qu'elle annonçait le cancer de la mâchoire qui se déclara six ans après.

* Au milieu des déceptions de toutes sortes et de la désagrégation de l'Autriche, Freud eut la joie de recevoir trois nouvelles recrues importantes, dont l'une, le P[r] Pötzl, défendit la psychanalyse dans un cours officiel à l'Université. Les deux autres étaient Georg Groddeck, un médecin génial à qui sa personnalité et ses talents d'écrivain font une place à part dans le mouvement psychanalytique ; l'autre, Anton von Freund, un riche brasseur de Budapest qui vint à Vienne se faire soigner par Freud et devint le premier mécène de la psychanalyse.

*** Les derniers mois de la guerre ne firent qu'empirer la situation morale et matérielle à Vienne. L'incertitude politique, les privations chaque jour plus dures, le sort de son fils aîné, dont il n'avait aucune nouvelle, tout cela ôtait à Freud l'espoir et le courage de lutter, au point qu'il attendait la mort avec résignation et l'eût même souhaitée si la pensée du chagrin de sa mère, qui avait alors quatre-vingt trois ans, ne l'eût secrètement retenu. Deux choses, toutefois, vinrent brusquement changer cette atmosphère lourde de tristesse : la riche donation que fit Anton von Freund à la Société de psychanalyse pour qu'elle créât sa propre maison d'éditions, ce qui réalisait un vieux rêve de Freud, lassé de la tyrannie de son éditeur ; puis la possibilité imprévue d'organiser un Congrès international sans attendre l'armistice. Ce Congrès, le V$^{e}$, eut lieu effectivement les 28 et 29 septembre 1918, à Budapest, ville qui semblait appelée à remplacer Vienne comme futur centre de la vie psychanalytique.

✻✻ Le V$^{e}$ Congrès, qui ne fut international que de façon symbolique puisque la guerre n'était pas finie, eut cette particularité que, pour la première fois, on y vit des représentants officiels des gouvernements allemand, autrichien et hongrois, chose vraiment inouïe dans les annales de la psychanalyse, et inattendue en ce moment troublé. Cette consécration s'expliquait par l'extrême importance que prenaient pour les autorités militaires les *névroses de guerre*, un phénomène morbide qui échappait à la compréhension des médecins et que la psychanalyse avait élucidé avec beaucoup de succès. Les résultats obtenus par Abraham, Ferenczi, Eitingon impressionnèrent tellement les médecins militaires que ceux-ci proposèrent de créer des cliniques psychanalytiques dans divers centres de traitement. La première de ces cliniques devait être ouverte à Budapest, mais, bien entendu, tout le projet sombra dans la défaite.

✻✻✻ Freud fut vraiment réchauffé par le succès du Congrès, l'enthousiasme des participants, l'accueil somptueux de la municipalité de Budapest, l'intérêt chaleureux des étudiants, dont un millier adressa une pétition au recteur de l'Université en lui demandant d'inviter Ferenczi à faire des cours sur la psychanalyse. Cette vogue subite de la science maudite était évidemment encourageante et bien que, pratiquement, l'effondrement de la monarchie austro-hongroise y mît fin, elle fut assez profonde pour donner un élan nouveau au mouvement.

✻ Entre-temps, Freud a perdu son demi-frère Emanuel, puis son neveu, le fils unique de sa sœur préférée. Il a appris aussi la mort de James Putnam, à qui le liait une grande affection, et voit ses amis sortir de la guerre les uns malades, comme Hanns Sachs, qui contracta une tuberculose, les autres comme Rank et Ferenczi, gravement menacés dans leur santé psychique. Au moment où l'empire austro-hongrois s'effondre, les inquiétudes qu'il ressent pour l'avenir sont peut-être mêlées d'une tristesse qu'il n'ose pas s'avouer. Durant ces quatre années, en effet, sa clairvoyance a été souvent en défaut, il s'est trompé dans ses prévisions comme dans ses sentiments, et il est trop honnête pour n'en pas convenir. Il en convient, sans toutefois se réjouir de la victoire des Alliés :

*Cher Jones, je reconnais que toutes vos prédictions sur la guerre et ses conséquences se sont réalisées, mais je serais désolé que nous ne puissions nous rencontrer avant le mois de juin... Je n'ai reçu, durant ces deux années, aucune nouvelle d'Amérique et la perte de notre cher vieux Putnam m'est très pénible. Il a été un pilier de la psychanalyse dans son pays et s'est conduit envers moi avec la plus grande courtoisie et la plus grande élégance, à l'inverse du fantasque et peu sûr Stanley Hall. J'ignorais ce qu'était devenu notre mouvement au-delà de la grande mare et si la psychanalyse n'avait pas été détrônée par l'adlérisme ou une autre invention, aussi votre rapport favorable m'a-t-il apporté quelque consolation.*

*Ces derniers mois sont pires que ce que j'ai eu à endurer pendant la guerre. Mon fils aîné est toujours prisonnier en Italie. Notre santé, notre poids s'en ressentent, et je puis vous assurer que nous ne sommes pas ici les seuls dans ce cas. L'avenir nous paraît sombre. Je suis prêt à confesser que le sort ne s'est pas montré injuste et qu'une victoire allemande aurait sans doute assené un coup plus dur encore aux intérêts de l'humanité en général, mais on ne ressent aucun soulagement à donner sa sympathie à la partie gagnante quand votre bien-être a été misé sur la partie perdue*[10]*...*

10. E. J., 15-1-1919, *J Bg.*, tome II, 219.

# 25. EROS ET LA MORT

✻ Les lendemains de la guerre apportèrent à Vienne un tel surcroît de maux et de catastrophes que Freud, qui avait supporté stoïquement quatre ans d'épreuves et d'inquiétudes pour ses fils, les jugea presque pires que la guerre elle-même, laquelle, du moins, laissait subsister l'espoir de la paix. Maintenant, c'était partout la faim, le froid, la misère, à quoi l'inflation, la pire calamité de ces temps désastreux, vint bientôt mettre le comble. Freud, dont les trois fils étaient revenus du front indemnes, mais sans aucune perspective d'avenir, vit fondre en un rien de temps le petit capital qu'il avait pu économiser pendant une vie de travail, de sorte qu'à soixante-trois ans, il se retrouva face à face avec ce qu'il craignait le plus : le vieux spectre de la pauvreté.

✻✻ Avec cela, les bouleversements politiques nés de la guerre condamnaient l'Autriche à une amputation massive de son territoire et à un isolement qui la coupait tant du monde occidental que de l'Allemagne et de la Hongrie, c'est-à-dire des deux pays où la renaissance de la psychanalyse était immédiatement possible. Bien des esprits prévirent alors que la nouvelle Autriche ne serait pas viable, aussi les psychanalystes neutres ou anciennement alliés songèrent-ils à assurer l'avenir de Freud et de sa famille en l'aidant à s'établir ailleurs ; en Angleterre, comme le voulait Jones, ou en Suisse, où Pfister lui offrait un refuge. Mais Freud répondit à ces propositions pressantes par le même refus qu'il opposera vingt ans plus tard à ses amis, quand les nazis entrèrent à Vienne : il ne quitterait pas son poste tant qu'il pourrait raisonnablement le tenir. De fait, il partagea jusqu'en 1938 le sort de cette ville à quoi l'unissait autant d'amour que de haine. Encore à ce moment n'est-ce pas lui qui est parti, mais bien plutôt Vienne qui l'a quitté.

∗∗∗ Ce n'est pas que Freud se fît beaucoup d'illusions sur les chances que trouverait à Vienne le développement scientifique et social de son mouvement. Mais il était dans l'ignorance de ce qui se passait dans les pays anglo-saxons et, d'autre part, il ne voulait pas perdre le contact avec Berlin et Budapest, cette dernière ville surtout lui paraissant appelée à devenir quelque jour le vrai centre de la psychanalyse européenne. Les grands espoirs qu'il mettait en Ferenczi, dont le Congrès de Budapest avait consacré le succès ; le soutien matériel qu'il trouvait inopinément dans la personne d'Anton von Freund, cet ancien malade devenu si vite son mécène et son ami ; enfin la popularité soudaine de ses idées en Hongrie le portèrent à regarder plutôt de ce côté que vers Londres ou New York, qui lui paraissaient sans doute bien lointaines. Mais une fois de plus, les événements allaient contrarier ses plans et susciter de nouveaux obstacles à la réunification du mouvement qui, à cette époque comme en 1914, restait évidemment son premier souci.

∗ Le plus grave fut la révolution bolchevique qui, en 1919, coupa toutes les communications entre l'Autriche et la Hongrie, de sorte que Freud resta pendant plusieurs mois sans aucune nouvelle de Ferenczi, ce qui paralysa son action. La chose avait pourtant son bon côté, car le gouvernement de Bela Kun se montra plus favorable à la psychanalyse qu'aucun régime avant lui : il créa une chaire à l'Université, dont Ferenczi fut le premier titulaire, et une chaire d'anthropologie qui fut attribuée à Geza Roheim, le seul psychanalyste qui fût en même temps anthropologue de profession. Venant d'un gouvernement abhorré dont tout le monde guettait la chute, cette première consécration officielle de la « cause » fut en fin de compte plutôt compromettante : les successeurs de Bela Kun, réactionnaires et violemment antisémites, pratiquèrent cet amalgame entre Juifs et révolutionnaires qui devait connaître par la suite une si belle fortune. Ferenczi dut se terrer pendant des semaines chez lui pour échapper à leur police. Et, le calme revenu, les autorités surent lui faire payer ses brèves fonctions par toutes sortes de tracasseries.

∗∗ Ce revirement fut d'autant plus fâcheux que la donation d'Anton von Freund, qui, rappelons-le, devait entre autres fins philanthropiques servir à doter l'Association Internationale de psychanalyse d'une maison d'éditions dont elle serait seule propriétaire, était déposée en Hongrie et ne pouvait être transférée à Vienne que grâce à des arrangements administratifs très compliqués. Les fonds se montaient environ à 500.000 dollars, mais à peine un quart de cette somme put parvenir à Vienne, le reste fut bloqué à Budapest et, après d'innombrables chicanes, les autorités hongroises finirent à peu de choses près par se l'approprier. Ainsi, le seul mécénat dont la psychanalyse eût jamais été bénéficiaire se trouva détourné de son but : l'Association internationale de psychanalyse eut sa maison d'éditions, mais l'entreprise, grevée dès le début de lourdes difficultés financières, devint pour tous ses collaborateurs une source supplémentaire de tracas.

* * * Freud tenait beaucoup à cette maison d'éditions qui devait assurer à la littérature psychanalytique une complète indépendance, tout en imprimant à ses diverses publications un cachet d'authenticité, propre à les distinguer de toutes les productions plus ou moins sérieuses couvertes par l'étiquette psychanalytique. Bien que le sens de l'organisation et les qualités commerciales lui fissent manifestement défaut, il ne se laissa pas rebuter par la difficulté qu'en soi déjà soulevait la gestion d'un organisme international, où des nécessités nationales parfois contradictoires entraient nécessairement en rivalité.

* Les directeurs étaient Freud, Ferenczi, Anton von Freund et Rank, lequel assumait les fonctions commerciales. Quand le mécène hongrois apparut condamné, Jones prit sa place et géra la filiale anglaise qui, en principe, avait le même programme que la maison de Vienne. Il s'ensuivit très vite des tiraillements entre les Anglo-Saxons et les Autrichiens, ces derniers ayant bien entendu tendance à donner le pas aux ouvrages de langue allemande sur les autres publications. Avec deux directions, plusieurs têtes et pas d'argent, l'entreprise eut constamment une existence précaire, et Jones, se rappelant les énormes sacrifices de temps, d'argent et de forces qu'elle a coûtés, se demande si Freud était bien sage de s'entêter à la défendre, au lieu de la remettre à des gens de métier. Sans aucun doute, il se serait épargné une tâche supplémentaire à un moment où ses obligations de toutes espèces étaient déjà trop lourdes à porter, mais son calcul en fin de compte n'était pas si mauvais, car pendant les vingt ans qu'il a duré, l'*Internationaler Psychoanalytischer Verlag* a regroupé et orienté la littérature psychanalytique comme aucune entreprise commerciale n'aurait pu le faire sans péril. En tout cas les cinq revues et les quelque

cent cinquante ouvrages — parmi lesquels les *Œuvres complètes* de Freud en 11 volumes — qui furent édités sous sa raison sociale suffisent après coup à le justifier.

✻ Il nous faut revenir sur le généreux donateur auquel le *Verlag* dut son existence, car en ces instants difficiles de l'après-guerre, il donna à Freud tout à la fois de la joie et beaucoup de chagrin. Anton von Freund était avec Max Eitingon le seul homme riche que la psychanalyse comptât parmi ses membres, lesquels étaient généralement fort pauvres et étroitement dépendants des vicissitudes économiques du temps. Propriétaire d'une brasserie à Budapest et docteur en philosophie, von Freund était venu faire soigner chez Freud une grave névrose liée à une tumeur dont il était atteint. Le traitement dura de 1918 à 1919 et se termina par une complète guérison. Mais en mars 1919, des signes suspects réapparurent qui, cette fois, firent craindre un cancer. Freud essaya de se rassurer en diagnostiquant un rein flottant, mais une intervention chirurgicale ne laissa plus de doute sur la nature maligne de l'affection. Von Freund, conscient de son état, rendit à Freud l'anneau que celui-ci lui avait remis comme à un futur membre du Comité secret, puis il se vit remplacé dans toutes les fonctions qu'il s'apprêtait à tenir. La mort survint le 20 janvier 1920, portant à Freud un coup brutal, le premier de ceux qui allaient le frapper en cette terrible année.

✻✻ Trois jours plus tard, en effet, le soir même de l'enterrement de son ami, Freud apprit que sa deuxième fille, Sophie, avait contracté la grippe qui, cette année-là, faisait des ravages dans toute l'Europe. La jeune femme habitait Hambourg avec son mari et ses deux petits garçons, et ses parents ne purent se rendre auprès d'elle, faute de trains entre Hambourg et Vienne. Elle fut emportée brutalement, comme si, dit Freud, « elle n'avait jamais existé » :

*Nous étions déjà soucieux depuis deux jours, mais nous avions encore de l'espoir ; il est si difficile de juger de loin. Et ce lointain restera le lointain ; nous n'avons pas pu, comme nous le voulions, partir dès la première nouvelle alarmante, il n'y avait pas de trains, pas même de trains d'enfants. La brutalité sans voile de l'époque pèse sur nous. Elle sera incinérée demain, notre pauvre enfant du dimanche !... Sophie laisse deux garçons de six ans et de dix-huit mois et un mari inconsolable qui paiera cher un bonheur de sept années. Le bonheur était entre eux, pas à l'extérieur : car ils ont eu la guerre, la mobilisation, il a été blessé et ils ont perdu tous leurs biens, mais ils étaient restés courageux et gais...*

*Je travaille autant que je peux et je suis reconnaissant de ce dérivatif. La mort d'un enfant semble être une grave blessure narcissique ; je suppose que le deuil ne viendra qu'après...*

*Mais dès que le moment des condoléances sera passé, je ferai tout de même venir Pfister junior. Pourquoi ce gentil garçon devrait-il en pâtir[1] ?*

* * Après ces deux deuils survenus à quelques jours de distance, Freud écrit à Ferenczi : « *La séance continue* (a). Mais c'était un peu beaucoup pour une semaine... » et comme son ami s'effraie des suites intérieures de ces chocs répétés, il lui envoie pour l'apaiser ces lignes émouvantes :

*Mon cher ami, ne vous faites pas de souci pour moi. A part un peu de fatigue, je suis toujours le même. Cette mort, si douloureuse qu'elle soit, ne trouve chez moi aucune conception du monde à renverser. Pendant des années, je me suis préparé à supporter la perte de mes fils, maintenant vient celle de ma fille ; comme je suis profondément incroyant, je n'ai personne à accuser et je sais qu'il n'y a pas de lieu où l'on puisse porter plainte... Tout au fond de moi s'agite le sentiment d'une profonde, d'une incurable blessure narcissique. Ma femme et Anna son terriblement bouleversées, en un sens plus humain[2]...*

* * * Dans sa vieillesse traversée de deuils et d'épreuves, ce n'était pourtant pas Sophie, mais le plus jeune fils de celle-ci qui devait causer à Freud sa plus grande souffrance. Agé de dix-huit mois à la mort de sa mère, le petit Heinz avait été recueilli par sa tante Mathilde, qui vivait à Vienne, et Freud s'était pris pour cet enfant chétif et merveilleusement doué d'un immense amour, plus fort, disait-il, que toutes ses autres affections humaines. Le petit garçon n'était pas son seul petit-fils, mais Freud, séduit par sa grâce et son intelligence précoce, le chérissait comme s'il lui remplaçait tous ses

1. Pf., *Fr-Pf. Briefe*, 21-1-1920, 74.
(a) En français dans le texte.
2. Fer., *J Bg.*, Band III (édition allemande), 34.

enfants et petits-enfants. La joie qu'il en eut fut de courte durée, car en 1923, peu de temps après la première des trente-trois opérations nécessitées par son cancer de la mâchoire, le petit Heinz contracta une grave maladie sur quoi les médecins d'abord ne surent pas se prononcer. C'était une tuberculose miliaire, l'une de ces maladies infantiles contre lesquelles la thérapeutique du temps n'avait pas de remède. Freud, qui savait probablement de quel mal il était lui-même atteint, assista avec horreur à l'agonie du petit être qui, semble-t-il, représentait alors son lien le plus fort avec la vie. Bien souvent par la suite, il dit que la mort de ce petit garçon de quatre ans ne l'avait pas seulement fait souffrir, mais avait tué quelque chose en lui : c'était le secret de ce que le monde appela son courage devant la souffrance, et de son indifférence à l'issue de sa maladie.

* * Lorsque, en 1920, il publia l'essai qui, en introduisant à côté de la libido un instinct de mort et de destruction, bouleversait inopinément sa théorie, Freud s'attendait bien que l'on cherchât une corrélation entre ce revirement radical et le deuil qui l'avait frappé quelques mois plus tôt. Sa fille, en effet, était morte en janvier 1920, *Au-delà du principe du plaisir*[3], où l'instinct de mort s'affirmait comme une entité, parut en mai de la même année, il n'y avait pas besoin de beaucoup de pénétration pour soupçonner un lien étroit entre les deux événements. Craignant peut-être qu'une pareille interprétation ôtât de la force à ses idées, Freud prit alors une singulière précaution : il demanda au fidèle Eitingon une sorte de certificat attestant qu'il avait lu le manuscrit complet de l'essai avant janvier 1920, à une époque où, chacun le savait, Sophie était encore en parfaite santé. Bien entendu, ce démenti ne servit à rien, Freud avait enseigné qu'il n'y a dans la vie psychique de l'homme ni coïncidence ni hasard, bien des psychanalystes refusaient d'admettre qu'il fît exception à sa propre loi. On voit combien il en fut mortifié dans une lettre qu'il écrivit trois ans plus tard à Fritz Wittels, pour rectifier toutes les erreurs qu'il avait trouvées dans sa Biographie[4] :

*C'est là quelque chose qui m'a toujours paru intéressant. Dans une étude analytique de n'importe qui d'autre, j'aurais certainement*

3. *Essais de psychanalyse*, trad. Jankélévitch, Payot., 1927.
4. Fritz WITTELS : *Sigmund Freud, der Mann, die Lehre, die Schule*, Leipzig, 1924.

*beaucoup insisté sur la corrélation entre la mort de ma fille et les conceptions exprimées dans* Au-delà. Au-delà *a été écrit en 1919, quand ma fille était encore pleine de jeunesse et de santé, elle est morte en 1920. En septembre 1919, j'ai laissé le manuscrit de l'essai chez des amis de Berlin afin qu'ils le revoient. A ce moment, il ne manquait que la partie sur la mortalité ou l'immortalité du plasma germinatif. Le probable n'est pas toujours vrai*[5]...

✻ Pour logique qu'elle fût aux yeux des psychanalystes, cette explication strictement biographique était en effet un peu étroite si l'on admet qu'entre 1919 et 1920, les idées de mort et de destruction avaient après tout quelque raison de s'imposer à l'esprit, et même de le dominer. Devant les effroyables dévastations dont l'humanité pouvait maintenant à peine faire le compte ; devant l'effondrement matériel, moral et spirituel auquel, on le voyait bien après coup, ni vainqueurs ni vaincus n'avaient échappé, quel penseur ne se fût demandé ce qu'il en était de ce chaos, et ce que signifiait cette chute brutale de l'homme et de sa civilisation ?

✻✻ Au début de la guerre, Freud, nous l'avons dit, avait manqué de clairvoyance, mais pendant quatre ans, tandis qu'il rédigeait son *Introduction à la psychanalyse* et sa *Métapsychologie*, il est hors de doute qu'il se tourna de plus en plus vers les questions dernières qui, vu le point de départ de ses travaux, n'avaient eu jusque-là pour lui aucun caractère d'urgence. L'étude des psychonévroses l'avait conduit à proclamer le règne universel de la libido, à affirmer que malgré les incessants conflits dont il est cause et victime, l'amour mène le monde, même par les moyens de la haine et de la destruction. Mais dès 1915, certains de ses écrits portent indéniablement, et jusque dans leur titre, la marque des événements contemporains. Ce sont par exemple *Des choses périssables*[6], texte écrit à la demande de la Société Goethe pour un volume qu'elle publia l'année suivante ; et *Considérations actuelles sur la guerre et la mort*[7], dont la deuxième partie intitulée « Notre attitude devant la mort » était le texte d'une conférence faite devant le Cercle juif B'nai B'rith. Certes il n'y a là

5. Lettre du 18-12-1923, *Br.*, 345 et suiv.
6. *Vergänglichkeit*, trad. par Marie Bonaparte sous le titre « Du temps fugitif », *Revue franç. de psa.*, XX, 3, 1956.
7. *Essais de psychanalyse.*

rien encore qui limite la toute-puissance de la libido, mais la conclusion de la conférence, où Freud varie l'adage connu sur la guerre en disant : *Si tu veux supporter la vie, prépare-toi à la mort*, cette conclusion au regard de la théorie de la libido, est déjà un début de révolution.

*** Si l'introduction de la notion de narcissisme en 1914 avait troublé bien des esprits, celle de l'instinct de mort créa dans les milieux psychanalytiques un véritable malaise que les années atténuèrent peu à peu, sans toute fois le dissiper entièrement. Distinguer un instinct spécial responsable de toutes les tendances négatives de la psyché ; mettre en balance la libido, que Freud identifiait maintenant carrément avec l'Eros platonicien[8], et une force de destruction s'exerçant en vertu d'une loi générale contre les choses animées, chacun vit bien que cela était grave, puisque la psychanalyse, dans sa technique plus encore que dans sa théorie, mise entièrement sur les ressources de l'amour. Les psychanalystes étaient en droit de s'en émouvoir, d'autant que Freud, jusque là, avait toujours énergiquement repoussé toutes les spéculations sur ce sujet.

* A vrai dire, ces spéculations allaient de soi dès le début, la psychanalyse ayant précisément mis en pleine lumière ce singulier phénomène de l'ambivalence où l'amour est étroitement couplé avec la haine. Très tôt, Adler en avait tiré sa théorie de l'agressivité qui, selon Freud, aboutissait à l'image désolante d'un monde sans amour et devait être pour cela même condamnée. Le mot *Thanatos*, par quoi l'on désigne aujourd'hui l'instinct de mort, bien que Freud lui-même ne l'emploie pas dans ses écrits, avait été proposé dès 1909 par Stekel pour désigner les souhaits de mort dont le rêve se fait si volontiers le

8. On s'est plu à relever les analogies entre la doctrine de Freud et celle de Platon. Freud lui-même les souligne dans « Psychologie collective et Analyse du moi » (*Essais de psychanalyse*), il dit : « *L'Eros du philosophe Platon coïncide parfaitement par son origine, son accomplissement et ses rapports avec la sexualité, avec l'énergie amoureuse ou libido de la psychanalyse.* » Et encore dans la Préface à la 4e édition des *Trois essais sur la théorie de la sexualité* : « *Puissent tous ceux qui, de leur point de vue supérieur, jettent un regard dédaigneux sur la psychanalyse, se laisser rappeler combien la sexualité élargie de la psychanalyse est proche de l'Eros du divin Platon.* » Cf. Max NACHMANSOHN : « Freud's Libidotheorie Verglichen mit der Lehre Platos », *Zentralblatt*, 1915.

truchement. Et en 1912, Sabina Spielrein avait publié dans le *Jahrbuch*, *La Destruction comme cause du devenir*[9], un article où la conception de l'instinct de mort était anticipée presque point par point. Chaque fois que ces idées étaient apparues, Freud s'y était montré obstinément rebelle, et s'il les adopta brusquement en 1920, de son propre aveu à titre d'essai, elles ne devinrent une certitude que dans ses œuvres plus tardives. En 1930, dans un passage important de *Malaise dans la civilisation*[10], il revient sur ce long refus qui, maintenant, lui paraît incompréhensible :

*L'hypothèse de l'instinct de mort ou de destruction a rencontré de la résistance même au sein des milieux psychanalytiques. Je sais combien est répandue la tendance à attribuer de préférence tout ce qu'on découvre de dangereux et de haineux dans l'amour à une bipolarité originelle qui serait propre à sa nature. Au début, je n'avais défendu qu'à titre d'essais les conceptions ici développées ; mais avec le temps, elles se sont imposées à moi avec une telle force que je ne puis plus penser autrement. Je veux dire que du point de vue théorique, elles sont incomparablement plus fructueuses que n'importe quelles autres ; elles apportent, sans négliger ni forcer les faits, cette simplification vers laquelle nous tendons dans notre travail scientifique. Je reconnais que dans le sadisme et le masochisme, nous avons toujours vu les manifestations, fortement teintées d'érotisme, de l'instinct de destruction tourné vers l'extérieur ou vers l'intérieur ; mais je ne comprends plus que nous ayons pu rester aveugles à l'ubiquité de l'agression et de la destruction non érotiques, et négliger de leur accorder la place qu'elles méritent dans notre interprétation de la vie (il est vrai que la soif de destruction tournée vers le dedans échappe en grande partie à notre perception lorsqu'elle n'est pas teintée d'érotisme). Je me rappelle ma propre résistance à la conception d'un instinct de destruction quand elle se fit jour dans la littérature psychanalytique, et combien j'y restai inaccessible. Je suis donc moins surpris que d'autres aient manifesté et manifestent encore cette même répugnance. Et certes, ceux qui préfèrent les contes de fées font la sourde oreille quand on leur parle de la tendance*

9. Sabina Spielrein : « Die Destruktion als Ursache des Werdens », *Jahrbuch*, IV, 1912, 2e vol., 465-503.
10. *Malaise dans la civilisation*, trad. M. et Mme Ch. Odier, Denoël & Steele, 1934.

*native de l'homme à la « méchanceté », à l'agression, à la destruction et partant à la cruauté. Dieu n'a-t-il pas fait l'homme à l'image de sa propre perfection*[11] *?...*

* *Au-delà du principe du plaisir* — dont le titre n'a peut-être pas par hasard une résonance nietzschéenne — part de quelques remarques ayant une portée clinique limitée, pour entrer presque aussitôt dans une sphère de pure spéculation. Cliniquement, en effet, le principe du plaisir semblait être infirmé par certains phénomènes comme les névroses traumatiques, spécialement les névroses de guerre, dans lesquelles le malade revit indéfiniment le choc, l'accident, la frayeur dont il a été victime, bien que le principe du plaisir, en bonne règle, doive précisément les lui épargner. La loi du plaisir semblait donc comporter au moins une exception, mais Freud en trouva une autre, cette fois en observant le jeu bizarre d'un enfant.

** Cet enfant était le frère du petit Heinz, le fils aîné de sa fille Sophie. Agé de dix-huit mois au moment de l'observation, le petit garçon était gentil et très docile, mais son entourage était dérouté par sa fâcheuse habitude d'envoyer tous les objets qui lui tombaient sous la main dans le coin d'une pièce ou sous un lit :

*En jetant les objets, il prononçait avec un air d'intérêt et de satisfaction le son prolongé o-o-o-o, son qui, d'après les jugements concordants de la mère et de l'observateur, n'était nullement une interjection, mais signifiait « Fort » (Loin). Je me suis finalement aperçu que l'enfant n'utilisait ses jouets que pour les jeter « au loin ». Un jour, je fis une observation qui confirma ma manière de voir. L'enfant avait une bobine de bois entourée d'une ficelle. Pas une seule fois l'idée ne lui était venue de traîner cette bobine derrière lui, c'est-à-dire de jouer à la voiture avec elle ; mais, tout en maintenant le fil, il lançait la bobine avec beaucoup d'adresse par-dessus le bord du lit entouré d'un rideau, où elle disparaissait. Il prononçait alors son invariable o-o-o-o, retirait la bobine du lit et la saluait cette fois par un joyeux « Da ! » (La voilà !) Tel était le jeu complet, avec une disparition et une réapparition dont on ne voyait généralement que le premier acte, car celui-ci était répété inlassablement, alors que de*

11. *Ibid.*, 55.

*toute évidence, c'était le deuxième qui procurait le plus de plaisir à l'enfant*[12]...

* * * L'interprétation du jeu ne laisse pas de doute sur son sens : la disparition et la réapparition de la bobine représentent le départ et le retour de la mère, et comme le jeu insiste surtout sur la disparition, il faut admettre qu'il reproduit électivement un événement douloureux. En rapprochant cette constatation de ce qui se passe si souvent dans les cures analytiques, où le névrosé ne progresse pas parce qu'il reproduit sans cesse les mêmes situations symptomatiques, Freud conclut qu'il existe dans la vie psychique une tendance irrésistible à la *répétition*, tendance élémentaire et impulsive qui s'affirme en dehors ou même aux dépens du principe du plaisir, lequel, par conséquent, ne peut plus être considéré comme une tendance primitive.

* * Le principe du plaisir était dérivé du principe de stabilité ou de constance défini par Fechner, qui postulait que l'appareil psychique tend toujours à maintenir les excitations provenant du dehors à un niveau aussi bas que possible. Maintenant, Freud l'oppose au principe de répétition qui, dans la vie animale, se manifeste par une stéréotypie parfois dangereuse des instincts. De cet automatisme, qu'il qualifie de *démoniaque* (*demonisch*), Freud passe ensuite par un bond audacieux à l'idée centrale de l'essai, qui est celle d'une tendance de toutes les choses animées à retrouver un état antérieur, en d'autres termes la mort, puisque partout le non-vivant a précédé la vie. Ainsi, le but de la vie est la mort, et la vie elle-même un détour plus ou moins long dans la course universelle au néant.

* Tels sont les thèmes dominants de cette vision grandiose où Eros et Thanatos mènent l'un contre l'autre une lutte confuse et, du moins tant que la vie persévère, sans issue décisive. Thanatos a pour unique but de ramener toute matière vivante à l'état inorganique ; Eros, de son côté, travaille patiemment à rassembler des groupes de plus en plus étendus et à embrasser la vie dans sa totalité. De ces deux forces également invincibles, laquelle l'emportera en fin de compte ? Freud ne se hasarde pas à le dire ici, mais dans un ouvrage ultérieur,

12. « Au-delà... », *Essais de psychanalyse*, 14 et suiv.

*Le Moi et le Ça*[13], il laisse entendre qu'il opte pour l'instinct de mort, dont l'Empire est puissant et muet, contre l'Eros qui est, dans le monde, l'éternel trouble paix.

✻ ✻ Il est remarquable qu'en décrivant le combat des deux « puissances célestes », Freud illustre sa théorie de « l'éternel retour du Même » par un retour à son propre passé et à l'origine de sa recherche. *Au-delà du principe du plaisir*, en effet, fait revenir sous sa plume des noms qu'on n'y trouvait plus depuis longtemps : celui de Fechner, dont les travaux lui étaient connus grâce à Breuer ; de Breuer lui-même, à qui il emprunte la distinction entre la notion d'énergie libre et celle d'énergie liée ; de Fliess, enfin, dont les idées sur la périodicité obligatoire de tous les phénomènes vivants inspirent à ne pas s'y méprendre sa loi démoniaque des répétitions. Ce retour à l'origine était-il un méfait de Thanatos, ou au contraire un bienfait de l'Eros fidèle qui, tout à coup, eût ranimé la passion de sa jeunesse ?

✻ ✻ ✻ On pencherait pour cette dernière façon de voir en constatant que tout l'essai, malgré le caractère lointain de ses spéculations, est au fond une tentative pour ramener la psychanalyse à la biologie expérimentale, la seule science dont Freud ait accepté et même souhaité la tutelle. Et certes, cette tentative échoue et Freud va demander à la métaphysique ce que la biologie n'a pas pu lui donner, mais il ne se lasse pas de redire que, si elle a déçu son attente, c'est elle et elle seule qui, jusqu'à nouvel ordre, détient les derniers secrets.

✻ Il n'est pas à propos d'entrer ici dans les innombrables polémiques à quoi l'instinct de mort a donné lieu, tant à l'extérieur qu'à l'intérieur du mouvement psychanalytique. D'une manière générale, les discussions ont porté et portent encore sur l'opportunité, le bien-fondé de la notion d'instinct[14] appliqué aux tendances régressives et

13. « Le Moi et le Ça », Essais de psychanalyse.
14. Pf., *Fr-Pf. Briefe*, 142,144.
Pfister disait : « *Je ne vois l'instinct de mort que comme une diminution de l'énergie vitale, pas comme un instinct proprement dit, et même la mort de l'individu ne peut pas arrêter le progrès de la volonté universelle, mais seulement le favoriser...* » A quoi Freud répondit : « *Si je doute que l'humanité soit à même de progresser vers une plus grande perfection sur le chemin*

destructives de la vie. Est-il juste de proposer deux notions strictement opposées pour désigner en somme le même processus ? Au lieu de dire, comme Freud semble le faire, que seul vit ce qui va mourir, ne pourrait-on dire que seul meurt ce qui est vivant ? Ces questions sont fort embarrassantes pour les psychanalystes qui, quelles que soient leurs convictions personnelles, ne peuvent en aucun cas faire de l'instinct de mort un instrument thérapeutique. La notion d'une tendance élémentaire à la destruction et à l'auto-destruction, d'un sadisme et d'un masochisme *primaires* renvoie bien vite le thérapeute à une fatalité aveugle devant laquelle il ne peut pas s'incliner, à moins de renoncer d'emblée à guérir. A quelque conception du monde qu'il adhère, le psychanalyste ne peut agir qu'avec Eros pour allié.

** A cela, les partisans de l'instinct de mort sont en droit de répondre que *Au-delà du principe du plaisir* n'est pas une brève inspiration dans l'œuvre de Freud, mais indéniablement le dernier état de sa pensée. Si on le conteste, il faut aussi contester *Le Moi et le Ça* par exemple, qui décrit l'appareil psychique en fonction de la dualité mise en cause, et est pourtant devenu l'indispensable pilier de la théorie. Il est vrai que Freud n'est jamais revenu sur les idées contenues dans *Au-delà*. Tout au contraire, trois ans plus tard, il les exprima encore avec une fermeté accrue :

*Nous basant sur des raisons théoriques appliquées à la biologie, nous avons admis l'existence d'un* instinct de mort *ayant pour fonction de ramener tout ce qui est doué de vie organique à l'état inanimé, tandis que le but poursuivi par Éros consiste à compliquer la vie et, naturellement, à la maintenir et à la conserver, en intégrant à la substance vivante divisée et dissociée un nombre de plus en plus grand de ses particules détachées. Les deux instincts, aussi bien l'instinct sexuel que l'instinct de mort, se comportent comme des instincts de conservation au sens le plus strict du mot, puisqu'ils*

*de la culture, si je vois dans cette vie un combat continuel entre Eros et l'instinct de mort, combat dont l'issue me paraît impossible à déterminer, je ne crois pas exprimer par là mes dispositions constitutionnelles ou mes tendances acquises. Je ne suis ni un bourreau de moi-même, ni un* Bosnickel *[expression viennoise pour homme méchant et sadique], j'aimerais bien m'accorder à moi et aux autres quelque chose de bon, et je trouverais bien plus beau et bien plus consolant de pouvoir compter sur un brillant avenir...* »

*tendent l'un et l'autre à rétablir un état qui a été troublé par l'apparition de la vie. L'apparition de la vie serait donc la cause aussi bien de la prolongation de la vie que de l'aspiration à la mort, et la vie elle-même apparaîtrait comme une lutte ou un compromis entre ces deux tendances. Le problème des origines de la vie resterait une question d'ordre cosmologique qui, au point de vue du but et l'intention poursuivis par la vie, comporterait une réponse dualiste*[15]...

✻✻ Il paraîtra étrange que l'hypothèse de l'instinct de mort ait conduit Freud à approfondir la psychologie du Moi qui, jusque-là, n'occupait qu'une place modeste dans la théorie. Au vrai, les vues théoriques allaient ici dans le sens de l'expérience, qui montrait de plus en plus clairement que le Moi n'était pas entièrement assimilable à la vie consciente, pas plus qu'il ne s'opposait théoriquement à la libido, comme on l'avait affirmé d'abord. La clinique prouvait chaque jour par la résistance inconsciente des malades à la cure que le Moi était en partie inconscient, et comme, d'autre part, il ne s'opposait plus à la libido, mais à un monde d'instincts contradictoires où pulsions érotiques et pulsions mortelles voisinaient, c'était toute la conception de l'appareil psychique qu'il fallait remanier.

✻✻✻ Freud décrit alors la structure, le dynamisme et l'économie des trois instances psychiques qu'il appelle *Moi*, *Ça*, et *Surmoi*, et dont les relations conditionnent entièrement la santé et la maladie. En vérité, ces trois instances ont toutes la même origine, elles proviennent de ce monde impersonnel et difficilement définissable que Freud, à la suite de Nietzsche et de Georg Groddeck[16], nomme désormais le *Ça* :

*C'est la partie obscure, impénétrable de notre personnalité, et le peu que nous en savons, nous l'avons appris en étudiant l'élaboration du rêve et la formation du symptôme névrotique. Ce peu a, en outre, un caractère négatif et ne peut se décrire que par contraste avec le moi. Seules certaines comparaisons nous permettent de nous en faire une idée, nous l'appelons chaos, marmite pleine d'émotions bouillon-*

15. Le Moi et le Ça, *Essais de psychanalyse*, 196 et suiv.
16. Georg Groddeck : *Au fond de l'homme, cela* (*Das Buch vom Es*), trad. L. Jumel, Gallimard, 1963, avec une préface de Lawrence Durrell, et une post-face de comte Keyserling.

*nantes. Nous nous le représentons débouchant d'un côté dans le somatique et y recueillant les besoins pulsionnels qui trouvent en lui leur expression psychique, mais nous ne pouvons dire dans quel substratum. Il s'emplit d'énergie à partir des pulsions, mais sans témoigner d'aucune organisation ni d'une volonté générale*[17]*...*

*** Le Ça ignore la négation, la contradiction, le sentiment de la durée et la notion du temps ; bien entendu, il ne connaît pas davantage les jugements de valeur, le bien et le mal, la morale. Tout ce qu'il n'est pas appartient aux deux autres instances, le *Moi* et le *Surmoi*, auxquelles incombent l'organisation et le maintien de la vie psychique.

* Le Moi est la partie la plus superficielle de l'appareil, une portion du Ça modifiée par la proximité et l'influence du monde extérieur, organisé pour percevoir les excitations et s'en défendre. Il est ce qui conçoit le temps et l'espace, possède une aptitude à prévoir et à opérer des synthèses. Bref, il est doué d'un haut degré d'organisation qui lui permet d'accomplir précisément ce dont le Ça est incapable. Si ce dernier est le royaume des passions déchaînées, il est, lui, celui de la prudence et de la raison.

* Le Surmoi est issu du rapport de l'enfant avec ses parents par un processus complexe d'identification, grâce à quoi l'autorité extérieure est transportée à l'intérieur du sujet et joue le rôle attribué couramment à la conscience morale. Malgré sa place apparemment élevée dans la hiérarchie, le Surmoi, qui est lui aussi en partie inconscient, a plus de rapports et d'affinités avec le Ça qu'avec le Moi, pour lequel il est le plus souvent un juge sévère et rigide. C'est lui qui est la cause du refoulement, soit qu'il s'agisse lui-même ou charge le Moi docile d'exécuter ses ordres. De par son origine archaïque, il est le représentant du passé, de la tradition, de l'inactuel. Sa tyrannie excessive est l'un des plus grands périls qui menaçent la psyché.

*** Placé entre trois maîtres également tyranniques et absolus, le monde extérieur, le Ça et le Surmoi, le Moi se trouve dans une posture incommode, où ses multiples tâches ne sont pas faciles à

17. *Nouvelles Conférences sur la psychanalyse*, trad. Anne BERMAN, Gallimard, 1936, 3e conférence, 103.

accomplir. Dans la III<sup>e</sup> Conférence de la deuxième Série, intitulée « Les diverses instances de la personnalité psychique », Freud pousse à dessein sa personnification, afin de faire sentir le drame angoissant où il est engagé :

*Quand on observe les efforts que tente le Moi pour se montrer équitable envers ses trois maîtres à la fois, ou plutôt pour leur obéir, on ne regrette plus de l'avoir personnifié, de lui avoir donné une existence propre. Il se sent comprimé de trois côtés, menacé de trois périls différents auxquels, en cas de détresse, il réagit par une production d'angoisse. Tirant son origine des expériences de la perception, il est destiné à représenter les exigences du monde extérieur, mais il tient cependant à rester le fidèle serviteur du Ça, à demeurer avec lui sur un pied de bonne entente, à être considéré par lui comme un objet d'amour et à s'attirer sa libido. En assurant le contact entre le Ça et la réalité, il se voit souvent contraint d'apaiser les conflits et, faisant preuve d'hypocrisie diplomatique, de paraître tenir compte de la réalité, même quand le Ça demeure inflexible et intraitable. D'autre part, le Surmoi sévère ne le perd pas de vue et, indifférent aux difficultés suscitées par le Ça et le monde extérieur, lui impose les règles déterminées de sa conduite. S'il vient à désobéir au Surmoi, il en est puni par de pénibles sentiments d'infériorité et de culpabilité. Ainsi pressé par le Ça, opprimé par le Surmoi, repoussé par la réalité, le Moi lutte pour accomplir sa tâche économique, rétablir l'harmonie entre les diverses forces et influences qui agissent sur lui et en lui* [...]. *Chaque fois qu'il est forcé de reconnaître sa propre faiblesse, le Moi est saisi d'effroi : de peur réelle devant le monde extérieur ; de scrupules de conscience devant le Surmoi ; d'anxiété névrotique devant le Ça et la force des passions qui y règnent*[18]...

* Il est clair que le bon fonctionnement de l'appareil psychique dépend en grande partie de la force et de la santé du Moi, qui ne doit pas être servile et anxieux, mais souverain, capable d'assurer harmonieusement les rapports entre ses trois tyrans. C'est pourquoi la cure analytique a une ligne de conduite toute tracée, quelque cas qu'elle doive traiter : il lui faut fortifier le Moi, afin de le mettre à même d'imposer son ordre aux deux puissances obscures et rebelles. Disci-

18. *Ibid.*, 108 et suiv.

pliner et contrôler le chaos du Ça ; réduire les exigences du Surmoi à une mesure raisonnable, c'est là tout le travail de l'analyse, un travail, dit Freud, qui n'exige pas moins de dépense que l'assèchement du Zuyderzee ou n'importe quelle tâche ardue de l'humaine civilisation.

# 26. NOUVELLES CRISES

* Freud était apparemment bien portant quand, un jour de février 1923, il constata les premiers signes du mal qui, sans mettre fin à son activité scientifique, allait transformer en martyr les seize dernières années de sa vie. Soucieux d'épargner ses proches, et peut-être plus encore, de ne pas ébruiter une nouvelle bouleversante, lourde de conséquences pour ses malades et ses élèves, il s'abstint de consulter et, pendant plus de deux mois, garda le silence sur son état.

** En avril, un médecin de ses amis, Felix Deutsch, étant venu le voir par hasard, il lui demanda d'examiner « quelque chose de désagréable » qu'il avait dans la bouche[1]. Deutsch reconnut immédiatement le caractère malin de la tumeur, mais perdit contenance devant l'attitude de Freud, qui, après avoir évoqué la douleur de sa vieille mère s'il venait à mourir avant elle, pria son ami de l'aider à « sortir de ce monde avec décence », au cas où ses souffrances deviendraient intolérables. Deutsch se méprit sur ces paroles, qu'il interpréta comme une menace de suicide ; aussi prit-il le parti de mentir, non sans conseiller toutefois d'éloigner la tumeur par une intervention immédiate.

*** Freud réfléchit quelques jours, puis, sans rien dire chez lui, se présenta un matin à la clinique du Pr Hajek, un rhinologue connu avec lequel il était personnellement lié. La clinique n'était pas un établissement privé, mais un hôpital public attaché à l'Université. Freud y subit la première des trente-trois opérations auxquelles il dut se soumettre, dans des circonstances dramatiques où, comme Jones le relate dans sa Biographie, le destin qui sauva Freud prit ironiquement la figure d'un idiot :

1. *J Bg.*, Band III, 113.

*A sa grande surprise, la famille reçut un coup de téléphone de la clinique, qui lui demandait d'apporter le nécessaire pour la nuit. Sa femme et sa fille coururent et le trouvèrent dans la salle de consultation, les vêtements pleins de sang, assis sur une chaise de cuisine. L'opération ne s'était pas passée tout à fait comme il était prévu et l'hémorragie était trop violente pour que le malade pût rentrer chez lui. Il n'y avait pas dans tout l'hôpital une seule chambre ou même un lit de libre, de sorte qu'on plaça un brancard dans une petite pièce, à côté d'un nain idiot qui était en traitement. A l'heure du déjeuner, pendant lesquelles les visites n'étaient pas permises, l'infirmière renvoya les deux dames, en les rassurant sur l'état du malade. Lorsqu'elles revinrent, une ou deux heures après, elles apprirent qu'une forte hémorragie s'étant de nouveau produite, Freud avait sonné pour demander du secours. Mais la sonnette n'avait pas marché, et lui-même ne pouvait ni parler ni crier. Toutefois, le gentil nain avait couru chercher de l'aide et l'hémorragie avait pu être arrêtée avec quelque peine... Pendant la nuit suivante, Anna et l'infirmière furent tellement alarmées par l'état du malade qu'elles appelèrent l'interne de garde ; mais celui-ci refusa de quitter son lit. Le lendemain Hajek présenta le cas à toute une foule d'étudiants et, dans le courant de la journée, Freud put rentrer chez lui*[2]...

✻ Quoiqu'il connût nécessairement la gravité du cas, le Dr Hajek avait procédé avec une surprenante légèreté, en négligeant certaines mesures qui eussent épargné à Freud bien des suites pénibles. En particulier, il ne fit rien pour éviter la rétraction de la cicatrice, laquelle réduisit considérablement l'ouverture de la bouche et causa toutes sortes de troubles. Ce Pr Hajek, qui était le beau-frère de l'écrivain Arthur Schnitzler, se rendit du reste tristement notoire par la façon dont il traita un autre malade célèbre, alors inconnu il est vrai. Un an après Freud, en effet, Franz Kafka, atteint de la laryngite tuberculeuse qui devait l'emporter, fut hospitalisé chez lui dans des conditions scandaleuses dont l'opinion littéraire fut fort émue. Franz Werfel, en particulier, intervint énergiquement pour que Kafka, qui était presque mourant, fût traité avec plus d'égards et eût au moins une chambre séparée. Le Pr Hajek répondit : *Un certain Werfel m'écrit que je dois faire quelque chose pour un certain Kafka. Kafka, je sais qui c'est. C'est le malade du numéro 12. Mais qui est Werfel ?*

2. *Ibid.*, 114.

*** On comprend que Freud ait vite ressenti de la méfiance à l'égard de son chirurgien, dont l'attitude était tout à fait incohérente. Quelques mois après l'opération, il lui permit de partir comme d'habitude en vacances, puis lui demanda de revenir tous les quinze jours à Vienne, pour l'autoriser finalement à rester dans le Sud tout l'été — juste au moment où le carcinome avait réapparu. Désespéré par la mort toute récente de son petit-fils, Freud donnait à son entourage les plus vives inquiétudes. Une seconde opération, très étendue cette fois, était absolument indispensable, mais Freud y consentirait-il ? Ne choisirait-il pas plutôt de mourir ?

* Anna et Felix Deutsch, qui n'osait toujours pas dire à Freud la vérité, allèrent rejoindre les membres du Comité, réunis non loin de là pour une session de vacances. Seul Rank était déjà au courant de la situation, les autres n'apprirent la maladie de Freud qu'à ce moment. Jones raconte que, comme ils débattaient de la conduite à tenir et prononçaient le nom de Freud, Rank fut pris d'un fou rire hystérique dont, à l'effroi de tous, il ne put se rendre maître. Personne ne comprit alors ce que signifiait cette conduite étrange, ni de quels bouleversements elle était le signe.

** Le Comité voulait convaincre Freud de la nécessité de l'intervention, mais comment ? Sachs proposa de miser sur son amour pour Anna, Rank, de faire valoir la pensée de sa mère. Jones raconte comme il s'opposa à ce qu'on usât de tels procédés : *Je protestai et dis que nous n'avions aucun droit d'ôter à Freud le droit de se décider ; les médecins présents, Abraham, Eitingon, Ferenczi, soutinrent mon point de vue. Bien des années plus tard, à Londres, je racontai à Freud notre discussion pour savoir si nous devions ou non lui dire la vérité, sur quoi il me demanda avec des yeux étincelants : « De quel droit ? » Peu après l'opération, toutefois, il dit à Ferenczi qu'il avait été sûr dès le début que sa tumeur était cancéreuse*[3]*...*

*** Le 26 septembre, Hajek et un stomatologiste fameux, le Pr Pichler, examinèrent Freud et lui trouvèrent une tumeur maligne du palais qui s'étendait sur les tissus voisins, y compris la partie supérieure de la mâchoire et même la joue. L'opération fut décidée sur-le-champ, elle eut lieu en deux fois, le 4 et le 11 octobre, la première

3. *Ibid.*, 117.

intervention ayant pour but d'enlever les glandes du maxillaire inférieur, dont le volume était déjà suspect. La deuxième consista à ouvrir largement la lèvre et la joue, puis à retirer tout le maxillaire supérieur et la partie malade du palais, ce qui naturellement supprima la cloison des cavités nasale et buccale. Cette effroyable opération qui eut lieu entièrement sous anesthésie locale, laissa le malade pendant plusieurs jours incapable de parler et de se nourrir. Il put néanmoins se rétablir et, à la fin du mois, fut en état de rentrer chez lui.

* Ainsi commencèrent seize ans de tortures continuelles, marquées par de nombreuses récidives du mal et de nouvelles interventions chirurgicales destinées soit à retirer les tissus pré-cancéreux, soit à améliorer le diabolique instrument que Freud dut porter en guise de prothèse. Cette mâchoire artificielle, qui devait séparer la bouche de la cavité nasale, était appelée le « monstre », et c'en était un en effet, car Freud, qui ne pouvait pas ouvrir la bouche largement, n'était à même ni de la mettre, ni de la retirer sans aide. Comme elle devait s'adapter étroitement à la bouche pour permettre la parole et l'absorption de nourriture, elle provoquait constamment des inflammations douloureuses. Mais si on la retirait pour plus de quelques heures, les tissus s'affaissaient et le « monstre » ne pouvait plus rentrer.

** A partir de ce moment, Freud ne put plus manger et parler qu'en faisant les efforts les plus pénibles. Il prit ses repas seul et ne parla plus jamais en public ; sa fille Anna, qui le soigna à tout instant jusqu'à sa mort, en vertu d'un pacte qu'ils avaient conclu dès le début, devint littéralement son porte-parole : c'est elle qui lut toutes ses communications aux Congrès, elle aussi qui, plus tard, s'efforça d'éloigner de lui les importuns venus du monde entier. Anna avait promis de le soigner avec toute la froideur technique du chirurgien, sans céder à l'émotion ni laisser libre cours à ses sentiments. Et pendant seize ans, elle a tenu sans défaillance sa promesse.

*** Par une cruauté qu'on jugera superflue, cette année 1923 vit non seulement le début des tortures de Freud, mais encore la désagrégation du Comité créé dix ans auparavant pour maintenir autour de lui la paix et une entente fraternelle. A vrai dire, les deux choses étaient intimement liées, l'éventualité de la mort de Freud ayant provoqué chez certains disciples des sentiments complexes où la haine voisinait avec la peur panique de l'abandon et un besoin pressant de s'émanciper. Des six membres du Comité secret, ce furent Rank et Ferenczi, les plus passionnés, les plus fragiles aussi, qui réagirent le plus violemment à cette mort éventuelle de Freud que, avec la logique irrationnelle de l'inconscient, ils ressentaient comme un manque d'amour et une trahison,

** Naturellement, les causes superficielles de discordes ne manquaient pas dans ce groupe assez disparate dont les membres étaient tout à la fois intimement liés, et séparés par d'inévitables différences de langue, d'origine et d'habitudes de pensée. Accusées par quatre ans de guerre, ces différences se manifestaient forcément dans toutes les questions touchant l'organisation, l'expansion et, d'une façon générale, la tactique du mouvement. Ainsi, Jones travaillait énergiquement à ouvrir à la psychanalyse l'Angleterre et l'Amérique, tandis que les ressortissants des pays d'Europe Centrale, se méfiant des Anglo-Saxons, dont les travaux, de fait, étaient souvent de médiocre qualité, luttaient pour maintenir la prépondérance des publications allemandes. Des frictions se produisaient ainsi à propos de la gestion et du programme du *Verlag* ; du choix des collaborateurs des revues ; de l'élection des présidents de l'Association internationale ; des villes où, chaque année, devaient se tenir les Congrès. Il y avait aussi la politique intérieure de chaque Société, l'édition des œuvres de Freud en anglais, et les questions financières, toujours pressantes. Dans tous ces débats, la ruse politique de Jones et le bon sens d'Abraham, lequel, avec un incurable optimisme, avait toutefois le don de toujours prévoir les désastres, s'opposaient régulièrement à la passion de Rank et de Ferenczi qui, en 1923, justement, finirent pas s'associer contre leurs amis.

*** C'est un trait constant du caractère de Freud qu'avec des certitudes inébranlables et une grande énergie, il pouvait être aussi fortement influencé par son entourage immédiat, et changer d'opinion d'une façon imprévisible, jusqu'au moment où il s'était formé sa propre idée. Jones était à Londres, Abraham à Berlin, seuls Rank et Ferenczi étaient en contact constant avec lui, et comme il connaissait leur dévouement, c'est à eux que, dans les discussions, il donna d'abord son appui. Irrité par les avertissements d'Abraham et de Jones, qui, de fait, avaient toujours prévu les défections dans le passé, il refusa de prendre au tragique les écarts des deux hommes, même quand ils eurent rompu le pacte du Comité.

✻ Ce pacte, on s'en souvient, obligeait les membres à se consulter avant de publier quoi que se soit qui pût conduire à des polémiques dans le mouvement ou devant l'opinion publique. Or, à la fin de l'année 1923, Rank et Ferenczi publièrent un livre intitulé *Développement de la psychanalyse*, dont aucun membre, sauf Freud, n'avait eu connaissance auparavant. Les membres du Comité en furent d'autant plus choqués que l'idée principale du livre paraissait conduire à des conclusions douteuses. Freud, toutefois, le défendit.

✻✻ L'ouvrage traitait de la tendance des malades en analyse à transformer en actes leurs impulsions inconscientes, tendance déjà notée par Freud dans un article, mais à quoi les auteurs voulaient accorder une grande importance thérapeutique. A partir de là, ils arrivaient, sans le dire explicitement, à une conception de la technique où l'analyse des situations actuelles prenait tout le poids qui, en théorie stricte, revient aux causes infantiles de la névrose. Jones et les analystes berlinois rappelèrent que, dix ans auparavant exactement, Jung était devenu rebelle en suivant le même chemin. Mais Freud était acquis au livre et se refusa à partager leurs soupçons.

✻✻✻ Peu à peu, cependant, il revint sur son jugement favorable, ayant senti chez les auteurs un manque de sincérité. L'ouvrage, en effet, cachait sous une apparence rassurante les idées de Rank sur le *traumatisme de la naissance* et celles de Ferenczi sur une technique nouvelle, dite *active*, idées qui conduisaient de la même façon à raccourcir la durée de l'analyse. Bouleversé par une remarque de Freud à ce sujet, Ferenczi protesta avec véhémence, disant qu'il ne songeait pas un instant à s'écarter de la doctrine. Freud lui répondit :

*En ce qui concerne vos efforts pour rester à tout prix en accord avec moi, je les estime très haut, comme expression de votre amitié, mais je ne trouve pas ce but nécessaire ni aisément accessible. Je sais que je suis peu ouvert et que je ne sais d'abord quoi faire des idées des autres, quand elles ne se trouvent pas directement sur mon chemin. Il me faut un moment avant de me faire une opinion, entre-temps je dois suspendre mon jugement. Si vous vouliez attendre chaque fois que j'en arrive là, c'en serait fait de votre productivité. La chose n'est donc pas possible. Il me semble vraiment exclu que vous ou Rank, dans vos excursions indépendantes, puissiez jamais quitter le terrain de l'analyse. Alors pourquoi n'essayeriez vous pas de voir si l'on ne peut pas procéder autrement que je l'ai dit ? Si, ce que faisant, vous vous trompez, vous finirez bien par vous en apercevoir vous-même, ou bien je prendrai la liberté de vous le dire, dès que j'en aurai acquis la certitude[4]...*

⁕ *Le Traumatisme de la naissance*, publié à peu près au même moment, inspira d'abord à Freud la même attitude affectueuse et tolérante. Là, pourtant, les déviations étaient plus voyantes, car Rank, poussant jusqu'à ses dernières conséquences une idée déjà exprimée par Freud, affirmait que toute la vie de l'homme est déterminée par l'expérience unique et douloureuse de la naissance, pendant laquelle l'enfant est menacé d'asphyxie et connaît les affres de la mort. Tout ce que l'homme fait et tente par la suite vise uniquement à annuler ou à surmonter ce traumatisme profondément refoulé ; il y parvient par le moyen du coït, qui réalise en partie la fusion originelle avec le corps de la mère ; ou par la sublimation grâce à quoi il peut vivre dans des créations religieuses ou artistiques ce retour au sein maternel qui est la peur et le désir de toute vie. L'échec de ces deux tentatives d'adaptation est sinon la seule cause, du moins la plus profonde dans l'étiologie des névroses.

⁕ ⁕ L'inquiétant, ici, était moins la théorie, dont Freud après tout avait fourni le point de départ, que les considérations techniques qui en découlaient directement et conduisaient en particulier à abréger de beaucoup la durée de la cure psychanalytique. Si tous les conflits ultérieurs de la vie n'étaient que des écrans dissimulant le traumatisme originel et les relations absolument primordiales de l'enfant avec la mère, il n'y avait plus de raison de s'attarder à l'analyse du conflit œdipien, ni à la remémoration des souvenirs infantiles. De fait, Rank, et avec lui Ferenczi, dont la théorie de la génitalité repose à peu près sur les mêmes prémisses, en vint à proposer des cures extrêmement brèves, dans lesquelles le patient n'avait plus à se *souvenir*, mais à revivre sa séparation douloureuse d'avec sa mère, autrement dit à *renaître* en surmontant enfin sa peur.

⁕ ⁕ ⁕ *Le Traumatisme de la naissance* laissa Freud extrêmement perplexe, comme le montrent les jugements contradictoires qu'il émit en peu de temps sur ce sujet. Tout d'abord, le livre lui causa

4. *Ibid.*, 76.

un choc, car si Rank avait raison, toute l'œuvre de sa vie sur l'étiologie des névroses était réduite à néant. D'un autre côté, la découverte de son élève lui paraissait fondamentale, et il se réjouissait que, grâce à elle, Rank pût enfin se libérer de sa longue tutelle ; mais il ne voyait pas comment l'insérer dans l'édifice de sa théorie, sans que le complexe d'Œdipe y perde son indispensable primauté. Peut-être se serait-il abstenu de prendre parti si certains analystes, surtout les Berlinois, ne l'avaient pressé de condamner les deux auteurs, afin de rétablir le centre de gravité de la théorie. Les orthodoxes, en effet, étaient fort alarmés de voir Rank et Ferenczi mettre tout l'accent sur le principe maternel, au détriment du père qui, pour Freud, était l'auteur de la prohibition de l'inceste et, par conséquent, l'incarnation de la loi avec et contre quoi l'individu est appelé à se former. Comme la crise s'aggravait, Freud, le 15 février 1924, crut l'apaiser en envoyant une circulaire à tous les membres du Comité :

*Mes chers amis, j'apprends de divers côtés, non sans étonnement, que les publications récentes de notre Rank et de notre Ferenczi ont provoqué une agitation bien désagréable. L'un de nos amis m'a prié de discuter entre nous cette affaire encore bien vague dans laquelle il voit un germe de discorde. Si j'accède à sa prière, ne croyez pas que c'est pour m'immiscer dans vos discussions. Je souhaiterais bien plutôt rester moi-même aussi loin que possible à l'arrière-plan, et laisser chacun d'entre vous suivre son propre chemin.*

*Lorsque Sachs est venu me voir récemment, nous avons échangé sur* Le Traumatisme de la naissance *des commentaires qui ont pu donner l'impression de mon désaccord, soit avec la publication de l'ouvrage, soit même avec son contenu. Il me semble pourtant que le seul fait que j'ai accepté la dédicace suffit à exclure une pareille supposition.*

*Voici ce que je veux dire : ni le désir d'harmonie entre nous, ni le respect que vous m'avez si souvent témoigné, ne devraient empêcher qui que ce soit d'entre vous d'exercer librement son activité. Je n'attends pas de vous que vous agissiez dans une direction qui me soit agréable, mais d'une façon conforme à vos observations et à vos idées. On ne peut pas attendre d'une demi-douzaine d'hommes de tempéraments divers qu'ils soient absolument d'accord sur toutes les questions scientifiques et tous les nouveaux thèmes appelés à surgir, ce n'est pas possible et pas même souhaitable. La seule condition pour une collaboration féconde est qu'aucun d'entre nous ne quitte le sol commun des principes psychanalytiques. Mais il y a aussi autre chose, que vous savez probablement et qui me rend spécialement impropre à jouer le rôle d'un censeur despotique toujours en éveil : c'est que je ne suis pas aisément accessible à la pensée des autres, et que je me fais une règle d'attendre jusqu'à ce que j'aie trouvé un quelconque rapport avec le labyrinthe de mes propres idées. Si, devant toute idée nouvelle, vous vouliez attendre que je me la sois appropriée, il vous faudrait compter devenir joliment vieux*[5] *!*

⁂ Après avoir rendu hommage aux découvertes des deux auteurs incriminés, Freud passe avec franchise à l'examen de tout ce qu'elles ont de déroutant pour lui :

*Mais voici le point où les difficultés commencent. Au phantasme du sein maternel s'opposent des obstacles qui provoquent de l'angoisse : ce sont les limites imposées par la prohibition de l'inceste. Mais celles-ci, d'où viennent-elles ? Manifestement, elles sont représentées par le père, la réalité, l'autorité qui édictent l'interdit. Mais pourquoi ces derniers ont-ils dressé ces barrières ? Mon explication était historique, sociale et phylogénétique. Je faisais dériver la barrière de l'inceste de l'histoire primordiale de la famille humaine et voyais dans le père réel l'obstacle proprement dit, qui, chaque fois, érigeait de nouveau la barrière de l'inceste. Ici Rank s'écarte de moi. Il refuse le point de vue phylogénétique et comprend simplement la peur de l'inceste comme la répétition de l'angoisse de la naissance, de sorte que le refoulement névrotique est déterminé de façon innée par le processus de la naissance. Certes, cette peur de la naissance est transférée sur le père, mais celui-ci, pour Rank, sert uniquement de prétexte. On en vient à l'hypothèse fondamentale que les sentiments à l'égard du sein maternel ou des organes génitaux de la femme sont dès le début de nature ambivalente. C'est là qu'est la contradiction. Je trouve très difficile de trancher : je ne vois pas non plus comment l'expérience pourrait nous aider, puisque, dans l'analyse, c'est toujours le père que nous rencontrons comme représentant de l'interdit. Mais, bien entendu, ceci n'est pas un argument. Aussi dois-je provisoirement laisser la question en suspens*[6]*...*

⁂ Cette attitude conciliante et affectueuse n'eut pas du tout le

5. *Ibid.*, circulaire du 15-2-1924, 79.
6. *Ibid.*, 80 et 81.

résultat désiré, car là où Freud voyait une recherche sincère et respectable, le Comité, hanté par les précédents de Jung et d'Adler, croyait reconnaître de loin l'hérésie. Abraham répondit à la circulaire par une lettre à Freud, où il disait ouvertement ses craintes, et Freud, imprudemment, rapporta ses propos aux deux intéressés. Ce fut la brouille, et peu après, Rank prit l'initiative de dissoudre le Comité.

*** Freud en fut terriblement affecté, la lettre qu'il écrivit à ce moment à Ferenczi pour l'assurer de sa confiance est l'une des rares où il se plaigne sans retenue :

*Je ne doute pas que les autres membres de l'ancien Comité aient des égards et de l'affection pour moi, et pourtant le résultat est que je suis abandonné, juste au moment où je suis devenu un invalide, où ma puissance de travail est diminuée et mon moral mauvais, alors que je voudrais me décharger de toute charge supplémentaire et ne me sens plus à la hauteur d'aucun souci. Je ne me plains pas pour vous engager à tenter quelque chose pour sauver le Comité perdu. Je le sais : fini est fini, perdu est perdu. Je survis au Comité qui devait être mon successeur, peut-être survivrai-je aussi à l'Association internationale. Espérons que la psychanalyse me survivra. Mais tout cela ajouté au reste me fait une bien triste fin de vie*[7]*...*

* Pour garder les deux « fils » en qui il avait mis tant d'espoirs, Freud fit beaucoup d'efforts qui le portèrent parfois à se montrer injuste envers les autres, surtout envers Jones et Abraham, qui l'agaçaient par un bon sens un peu étroit et, malgré leur dévouement à la « cause », un certain manque de générosité. Mais s'il réussit à regagner Ferenczi, au moins pour quelques années, il vit bien qu'il lui faudrait perdre Rank, dont à ce moment le destin était déjà scellé par la maladie.

** Exactement comme Jung dix ans auparavant, Rank entra en rébellion ouverte à l'occasion d'un voyage en Amérique, pendant lequel il se posa en créateur d'une nouvelle théorie et, pis encore, d'une technique révolutionnaire fort alarmante pour ses confrères américains. La pratique de cures excessivement abrégées pouvait en effet conduire aisément à la charlatanerie, d'autant plus que Rank,

7. *Ibid.*, 85

qui n'était pas médecin, s'adressait de préférence aux analystes « profanes » et ouvrait ainsi à tout venant l'exercice de la profession. En vérité, l'élève éternellement dépendant du maître avait cherché dans un pays nouveau une libération matérielle et spirituelle qu'il savait impossible à Vienne et que la maladie mortelle de Freud rendait maintenant urgente. Trois ans plus tard, l'Amérique qui, décidément, attirait les rebelles, joua le même rôle tentateur dans le destin de Ferenczi.

✳ ✳ ✳ Ce dernier avait publié un ouvrage tout à fait remarquable, quoique empli de spéculations presque mystiques sur la nature et les origines, qui, venant après le *Traumatisme de la Naissance* de Rank, avait bien de quoi inquiéter les esprits rassis. Dans son *Esquisse d'une théorie de la génitalité*[8], Ferenczi en effet ne tentait rien de moins que de jeter les bases d'une nouvelle science, la *bio-analyse*, en appliquant à la biologie la valeur universelle du symbolisme. Ayant posé que *les modes d'expression symboliques ou indirects du psychisme ou du corps, tout comme les anciens hiéroglyphes, détiennent un fragment d'histoire submergé ou inabordable par d'autres voies*, Ferenczi décidait d'appliquer la psychanalyse *aux grands mystères de l'évolution de l'espèce*, ce qui, il le reconnaissait honnêtement, revenait à proposer à ses lecteurs un passionnant conte de fées.

✳ Le fait est que la biologie, ici, semble jouer un peu le même rôle que la mythologie dans le livre de Rank, sauf que Ferenczi ne renonce pas à établir sa thèse sur certaines théories biologiques, celles de Haeckel et de Lamarck en particulier. Cette thèse, présentée d'abord sous la forme d'une hypothèse, mais affirmée ensuite comme si la preuve en était faite, c'était que l'existence intra-utérine des mammifères supérieurs n'était qu'une répétition de la forme d'existence de l'époque marine et que, par conséquent, la naissance n'était rien d'autre qu'une récapitulation individuelle de cette grande catastrophe qui, lors de l'assèchement des mers, a contraint tant d'espèces animales, et certainement aussi nos ancêtres animaux, à s'adapter à la vie sur la terre ferme. Ainsi, l'éternel désir du retour au sein maternel

8. Sandor FERENCZI : *Versuch einer Genitaltheorie*, Internationaler psychoanalytischer Verlag, Vienne 1924 ; en français : *Thalassa, psychanalyse des origines de la vie sexuelle*, édition présentée par Nicolas Abraham, Payot, 1962 (PBP n° 28).

ne provenait plus, comme chez Rank, du souvenir de l'extase intra-utérine perdue et refoulée par chaque homme qui naît, mais de la nostalgie de l'océan initial d'où toute les espèces sont issues. De Thalassa, mer originelle et matrice du monde, la mère humaine n'était que le symbole ou le tardif substitut.

✻✻ On s'attendrait que ces idées, infiniment plus riches que ne le montre un résumé sommaire, eussent passablement effrayé Freud, dont la pensée restait toujours malgré tout classique et mesurée. Mais, sur ce point justement, il était lui-même partagé entre deux tendances également enracinées en lui, l'une, rationaliste, qui l'engageait à rester à ras d'expérience ; l'autre, romantique, à quoi il cédait d'autant moins qu'il en connaissait la force. A certains moments — c'étaient par exemple l'époque de ses relations avec Fliess et celle des grande visions décrites dans *Au-delà du principe du plaisir* —, le romantisme l'emportait pour un temps sur ses aspirations à la rigueur classique, et le Père, principe en quelque sorte légal de la pensée psychanalytique, perdait de son pouvoir en faveur de la Mère, à quoi ramènent en fin de compte le principe de répétition, l'idée de l'éternel retour et la hantise de la mort. Fasciné par les abîmes où il n'osait descendre et que, d'autre part, son amour de la clarté et de l'ordre lui rendait suspects, Freud n'était que trop tenté par l'aventure risquée où s'engageaient ses plus brillants élèves. Dans les années de crise que nous évoquons maintenant, c'est cela, non moins que l'âge et la maladie, qui motiva son attitude indécise.

✻ Depuis quelque temps, en effet, la psychanalyse changeait sous ses yeux, et non seulement les innovations théoriques, mais les observations cliniques elles mêmes en déplaçaient le centre de gravité. De plus en plus, l'intérêt se portait sur l'étude systématique des relations du nourrisson avec sa mère, étude qui confirmait d'ailleurs de façon éclatante les idées de Freud sur l'évolution de l'enfant, mais obligeait à reculer de beaucoup la cause des conflits. L'observation directe des enfants, dont la pratique est maintenant courante, conduisit une élève de Ferenczi, Mélanie Klein, à des conceptions théoriques qui, par la suite, l'opposèrent vivement à Anna Freud, naturellement gardienne de l'orthodoxie. Il n'est pas jusqu'à la médecine psychosomatique, développée sous l'impulsion d'un autre élève de Ferenczi, Franz Alexander, qui n'engageât la psychanalyse dans des voies inattendues, déroutantes même pour son auteur.

✻✻✻ Intimidé par ces changements étrangers et à son tempérament et à ses buts, Freud n'intervint plus qu'avec hésitation dans les querelles théoriques. Mais ses dernières œuvres n'en tiennent pas compte ; à la Gorgone fantastique, source d'amour et de terreur, sans cesse dévorante et dévorée qui envahit la pensée de certains de ses élèves, il continue d'opposer la Mère-Épouse dont le rôle est fixé par le complexe d'Œdipe, en face du Père qui reste jusqu'au bout pour lui le principe d'ordre, d'autorité, de culture — la loi première dont dépendent tout à la fois la société et le destin de l'individu. Ce Père législateur, éternellement haï et adoré, éternel puisque la mort ne change rien à sa puissance, c'est encore de lui qu'il parle juste avant de mourir en évoquant celui qu'il appelle non sans intention sans doute : *l'homme Moïse.*

✻ S'il ne chercha pas à influencer l'évolution théorique de la psychanalyse, Freud, du moins, tint à conserver le contrôle des innovations techniques, qui risquaient d'introduire dans la pratique quotidienne une imprévisible anarchie. Ferenczi, ayant découvert l'importance des expériences vécues dans le présent immédiat de la cure, avait mis au point une « thérapeutique active », destinée à frustrer le malade en lui enjoignant de se restreindre en tout, de manger et de boire peu, de réduire ses mictions et de s'obliger à l'abstinence sexuelle, en d'autres termes à le mettre hors de lui. Il y avait là comme une critique de la méthode de Freud qui, il le lui reprocha amèrement plus tard, avait négligé d'analyser son *transfert négatif*, et l'avait en quelque sorte trop « gâté » pour qu'il pût résoudre sainement l'obscur problème de leurs relations.

✻✻ Freud condamna sans équivoque ces façons de faire, dont il voyait bien le danger pour des débutants ambitieux. Quelques années plus tard, Ferenczi changea encore de manière et passa de l'analyse ascétique à une technique radicalement contraire, visant à donner aux malades tout le confort, l'amour et le plaisir dont leur entourage les avait sevrés. Freud prit encore clairement parti contre ce nouvel excès et, en 1931, alors que Ferenczi s'était déjà tellement éloigné de lui qu'un rapprochement n'était plus concevable, il lui écrivit une longue lettre dont l'ironie tempérait le ton sévère, et peut-être l'amertume :

*..Je vois que notre différend culmine dans un détail technique qui*

*mérite bien d'être mentionné. Vous ne faites pas mystère du fait que vous embrassez vos patients et vous laissez embrasser par eux... Or, quand vous voudrez donner un compte rendu complet de votre technique et de vos résultats, il vous faudra choisir entre deux solutions : ou bien vous direz cela, ou bien vous le tairez. La seconde, comme vous pouvez le penser, n'est pas honorable...*

*Bien sur, je ne suis pas de ceux qui, par pruderie ou souci de convention bourgeoise, condamneraient des gratifications érotiques aussi intimes. Je n'ignore pas non plus qu'au temps des Niebelungen, un baiser était un innocent salut accordé à tout hôte. Je suis même d'avis que l'analyse est possible en Russie soviétique où, pour ce qui est de l'État, règne une liberté sexuelle totale. Mais cela ne change rien au fait que nous ne vivons pas en Russie et que, chez nous, un baiser signifie une certaine intimité sexuelle. C'est pourquoi nous avons maintenu notre principe de refuser à nos malades toute satisfaction érotique...*

*Maintenant, représentez-vous les suites de votre technique si elle venait à se généraliser. Il n'y a pas de révolutionnaire qui ne soit supplanté par un autre, plus radical encore que lui. Un certain nombre de personnes indépendantes en matière de technique vont se dire : pourquoi s'arrêter au baiser ? On obtiendrait certainement mieux en recourant aux caresses, ce qui, après tout, ne produit pas non plus de bébés. Puis de plus hardis viendront, qui feront un pas de plus vers le voyeurisme et l'exhibitionnisme... il en résultera un énorme intérêt, pour les analystes comme pour les patients. Cependant, le nouvel adhérent revendiquera pour lui-même une bonne part de cet intérêt, les plus jeunes de nos collègues trouveront très dur de s'arrêter là où ils le voulaient d'abord, et alors peut-être, contemplant le tableau vivant dont il sera le créateur, Dieu le père Ferenczi se dira : tout de même, j'aurais peut-être dû arrêter ma technique de tendresse maternelle avant le baiser*[9] *!*

❋ Mais Ferenczi ne se rendit pas, il nourrissait contre Freud la pire rancune qu'on puisse concevoir dans une pareille situation : celle d'avoir été mal analysé par l'homme qu'il vénérait le plus au monde. Il persista donc à abreuver ses patients d'amour maternel et, à mesure des années, montra dans ses rapports avec Freud une froideur de plus en plus marquée. Les deux hommes cependant continuè-

9. Fer., 13-12-1931, *J Bg*, Band III, 197.

rent de s'écrire, et si les lettres de Ferenczi s'espacèrent, celles de Freud gardèrent la même chaleur, la même sollicitude que par le passé. Atteint d'une anémie pernicieuse, Ferenczi vit sa santé décliner lentement. En 1932, la maladie physique évolua parallèlement avec la grave affection mentale qui, certainement, était la vraie cause de son trouble. Cet homme à tant d'égards remarquable, dont l'œuvre est probablement la plus importante de la période freudienne, mourut en 1933, quelques jours après l'incendie du Reichstag et le déferlement du nazisme sur l'Allemagne. Après von Freund, et Abraham, mort en 1926, Freud perdait au soir de sa vie l'un des derniers, peut-être le plus cher de ses compagnons.

# 27. LA GLOIRE

✻ On a sans doute remarqué que dès avant la soixantaine, Freud exprimait la crainte de voir tarir la source de son œuvre et de devoir ainsi se résigner à la pire épreuve qu'il pût imaginer : la perte ou la diminution de ses facultés intellectuelles[1]. Au seuil de la vieillesse, chacun de ses livres lui paraît être le dernier et, en 1925, il écrit son autobiographie comme quelqu'un qui a déjà achevé et son œuvre et sa vie. Constatant qu'il *a ouvert beaucoup de voies et donné bien des impulsions qui pourront aboutir à quelque chose dans l'avenir*, il ne songe pas, ou n'ose pas croire qu'il a encore une longue tâche devant lui.

✻✻ A quel point ces craintes étaient mal fondées, la bibliographie de ses quinze dernières années le prouve amplement, tant par le nombre que par l'importance des travaux publiés. Sans doute, on n'y trouve plus de ces éclairs foudroyants qui, jusque-là, ranimaient périodiquement la flamme de *La Science des rêves*, mais on y reconnaît la même passion de savoir, la même curiosité impitoyable, la même attention émue pour les petites comme pour les grandes choses

1. Cf. Pf., *Fr-Pf. Briefe*, 6-3-1910, 29 et 30 : « *Je ne peux pas me représenter une vie sans travail comme pleinement heureuse, pour moi, vivre par l'imagination et travailler se confondent, rien d'autre ne m'amuse. Ce serait une recette de bonheur, n'était cette terrible pensée que la productivité dépend entièrement d'une disposition variable. Que fait-on, pendant un jour ou un laps de temps où les idées manquent et où les mots se refusent à vous ? On ne cesse de trembler devant cette éventualité ; c'est pourquoi, tout en me soumettant au destin comme il convient à un honnête homme, je fais tout de même secrètement une prière ; surtout pas de maladie, pas de misère physique qui paralyse mes facultés de création... Comme le dit le roi Macbeth, mourons sous le harnais...* »

de la vie. Pour la fraîcheur et la jeunesse de l'esprit les trois gros volumes qui terminent ses *Œuvres complètes* ne le cèdent en rien aux premiers.

*** Cette dernière période n'apporte pas de matériaux vraiment nouveaux à la théorie, qui est maintenant sinon achevée, du moins solidement établie. Cependant, Freud éprouve le besoin de modifier sensiblement l'une de ses conceptions la plus constante et le moins abondamment développée : celle de l'angoisse névrotique, à quoi *Le Traumatisme de la naissance* de Rank redonnait de l'actualité.

* C'est en réfléchissant profondément aux idées de Rank que Freud écrit *Inhibition, symptôme et angoisse*[2], un ouvrage fort important en ce qu'il apporte une correction à la théorie. Autrefois, en effet, Freud concevait l'angoisse comme le produit d'une transformation de la libido, sans pouvoir dire toutefois en quoi une pareille transformation consistait, ni par quel moyen elle avait lieu. Maintenant, revenant à une note de *La Science des rêves*, où l'angoisse était rapportée à la naissance, *source et modèle de tous les états anxieux*, il tient que l'angoisse n'est pas produite par le refoulement, mais qu'au contraire c'est elle qui refoule, sauf dans les cas où la névrose est provoquée directement par l'insatisfaction sexuelle. Ainsi, il conservait l'entité clinique des *névroses d'angoisse* ou *névroses actuelles*, que maint psychanalyste jugeait depuis longtemps d'une utilité douteuse, mais Freud, quoi qu'il lui en coutât d'abandonner une opinion, avouait ses erreurs dès qu'il avait pu s'en pénétrer lui-même : c'est ce qu'il fit sept ans plus tard pour les restes de sa théorie de l'angoisse — il avait alors soixante-dix-sept ans.

** Les travaux publiés entre 1925 et 1931 sont comme une récapitulation générale des grands chapitres de l'œuvre freudienne.

Les uns ont trait à la théorie de la libido : ce sont, outre l'essai dont nous venons de parler, des textes sur les types libidinaux, la sexualité féminine et les conséquences psychiques des différences anatomiques entre les sexes. D'autres, parmi lesquels il faut compter l'autobiographie, s'attachent à faire le bilan de la psychanalyse comme

2. *Inhibition, symptôme et angoisse*, trad. Paul Jury et Ernest Franckel, P.U.F., 1951.

science et comme pratique : ce sont les *Résistances contre la psychanalyse*[3] et *La question de l'analyse profane*, publiée en français avec l'autobiographie sous le titre de *Psychanalyse et Médecine*[4]. Dans ce dernier ouvrage, Freud défend énergiquement les analystes non médecins tout à la fois contre les autorités et contre ceux des analystes qui, surtout en Angleterre et aux Etats-Unis, voulaient leur interdire l'exercice de la profession.

⁂ Avant la guerre de 1914, les non médecins étaient rares parmi les psychanalystes, il n'y en avait guère que deux, le pasteur Pfister et Hermine Hug-Hellmut qui, du reste, se consacraient exclusivement aux enfants. Pendant la guerre, Mélanie Klein commença sa brillante carrière d'analyste d'enfants en collaborant avec Ferenczi à sa clinique de Budapest, puis Rank se résolut aussi à exercer, en se bornant d'abord à une clientèle enfantine, selon l'illusion répandue alors qu'elle posait moins de problèmes ardus que celle des adultes. Peu à peu cependant, le nombre des non médecins augmenta et, à Vienne surtout, où les dispositions légales sur ce point étaient extrêmement étroites, il fallut enfin songer à légitimer leur existence, tant au regard de la loi que de la légalité interne des diverses Sociétés.

⁑ Freud, qui pouvait bien avoir gardé de son passé une rancune contre la médecine, intervint dans le débat à l'occasion du procès intenté par les autorités autrichiennes à Theodor Reik, l'un des analystes « profanes » les plus en vue de la Société viennoise. En 1926, Reik était accusé par un de ses malades d'avoir usé à son égard de pratiques nuisibles, mais le déséquilibre mental de son accusateur était patent, et, grâce à l'intervention de Freud auprès d'un haut fonctionnaire, il obtint finalement gain de cause. Bien entendu, la presse viennoise s'empara de l'affaire avec ravissement, de sorte que Freud, irrité et alarmé de ce qui pouvait être un précédent, composa en hâte sa riposte à cette nouvelle forme d'attaque. Traîner les analystes devant les tribunaux, c'était, comme il le remarque dans une lettre à Eitingon, une arme plus efficace, et non moins perfide que les anciennes calomnies :

3. *Die Widerstände gegen die Psychoanalyse*, *G. W.*, tome XIV, 99-110.
4. « Psychanalyse et Médecine », dans *Ma vie et la psa.*, trad. Marie Bonaparte, op. cit.

*Le mouvement contre les analystes non médecins me paraît n'être rien d'autre qu'un résidu de la vieille résistance contre la psychanalyse en général. Malheureusement, beaucoup de nos membres sont assez myopes ou assez aveuglés par leurs intérêts corporatifs pour s'y associer. Je regarde tout ce mouvement comme une expression de la rage des Viennois, devant l'intérêt bienveillant suscité dans le monde extérieur par mon soixante-dizième anniversaire. C'est pourquoi je m'en sens partiellement responsable*[5]...

* * * Les idées défendues[6] dans *Psychanalyse et Médecine* ont contribué à aggraver l'opposition entre les Européens et les Anglo-Saxons qui, à ce moment, réclamaient précisément un statut médical de leur profession. Jusqu'à présent, la polémique continue, quoique pratiquement, elle se trouve tranchée par la législation en vigueur dans les divers pays intéressés. En France, où la psychanalyse n'a pas de statut, les non médecins sont toujours exposés à des poursuites pour exercice illégal. Notons toutefois que dans une affaire de ce genre, en 1951, les tribunaux parisiens déboutèrent le plaignant.

* Ainsi, Freud reprend le combat avec autant d'ardeur que jamais, et même, sort de la remarquable réserve où il se tenait jusque-là en face des convictions intimes de son temps. Sans aucun doute, son œuvre antérieure contenait une violente critique tant des idées morales et spirituelles que des buts de vie de son époque, mais c'était de façon indirecte, par une réduction de toute la pensée et de toutes les conduites à leurs lointaines origines infantiles, obscures pour l'individu, humiliantes pour la société. Maintenant, fort de l'intérêt passionné qu'il suscite un peu partout dans le monde, il dit à son époque ce qu'il pense de ses illusions, de ses espoirs, et de ses consolations infantiles.

5. *J Bg.*, Band III, 345.
6. Freud les rattachait directement à sa défense de la psychanalyse contre les empiètements de la religion. Cf. Pf., ouv. cité, 25-11-1928, 136 : « *Je ne sais pas si vous avez deviné le lien entre* L'Analyse profane *et* L'Illusion. *Dans la première, je veux protéger l'analyse contre les médecins, dans la deuxième, je la défends contre les prêtres. J'aimerais la remettre à une corporation qui n'existe pas encore, à un corps de pasteurs laïques qui n'auraient pas le droit d'être prêtres et pas besoin d'être médecins...* »

* * *L'Avenir d'une illusion*[7], écrit en 1927, reprend le thème religieux déjà traité dans *Totem et Tabou*, à cette différence près qu'ici, Freud ne s'occupe pas de la psychologie du fait religieux, mais de la valeur objective de la foi et de ses rapports avec la vérité. Naturellement, le petit livre contient d'abord une profession d'athéisme, puis une réflexion sur l'illusion religieuse, qui n'est pas une erreur de jugement, mais, si sublime soit-elle, une compensation, une pensée consolante semblable à celles qu'inspire à l'enfant le sentiment de son infinie faiblesse. En regard de cette illusion qui berce et endort l'individu, Freud place la science, qui est partielle, en grande partie impuissante et sujette à l'erreur, mais adulte, capable de se rectifier elle-même et, malgré ses tâtonnements, sans cesse susceptible de progrès. Pour finir, Freud répond à l'interlocuteur imaginaire qu'il a fait entrer dans le débat : « Non, notre science n'est pas une illusion. Mais c'en serait une de croire que nous pourrions tirer de je ne sais où ce qu'elle ne peut pas nous donner[8]. »

* * * *Malaise dans la civilisation*, publié trois ans plus tard, continue cette réflexion sur l'avenir qui, pour la première fois, arrache Freud à sa patiente exploration du passé. Là, après avoir rappelé plus crûment encore le caractère archaïque et intellectuellement rétrograde de l'illusion religieuse, Freud se demande où va cette culture élevée dont l'homme d'aujourd'hui est si fier, quoiqu'elle impose d'énormes sacrifices à sa recherche du bonheur. Selon toute apparence, elle s'oriente vers une répression de plus en plus dure des instincts et Freud voit là la cause de son malaise, car c'est folie que de forcer la nature au-delà d'un certain degré, c'est folie que d'assigner à la sublimation de la libido humaine des limites indéfinies. Il y aurait peut-être un espoir dans l'abolition de la propriété privée telle qu'elle a été décrétée par la jeune société communiste, car la propriété procède effectivement de l'agressivité et des instincts de destruction qui, périodiquement, mettent la civilisation en péril. Encore faudrait-il qu'elle n'entraînât pas le mythe de l'homme bon, naturellement capable d'abnégation et de hautes visées, en d'autres termes, qu'elle se refusât à accréditer une nouvelle et dangereuse illusion.

*La question du sort de l'espèce humaine me semble se poser ainsi : le progrès de la civilisation saura-t-il, et jusqu'à quel point,*

7. trad. Marie Bonaparte, Denoël & Steele, 1932.
8. *Ibid*, 154.

*dominer les perturbations apportées à la vie en commun par les pulsions humaines d'agression et d'auto-destruction ? A ce point de vue, l'époque actuelle mérite peut-être une attention particulière. Les hommes d'aujourd'hui ont poussé si loin la maîtrise des forces de la nature qu'avec leur aide, il leur est devenu facile de s'exterminer mutuellement jusqu'au dernier. Ils le savent bien, et c'est ce qui explique une bonne part de leur agitation présente, de leur malheur et de leur angoisse. Et maintenant, il y a lieu d'attendre que l'autre des deux puissances célestes, l'Eros éternel, tente un effort afin de s'affirmer dans sa lutte contre son adversaire non moins immortel que lui*[9].

* Pendant ces années où la faiblesse et les souffrances quotidiennes le tiennent en partie à l'écart du monde et où le monde, bien tardivement, commence à venir à lui, Freud n'est pas seulement préoccupé des grandes questions dernières, ni même des problèmes plus pratiques liés à l'avenir de la psychanalyse. Il revient aussi à ses vieux sujets de prédilection : l'Inconscient et le Rêve, qui, au fond, n'ont jamais cessé d'occuper son esprit. Dans un petit texte intitulé curieusement *Notice sur le bloc magique*[10], il tente une fois de plus de faire saisir les propriétés spécifiques du monde obscur qu'il a découvert, en comparant l'inconscient avec ces petits aide-mémoire où l'écriture s'imprime à l'aide d'une pointe sèche sur un dispositif composé de deux feuilles superposées. La feuille superficielle est en celluloïd, celle du dessous est faite d'un papier enduit de cire. Veut-on effacer les notes éphémères du jour, on sépare les deux feuilles l'une de l'autre et l'écriture disparaît. Mais si l'on regarde attentivement la feuille « profonde », on s'aperçoit que, pareille à l'inconscient où tout s'inscrit et ne s'efface jamais, elle a gardé de chaque lettre une trace indélébile.

* * Le thème du rêve, c'est un écrivain français, Maxime Leroy, qui, en ces années, donne à Freud une belle occasion d'y revenir. Dans son livre : *Descartes, le philosophe au masque*[11], Maxime Leroy rapportait un rêve de Descartes qu'il invitait Freud à interpréter selon sa méthode. Freud répondit de bonne grâce mais, impressionné, peut-être même intimidé par la taille immense du personnage, il ne

9. *Malaise dans la civilisation*, 79 et suiv.
10. *Notiz über den « Wunderblock », G.W.*, tome XIV, 3-8.
11. Éditions Rieder, 1929.

livra ses résultats qu'avec réticence, sous une forme allusive qui n'est guère dans sa manière habituelle. Les psychanalystes pourraient s'amuser à préciser ou à compléter le contenu analytique de ce rêve que Freud, enfreignant pour une fois sa règle de franchise absolue, a un peu maladroitement voilé.

*** Voici les rêves de Descartes, tel que Maxime Leroy les relate dans le chapitre VI de son livre : *Les Songes d'une nuit de Souabe* :

*Alors dans la nuit, où tout est fièvre, orage, panique, des fantômes se lèvent devant le songeur. Il essaie de se lever, pour les chasser. Mais il retombe, honteux de lui-même, en sentant une grande faiblesse l'incommoder au côté droit. Brusquement s'ouvre une fenêtre de sa chambre. Épouvanté, il se sent emporté dans les rafales d'un vent impétueux, qui le fait pirouetter plusieurs fois sur le pied gauche.*

*Se traînant et titubant, il arrive devant les bâtiments du collège où il a été élevé. Il tente un effort désespéré pour entrer dans la chapelle, afin d'y faire ses dévotions. A ce moment, des passants arrivent. Il veut s'arrêter, leur parler; il remarque que l'un deux porte un melon. Mais un vent violent le repousse vers la chapelle.*

*Il ouvre alors les yeux, tiraillé par une vive souffrance au côté gauche. Il ne sait s'il rêve ou s'il est éveillé. Mal éveillé, il se dit qu'un mauvais esprit a voulu le séduire et il murmure quelque prière, pour l'exorciser.*

*Il se rendort. Un coup de tonnerre le réveille, remplissant sa chambre d'étincelles, il se demande une fois encore s'il dort ou s'il veille, si c'est rêve ou rêverie, ouvrant et fermant les yeux pour trouver une certitude ; puis, rassuré, il s'assoupit, la fatigue l'emportant.*

*Le cerveau en feu, ces rumeurs et ces sourdes souffrances l'excitant, Descartes ouvre un dictionnaire, puis un recueil de poésies. Ce marcheur intrépide rêve sur ce vers :* Quod vitae sectabor iter ? *Encore un voyage au pays des songes ? Alors, soudain un homme qu'il ne connaît pas survient, prétendant lui faire lire une pièce d'Ausone commençant par ces mots :* Est et non. *Mais l'homme disparaît, un autre survient. Le livre s'évanouit à son tour, puis revient, orné de portraits en taille douce. La nuit s'apaise, enfin*[12]*...*

12. *Brief an Maxime Leroy, G. W.*, tome XIV, 558-560.

✳ Ce rêve, ou plutôt cette suite de rêves, a été analysée par Descartes lui-même. Voici ce que Freud y ajouta, dans une lettre écrite directement en français :

*En prenant connaissance de votre lettre me priant d'examiner quelques rêves de Descartes, mon premier sentiment fût une impression d'angoisse, car travailler sur des rêves sans pouvoir obtenir du rêveur lui-même des indications sur les relations qui peuvent les relier entre eux ou les rattacher au monde extérieur — et c'est bien le cas lorsqu'il s'agit des rêves de personnages historiques — ne donne, en règle générale, qu'un maigre résultat. Par la suite, ma tâche s'est révélée plus facile que je ne m'y attendais ; pourtant le fruit de mes recherches vous paraîtra sans doute beaucoup moins important que vous n'étiez en droit d'espérer.*

*Les rêves de notre philosophe sont ce que l'on appelle des « rêves d'en haut »* (Träume von oben), *c'est-à-dire des formations d'idées qui auraient pu être créées aussi bien pendant l'état de veille que pendant l'état de sommeil et qui, en certaines parties seulement, ont tiré leur substance d'états d'âme assez profonds. Aussi ces rêves présentent-ils le plus souvent un contenu à forme abstraite, poétique ou symbolique.*

*Notre philosophe les interprète lui-même et, nous conformant à toutes les règles de l'interprétation des rêves, nous devons accepter son explication, mais il faut ajouter que nous ne disposons pas d'une voie qui nous mène au-delà.*

*Confirmant son explication, nous dirons que les entraves qui empêchent Descartes de se mouvoir avec liberté nous sont exactement connues : c'est la représentation, par le rêve, d'un conflit intérieur. Le côté gauche est la représentation du mal et du péché et le vent celle du mauvais génie* (animus). *Les différentes personnes qui se présentent dans le rêve ne peuvent naturellement être identifiées par nous, bien que Descartes, questionné, n'eût pas manqué de les identifier. Quant aux éléments bizarres, peu nombreux d'ailleurs, et presque absurdes, comme, par exemple, « le melon d'un pays étranger » et les petits portraits, ils restent inexpliqués.*

*Pour ce qui est du melon, le rêveur a eu l'idée (originale) de figurer de la sorte les « charmes de la solitude, mais présentés par des sollicitations purement humaines ». Ce n'est certainement pas exact, mais ce pourrait être une association d'idées qui mènerait sur la voie d'une explication exacte. En corrélation avec son état de péché, cette association pourrait figurer une représentation sexuelle, qui a occupé l'imagination du jeune solitaire, sur les portraits, Descartes ne donne aucun éclaircissement*[12].

* L'extraordinaire production littéraire de Freud pendant cette période serait déjà surprenante si elle ne s'ajoutait à une foule d'autres activités dont Freud, malgré la vieillesse et le martyre physique qu'il endurait presque sans répit, ne voulait ni ne pouvait se dispenser. Après la guerre, il avait peu à peu cessé de prendre des malades en traitement, pour se consacrer à la formation des jeunes analystes étrangers qui, de plus en plus, affluaient à Vienne. Et quoiqu'il dût en refuser beaucoup, ces analyses « didactiques » occupaient encore une bonne part de ses journées.

** Il y avait aussi toutes sortes de questions soulevées par la vie intellectuelle et sociale du mouvement psychanalytique, dont Freud pouvait d'autant moins se désintéresser qu'il parvenait alors à un moment décisif de son histoire. Les sociétés de psychanalyse se multipliaient dans le monde, un peu partout se créaient des Instituts, sortes de Facultés privées où l'enseignement était soigneusement contrôlé, sur le modèle de l'Institut de Berlin, dont la Polyclinique avait été fondée en 1922, grâce à une généreuse donation de Max Eitingon, sous le couvert de l'anonymat. Freud ne pouvait refuser son concours à toutes ces entreprises et, pas davantage, se dispenser de participer aux Congrès internationaux annuels dont ses communications, à défaut de sa présence, étaient toujours la principale attraction. Si l'on ajoute les continuelles vicissitudes financières du *Verlag*, dont il était personnellement très affecté ; la prolifération des revues psychanalytiques qui exigait naturellement de tous un surcroît de travail ; enfin l'énorme correspondance que le vieux savant désormais célèbre entretenait avec le monde entier, on aura une idée de la tâche positivement écrasante qu'il lui fut donné d'accomplir, presque sans défaillance jusqu'à la fin.

*** Les lettres de cette époque, dont malheureusement une petite partie seulement est publiée, le montrent avec un esprit inchangé, non sans une pointe d'amertume peut-être et une tendance au scepticisme plus accusée qu'autrefois, mais aussi perçant, aussi

12. *Ibid.*

intraitable que jamais sur le chapitre de la vérité. Les honneurs qui commencent de l'accabler ne l'émeuvent guère, les flatteries l'irritent, les marques de sympathie lui paraissent dues plus à la publicité et au conformisme qu'à une reconnaissance sincère de ses idées. Quand la municipalité de Vienne, où la majorité appartenait enfin aux sociaux-démocrates, lui décerna le titre de *citoyen d'honneur* de la ville pour son soixante-huitième anniversaire, il écrivit à Abraham :

*D'autres peuvent avoir eu aussi l'idée que mon soixante-huitième anniversaire, qui tombe après-demain, risquait fort d'être le dernier, car la ville de Vienne s'est pressée de me donner pour ce jour-là le titre de citoyen d'honneur de la ville qui, autrement, doit attendre jusqu'à la soixante-dixième année*[13]..,

✻ Et à Ferenczi, qui s'informait de la signification du titre :

*Il n'y a pas grand-chose à en dire. Son utilité semble être principalement rituelle. On peut le tenir pour non avenu*[14].

✻✻ La même inflexibilité ressort d'une lettre à Stekel qui, probablement très affligé par les bruits qui couraient à Vienne sur son état, l'avait prié d'oublier leurs anciennes querelles et d'accepter son aide contre les ennemis de la cause :

*J'ai bien reçu votre lettre du 31 décembre 1923 et vous remercie des bons souhaits de rétablissement que vous y exprimez. Toutefois, je ne puis négliger de vous contredire sur quelques points importants.*

*Vous vous trompez si vous croyez que je vous hais ou vous ai haï. La vérité, c'est qu'après vous avoir donné ma sympathie — vous vous souvenez peut-être de la façon dont nos relations ont commencé — j'ai dû pendant de longues années me fâcher contre vous, alors que j'avais à vous défendre contre l'antipathie de tout mon entourage, et que j'ai rompu avec vous dans une occurrence bien précise, parce que vous m'aviez grossièrement trompé (c'était le* Zentralblatt, *que vous ne mentionnez jamais dans vos lettres). A cette époque, j'ai perdu toute confiance en vous et depuis, il ne m'est rien venu de vous qui m'eût permis de la regagner.*

13. *J Bg.*, Band III, 127.
14. *Ibid.*

*Je m'inscris aussi contre votre affirmation si souvent répétée que je vous ai chassé à cause de divergences scientifiques. Cela fait très bien devant l'opinion publique, mais ne répond pas à la vérité. Ce sont uniquement des traits personnels — ce qu'on appelle caractère et comportement — qui nous ont ôté, à mes amis et à moi, toute possibilité de collaborer avec vous. Comme vous ne changerez certainement pas — vous n'en avez pas besoin, la nature vous ayant pourvu d'une dose exceptionnelle de contentement de vous-même — nos relations ne pourraient pas non plus être bien différentes de ce qu'elles furent les douze dernières années. Je ne serai pas fâché d'entendre dire que votre activité médicale et littéraire vous vaut des succès ; je reconnais que vous êtes resté fidèle à l'analyse, que vous avez beaucoup fait pour elle ; vous lui avez aussi beaucoup nui*[15]...

*** Il est certain que le tapage fait autour de son nom n'était pas toujours de nature à réconcilier Freud avec ses contemporains, lesquels, à part quelques esprits courageux, avaient effectivement un peu trop tardé à reconnaître son génie. En Amérique, l'engouement subit des gens prit la forme publicitaire habituelle, la presse et la publicité s'en mêlèrent, et même le cinéma, quand Samuel Goldwyn offrit à Freud de tourner un film « psychanalytique » où l'on verrait le secret des amours célèbres. En principe, nous l'avons dit, il n'avait rien contre la popularisation de ses idées, aussi ne fut-il nullement choqué par cette proposition dont, pensait-il, le sérieux serait garanti par sa signature. Et puis, les caisses du *Verlag* étaient une fois de plus à sec et le contrat était fort tentant : il accepta donc — et ne tarda pas à se repentir de sa naïveté. Les pourparlers furent interrompus, et le projet repris par des psychanalystes allemands — sans plus de succès.

* L'Europe se comportait plus sérieusement, mais, à part l'Angleterre, qui un peu plus tard lui impartit la plus haute distinction qu'il ait jamais reçue : celle de membre correspondant de la *Royal Society of Medicine* — les milieux scientifiques de tous les pays restaient aussi muets que par le passé. En France, la médecine en général s'inspirait toujours des critiques malveillantes[16], voire malhonnêtes,

15. 13-1-1924, *Br.*, 347.
16. En 1932, le Dr Génil-Perrin, médecin en chef des Asiles de la Seine, écrivait dans *Maladies nerveuses et mentales* (Larousse, 1932) : « *Le freudisme mérite une mention honorable dans le chapitre des causes des maladies men-*

dont Pierre Janet s'était fait une spécialité depuis l'époque de Charcot. Et ce ne fut pas elle, mais la littérature qui eut le mérite d'intéresser à Freud une part active du public cultivé. André Breton et ses amis, puis André Gide, qui réclama une place d'honneur pour Freud dans la Nouvelle Revue française, prirent fait et cause pour la psychanalyse, en quoi savants et universitaires ne voulaient voir qu'une forme nouvelle d'outrance germanique, marquée par le « mauvais goût » et l'irrationalité, deux choses incompatibles avec le « génie français ».

** Dès 1926, cependant, la Société psychanalytique de Paris, fondée grâce à l'impulsion d'Eugénie Sokolnicka, élève de Freud et de Ferenczi, présida à une diffusion plus large des idées freudiennes dans les milieux psychiatriques ; et Edouard Pichon, médecin des hôpitaux, psychiatre d'enfants et linguiste distingué, fournit à la Société son instrument de travail indispensable, en élaborant avec soin le vocabulaire psychanalytique français.

*** L'établissement de la psychanalyse en France fut grandement favorisé par la princesse Marie Bonaparte qui, élève et amie de Freud, constitua pendant ces années le lien le plus solide entre Paris et Vienne. Outre ses travaux personnels, dont certains, comme son ouvrage sur Edgar Poe, l'ont rendue célèbre, Marie Bonaparte a traduit de nombreux ouvrages de son maître, auquel la liait une indéfectible amitié. C'est à son initiative, à son aide morale et matérielle qu'on doit le premier Institut français de psychanalyse, à qui elle a légué son importante bibliothèque et des documents encore inédits. En 1938, son courage, son intelligence, son dévouement ont permis à Freud et à sa famille d'échapper à temps aux nazis.

** La situation en Allemagne était un peu différente, car là, les polémiques provoquées par Freud étaient plus anciennes et plus

*tales... La psychanalyse se présente comme un réveil religieux ; comme un sursaut de mysticisme. A ce titre, elle peut rendre des services aux peuples qui souffrent d'avoir renoncé trop tôt à la pensée mystique.* » Et il citait ce jugement définitif de F. Achille-Delmas : « *Sigmund Freud est un psychiatre ignorant et un clinicien incapable. Dans la psychatrie freudienne, tout est nouveau, rien n'est bon. Dans la psychologie freudienne, il y a du bon et du nouveau ; mais ce qui est nouveau n'est pas bon et ce qui est bon n'est pas nouveau.* »

âpres, plus fanatiques aussi les adhésions qui, pour les intellectuels inquiets de l'entre-deux-guerres, prenaient souvent le sens d'une profession de foi politique. Malgré quelques « conversions » retentissantes de médecins et de psychiatres, le corps médical allemand restait foncièrement hostile à l'analyse, et, tout comme en France, l'honneur de l'intelligence fut sauvé par les écrivains et les artistes. Pendant les convulsions politiques qui précédèrent l'avènement du nazisme, tout ce que l'Allemagne comptait d'hommes lucides et talentueux salua en Freud non seulement l'un des plus grands hommes de l'époque, mais une figure exemplaire incarnant le courage indomptable de l'esprit.

⁕ Certains des écrivains les plus connus étaient depuis longtemps ses amis. Il correspondait avec Arthur Schnitzler, Stefan Zweig, Arnold Zweig, Thomas Mann ; et ce dernier, dont la position était exceptionnelle dans les lettres allemandes, eut la rare élégance de mettre sa propre gloire à son service, comme pour réparer la bêtise de ses compatriotes et l'injustice des savants. A partir de 1926, les anniversaires de Freud cessèrent d'appartenir au petit groupe de ses fidèles et entrèrent dans la littérature en donnant lieu à des hommages publics auxquels les plus grands noms tinrent à s'associer. En 1930, le Dr Alfons Paquet, secrétaire du Prix Goethe de la ville de Francfort, proposa de lui décerner le prix pour l'ensemble de son œuvre, bien qu'elle n'eût pas exactement le caractère requis par les statuts. Cette proposition déchaîna une belle tempête, mais Alfons Paquet, Alfred Döblin[17] et d'autres personnalités importantes tinrent bon et finirent par l'emporter, de sorte que Freud, qui avait dû renoncer à tant de satisfactions légitimes, reçut la seule distinction à quoi sans doute il n'eût jamais pensé. Le 3 août 1930, il écrivit à Alfons Paquet pour le remercier :

*Je n'ai pas été gâté par les honneurs officiels et, partant, je me suis arrangé pour n'en avoir pas besoin. Pourtant, je ne nierai pas que l'attribution du Prix Goethe de la Ville de Francfort ne m'ait fait grand plaisir. Ce prix a quelque chose qui réchauffe l'imagination, et l'un des articles de son statut écarte l'humiliation qui, autrement, est liée à ces sortes de distinctions.*

17. Alfred Döblin, romancier, auteur célèbre de *Berlin-Alexanderplatz* et fondateur de la revue expressioniste *Der Sturm*, était médecin et travaillait à la Polyclinique psychanalytique de Berlin.

*Je veux vous remercier spécialement de votre lettre, qui m'a ému et surpris. Sans parler de l'aimable façon dont vous approfondissez le caractère de mes travaux, jamais encore je n'ai rencontré quelqu'un qui reconnaisse avec autant de clarté les intentions secrètes et personnelles de mon œuvre — j'aimerais bien savoir d'où vous les tenez.*

*Malheureusement, je ne pourrai pas me rendre à Francfort pour la cérémonie, je suis trop faible pour une pareille entreprise. Mais l'assistance n'y perdra rien, ma fille Anna est sûrement plus agréable que moi à regarder et à entendre. Elle lira quelques phrases*[18] *qui, touchant les rapports de la psychanalyse avec Goethe, seront de nature à défendre les psychanalystes contre le reproche d'avoir pris Goethe pour objet de leurs essais et, par là, manqué au respect dû à un grand poète*[19]*...*

* * * Le soixante-quinzième anniversaire du savant qui, maintenant, était regardé comme l'un des trois plus grands Juifs contemporains, les deux autres étant Bergson et Einstein, fut marqué dans le monde entier par d'innombrables manifestations de sympathies, à quoi Freud put voir que partout, sauf à Vienne, les temps avaient vraiment changé. La célèbre maison de la Berggasse fut submergée par les télégrammes, les cadeaux, les fleurs, et Freud, du fond de sa chambre de malade, reçut l'hommage de ses contemporains les plus fameux, Romain Rolland, H. G. Wells, Einstein, Selma Lagerlöf, Theodor Dreiser et bien d'autres — mais, ayant subi une terrible opération, épuisé par la faim et incapable de parler, il ne put voir un seul de ses amis. Tandis qu'à Dresde, le VI^e^ Congrès de médecine psychiatrique, sous la présidence du célèbre Kretschmer, consacrait ses travaux à la psychologie du rêve, et qu'à New York, deux cents personnalités se réunissaient pour célébrer l'anniversaire, on pouvait lire dans un grand journal de Berlin l'hommage suivant de Thomas Mann :

*L'admiration la plus sincère pour le grand chercheur de l'humain et pour sa chevalerie de la vérité a toujours fait partie de mon fonds personnel. Oui, il a beaucoup de traits du Chevalier de Dürer, ce*

18. « Adresse de remerciement pour le Prix Goethe (28 août 1930) », *G. W.*, tome XIV, 547 et suiv.
19. 26-7-1930, *Br.*, 394.

*Chevalier entre la Mort et le Diable auquel Nietzsche semble faire allusion quand il parle de Schopenhauer, cet autre parent de Freud : « Un homme, un chevalier au regard d'airain qui a le courage d'être lui-même, qui sait être seul et n'attend ni les ordres de ceux qui le précèdent, ni les signes d'en haut. » Il n'a jamais tenu compte de ce fait que les hommes n'entendent que ce qui les flatte, il n'a jamais parlé au croyant des récompenses de la vertu, à Ixion des nuages, au roi du prestige de la personne, au peuple de liberté et d'égalité. Il a détruit des illusions, scandalisé l'humanité en lui proposant des connaissances d'un naturalisme radical qui semblaient menacer sa « dignité », et provoqué des résistances dont les raisons lui étaient évidentes. Mais toute critique de son œuvre — je veux dire toute critique qui n'entend pas aller plus loin que la psychanalyse, mais retourner en arrière — toute critique a quelque chose de vain et stérile, même là où elle a raison, et l'on a peine à comprendre que ceux qui la couvrent de railleries ne s'aperçoivent pas de la vanité de leurs efforts.*

*Je suis heureux d'avoir eu l'occasion, encore qu'il soit trop tard pour s'en faire un quelconque mérite, de professer ainsi ma foi devant lui — j'en suis heureux parce que le grand vieil homme en a éprouvé de la joie. La gratitude qu'il m'a montrée quand je lui « ai donné une place dans la vie spirituelle allemande », à lui qui « croyait être pour cette nation un corps étranger », cette gratitude m'a profondément ému. Je serais tenté de communiquer bien des choses caractéristiques et révélatrices de la magnifique lettre qu'il m'a écrite alors, mais je ne le dois pas sans sa permission. Je prendrai pourtant la liberté de citer une seule phrase, supposant que les lecteurs préféreront un mot inconnu de Freud qu'un mot sur lui : « J'ai toujours admiré — admiré et envié les poètes, surtout quand, comme l'idéal de ma jeunesse, Lessing, ils soumettaient leur art à la pensée et le mettaient à son service*[20]*... »*

✻ En cette année 1931 qui vit l'effondrement économique de l'Autriche et, en Allemagne, les premiers assauts de l'hitlérisme, la publication des *Œuvres complètes* de Freud prit les proportions d'un événement symbolique. Les intellectuels d'extrême-gauche, qui entraient dans la phase désespérée de leur inutile combat, sentaient que la révolution psychanalytique était désormais inséparable de

20. Lettre à la rédaction de la *Vossische Zeitung*, 6 mai 1931.

l'autre. La revue littéraire et politique *Die Weltbühne*, dont le directeur, Karl von Ossietzky, allait être une des premières victimes des nazis, publia sous la signature du poète Kurt Tucholsky l'un des plus beaux hommages, et sûrement le plus juste que Freud pût attendre de son vivant :

*L'édition complète des œuvres de Freud est publiée. Onze volumes qui ébranlèrent le monde.*

*L'un des rares hommes qui voient cet homme correctement paraît être Freud lui-même. Avec les lauriers de sa gloire, il peut décorer les pommes pourries de ses adversaires et, s'il est sage, il doit contempler la troupe de ses élèves et se faire sa petite idée. — Laissons là les mauvais élèves, tenons-nous-en aux bons et à lui.*

*C'est le destin des vérités, selon Schopenhauer, qu'elles paraissent d'abord paradoxales, puis triviales. Freud en fournit un bon exemple. Mais ses œuvres complètes montrent encore autre chose.*

*De cette œuvre, la chair, le fortuit, le quotidien commence de se détacher, et il reste le squelette. Nous ne pouvons pas savoir ce qui en sera conservé en 1995, ni même s'il en restera quelque chose sous la forme qu'il lui a donnée. Elle continuera à agir, cela, on peut l'affirmer. Freud a ouvert une porte qui, jusque-là, était fermée.*

*Il y a des parties dans ces onze volumes, surtout dans les premiers, qui font l'effet d'un captivant roman policier. Voyez comment les théories germent lentement, sortent de leur gaine brisée, voient le jour et font soudain leur apparition avec force et assurance. L'art de Freud est égal presque partout : dans les ouvrages fondamentaux et dans les essais courts, comme ce merveilleux texte à la mémoire de Charcot — un esprit clair, doué pour ordonner méthodiquement est partout à l'œuvre.*

*Ce qui est à la mode dans ces écrits passera. La joie puérile qu'éprouvent les Américains et d'autres peuples déformés par le puritanisme à parler enfin publiquement de la sexualité — cela n'a pas grand-chose à voir avec Freud. Restera le grand rénovateur des vieilles vérités ensevelies — de cette vérité que la volonté de l'homme n'est pas libre...*

*... Les limites de Freud sont visibles dans ses œuvres. Il n'est pas le bon Dieu, mais il nous a appris à discerner dans les critiques qu'on lui fait la part de la maladie. Soit dit à l'intention des catholiques à*

*demi cultivés : son œuvre est la Bible des impies. On ne comprend pas le monde quand on ne connaît pas ses livres. Sigmund Freud aura soixante-quinze ans le 6 mai prochain. Nous le saluons en tout amour et respect*[21].

21. Kurt TUCHOLSKY : « Elf Bände, die die Welt erschütterten », *Die Weltbühne*, Berlin, mai 1931.

# 28. MOÏSE ET L'EXIL

* Au moment où il recevait le prix Goethe, Freud dut sentir que sa carrière entrait dans une phase mélancolique où, n'ayant plus rien de nouveau à dire, il lui faudrait attendre la mort en se protégeant de son mieux contre les déformations de la légende. Pour cet homme chez qui la pensée n'avait été qu'une longue action, se survivre, être dressé au milieu du présent comme un monument vénérable était assurément une perspective humiliante, à quoi il ne voulut jamais se résigner. La mort de sa mère, survenue après un lent déclin à l'âge de quatre-vingt-quinze ans, lui donna enfin l'espoir d'y échapper, en vertu d'un singulier raisonnement qu'il avait maintes fois fait sien et qu'il reprend dans une lettre à Ferenczi :

*Avant tout, mes remerciements pour les belles pensées que vous inspire la mort de ma mère. Il m'a fait un effet étrange, ce grand événement. Pas de douleur, pas de deuil, ce qui s'explique sans doute par les circonstances particulières, son grand âge, ma pitié pour l'état d'impotence où elle est réduite à la fin ; en revanche, un sentiment de libération, l'impression d'être délié d'un engagement, que je crois aussi bien comprendre. C'est que, tant qu'elle était en vie, je n'avais pas le droit de mourir et que maintenant, je l'ai. En quelque façon, les valeurs de la vie doivent s'être sensiblement modifiées dans mes couches profondes.*

*Vous aurez sans doute eu aussi connaissance des effroyables bulletins de santé publiés sur mon compte dans la presse. Je les trouve intéressants en ce qu'ils prouvent combien il est difficile d'imposer à l'opinion publique, à la généralité, quelque chose qui la rebute. En fait, c'est une réaction au Prix Goethe : cela doit nous préserver de l'illusion que la résistance contre l'analyse aurait notablement diminué...*

*Je me réjouis de savoir que vous travaillez. Quant à moi, avec les félicitations que je reçois pour le Prix, les condoléances que me valent ma propre maladie mortelle et, maintenant, la mort de ma mère, sans compter les désagréments dus à mon abstinence durable de tabac, je n'arrive à rien*[1]*...*

✻ ✻ Comme si souvent déjà, Freud se croit définitivement stérile, et ses soixante-dix ans, la misère physique où le laisse chacune de ses opérations semblent bien l'y autoriser. Pourtant, son activité littéraire est loin d'être finie, mais elle n'est plus sa tâche principale, ce qu'il veut surtout maintenant, c'est opposer aux exagérations de la gloire, d'où qu'elles viennent, l'image exacte de sa personne et de sa vie. S'il est peiné des attaques ou de la perfidie de certains éloges, il ne tolère pas davantage les apologies trop zélées, qui font de lui un personnage de convention et par là, amoindrissent son humanité. Une bonne part de sa correspondance des dix dernières années traduit ce souci constant de rectifier toutes les erreurs qui courent déjà sur son compte, qu'elles soient dues à l'ignorance, à une malveillance plus ou moins camouflée, ou à l'admiration un peu trop emphatique de ses amis. Ainsi dans une lettre à un auteur américain, qui le comparait aux deux plus grands représentants du génie juif contemporain :

*Je ne peux pas m'empêcher de vous avouer une certaine déception. Dans votre livre, vous me faites le grand honneur de me citer parmi les plus grands noms de notre peuple (ce qui outrepasse de beaucoup mon ambition), mais dans votre article* (Doctrine of Lapses), *vous vous montrez très sceptique justement à l'égard de cette part de la psychanalyse qui s'est le plus acquis l'estime générale. Alors, comment pouvez-vous juger de nos autres découvertes, qui sont infiniment moins attrayantes ? A mon avis, si vos objections contre ma conception des actes manqués sont justes, j'ai bien peu de titres à être cité avec Bergson et Einstein parmi les souverains de l'esprit. Vous voyez où je veux en venir. Je ne tiens ni à recevoir le prix Nobel, ni à être discuté dans tous les journaux ; je n'ai pas d'autre ambition que d'avoir gagné une portion utilisable de connaissances nouvelles.*

*Je n'ai pas encore lu le chapitre de votre livre qui traite de la psychanalyse, je crains d'y trouver des inexactitudes qui me feront de la peine. Je ne me reconnais pas dans certaines de vos affirmations (par*

1. Fer., 16-9-1930, *Br.*, 396.

*exemple, personne ne m'a encore reproché des* mystical leanings ; *dans la question de l'hypnose, j'ai pris parti contre Charcot, encore que ce ne fût pas tout à fait avec Bernheim) ; je ne me reconnais pas davantage dans l'image repoussante que vous avez retenue de mon physique.*

*Il vous intéressera sans doute d'apprendre que mon père venait effectivement d'un milieu hassidique. Il avait quarante et un ans à ma naissance, et ses relations avec son milieu d'origine étaient relâchées depuis près de vingt ans. Mon éducation a été si peu juive que je ne suis pas même en état de lire votre dédicace, apparemment écrite en caractères hébraïques. Plus tard j'ai souvent regretté cette lacune de la culture.*

*Avec la sympathie à quoi oblige votre lutte virile en faveur de notre peuple... Votre Freud*[2].

*** Le même souci de rigueur, le même désir têtu d'être vu tel qu'il est, sans l'inutile ornement d'une grandeur d'emprunt, s'exprime dans deux lettres écrites à Stefan Zweig à propos de *La guérison par l'esprit*, ouvrage dont nous avons déjà cité un passage et où Freud, avec des sentiments mélangés sans doute, pouvait voir son propre portrait :

*C'est un fait courant et bien connu qu'on ne prend pas goût aux portraits que l'on trace de vous, ou bien que l'on ne s'y reconnaît pas. C'est pourquoi je m'empresse de vous dire ma satisfaction en voyant que, dans mon cas, vous avez fort bien discerné l'essentiel. Notamment ceci que ce que j'ai fait — autant que j'aie fait quelque chose — est moins à mettre au compte de l'intellect qu'à celui du caractère. C'est le noyau de votre conception et c'est ce que je crois moi-même. Pour le reste, je pourrais vous reprocher d'insister par trop exclusivement sur l'élément de correction petite-bourgeoise que je porte en moi, le bonhomme est tout de même un peu plus compliqué ; votre description ne cadre pas avec le fait que j'ai eu mes maux de tête et mes fatigues tout comme un autre ; que j'ai été un fumeur passionné (je voudrais bien l'être encore) redevable aux cigares de ses capacités de travail et de la plus grande partie de la domination de lui-même ; que, en dépit de mon peu d'exigences matérielles, tellement*

2. Lettre à A. A. ROBACK, à propos de son livre *L'Influence juive dans la pensée contemporaine*, 20-2-1930, *Br.*, 390.

*vanté, j'ai fait beaucoup de sacrifices pour ma collection d'antiquités grecques, romaines et égyptiennes, et qu'en réalité, j'ai lu plus d'ouvrages d'archéologie que de psychologie ; que, avant la guerre et même une fois après, il me fallait absolument aller une fois par an à Rome pour quelques jours ou quelques semaines, etc. Je sais par l'art de la miniature que le format oblige l'artiste à des simplifications et à des omissions, mais alors, on en vient aisément à falsifier l'image*[3]*...*

✻ Un an plus tard, Stefan Zweig reçut une autre rectification qui cette fois, ne portait pas sur son portrait moral, mais sur l'historique de ses découvertes, plus essentielle encore à ses yeux :

*J'ai trouvé page 272 une erreur qui ne peut pas être jugée indifférente et, si vous acceptez cette considération, qui diminue aussi beaucoup mon mérite. On y lit que la malade de Breuer aurait avoué sous hypnose qu'au chevet de son père, elle aurait ressenti et réprimé certains* sentimenti illiciti *(donc de nature sexuelle). En vérité, elle ne dit rien de tel, mais donna à entendre qu'elle voulait cacher au malade son état d'agitation et surtout sa tendresse inquiète pour lui. En eût-il été comme vous le dites dans le texte, tout se serait passé autrement. Je n'aurais pas été surpris par la découverte de l'étiologie sexuelle des névroses, Breuer aurait eu de la peine à y contredire et je n'aurais probablement pas abandonné l'hypnose, qui eût permis d'aussi sincères aveux. Ce qui était réellement arrivé à la malade de Breuer, je fus à même de le deviner longtemps après notre rupture, quand je me rappelai une remarque qu'il m'avait faite longtemps avant notre collaboration, sans jamais la répéter depuis. Un soir, tous ses symptômes ayant disparu, elle le fit appeler et il la trouva dans un état de confusion mentale, en proie à de violentes douleurs utérines. Comme il lui demandait ce qu'elle avait, elle répondit : j'attends l'enfant que j'ai du D*r *Breuer. A ce moment, il avait la clé qui lui eût ouvert l'accès des Mères*[4]*, mais il l'a laissée échapper. C'est que, malgré ses grands dons intellectuels, il n'y avait rien de faustien en lui*[5]*...*

3. Lettre à Strefan Zweig, 7-2-1931, *Br.*, 398.
4. Allusion à la descente de Faust ches les « Mères » dans la deuxième partie du drame de Goethe.
5. Lettre à Stefan Zweig, 2-6-1932, *Br.*, 406.

✻✻✻ Cette garde vigilante de la vérité n'épuise pourtant sa tâche, il continue d'écrire en effet, en partie d'ailleurs pour apporter un peu d'argent au *Verlag* dont la situation financière est désespérée. En 1932, il publie les *Nouvelles Conférences sur la psychanalyse*[6], un recueil de cours fictifs qui forment la suite de ses premières leçons et où il trace un tableau complet de ses idées. La même année, il écrit en collaboration avec Einstein : *Pourquoi la guerre ?*[7], un texte commandé par la Société des Nations, où il oppose au pacifisme de son illustre confrère ses propres vues sur la nature humaine, dont le vrai fond, selon lui, est toujours la guerre et la haine. Cette discussion, qu'il juge ennuyeuse et stérile, lui fait dire qu'en ce qui regarde la perfection de son œuvre, il en va désormais comme de sa prothèse : l'une et l'autre l'obligent à rabattre beaucoup de ses anciennes prétentions.

✻ Mais il est dit qu'il ne finira pas son œuvre en paix et que, pour longtemps encore, les événements donneront raison à son pessimisme. Quelques mois après *Pourquoi la guerre ?*, c'est le triomphe des nazis en Allemagne, l'incendie du Reichstag, le début de l'exode des psychanalystes allemands et la panique qui pousse nombre d'entre eux à Vienne. En avril 1933, Ferenczi, qui décline rapidement et se trouve alors dans une phase aiguë de sa maladie mentale, supplie Freud de fuir avant qu'il ne soit trop tard, Dans la dernière lettre qu'il lui écrit, celui-ci refuse en disant : *S'ils me tuaient, ce serait après tout une mort comme une autre.* Un mois plus tard, la mort de Ferenczi le laisse en apparence presque insensible, il est vrai que cet homme, le plus cher d'entre ses disciples, était depuis longtemps la proie d'un terrible délire, où sa merveilleuse intelligence comme son affection passionnée pour son maître avait peu à peu sombré.

✻ Au même moment, Freud apprend que ses livres sont brûlés à Berlin, mais, il l'avoue en citant un poète, « il a cessé de comprendre le monde », et il croit encore que ce théâtre barbare n'a que la valeur d'un sinistre symbole. Il ne soupçonne pas que c'est le prélude à l'extermination réelle de son peuple et que, douze ans plus tard, les

6. Trad. Anne Berman, Gallimard, 1936.
7. *Pourquoi la guerre ?* (en collaboration avec Einstein), Institut international de Coopération intellectuelle, 1 vol., Paris, Stock, 1933, p. 63 ; un extrait a paru dans *Revue franç. de psa.*, tome XXI, n° 6, nov-déc. 1957.

quatre sœurs qu'il laissera à Vienne figureront parmi des millions de martyrs.

** Bien entendu, la psychanalyse allemande, juive par nature, est de toutes les institutions la première touchée. Eitingon, Polonais de nationalité, est sommé de quitter la direction de l'institut de Berlin et décide d'émigrer. Installé en Palestine, il y fonde un institut qui existe toujours et où les psychanalystes israéliens continuent de se former. A la fin de cette année 1933 qui pour tant d'hommes marqua la fin d'un monde, l'un des deux centres d'origine de la psychanalyse européenne, le plus vivant et le plus riche d'avenir, est définitivement détruit.

* En juin 1933, la *Deutsche Allgemeine Artzliche Gesellschaft für Psychotherapie*, c'est-à-dire la Société allemande de psychiatrie, passe sous le contrôle des autorités nazies. Le président, Kretschmer, donne aussitôt sa démission, il est remplacé par Jung qui, notons-le, n'était soumis comme Suisse à aucune espèce de pression. Jung édite également le *Zentralblatt für Psychotherapie*, organe officiel de la Société où, en 1936, on lui adjoint comme co-directeur le Dr Göring, un cousin du chef nazi. La tâche spéciale de Jung au sein de cet organisme était d'établir une ligne « scientifique » de partage entre la psychologie aryenne et la psychologie juive, autrement dit entre la doctrine de « l'inconscient collectif » et la psychanalyse de Freud, contre laquelle la revanche était maintenant facile. Violemment attaqué par certains de ses confrères suisses[8], qui voyaient là pour le moins une violation de leur neutralité, Jung continua de collaborer avec Göring jusqu'en 1940, mais, faut-il le dire, les résultats de cette période de sa recherche n'ont trouvé aucune publicité dans ses ouvrages ultérieurs.

*** Le Dr Göring s'efforça du reste d'éviter la dissolution complète de la Société psychanalytique de Berlin, qui subsista quelque temps grâce à la démission de ses membres juifs, offerte spontanément dans l'illusion qu'un compromis sauverait peut-être en partie la « cause ». Mais ici, comme dans bien d'autres cas, les sacrifices et

8. Cf. G. Bally : « Deutschstämmige Psychotherapie », *Neue Zürcher Zeitung*, n° 343, 1934, et d'autre part, Ludwig Marcuse : « Der Fall C. G. Jung », *Aufbau*, 30 déc. 1955 et 27 avril 1956.

les compromis ne servirent à rien : Jones raconte à quels invraisemblables pourparlers il dut consentir pour tenter de garder un semblant d'existence au groupe psychanalytique « désenjuivé » :

*Le 19 juin 1936, je rencontrai Göring, Boehm et Müller-Braunschweig pour une conférence à Bâle. Brill était aussi présent. Je trouvai en Göring un homme très aimable et accessible, mais comme on le vit plus tard, il n'avait pas le pouvoir de garantir au groupe psychanalytique le degré de liberté qu'il nous avait promis. Les analyses didactiques furent supprimées, les cours momentanément tolérés. Göring ou sa femme voulurent assister en personne à ces derniers, pour s'assurer qu'on n'y employait aucun concept psychanalytique ; c'est ainsi qu'il fallut trouver un synonyme pour le complexe d'Œdipe. En janvier 1937, Boehm réussit à se rendre à Vienne et Freud lui proposa d'exposer la situation devant un groupe plus étendu, ce qu'il fit le lendemain... Il parla trois heures, jusqu'au moment où Freud éclata et l'interrompit par ces mots : « Assez ! Pendant des siècles, les Juifs ont souffert pour leurs convictions. Il est temps que nos collègues chrétiens soient prêts à souffrir pour les leurs. Je n'attache aucune importance à ce que mon nom soit prononcé en Allemagne, pourvu que mon œuvre y soit authentiquement représentée[9]... »*

✻ On ne s'étonnera pas que ces événements aient incliné Freud à une méditation nouvelle sur le peuple qu'il avait toujours appelé sien et qui, maintenant, plaçait le monde devant son atroce destin. Plus que jamais, il pense à la Bible, et même, il se tourne vers cette inconcevable Terre Promise qui ne lui a jamais inspiré la moindre pensée et dont il se sent tout à coup solidaire, sans comprendre ce qu'il lui doit ni ce qui peut l'y attacher. Cette idée, qui annonce déjà son grand travail sur Moïse, est le sujet d'une lettre à Arnold Zweig, qui revenait de Palestine et songeait à y émigrer :

*Songez donc, aucun progrès n'est lié à cette bande étroite de notre terre maternelle, aucune invention ni découverte — on dit que les Phéniciens ont inventé le verre et l'alphabet (les deux sont douteux), la Crète a créé l'art minoen, le nom de Pergame est lié au parchemin, celui de Magnésie à l'aiguille aimantée, et ainsi de suite à l'infini ,*

9. *J Bg.*, Band III, 224.

*mais la Palestine n'a créé que des religions, des délires sacrés, des tentatives orgueilleuses visant à dominer par les désirs de la vie intérieure le monde illusoire du dehors. Et nous en sommes originaires (bien que l'un de nous deux croie être aussi un Allemand, l'autre pas), nos ancêtres y ont peut-être vécu pendant un demi-millénaire, peut-être un millénaire entier (cela aussi n'est qu'un peut-être), et qui dira ce que la vie dans ce pays a laissé comme héritage dans notre sang et dans nos nerfs... Oh, la vie pourrait être passionnante si l'on en savait, si l'on en comprenait plus. Mais on n'est sûr que des impressions du moment. Parmi celles-là, comptez mes sentiments cordiaux pour vous et votre œuvre*[10]*...*

✻ Tandis qu'il tâche de se persuader que la peste épargnera l'Autriche ou que, si elle y entre, la haute civilisation de son pays ou la vigilance des Alliés lui imposeront au moins des limites, Freud rejoint par-delà le temps les grandes figures bibliques auxquelles son peuple doit ses persécutions autant que sa mystérieuse durée. Moïse surtout le hante, mais aussi les patriarches, et Joseph, dont il sait depuis toujours qu'il se reconnaît en lui. Les *Histoires de Joseph* publiées à ce moment par Thomas Mann viennent raviver cet intérêt pour le héros qui, jadis, revêtait dans *La Science des rêves* tant de formes significatives. Thomas Mann ayant fait sur ce sujet une brillante conférence très inspirée par la psychanalyse, Freud lui écrit :

*Il n'y a pas bien longtemps, j'ai posé le dernier volume de votre Histoire de Joseph, avec le sentiment mélancolique que cette belle aventure est maintenant finie, et que je ne pourrai probablement pas lire la suite...*

*... L'effet combiné de cette histoire et des idées exprimées dans votre conférence sur la* Vita *vécue et les archétypes mythologiques m'a conduit à une construction qui me servira de prétexte pour m'entretenir avec vous, comme si vous étiez en face de moi dans mon bureau, mais sans que j'attende de vous une réponse polie ou une approbation détaillée. Je ne prends pas moi-même mon essai très au sérieux, mais il a un certain charme pour moi, un peu comme le claquement du fouet pour un ancien cocher...*

*Voici ma question : y a-t-il un personnage historique pour qui la vie de Joseph était un modèle mythique, de telle sorte que derrière*

10. Lettre à A. Z., 8-5-1932, *Br.*, 404.

*l'image complexe de sa vie, on puisse soupçonner ce phantasme comme un ressort démoniaque et secret ?*

*Je dis que oui et ce personnage est Napoléon Ier.*

a) *Il était corse, deuxième né d'une troupe d'enfants. Son frère aîné s'appelait—Joseph, et cette circonstance scella son destin, tant il est vrai que les choses fortuites et la nécessité s'enchevêtrent toujours dans une vie humaine. Dans la famille corse, une crainte sacrée très particulière préserve les privilèges de l'aîné (je crois qu'Alphonse Daudet a dépeint cela dans un de ses romans,* Le Nabab. *Ou bien me tromperais-je ? Ailleurs peut-être ? Est-ce dans Balzac ?). Par cette coutume corse, une relation humaine normale se trouve très exaltée. Le frère aîné est le rival naturel, le plus jeune lui porte des sentiments d'hostilité élémentaires, insondablement profonds, pour lesquels par la suite, on trouve les termes convenables de souhaits de mort et de désirs meurtriers. Éliminer Joseph, se mettre à la place de Joseph, être soi-même Joseph — telle dut être la tendance affective la plus puissante du petit enfant Napoléon. C'est un fait singulier, et on ne le comprend pas tout à fait, mais l'observation ne permet pas d'en douter, que ces penchants infantiles, précisément parce qu'ils sont excessifs, tendent à se retourner en leurs contraires. Le rival haï devient un rival aimé. Ainsi dans le cas de Napoléon. Nous devinons qu'il a d'abord passionnément détesté Joseph, mais nous apprenons que c'est lui qu'il a le plus aimé parmi les autres hommes et que, contre ce personnage médiocre et indigne de confiance, il n'a jamais pu se fâcher. La haine originelle avait donc été surcompensée, mais les sentiments agressifs déchaînés jadis n'attendaient qu'une occasion de se transférer sur d'autres objets. Des centaines de milliers d'individus indifférents ont dû payer pour ce fait que le petit forcené avait épargné son premier ennemi.*

b) *A un autre niveau, le jeune Napoléon est tendrement attaché à sa mère et, auprès de ses frères et sœurs, il s'efforce de jouer le rôle du père précocement disparu. A peine est-il devenu général qu'on lui conseille d'épouser une jeune veuve qui, plus âgée que lui, possède un rang et de l'influence. Il y aurait sur elle beaucoup à redire, mais le fait qu'elle s'appelle Joséphine est probablement décisif pour lui. Grâce à ce nom, il peut transférer sur elle une part du tendre attachement qu'il ressent pour son frère aîné. Elle ne l'aime pas, le maltraite, le trompe, mais lui, le despote qui autrement se conduit envers les femmes avec une froideur cynique, il lui reste passionnément attaché, lui pardonne tout et ne parvient pas à lui garder rancune.*

c) *Ses sentiments amoureux pour Joséphine Beauharnais étaient liés obsessionnellement au nom, mais, bien entendu, ils ne représentaient pas une identification véritable avec le personnage de Joseph. L'occasion où celle-ci se manifeste avec le plus d'éclat est la fameuse expédition d'Egypte. Si l'on est Joseph et que l'on veut paraître grand devant ses frères, où ira-t-on, sinon en Egypte ? En examinant de près les motifs politiques de cette entreprise du jeune général, on trouverait probablement qu'ils n'étaient rien d'autre que la rationalisation forcée d'un phantasme. Avec cette expédition de Napoléon commence d'ailleurs la redécouverte de l'Egypte.*

d) *Le dessein qui avait poussé Napoléon en Egypte est réalisé plus tard en Europe. Il pourvoit ses frères, les élève à la dignité de princes et de rois. Jérôme, l'incapable, est peut-être son Benjamin. Puis il devient infidèle à son propre mythe et, se laissant guider par des considérations réalistes, répudie sa bien-aimée Joséphine. C'est le commencement de son déclin. Le grand destructeur travaille maintenant à sa propre destruction. La folle aventure de Russie, mal préparée, le mène à sa perte. C'est une auto-punition pour son infidélité à l'égard de Joséphine, pour la régression qui a remplacé son amour par son hostilité primitive contre Joseph. Et pourtant ici encore, le destin contre son gré a répété une autre phase de l'histoire de Joseph : le rêve où Joseph avait vu le soleil, la lune et les étoiles se prosterner devant lui, c'est à cause de lui qu'on l'avait jeté dans la fosse*[11]*...*

* * Quand il envoie à Thomas Mann ce petit essai psychanalytique où les phantasmes des héros sont confus comme les ressorts secrets de l'histoire, Freud a déjà écrit, puis refait et enfin abandonné les trois essais qui composent son *Moïse*. A part Anna, son fils Martin et un ou deux analystes, personne alors n'en a lu le texte et peu de gens connaissent même l'existence du projet. En 1934, au milieu des événements politiques de plus en plus menaçants, de la guerre civile à Vienne, et des souffrances intolérables que lui causent son état et les

11. Lettre à Thomas Mann, 29-11-1936, *Br.*, 424.

suites de ses traitements, Freud s'est attaqué tout à coup au grand problème qui l'a hanté toute sa vie : celui de l'origine des religions, et du degré de vérité qu'il faut leur accorder tant pour la psychologie de l'individu que pour l'histoire de l'humanité.

* * * La source de ces religions qui ont fait l'histoire, il faut la chercher dans le monothéisme juif et dans l'âme de son fondateur, ce Moïse solitaire dont la Loi grandiose a été bafouée par ceux-là mêmes qui en avaient le dépôt, puis révérée et aimée comme un don divin. Troublé par le problème de ses propres origines, obsédé par les causes des persécutions actuelles qui dépassent en horreur toutes celles du passé, Freud va demander à Moïse qui il était, et s'il est vrai qu'en des temps immémoriaux, il a créé non seulement le Dieu unique, mais le peuple qui aujourd'hui encore se dit l'élu de Dieu.

* * C'était une singulière démarche au moment où les Juifs pieux devaient tenir plus que jamais à leur prophète et à la lettre sacrée de sa Loi. Freud le sentit bien, ses lettres de cette époque le montrent tout à la fois passionné par son travail, et inquiet, intimidé, presque effrayé par ses résultats. La vaste fresque psychologique qu'il projetait était-elle malgré tout dans son esprit un hommage indirect à son peuple ? On pourrait le croire, mais il ne lui appartenait pas de le dire. Le fait est que, à part la thèse d'un Moïse égyptien, thèse scandaleuse pour les croyants et fort contestable pour les archéologues et les historiens, l'ouvrage retrace une épopée spirituelle où la figure du Prophète législateur rayonne de force, d'intelligence, de lumière. Incompris, bafoué, assassiné par ceux qu'il voulait élever jusqu'à lui, Moïse, sans autre secours que sa formidable vision de l'homme, transcende le temps et fonde la civilisation morale d'où tout un monde est né. La mystérieuse pérennité du peuple juif est son fait, elle n'a pas d'autre cause que son destin de héros tragique et la puissance de sa terrible volonté.

* * * En 1934, les trois essais sont achevés, pourtant Freud décide de les garder secrets, pour des raisons qu'il expose maintes fois dans des lettres, mais qui ne sont pas très convaincantes et restent en partie obscures. Ainsi dans une lettre de septembre 1934 à Arnold Zweig :

*Devant les nouvelles persécutions, on recommence à se demander comment le Juif s'est fait et pourquoi il s'est attiré cette haine immortelle. J'eus bientôt trouvé la formule : c'est Moïse qui a créé le Juif, et mon travail fut intitulé :* L'Homme Moïse, roman historique *(avec plus de raisons que votre roman sur Nietzsche). La chose se divisait en trois parties, la première intéressante comme un roman, la deuxième laborieuse et tirée en longueur, la troisième pleine de substance et de prétentions. Cette dernière a fait échouer l'entreprise, car elle apportait une théorie de la religion n'ayant il est vrai rien de neuf pour moi après* Totem et Tabou, *mais nouvelle et fondamentale pour les étrangers. C'est par égard pour ces profanes que j'ai décidé de garder l'essai entier secret. Car nous vivons ici dans une atmosphère de stricte orthodoxie catholique. On dit que la politique de notre pays est faite par un certain Pater Schmidt, qui vit à Saint-Gabriel près de Modling ; c'est un homme de confiance du pape, par malheur il est lui-même ethnologue et historien des religions et, dans ses livres, il ne fait pas mystère de son aversion pour la psychanalyse et, principalement, pour ma théorie du Totem. Or, à Rome, mon brave Edoardo Weiss a fondé un groupe psychanalytique et publié plusieurs numéros d'une* Revista italiana de Psicoanalisi… *Subitement, on lui a interdit cette publication et, bien que Weiss soit en bons termes avec Mussolini et ait obtenu de lui un avis favorable, l'interdiction n'a pu être rapportée. Il paraît qu'elle émane directement du Vatican et que le Pater Schmidt en est responsable. On peut s'attendre qu'une publication de moi fasse un certain bruit et n'échappe pas à l'attention hostile du Père. On risquerait ainsi une interdiction de la psychanalyse à Vienne et l'interruption chez nous de tous nos travaux. Je ne m'en laisserais pas imposer si la menace ne concernait que moi, mais réduire tous nos membres de Vienne au chômage, c'est une trop grande responsabilité. Avec cela, mon travail ne me paraît pas tellement assuré et est bien loin de me plaire. Ce n'est donc pas la bonne occasion d'aller au martyre*[12]…

✻ Faut-il prendre tout à fait à la lettre ces motifs purement diplomatiques ? Freud n'en a pas donné d'autres, ce sont eux qu'il fait figurer dans son livre pour en expliquer la composition quand, en 1938, ayant à jamais quitté Vienne, il décide enfin de le livrer au public. L'ouvrage se compose de trois parties, dont les deux premières : *Moïse, un Égyptien*, et *Si Moïse était égyptien…* formaient un tout

12. Lettre à A. Z., 20-9-1934, *Br.*, 414.

et furent publiées en 1937 dans la revue *Imago*, tandis que la troisième, intitulée *Moïse et son peuple*, a subi de nombreux remaniements avant de trouver sa forme définitive. Freud explique ses longs tâtonnements par la fascination qu'exerçait sur lui le thème central du chapitre, et la paralysie qui le frappait dès qu'il se proposait de l'exposer au public.

*** Cette fois, il ne s'agit plus de l'aspect illusoire et consolant de la religion, mais de *l'idée grandiose que la religion contient une part de vérité historique*. Plus qu'à *L'Avenir d'une illusion*, c'est donc à *Totem et Tabou* que se rattache le *Moïse*, sauf que le crime premier, générateur d'ordre et de civilisation, n'est plus placé dans les ténèbres de la préhistoire, mais dans le plein jour de la réalité historique. Moïse, un prince égyptien adepte du monothéisme[13] fondé au XIVe siècle av. J.-C. par le pharaon Amenhotep IV qui prit plus tard le nom d'Echnaton, est obligé de fuir l'Egypte quand les prêtres des anciens cultes se révoltent et renversent la religion de son maître. Décidé à garder et à propager sa foi, il se « choisit » un peuple parmi les tribus hébreu qui vivent en esclavage aux confins de l'Empire et à qui, désormais, il impose sa loi. Mais ce peuple primitif, qui a bien été « élu », puisque Moïse l'a choisi, n'est pas mûr pour comprendre la sublimité de sa pensée ; incapable de supporter les énormes frustrations instinctuelles qu'entraînent la foi et la morale monothéistes, il revient sans cesse au culte du « veau d'or » dont la Bible a gardé le souvenir, et se révolte contre son chef spirituel. Au cours d'une de ces révoltes, les Israélites assassinent Moïse, mais comme les fils meurtriers de *Totem et Tabou*, jamais ils n'oublieront leur crime. C'est leur remords qui, au cours des siècles, donnera à la loi mosaïque sa forme idéale et son contenu imprescriptible ; c'est l'horreur de leur acte ancien, non pas mythique, mais réel, qui assurera historiquement leur surprenante durée.

** Que Freud, malgré le caractère dramatique et criminel qu'il prête aux événements bibliques, soit fasciné par l'œuvre de Moïse,

13. Karl Abraham avait consacré une belle étude psychanalytique (« Amenhotep IV », *Imago*, 1re année, 4-10-1912) au jeune pharaon hérétique qui passe pour être la première individualité de l'histoire dans l'ordre de la spiritualité religieuse. En traitant du monothéisme égyptien, Freud ne semble pas s'en être souvenu.

qu'il l'admire même, et pas seulement en psychologue, mais en moraliste, en humaniste épris de raison et de vérité, c'est ce qui ressort d'une lettre à un correspondant anonyme où il dit :

*J'ai été étonné de constater que la première expérience du peuple, expérience embryonnaire pour ainsi dire — l'influence de l'Homme Moïse et de la Sortie d'Egypte — a déterminé toute son évolution ultérieure jusqu'à nos jours, comme un vrai traumatisme de la petite enfance dans l'histoire de l'individu névrotique. Je mets ici au premier plan l'accent porté sur les choses d'ici-bas dans la conception de la vie, le triomphe remporté sur la pensée magique et le refus de la mystique — deux choses qu'il faut attribuer à Moïse lui-même, et, sans pouvoir l'assurer avec toute la certitude historique désirable, à quelques autres après lui*[14]...

*** Serait-ce trop incliner sa pensée que de le compter parmi ces « quelques autres » qui, bien longtemps après Moïse, ont continué son œuvre en luttant contre la pensée magique et la mystique, au nom d'une haute exigence de l'esprit ? Son Moïse, en qui, notons-le, il accentue avec force la nature virile, présente avec lui-même bien des ressemblances que, naturellement, il devait laisser deviner. Comme Moïse, il a promulgué une loi difficile qui abrogeait les anciens cultes superstitieux, mais les « siens » se sont révoltés contre lui et, périodiquement, sont retombés dans l'apostasie. S'ils ne l'ont pas tué, ils l'ont souvent abandonné, trahi, méconnu. Et maintenant, le remords, le sentiment d'un tort irréparable à son égard les pousse à une vénération excessive de sa personne, mais comme Moïse, il ne sait pas ce que deviendra son œuvre et, avant de mourir, il lui faudra subir encore une dernière épreuve : l'exil.

* Jusqu'en 1938, Freud refuse obstinément de quitter Vienne, qui pour lui est le « poste » où il a été placé et qu'il a le devoir de tenir. Au début de l'année, il se soumet à l'une des opérations qui sont devenues habituelles dans sa vie, mais cette fois, la biopsie est plus que suspecte, son carcinome a récidivé. Dix jours plus tard néanmoins, il recommence à recevoir sa clientèle et en mars, quand les nazis envahissent l'Autriche, il continue de repousser le projet de Jones qui, accouru en hâte à Vienne, le presse de se réfugier en Angle-

14. Lettre à N. N., 14-12-1937, *Br.*, 431.

terre. Enfin, il se résigne à partir, il s'agit maintenant d'obtenir l'indispensable visa de sortie que les nazis semblent disposés à lui accorder, ou plutôt à lui vendre le plus cher possible.

✻✻ Un groupe de S. A. fait une perquisition chez lui, mais impressionnés peut-être par l'accueil de Martha, qui les invite gentiment à s'asseoir, les hommes se bornent à emporter 840 dollars, et laissent documents et papiers. Une semaine plus tard, ils reviennent et, cette fois, emmènent Anna, qui reste prisonnière de la Gestapo toute la journée. Cependant l'opinion internationale s'émeut, W. C. Bullitt, l'ambassadeur des U.S.A. en France, télégraphie à Roosevelt, son ami personnel, pour lui demander d'intervenir immédiatement auprès des autorités allemandes. Il fait également une démarche auprès de l'ambassadeur d'Allemagne en France et Edoardo Weiss demande de l'aide à Mussolini. Il est probable que cette vigilance internationale a évité à Freud molestations ou tracasseries, mais que, de toute façon, les nazis l'eussent laissé partir.

✻✻✻ Le *Verlag* a été placé sous séquestre, les Œuvres complètes de Freud mises au pilon, le 13 mars, la Société psychanalytique viennoise prononce sa dissolution et décide l'émigration de tous ses membres. Elle devra se reconstituer là où Freud pourra résider. Celui-ci accepte en disant :

*Immédiatement après la destruction du temple de Jérusalem par Titus, Rabbi Jochanan ben Sakkaï demanda l'autorisation d'ouvrir la première école rabbinique à Jabné. Nous sommes en voie de faire la même chose. Après tout, nous sommes habitués aux persécutions*[15]*...*

✻ Jones s'emploie à obtenir les nombreux visas d'entrée qu'il faut non seulement pour Freud, mais pour ses enfants et petits-enfants, ses domestiques, ses médecins personnels et, aussi, pour ceux des psychanalystes viennois qui vont tenter de s'installer en Angleterre. Le physicien Bragg, dont il sollicite une recommandation pour le ministre Sir Samuel Hoare, lui demande naïvement : « Êtes-vous sûr que les Allemands sont hostiles aux Juifs ? » Heureusement le ministre est mieux informé, il accorde les visas nécessaires, de sorte que l'existence de Freud en Angleterre est assurée.

15. Cette remarque orale est identique à un passage du *Moïse*, « Moïse et son peuple », *op. cit.*, 173.

✻ ✻ Suivent trois mois d'attente, pendant lesquels les tractations avec les nazis continuent. Freud, pour se distraire, traduit le roman de Marie Bonaparte sur son chien « Topsy » et travaille encore à la troisième partie du *Moïse*. Enfin, les autorités consentent au départ, moyennant un « impôt » spécial sur l'émigration, qu'il faut évidemment verser comptant. Freud n'a pas d'argent, Marie Bonaparte lui avance les 4.824 dollars qui représentent sa caution. A son fils Ernst, qui l'a précédé à Londres, Freud écrit en attendant de partir :

*Deux perspectives me restent pendant ces jours sombres : vous voir tous ensemble et* — to die in freedom. *Je me compare parfois au vieux Jacob qui, lui aussi, à un âge avancé, fut emmené en Egypte par ses enfants, ainsi que Thomas Mann nous le dira dans son prochain livre. Espérons qu'il n'en résultera pas un autre exode, comme autrefois. Il est temps qu'Ahasvérus trouve le repos quelque part*[16]...

✻ ✻ ✻ Le 4 juin 1938, Freud quitte la ville où il a passé soixante-dix-neuf ans de sa vie. Après une halte à Paris, où il loge chez Marie Bonaparte, il arrive dans le pays où, tant de fois déjà, il avait rêvé de se fixer. Londres lui fait un accueil royal qui lui donne pour la première fois l'impression de connaître la gloire, car non seulement les autorités officielles et les hautes personnalités, mais la foule anonyme, le menu peuple lui rend un vibrant hommage. Les médecins de Grande-Bretagne affirment leur fierté que leur pays lui ait donné asile, tandis que des admirateurs inconnus lui envoient des pièces d'antiquité, pour remplacer la célèbre collection qu'ils croient perdue. Le jour même de son arrivée, pourtant, Freud écrit :

*La situation affective de ces derniers jours est difficile à saisir, à peine descriptible. Le sentiment de triomphe se mêle trop intimement à la tristesse, car la prison d'où l'on vient de sortir, on y était encore très attaché*[17]...

✻ Désormais, il s'efforce d'oublier Vienne et affecte même de ne plus savoir son nom. A peine installé, il se remet au travail, comme si rien ne s'était passé. Pendant l'année qui lui reste à vivre, il écrit

16. Lettre à Ernst Freud, 12-5-1938, *Br.*, 435.
17. Lettre à Eit., 6-6-1938, *Br.*, 439.

encore et fait quatre heures d'analyse par jour, presque jusqu'au dernier moment.

✻✻ Son premier domicile à Londres voit défiler de nombreux visiteurs de marque, parmi lesquels beaucoup d'étrangers : Stefan Zweig, l'anthropologue Malinowsky, le leader sioniste Chaïm Waizmann, pour qui Freud avait une grande estime, H. G. Wells, le Dr Jahuda, professeur de philosophie juive qui vient lui demander de ne pas publier son *Moïse*. L'un des visiteurs qui l'impressionne le plus lui est amené par Stefan Zweig : c'est Salvador Dali, qui fait sur-le-champ son portrait et qui, avec sa flamme de *jeune Espagnol aux yeux fanatiques et candides*, l'incite à modifier son opinion sur les surréalistes, lesquels, bien qu'ils l'eussent pris pour patron, lui faisaient jusque-là l'effet de dangereux déséquilibrés[18]. L'esquisse de Salvador Dali orne toujours le cabinet de travail de Maresfield Gardens, où le bureau, le divan, les statuettes et les objets familiers de Freud sont restés intacts, à la place qu'ils avaient du vivant de leur possesseur.

✻✻✻ Freud parvient à achever son *Moïse* avant l'opération qu'il subit à la fin de l'année. L'édition allemande de l'ouvrage paraît en août 1938 à Amsterdam, l'édition anglaise, que Freud attend avec impatience, en mars 1939. Cependant, la dernière intervention l'a laissé complètement épuisé, et peu après, une tumeur se déclare, que les médecins jugent inopérable. Dès lors, ses jours ne sont plus qu'une lente et atroce agonie que personne, pas même ses proches, ne peut souhaiter voir durer. Depuis seize ans qu'il souffre, Freud n'a jamais pris de calmants, disant qu'il « préfère penser dans les tortures plutôt que de ne pas penser clairement ». Maintenant il consent à prendre un peu d'aspirine et c'est avec ce piètre secours qu'il continue sa lutte, vieille de plus de quarante ans, contre la maladie et la névrose.

✻ La déclaration de guerre le trouve exténué, mais lucide et sans pathos, toujours réaliste. Comme son médecin, le Dr Schur, lui demande s'il croit que cette guerre sera la dernière, il répond : « *Ma* dernière. » Pendant le mois d'août son état ne cesse d'empirer, il ne peut plus du tout s'alimenter, le cancer qui a envahi la mâchoire et le palais s'étend maintenant aux joues, et l'on peut craindre une septicémie. Le 19 septembre, on appelle Jones à son chevet pour qu'il lui

18. Lettre à Stefan Zweig, 20-7-1938, *Br.* 441.

dise adieu ; le 21, Freud rappelle à son médecin la promesse qu'il lui a faite au début de l'aider à « quitter décemment ce monde » quand la souffrance excéderait ses forces : le moment est venu de la tenir. Schur assure qu'il ne l'a pas oubliée, et Freud l'en remercie.

✻ ✻ Le lendemain, le médecin lui donne une infime dose de morphine qui, vu son extrême faiblesse, suffit à le délivrer. Dans la nuit du 23 septembre 1939, sa longue vie si longtemps torturée touche enfin à son terme. Il s'éteint sans un mot, sans autre dernière parole que celle qu'il laisse dans son œuvre, sans autre consolation que l'immortalité qu'il attendait peut-être de son dur travail, et que seul l'homme a le pouvoir d'accorder au génie, pour une brève éternité.

# RÉFÉRENCES DES OUVRAGES ET ARTICLES DE FREUD CITÉS


• Ouvrages de Freud en langue allemande

*Gesammelte Werke* en 18 vol., Imago Publishing, London, 1940-1952.
— Publication des Œuvres complètes de Sigmund Freud (21 vol.) en français en cours aux Presses Universitaires de France. 1 vol. paru : *Sigmund Freud. Œuvres complètes. Psychanalyse 1914-1915*, tome XIII, trad. Janine Altounian, Anne Balseinte, André Bourguignon, Alice Cherki, Pierre Cotet, Jean-Gilbert Delarbre, Daniel Hartmann, Jean-René Ladmiral, Jean Laplanche, Jean-Luc Martin, Alain Rauzy, Philippe Soulez, dir. de publication A. Bourguignon et Pierre Cotet, dir. scientifique J. Laplanche, Paris, P.U.F., avril 1988. Principaux textes du volume : *Une névrose infantile, Sur la guerre et la mort, Métapsychologie* (cf. Chronologie des textes cités ci-dessous). Prochain volume à paraître en 1988 : Tome III, 1894-1899 (*Textes psychanalytiques divers*).

*Aus den Anfängen der Psychoanalyse*, Imago Publ., London, 1950, nouv. éd. mise au point par Alexander Mitscherlich, Fischer Verlag, Frankfurt-am-Main, 1962.
— *La Naissance de la psychanalyse. Lettres à Wilhelm Fliess, Notes et plans 1887-1902*, éd. par Marie Bonaparte, Anna Freud et Ernst Kriss, trad. Anne Berman, coll. « Bibliothèque de psychanalyse », Paris, P.U.F., 1956.

*Briefe 1873-1939*, Fischer Verlag, Frankfurt-am-Main, 1960.
— *Correspondance 1873-1939*, réunie par Ernst Freud, trad. Anne Berman, avec coll. Jean-Pierre Grossein, coll. « Connaissance de l'inconscient », Paris, Gallimard, 1966 (nouv. éd. augmentée, 1979).

*Freud-Pfister Briefe 1909-1937*, Fischer Verlag, Frankfurt-am-Main, 1963.
— *Freud Sigmund, Pfister, Oskar. Correspondance 1909-1937*, réunie par Ernst Freud et Heinrich Meng, trad. Lily Jumel, préf. Daniel Widlöcher, coll. « Connaissance de l'inconscient », Paris, Gallimard, 1966.

• Ouvrages de Freud en langue française

Recueils rassemblant les articles de Freud

*Cinq psychanalyses*, trad. Marie Bonaparte et R. Loewenstein, Paris, Denoël et Steele, 1935 ; rééd. coll. « Bibliothèque de psychanalyse », Paris, P.U.F., 1954.

*Essais de psychanalyse*, trad. S. Jankélévitch, Paris, Payot, 1927 ; rééd. et revus par A. Hesnard, Paris, Payot, 1970 ; nouv. trad., Pierre Cotet, Alice Cherki, Jean Laplanche, Jean-Baptiste Pontalis, Alain Bourguignon, Janine Altounian, Odile Bourguignon, Alain Rauzy, Paris, Payot, 1981.

*Essais de psychanalyse appliquée*, trad. Marie Bonaparte et E. Marty, coll. « Les Essais » (n° 61), Paris, Gallimard, 1933.

*L'Inquiétante Étrangeté et autres essais*, trad. Bernard Féron, avertissement Jean-Baptiste Pontalis, coll. « Connaissance de l'inconscient », série « Traductions nouvelles », Paris, Gallimard, 1985.

*Métapsychologie*, trad. Marie Bonaparte et Anne Berman, coll. « Les Essais » (n° 56), Paris, Gallimard, 1940 ; nouv. trad. Jean Laplanche et Jean-Baptiste Pontalis, Paris, Gallimard, 1968.

(Les cinq études de *Métapsychologie* font l'objet d'une nouvelle traduction par Janine Altounian, André Bourguignon, Pierre Cotet, Alain Rauzy, dans *Sigmund Freud. Œuvres complètes. Psychanalyse 1914-1915*, tome XIII, Paris, P.U.F, 1988 ; cf. Chronologie des textes citée ci-dessous.)

*La Technique psychanalytique*, trad. A. Berman, coll. « Bibliothèque de psychanalyse », Paris, P.U.F., 1953.

*La Vie sexuelle*, trad. D. Berger, Jean Laplanche et coll., coll. « Bibliothèque de psychanalyse », Paris, P.U.F., 1969.

*Névrose, psychose et perversion*, trad. Jean Laplanche, J. Bissery, D. Berger, P. Bruno, D. Guérineau, F. Oppenot, J.-B. Pontalis, coll. « Bibliothèque de psychanalyse », Paris, P.U.F., 1973.

*Résultats, idées, problèmes. 1890-1920* (vol. I), trad. Janine Altounian, Paul-Laurent Assoun, Mikkel Borch-Jacobsen, André et Odile Bourguignon, Pierre Cotet, Joël Dor, Gunther Goran, Philippe Koeppel, Jean Laplanche, Alain Rauzy, Ferdinand Scherrer ; *Résultats, idées, problèmes. 1921-1938* (vol. II), trad. même collectif avec Anne Balseinte, Bella Chabot, Jean-Gilbert Delarbre, Odile Garet, Daniel Hartmann, Elza Ribeiro Hawelka, Ursula Huber, Roger Lewinter, Jean-Baptiste Pontalis, Marthe Robert, Rainer Roschlitz, Jacques Sédat, coll. « Bibliothèque de psychanalyse », Paris, P.U.F., 1984-1985.

1893 « Quelques considérations pour une étude comparative des paralysies motrices organiques et hystériques », *Archives neurologiques*, XXVI, n° 77, Paris 1893, p. 29-43 ; rééd. in *Résultats, idées, problèmes. 1890-1920* (tome I)*. (Publication originale en français).

1893 « Charcot », in *Résultats, idées, problèmes. 1890-1921* (tome I), trad. J. Altounian, A. et O. Bourguignon, G. Goran, J. Laplanche, A. Rauzy.

1893 « L'Étiologie de l'hystérie » (« Zür Ätiologie der Hysterie »), in *Névrose, psychose et perversion.*

1893-1895 *Études sur l'hystérie*, en coll. avec Joseph Breuer, trad. Anne Berman, coll. « Bibliothèque de psychanalyse », Paris, P.U.F., 1956 (réimp. 1985).

1896 « L'Hérédité et l'étiologie des névroses », *Revue neurologique*, Paris, 1896, IV, n° 6, p. 161-169 ; rééd. in *Névrose, psychose et perversion.* (Publication originale en français.)

1899 « Les Souvenirs-écrans (extraits) » in Didier Anzieu, *L'Auto-analyse de Freud et la Découverte de la psychanalyse*, coll. « Bibliothèque de psychanalyse », Paris, P.U.F., 1975 (2 vol.) ; et in *Névrose, psychose et perversion*, trad. D. Berger, P. Bruno, D. Guérineau, F. Oppenot (sous le titre « Sur les souvenirs-écrans »).

1899 *La Science des rêves (Die Traumdeutung)*, trad. I. Meyerson, Paris, Alcan, 1926 (le texte est celui de la 7e édition allemande de 1922 ; il contient les chapitres de Rank qui ne figurent plus dans la 8e édition) ; nouvelle édition augmentée et entièrement révisée par D. Berger, sous le titre *L'Interprétation des rêves*, Paris, P.U.F., 1967 (réimp. 1987).

1901 *Le Rêve et son Interprétation (Über den Traum)*, trad. Hélène Legros, coll. « Les Essais » (n° 48), Paris, Gallimard, 1925 ; nouvelle traduction sous le titre *Sur le rêve*, trad. Cornélius Heim, préf. Didier Anzieu, coll. « Connaissance de l'inconscient », série « Traductions nouvelles », Paris, Gallimard, 1988.

1901 *Psychopathologie de la vie quotidienne*, trad. S. Jankélévitch, Paris, Payot, 1922.

1901 « Fragment d'une analyse d'hystérie (Dora) », trad. Marie Bonaparte et R. Loewenstein, rév. par A. Berman, in *Cinq psychanalyses.*

1905 *Le Mot d'esprit et ses rapports avec l'inconscient*, trad. Marie Bonaparte et M. Nathan, coll. 3 « Les Essais » (n° 64), Paris, Gallimard, 1930.

* Les références des recueils cités ci-dessus (p. 416) n'ont pas été reprises dans cette chronologie.

1905 *Trois essais sur la théorie de la sexualité*, trad. B. Reverchon-Jouve, coll. « Les Essais » (n° 36), Paris, Gallimard, 1923 ; rééd. et revus par Jean Laplanche et Jean-Baptiste Pontalis, Paris, Gallimard, 1962 ; sous le titre *Trois essais sur la théorie sexuelle*, trad. Philippe Koeppel, préf. Michel Gribinsky, coll. « Connaissance de l'inconscient », série « Traductions nouvelles », Paris, Gallimard, 1987.

1906
(1907) *Délires et rêves dans la « Gradiva » de Jensen*, trad. Marie Bonaparte collab. pour la trad. du texte de Jensen E. Zak et Georges Sadoul, coll. « Les Essais » (n° 32), Paris, Gallimard, 1931 ; sous le titre *Le Délire et les Rêves dans la « Gradiva » de W. Jensen*, trad. Paule Arhex et Rose-Marie Zeitlin, précédé de *Gradiva, fantaisie pompéïenne* par Wilhelm Jensen, trad. Jean Bellemin-Noël, préf. Jean-Baptiste Pontalis, coll. « Connaissance de l'inconscient », série « Traductions nouvelles », Paris, Gallimard, 1986.

1907 « Actes obsédants et Exercices religieux », in *L'Avenir d'une illusion*, trad. Marie Bonaparte, Paris, Denoël et Steele, 1932 ; rééd. coll. « Bibliothèque de psychanalyse », Paris, P.U.F., 1971 (réimp. 1987) ; sous le titre « Actions compulsionnelles et Exercices religieux », trad. D. Guérineau, in *Névrose, psychose et perversion.*

1907 « La Création littéraire et le Rêve éveillé » in *Essais de psychanalyse appliquée* ; sous le titre « La Création littéraire et la Fantaisie », in *L'Inquiétante Étrangeté et autres essais.*

1909 « Analyse d'une phobie chez un petit garçon de cinq ans (Le petit Hans) », trad. Marie Bonaparte in *Cinq psychanalyses.*

1909 « Remarques sur un cas de névrose obsessionnelle (L'Homme aux Rats) », trad. Marie Bonaparte et R. Loewenstein, in *Cinq psychanalyses.*

1909 *Cinq Leçons sur la psychanalyse (Ueber Psychoanalyse)*, trad. Yves Le Lay, Paris, Payot, 1924 (suivi de *Contribution à l'histoire du mouvement psychanalytique*).

1910 *Un souvenir d'enfance de Léonard de Vinci*, trad. et annoté par Marie Bonaparte, coll. « Les Essais » (n° 48), Paris, Gallimard, 1927 ; nouv. trad. André Bourguignon, préf. Jean-Baptiste Pontalis, coll. « Connaissance de l'inconscient », série « Traductions nouvelles », Paris, Gallimard, 1987.

1910 « Des sens opposés dans les mots primitifs », in *Essais de psychanalyse appliquée* ; sous le titre « Sur le sens opposé des mots originaires », in *L'Inquiétante Étrangeté et autres essais.*

1911 « La Signification de l'ordre des voyelles » (« Die Bedeutung der Vokalfolge »), in *Résultats, idées, problèmes. 1890-1920* (tome I).

1911 « Remarques psychanalytiques sur l'autobiographie d'un cas de paranoïa » (Dementia paranoides) (Le président Schreber), trad. Marie Bonaparte et R. Loewenstein, in *Cinq psychanalyses.*

1912-1913 *Totem et Tabou*, trad. S. Jankélévitch, Paris, Payot, 1923.

1913 « Le Thème des trois coffrets », in *Essais de psychanalyse appliquée* ; sous le titre « Le Motif du choix des coffrets », in *L'Inquiétante Étrangeté et autres essais.*

1913 « Matériaux des contes de fées dans les rêves » (« Märchenstoffe in Träumen »), in *Résultats, idées, problèmes. 1890-1920* (tome I).

1913 « Le Moïse de Michel-Ange », in *Essais de psychanalyse appliquée* ; Sous le même titre, in *L'Inquiétante Étrangeté et autres essais.*

1914 « Pour introduire le narcissisme » (« Zur Einführung des Narzissmus »), trad. Jean Laplanche, in *La Vie sexuelle.*

1914 « Contribution à l'histoire du mouvement psychanalytique » (« Zur Geschichte der psychoanalytischen Bewegung »), in *Cinq Leçons sur la psychanalyse*, Paris, Payot, rééd. 1966.

1914 « Sur la psychologie du lycéen » (« Zur Psychologie des Gymnasiasten »), in *Résultats, idées, problèmes. 1890-1920* (tome I).

1914 « Extrait de l'histoire d'une névrose infantile (L'Homme aux Loups) », in *Cinq psychanalyses*, sous le titre « A partir de l'histoire d'une névrose infantile », trad. Janine Altounian et Pierre Cotet, in *Sigmund Freud. Œuvres complètes. Psychanalyse 1914-1915*, tome XIII.

1915 *Vue d'ensemble des névroses de transfert. Un essai métapsychologique*, éd. bilingue du manuscrit retrouvé et édité par Ilse Grubich-Simitis, trad. Patrick Lacoste, avertissement Jean-Baptiste Pontalis, coll. « Connaissance de l'inconscient », série « Traductions nouvelles », Paris, Gallimard, 1986 ; nouv. trad. Jean Laplanche, in *Sigmund Freud. Œuvres complètes*, tome XIII.

1915 « Les Pulsions et leur Destin », « Le Refoulement », « L'Inconscient », « Complément métapsychologique à la Science des rêves », « Deuils et Mélancolie », in *Métapsychologie*, trad. Marie Bonaparte et Anne Berman, 1940 ; nouv. trad. J. Laplanche et J.-B. Pontalis, 1968 ; nouv. trad. J. Altounian, A. Bourguignon, P. Cotet, A. Rauzy, in *Sigmund Freud. Œuvres complètes. Psychanalyse 1914-1915*, tome XIII (titres changés : « Pulsions et Destins de pulsions » et « Complément métapsychologique à la doctrine du rêve »).

1915 « Considérations actuelles sur la guerre et la mort », in *Essais de psychanalyse* ; nouv. trad., même titre, P. Cotet, A. Bourguignon, A. Cherki, Paris, Payot, 1981 ; rééd. sous le titre « Actuelles sur la guerre et la mort », avec coll. J.-G. Delarbre, J. Altounian, D. Hartmann, in *Sigmund Freud. Œuvres complètes. Psychanalyse, 1914-1915*, tome XIII.

1915 « Du temps fugitif » (« Vergänglichkeit »), trad. Marie Bonaparte, in *Revue française de psychanalyse*, 1956, XX, n° 3, p. 307-315 ; nouv. trad., sous le titre « Éphémère destinée », trad. Janine Altounian, A. Bourguignon, Pierre Cotet, Alain Rauzy, in *Résultats, idées problèmes. 1890-1920* (tome I) ; sous le titre « Passagèreté », mêmes traducteurs, in *Sigmund Freud. Œuvres complètes. Psychanalyse 1914-1915*, tome XIII.

1915 *Sigmund Freud présenté par lui-même*, trad. Fernand Cambon, coll. « Connaissance de l'inconscient », série « Traductions nouvelles », Paris, Gallimard, 1984.

1915-1917 *Introduction à la psychanalyse*, trad. S. Jankélévitch, Paris, Payot, 1922.

1917 « Un souvenir d'enfance dans *Fiction et vérité* de Goethe », in *Essais de psychanalyse* ; sous le titre « Un souvenir d'enfance de *Poésie et Vérité* », in *L'Inquiétante Étrangeté et autres essais.*

1917 « Une difficulté de la psychanalyse » (« Eine Schwierigkeit der Psychoanalyse »), in *Essais de psychanalyse appliquée* ; nouv. trad., in *L'Inquiétante Etrangeté et autres essais.*

1920 « Au-delà du principe de plaisir », in *Essais de psychanalyse.*

1921 « Psychologie collective et Analyse du moi », in *Essais de psychanalyse* ; nouv. trad., sous le titre « Psychologie des foules et Analyse du moi », Paris, Payot, 1981.

1923 « Joseph Popper-Lynkeus et la Théorie du rêve » (« Joseph Popper-Lynkeus und die Theorie des Traumes »), in *Résultats, idées, problèmes. 1921-1938* (tome II).

1923 « Le Moi et le Ça », in *Essais de psychanalyse.*

1924 « Note sur le "Bloc-notes magique" » (« Notiz über den "Wunderblock" »), trad. Jean Laplanche et Jean-Baptiste Pontalis, in *Résultats, idées, problèmes. 1921-1938* (tome II).

1925 « Résistances à la psychanalyse » (« Die Widerstände gegen die Psychoanalyse »), in *Résultats, idées, problèmes. 1921-1938* (tome II). (Publication originale française in *La Revue juive*, Genève, 15 mars 1925, I, n° 2, p. 174-177 ; rééd. in *Nouvelle Revue de psychanalyse*, n° 20, automne 1979.)

1925 *Inhibition, symptôme et angoisse*, trad. P. Jury et E. Fraenkel, Paris, coll. « Bibliothèque de psychanalyse », Paris, P.U.F., 1951 ; nouv. trad. M. Tort, Paris, P.U.F., 1965.

1925-1926 *Ma Vie et la Psychanalyse* suivi de *Psychanalyse et Médecine*, trad. Marie Bonaparte rev. S. Freud, coll. « Les Essais » (n° 37), Paris, Gallimard, 1928.

1926 *La Question de l'analyse profane*, trad. Janine Altounian, André et Odile Bourguignon, Pierre Cotet, coll. Alain Rauzy, préf. Jean-Baptiste Pontalis, en appendice La « Question » en débat, par Michel Schneider, coll. « Connaissance de l'inconscient », série « Traductions nouvelles », Paris, Gallimard, 1985.

1926 « Psycho-Analysis », trad. R. Rochlitz, in *Résultats, idées, problèmes. 1921-1938* (tome II).

1927 *L'Avenir d'une illusion*, trad. Marie Bonaparte, Paris, Denoël et

Steele 1932 ; rééd. coll. « Bibliothèque de psychanalyse », Paris, P.U.F., 1971.
1927 « Le Fétichisme », trad. D. Berger, in *La Vie sexuelle*.
1927 « Dostoïevski et le parricide » (« Dostojewski und die Vatertötung », in *Dostoïevski, par sa femme*, A.G. Dostoïewska, trad. A. Beucler, Paris, Gallimard, 1930 ; et in *Les Frères Karamazov* (préface), trad. Jean-Baptiste Pontalis, coll. « Folio », Paris, Gallimard, 1973 (2 vol.) ; in *Résultats, idées, problèmes. 1921-1938* (tome II).
1929 *Malaise dans la civilisation*, trad. Ch. et J. Odier, Paris, Denoël et Steele, 1934 ; rééd. Coll. « Bibliothèque de psychanalyse », Paris, P.U.F., 1971.
1930 « Prix Goethe 1930. Allocution prononcée à la Maison de Goethe à Francfort », trad. A. Balseinte et 0. Garet, in *Résultats, idées, problèmes, 1921-1938* (tome II).
1930-1938 *Le Président T.W. Wilson. Portrait psychologique*, en coll. avec William C. Bullit, trad. Marie Tadié, Paris, Albin Michel, 1967.
1932 *Nouvelles Conférences sur la psychanalyse*, trad. Anne Berman, coll. « Les Essais » (n° 57), Paris, Gallimard, 1936 ; nouv. trad. sous le titre *Nouvelles Conférences d'introduction à la psychanalyse*, trad. Rose-Marie Zeitlin, coll. « Connaissance de l'inconscient », série « Traductions nouvelles », Paris, Gallimard, 1984.
1934-1938 *Moïse et le Monothéisme*, trad. Anne Berman, coll. « Les Essais » (n° 28), Paris, Gallimard, 1948 ; nouv. trad. sous le titre *L'Homme Moïse et la religion monothéiste. Trois essais*, trad. Cornélius Heim préf. Marie Moscovici coll. « Connaissance de l'inconscient », série « Traductions nouvelles », Paris, Gallimard, 1986.
1938 « Le Clivage du moi dans le processus de défense », trad. R. Lewinter et J.B. Pontalis, in *Nouvelle Revue de psychanalyse*, n° 2, 1970 ; rééd. in *Résultats, idées, problèmes, 1921-1938* (tome II).
1938 *Abrégé de psychanalyse*, trad. A. Berman, coll. « Bibliothèque de psychanalyse », Paris, P.U.F., 1950.

Correspondances

« Lettre à Emil Fluss (16.6.1873) », in *Correspondance 1873-1939*, Paris, Gallimard, 1966,1979 ; et in « Lettres de Freud adolescent », trad. Jean-Baptiste Pontalis et R. Lewinter, *Nouvelle Revue de psychanalyse*, 1970, n° 1, p. 167-184.
*Freud, Sigmund, Jung, Carl-Gustav. Correspondance 1906-1914*, trad. de l'anglais et de l'allemand Ruth Fivaz-Silberman, éd. de William McGuire, coll. « Connaissance de l'inconscient », Paris, Gallimard, 1975, 2 vol.
« Lettres à Arthur Schnitzler (8 mai 1906, 14 mai 1922) » in E. Jones, *Correspondance 1873-1939, op. cit.* ; lettre de 1922 rééd. in *La Vie et l'Œuvre de Sigmund Freud*, tome III, Paris, P.U.F., 1969.

*Freud, Sigmund, Abraham, Karl. Correspondance 1907-1926*, trad. Fernand Cambon et Jean-Pierre Grossein, éd. de Hilda C. Abraham et Ernst L. Freud, coll. « Connaissance de l'inconscient », Paris, Gallimard, 1969.

« Lettres de Sigmund à Ludwig Binswanger (1908-1938) », in *Analyse existentielle et psychanalyse freudienne, Discours, parcours et Freud*, Paris, Gallimard, 1970 ; rééd. 1981 (voir ce titre sous la rubrique « Ouvrages bibliographiques sur Freud »).

« Lettres de Freud à Putman (1909-1916) » in *L'Introduction de la Psychanalyse aux États-Unis*. Correspondance de James Jackson Putman avec Freud, Jones, Ferenczi, William James et Morton Prince, trad. de l'anglais Catherine Cullen, éd. Nathan C. Hale, avant-propos Marian C. Putman, coll. « Connaissance de l'inconscient », série « La Psychanalyse dans son histoire », Paris, Gallimard, 1978 (les lettres de Freud et de Ferenczi ont été traduites à partir du texte allemand original par Catherine Doucet).

« Lettres inédites de Sigmund Freud à Théodor Reik (1911-1938) », in Théodor Reik, *Trente ans avec Freud*, trad. Evelyne Sznycer, Bruxelles, Ed. Complexe, 1975.

Lou Andréas-Salomé, *Correspondance avec Sigmund Freud, 1912-1936*, suivi de *Journal d'une année, 1912-1913*, trad. Lily Jumel, avant-propos et notes Ernst Pfeiffer, coll. « Connaissance de l'inconscient », Paris, Gallimard, 1970.

« Lettre au Dr Van Eeden » (1914), trad. A. Berman, in E. Jones, *La Vie et l'Œuvre de Sigmund Freud*, tome II, *op. cit.*; nouv. trad. J.-R. Ladmiral, J.-L. Martin, P. Soulez, in *Sigmund Freud, Œuvres complètes. Psychanalyse, 1914-1915*, tome XIII, Paris, P.U.F., 1988.

« Lettre à Mme le Dr H. von Hug-Hellmuth » (1915), trad. C. Malraux, in *Journal psychanalytique d'une petite fille*, Paris, Gallimard, 1928 (lettre-préface) ; nouv. trad. A. Balseinte, J.-G. Delarbre, D. Hartmann, in *Sigmund Freud. Œuvres complètes*, tome XIII, *op. cit.*

« Lettres Sigmund Freud, Edoardo Weiss (1919-1936) », in S. Freud, E. Weiss, *Lettres sur la pratique psychanalytique*, trad. Julien Étoré, coll. « Rhadamante », J.Postel et J. Corraze dir., Toulouse, Privat, 1975.

« La Correspondance entre Freud et Laforgue. 1923-1937 », in *Nouvelle Revue de psychanalyse*, n° 15, printemps 1977, présentée par André Bourguignon.

« (Allocution) aux membres de l'Association B'nai B'rith » (« Ansprache an die Mitglieder des Vereins B'nai B'rith »), in *Correspondance 1873-1939, op. cit.*

*Freud, Sigmund, Zweig, Arnold. Correspondance 1927-1939*, réunie par L. Freud, trad. Luc Weibel et Jean-Claude Gehring, préface de Marthe Robert, coll. « Connaissance de l'inconscient », Paris, Gallimard, 1973.

« Lettre à Maxime Leroy sur quelques rêves de Descartes » (1930), in M. Leroy, *Descartes, l'homme au masque*, Paris, Rieder, 1930 ; et in

*Revue française de psychanalyse*, XLV, n° 1, 1981, p. 5-7 (pub. originale en français).
« Lettre au maire de la ville de Pribor » (1931), in *Correspondance 1873-1939, op. cit.*
« Pourquoi la guerre » (lettre à Einstein) (1932), trad. B. Briod, *Institut international de Coopération intellectuelle*, Paris, Stock, 1933 ; et *Revue française de psychanalyse*, 1957, XXI, n° 6, p. 757-768 ; nouv. trad. J.-G. Delarbre, Alain Rauzy, in *Résultats, idées, problèmes. 1921-1938*, tome II.
« Trois lettres de Freud » (Lettres à André Breton) (1932), in André Breton, *Les Vases communicants*, « Collection blanche », Paris, Gallimard, 1955.
« Un trouble de mémoire sur l'Acropole (Lettre à Romain Rolland) (1936) » (« Eine Erinnerungsstörung auf der Akropolis-Brief an R. Rolland »), trad. Marthe Robert, *L'Éphémère*, Paris, Éd. de la Fondation Maeght, n° 2, avr. 1967, p. 3-13 ; et in *Résultats, idées, problèmes. 1921-1938*, tome II.
« Six lettres de la correspondance Freud-Ferenczi », présentées par Ilse Grubich-Simitis, trad. Suzanna Aschasch et Judith Dupont, in *Bulletin du Coq-Héron*, n° 88, Paris, 1983.
« Lettres à Edouard Silberstein » (extraits), in Théo Pfrimmer, *Freud, lecteur de la Bible*, coll. « Philosophie d'aujourd'hui », Paris, P.U.F., 1982.
« Lettres de Sigmund Freud à Marie Bonaparte » (extraits), in Célia Bertin, *La Dernière Bonaparte*, Paris, Perrin, 1982 ; et E. Jones, *La Vie et L'Œuvre de Sigmund Freud, op. cit.*
Georg Groddeck, *Ça et moi. Lettres à Freud, Ferenczi et quelques autres*, trad Roger Lewinter, préf. François Gautheret et R. Lewinter, coll. « Connaissance de l'inconscient », Paris, Gallimard, 1977.
« Lettre de S. Freud à A. Kardiner », in A. Kardiner, *Mon analyse avec Freud*, trad. de l'américain Andrée Lyotard-May, préf. Mikel Dufrenne, coll. « Documents pour l'analyse », Paris, Belfond, 1978.
« Lettres inédites de Sigmund Freud à Hilda Doolittle » , in Hilda Doolittle, *Visages de Freud*, trad. et préf. Françoise de Gruson, coll. « Freud et son temps », Paris, Denoël, 1977.
« Lettres de Sigmund Freud à Sabina Spielrein », in *Sabina Spielrein entre Freud et Jung*, Paris, Aubier Montaigne, 1981.
« Lettre circulaire de Freud », in *Nouvelle Revue de psychanalyse*, n° 28, automne 1983.

### Minutes de la Société psychanalytique de Vienne

*Les Premiers psychanalystes : Minutes de la Société psychanalytique de Vienne*, trad. Nina Schwab-Balkman, éd. Herman Nunberg et Ernst Federn, coll. « Connaissance de l'inconscient », série « La Psychanalyse dans son histoire », Paris, Gallimard, 1976-1983. Tome I : *1906-1908*, préf. J.-B. Pontalis ; tome II : *1908-1910* ; tome III, *1909-1911* ; tome IV : *1912-1918*, préf. Michel Schneider.

• Ouvrages biographiques mentionnés par Marthe Robert

S. Bernfeld, « Sigmund Freud, 1892-1885 », *Int. J. Psychoanal.*, 14, n° 3, 1951.
« An unknown biographical Fragment by Freud », *American Imago*, 4, n°1, 1946.
« Freud's early Childhood », *Bull. Menninger Clinic*, 8, n° 4, 1944.
Ludwig Binswanger, *Erinnerungen an Sigmund Freud (Souvenirs sur Sigmund Freud)*, Francke Verlag, Bern, 1956.
— 4° partie de *Discours, parcours et Freud. Analyse existentielle, psychiatrie clinique et psychanalyse*, trad, Roger Lewinter, préf. Pierre Fédida, coll. « Connaissance de l'Inconscient », Paris, Gallimard, 1970 ; rééd. sous le titre *Analyse existentielle et psychanalyse freudienne. Discours, parcours et Freud*, coll. « Tel » (n° 56), Paris, Gallimard, 1981.
Ernest Jones, *The Life and Work of Sigmund Freud*, en 3 vol., Basic Books Inc., New York, 1953-1958.
*La Vie et l'Œuvre de Sigmund Freud*. Tome I : *La Jeunesse (1856-1900)* ; tome II : *Les Années de maturité (1900-1919)*, trad. Anne Berman, coll. « Bibliothèque de psychanalyse », Paris, P.U.F., 1958-1961. Pour le troisième volume, le présent ouvrage se réfère à l'édition allemande Hans Huber Verlag, Bern, 1962. Tome III : *Les Dernières Années (1919-1939)*, trad. Liliane Fleurnoy, Paris, P.U.F., 1969.
Hanns Sachs, *Freud, master and friend*, London, 1944.
— *Freud, mon maître et mon ami*, trad. Claude Davenet, préf. J. Rousseau-Dujardin, coll. « Freud et son temps », Paris, Denoël, 1977.
Fritz Wittels, *Sigmund Freud, der Mann, die Lehre, die Schule*, Leipzig, 1924.
— *Freud, l'homme, la doctrine, l'école*, trad. Herbert, Paris, Alcan, 1929 ; nouv. trad. A. Berman, collab. J.-P. Grossein, in *Correspondance 1873-1939*.

• Autres ouvrages biographiques

Didier Anzieu, *L'Auto-analyse de Freud et la découverte de la psychanalyse*, coll. « Bibliothèque de psychanalyse », Paris, P.U.F., 1975 (2 vol.).

Smiley BLANTON, *Journal de mon analyse avec Freud*, Paris, P.U.F, 1973.
Robert BYCK, *Sigmund Freud. De la cocaïne*, Paris, Complexe, 1976.
Roger DADOUN, *Freud*, coll. « Les Dossiers Belfond », Paris, Belfond, 1982.
Hilda DOOLITLE, *Visage de Freud*, Paris, Denoël, 1977.
Edmond ENGELMAN, *La Maison de Freud, Berggasse 19 Vienne*, Paris, Seuil, 1979 (ill.).
Lydia FLEM, *La Vie quotidienne de Freud et ses patients*, Paris, Hachette, 1986.
Martin FREUD, *Freud, mon père*, trad. Philippe Rousseau, préf. Jacques Trilling, présenté par M. Bonaparte, coll. « Freud et son temps », Paris, Denoël, 1975.
*Sigmund Freud, lieux, visages, objets*, dir. Ernst Freud, Lucie Freud et Ilse Grubich-Simitis, trad. Evelyne Senycer, Hors série luxe, Paris, Complexe/Gallimard, 1979.
*Freud et la Psychanalyse*, coll. « Les grands thèmes », Paris, Laffont ; Lausanne, Grammont, 1975 (ill.).
Erich FROMM, *La Mission de Sigmund Freud. Une Analyse de sa personnalité et de son influence*, trad. Paul Alexandre, Paris, Complexe, 1975.
Bruno GOETZ, « Souvenirs sur S. Freud », *Freud, jugements, témoignages*, (éd. R. Jaccard), P.U.F., 1976.
Roland JACCARD, *Freud*, coll. « Que sais-je ? », Paris, P.U.F., 1983.
Octave MANNONI, *Freud*, coll. « Écrivains de toujours », Paris, Seuil, 1968.
Jean-Paul SARTRE, *Le Scénario Freud*, coll. « Connaissance de l'inconscient », Paris, Gallimard, 1984.
Max SCHUR, *La Mort dans la vie de Freud*, trad. Brigitte Bost, coll. « Connaissance de l'inconscient », Paris, Gallimard, 1975 ; rééd. coll. « Tel » (n° 65).
Ralph STEADMAN, *Sigmund Freud*, Paris, Aubier Montaigne, 1980.
Irving STONE, *La Vie de Freud*, trad. Jacques Hall et Jacqueline Lagrange, Paris, Flammarion, 1973.
Joseph WORTIS, *Psychanalyse à Vienne, 1934. Notes sur mon analyse avec Freud*, trad. Ph. Rousseau, préf. Conrad Stein, coll. « Freud et son temps », Paris, Denoël, 1974.
Jean-Jacques WUNENBURGER, *Sigmund Freud*, coll. « Phares » Paris, Balland, 1985.

• AUTOUR DE SIGMUND FREUD

Karl ABRAHAM, *Œuvres complètes*, tome I : *Rêve et Mythe (1908-1914)*, tome II : *Développement de la libido. Formation du caractère. Études cliniques (1913-1925)*, trad. Ilse Barande et Elisabeth Grim, Paris, Payot, 1965-1966.

Alfred ADLER, *Religion et psychologie individuelle comparée*; suivi de *La Névrose obsessionnelle, Complément à l'étude de la névrose obsessionnelle et Les Enfants difficiles*, en collab. avec Ernest Jahn, trad. H. Schaffer, coll. « Bibliothèque scientifique », Paris, Payot, 1958.
Alfred ADLER, *École et psychologie individuelle comparée*, trad. H. Schaffer, Paris, Payot, 1975.
Alfred ADLER, *L'Enfant difficile : Technique de la psychologie individuelle comparée*, trad. et préf. H. Schaffer, Paris, Payot, 1975.
Alfred ADLER, *Les Névroses : commentaires, observations et présentations de cas*, trad. Odette Chabas, Paris, Aubier-Montaigne, 1969, coll. « La chair et l'esprit ».
Alfred ADLER, *Connaissance de l'homme : Étude de caractérologie individuelle*, trad. Jacques Marty, Paris, Payot, 1976.
Alfred ADLER, *L'Éducation des enfants*, trad. H. Schaffer, Paris, Payot, 1977.
Alfred ADLER, *Le Journal de Claire Match : Technique de la psychologie individuelle comparée*, trad. Pierre Gallissaires, préf. Wolfgang Metzger, coll. « Documents pour l'analyse », Paris, Belfond, 1981.
Lou ANDRÉAS-SALOMÉ, « *Lettre ouverte à Freud* », trad. Dominique Miermont, en collab. avec Anne Loigny, préf. Marie Moscovici, Paris, Lieu commun, 1983.
Lou ANDRÉAS-SALOMÉ, *L'Amour du narcissisme. Textes psychanalytiques*, trad. Isabelle Hildenbrand, préf. Marie Moscovici, coll. « Connaissance de l'inconscient », Paris, Gallimard, 1980.
Lou ANDRÉAS-SALOMÉ, *Ma vie*, trad. Dominique Miermont et Brigitte Vergne, Paris, P.U.F., 1977 ; rééd. coll. « Quadrige », Paris, P.U.F., 1985.
Paul-Laurent ASSOUN, *Freud, la Philosophie et les Philosophes*, coll. « Philosophie d'aujourd'hui », Paris, P.U.F., 1976.
Paul-Laurent ASSOUN, *Freud et Nietzsche*, coll. « Philosophie d'aujourd'hui », Paris, P.U.F., 1982.
Paul-Laurent ASSOUN, *Introduction à l'épistémologie freudienne*, coll. « Science de l'homme », Paris, Payot, 1981.
David BAKAN, *Freud et la Tradition mystique juive*, suivi de *La Double Leçon de Freud*, par Albert Memmi, trad. P. Osusky et E. Risler, Paris, Payot, 1970.
Ilse BARANDE, *Le Maternel singulier : Freud et Léonard de Vinci*, préf. Maria Torok, coll. « La Psychanalyse prise au mot », Paris, Aubier-Montaigne, 1977.
Ilse BARANDE, *Sandor Ferenczi*, Paris, Payot, 1972.
Siegfried BERNFELD, *Sisyphe ou les Limites de l'éducation*, trad. Laurent Jospin, Paris, Payot, 1973.
Ludwig BINSWANGER, *Introduction à l'analyse existentielle*, trad. Jacqueline Verbeaux et Roland Kuhn, préf. R. Kuhn et Henri Maldiney, coll. « Arguments » Paris, Minuit, 1971.

Ludwig BINSWANGER, *Manie et Mélancolie*, trad. Jean-Michel Azorin, Yves Tatoyan, revue par Arthur Tatossian, coll. « Psychiatrie ouverte », Paris, P.U.F., 1987.

Ludwig BINSWANGER, « Bisexualité et différence des sexes », in *Scilicet*, n° 1, Paris, 1968.

Vincent BROME, *Les Premiers Disciples de Freud : les luttes de la psychanalyse*, trad. Pierre Sullivan, coll. « Perspectives critiques », Paris, P.U.F., 1978.

Jean-Martin CHARCOT, *Leçons du mardi à la Salpêtrière : Notes de cours de M. Blin, Charcot et Colin*, coll. « Les Classiques de la psychologie », Paris, CEPL, 1974.

Catherine B. CLÉMENT, *Les fils de Freud sont fatigués*, coll. « Figures », Paris, Grasset, 1978.

Michel DANSEREAU, *Freud et l'Athéïsme*, coll. « L'Athéïsme interroge », Paris, Desclée, 1971.

Michel DE WOLF, *Le « Traumatisme de la naissance » d'Otto Rank ; premières réactions de Freud à une dissidence-symptôme »*, in *Revue de psychologie et des sciences de l'éducation*, vol. 9, n° 2, Paris, 1974.

Sandor FERENCZI, *Thalassa, psychanalyse des origines de la vie sexuelle*, suivi de *Masculin et Féminin*, éd. établie, annotée et présentée par Nicolas Abraham, trad. J. Dupont et S. Samama (*Thalassa*) et Mlle Grin (*Masculin et Féminin*), Paris, Payot, 1962.

Sandor FERENCZI, *Œuvres complètes*, trad. Judith Dupont, Philippe Garnier et M. Viliker, coll. « Science de l'homme », Paris, Payot, 1968-1982. Tome I : *Psychanalyse 1908-1912* ; tome II : *Psychanalyse 1913-1919* ; tome III : *Psychanalyse 1919-1926* ; tome IV : *Psychanalyse 1927-1933*.

Sandor FERENCZI, *Journal clinique (janvier-octobre 1932)*, trad. Groupe de traduction du Coq-Héron, Suzanne Achache-Witznitzer, Judith Dupont, Susanne Hommel, Georges Kassaï, Françoise Samson, Pierre Sabourin, Bernard This, coll. « Science de l'homme », Paris, Payot, 1985.

Sandor FERENCZI, cf. Claude LORAIN, *Le Jeune Ferenczi - premiers écrits*, coll. « La Psychanalyse prise au mot », Paris, Aubier-Montaigne, 1983.

Sandor FERENCZI, *Sandor Ferenczi et Georg Groddeck, Correspondance (1921-1933)*, trad., notes et commentaires Groupe de traduction du Coq-Héron, Judith Dupont, Suzanne Hommel, Françoise Samson, Pierre Sabourin, Bernard This, coll. « Science de l'homme », Paris, Payot, 1982.

Wilhelm FLIESS, « Relations entre le nez et les organes génitaux féminins au point de vue biologique », in *La Naissance de la psychanalyse. Lettres à Wilhelm Fliess, notes et plans 1887-1902* ; rééd. sous le titre *Les Relations entre le nez et les organes génitaux et les organes génitaux féminins présentées selon leurs significations biologiques* (Vienne, 1897), trad. Patrick Ach et Jean Guir, coll. « Le Champ freudien », Paris, Seuil, 1977.

*Freud, L'Homme aux Loups par ses psychanalystes et par lui-même*, textes

réunis et présentés par Muriel Gardiner, trad. Luc Weibel, coll. « Connaissance de l'inconscient », Paris, Gallimard, 1981.
Erich FROMM, *La Crise de la psychanalyse : Essais sur Freud, Marx et la psychologie sociale*, trad. Jean-René Ladmiral, coll. « Sociologie et connaissance », Paris, Éd. Anthropos, 1971.
Georg GRODDECK, *Conférences psychanalytiques à l'usage des malades prononcées au sanatorium de Baden-Baden*, trad. Roger Lewinter, Éd. Champ libre, Paris, 1978-1981 (3 vol.).
Georg GRODDECK, *Au fond de l'homme, cela*, trad. Lily Jumel, préf. Lawrence Durrell, coll. « Bibliothèque des Idées », Paris, Gallimard, 1963 ; sous le titre *Le Livre du ça*, introd. Roger Lewinter, coll. « Connaissance de l'inconscient », Paris, Gallimard, 1973 ; et coll. « Tel » (n° 3).
Georg GRODDECK, *Le chercheur d'âme. Un roman psychanalytique*, adapt. de l'allemand R. Lewinter, coll. « Connaissance de l'inconscient », Paris, Gallimard, 1982.
Ernest JONES, *Hamlet et Œdipe*, trad. Anne-Marie Le Gall, préf. Jean Starobinsky, coll. « Connaissance de l'inconscient », Paris, Gallimard, 1967 ; rééd. coll. « Tel », Paris, Gallimard, 1980.
Ernest JONES, *Théorie et pratique de la psychanalyse*, trad. Annette Stronck, av.-pr. Dr Claude Girard, coll. « Science de l'homme », Paris, Payot, 1969.
Ernest JONES, *Essais de psychanalyse appliquée*. Tome I : *Essais divers*, trad. Janine Morche ; tome II : *Psychanalyse, folklore, religion*, trad. Nouchka Pathé, coll. « Science de l'homme », Paris, Payot, 1973.
Ernest JONES, *Le Cauchemar*, trad. Annette Stronck-Robert, coll. « Aux confins de la Science », Paris, Payot, 1973.
Carl Gustav JUNG, *Métamorphoses et Symboles de la libido*, trad. L. de Vos, Paris, Éd. Montaigne, 1932.
Carl Gustav JUNG, *Métamorphoses de l'âme et ses symboles*, préf. et trad. Yves Le Lay, Librairie de l'Université/Buchet-Chastel, Genève/Paris, 1953 (réimp. 1973).
Carl Gustav JUNG, *L'homme à la découverte de son âme, structure et fonctionnement de l'inconscient*, préf. et trad. Roland Cahen, Paris, Payot, 1966 ; éd, rev. et augmentée, Paris, Payot, 1979.
Carl Gustav JUNG, *Ma Vie, souvenirs, rêves et pensées*, recueillis et publiés par Aniéla Jaffé, trad. Roland Cahen et Yves Le Lay, coll. « Témoins », Paris, Gallimard, 1966 éd. rev. et augmentée, Paris, Gallimard, 1973.
Carl Gustav JUNG, *L'Ame et la Vie*, textes essentiels de C. G. Jung présentés par Yolande Jacobi, trad. R. Cahen et Y. Le Lay, Buchet-Chastel, 1965.
« Carl Gustav Jung », *L'Herne*, dirigé par Michel Cazenave, Paris, 1984.
Mélanie KLEIN, *Envie et gratitude et autres essais*, trad. Victor Smirnoff, collab. S. Aghion et M. Derrida, coll. « Connaissance de l'inconscient », Paris, Gallimard, 1968.
Mélanie KLEIN, *Essais de psychanalyse (1921-1945)*, introd. E. Jones, trad.

Marguerite Derrida, introd. fr. Nicolas Abraham et Maria Torok, Paris, Payot, 1972.
Mélanie KLEIN et Joan RIVIÈRE, *L'Amour et la Haine, étude psychanalytique*, trad. Annette Stronck, Paris, Payot, 1975.
Mélanie KLEIN, Paula HEIMANN, Susan ISAACS et J. RIVIÈRE, *Développements de la psychanalyse*, trad. Willy Baranger, coll. « Bibliothèque de psychanalyse », Paris P.U.F., 1980.
Donald MELTZER, *Le Développement kleinien de la psychanalyse (L'Évolution clinique de Freud)*, trad. Maurice Despinoy et Pierre Geissmann, Bibliothèque Internationale de psychanalyse, Privat, 1978.
Hanna SÉGAL, *Mélanie Klein : Développement d'une pensée*, trad. Jacques Goldberg et Geneviève Petit, coll. « Bibliothèque de psychanalyse », Paris, P.U.F 1982.
*Mélanie Klein aujourd'hui*. Hommage à l'occasion du centenaire de sa naissance, coll. « Psychanalyse », Césura Lyon Édition, Lyon, 1985.
Jacques LACAN, *Le Séminaire*, textes établis par Jacques-Alain Miller, coll. « Le Champ freudien », Paris,Seuil.
Tome I, *Les Écrits techniques de Freud* (1953-1954), 1975.
Tome II, *Le Moi dans le théorie de Freud et dans la technique de la psychanalyse* (1954-1955), 1978.
Tome III, *Les Psychoses* (1955-1956), 1981.
Tome VII, *L'Éthique de la psychanalyse* (1959-1960), 1986.
Tome XI, *Les Quatre Concepts fondamentaux de la psychanalyse* (1964), 1973.
Tome XX, *Encore* (1972-1973), 1975.
Tome XXII, *R.S.I.* (1974-1975), in *Ornicar ?*, bull. périodique du Champ freudien, n° 2-5, Paris, Lyse, 1975-1976.
Ruth MACK BRUNSWICK, « En supplément à l'extrait d'une névrose infantile de Freud », trad. Marie Bonaparte, in *Revue française de psychanalyse*, Paris, tome IX, n° 4, 1936, p. 606-655.
Herbert MARCUSE, *Eros et civilisation. Contribution à Freud*, trad. Nény et Fraenkel, coll. « Arguments », Paris, Minuit, 1968.
Jacques NASSIF, *Freud, l'inconscient : Sur les commencements de la psychanalyse*, Paris, Galilée, 1977.
Oscar PFISTER, *La Psychanalyse au service des éducateurs*, trad. Pierre Bovet, Berne, E. Bircher, 1921.
Joseph POPPER-LYNKEUS, *Fantaisies d'un réaliste (Phantasien eines Realisten, Vienne 1899)*, trad. Cornélius Heim, préf. Jean Starobinski, coll. « Connaissance de l'inconscient », série « Curiosités freudiennes », Paris, Gallimard, 1987.
Otto RANK, *Volonté et psychothérapie*, trad. Joseph Nass et Claude Louis-Combet, coll. « Science de l'homme », Paris, Payot, 1976.
Otto RANK, *Le Traumatisme de la naissance*, trad. S. Jankélévitch, postface Claude Girard, Paris, Payot, 1976.

Otto RANK, *Don Juan et le Double*, trad. S. Lautman, Paris, Payot, 1973.
Otto RANK et Hans SACHS, *Psychanalyse et sciences humaines*, trad. Daniel Guérineau, coll. « Bibliothèque de psychanalyse », Paris, P.U.F., 1980.
Otto RANK, *Le Mythe de la naissance du héros*, suivi de *La Légende de Lohengrin*, éd. critique, introd. et notes d'Elliot Klein, trad. Claude Louis-Combet, Joseph Nass, Pierre Salber, revue par Luc Delorme, George Holoch et Elliot Klein, coll. « Science de l'homme », Paris, Payot, 1983.
Otto RANK, *L'Art et l'Artiste. Créativité et développemennt de la personnalité*, trad. Claude Louis-Combet, coll. « Science de l'homme », Paris, Payot, 1984.
Theodor REIK, *Le Masochisme*, trad. Matila Ghyka, coll. « Bibliothèque scientifique », Paris, Payot, 1971.
Theodor REIK, *Fragment d'une grande confession*, trad. Jacqueline Bernard, coll. « Freud et son temps », Paris, Denoël, 1973.
Theodor REIK, *Le Besoin d'avouer. Psychanalyse du crime et du châtiment* trad. Sylvie Laroche et Massimo Giacometti, coll. « Bibliothèque scientifique », Paris, Payot, 1973.
Theodor REIK, *Le Rituel : Psychanalyse des rites religieux*, trad. Michel-François Demet, av.-pr. Jacques Hassoun, préf. Sigmund Freud, coll. « Freud et son temps », Paris, Denoël, 1974.
Theodor REIK, *Écouter avec la troisième oreille*, trad. Édith Ochs, coll. « Psychanalyse d'hier et d'aujourd'hui », Paris, Épi, 1976.
Theodor REIK, *Le Psychologue surpris : deviner et comprendre les processus inconscients*, trad. Denise Berger, coll. « Freud et son temps », Paris, Denoël, 1976.
Theodor REIK, *La Création de la femme*, trad. Evelyne Sznycer et Martine Van Berchem, coll. « Textes », Paris, P.U.F., 1975.
Theodor REIK, *Mythe et culpabilité : crime et châtiment de l'humanité*, trad. Jacques Goldberg et Geneviève Petit, coll. « Bibliothèque de psychanalyse », Paris, P.U.F., 1979.
Paul RICŒUR, *De l'interprétation. Essai sur Freud*, coll. « L'Ordre philosophique », Paris, Seuil, 1965.
Daniel Paul SCHREBER, *Mémoires d'un névropathe*, trad. Paul Duquenne et Nicole Selse, coll. « Le Champ freudien », Paris, Seuil, 1975 ; rééd. coll. « Points », Paris, Seuil, 1985.
*Schreber inédit*, présenté par D. Devreese, H. Israëls, J. Qualckelbeen, coll. « Le Champ freudien », Paris, Seuil, 1986.
Carl SPITTELER, *Imago*, trad. Gabrielle Godet, préf. Philippe Godet, Lausanne/Paris, Payot, 1917.
Wilhelm STEKEL, *Technique de la psychothérapie analytique*, trad. Jean Malignon, coll. « Bibliothèque scientifique », Paris, Payot, 1975.
Victor TAUSK, *Œuvres psychanalytiques*, trad. B. et J. Borie, J. Dupleix, J.-P. Descombey, J. Laplanche et V. N. Smirnoff, préf. Th. Neyraut-

Sutterman, postface J. Gillibert, coll. « Science de l'homme », Paris, Payot, 1975.

Frank WEDEKIND, *L'Éveil du printemps, tragédie enfantine*, trad. François Regnault, Préf. J. Lacan, suivi de *L'Intervention de Freud sur « L'Éveil du printemps » à la Société psychologique du mercredi à Vienne en 1907*, trad. Jacques-Alain Miller, coll. « Théâtre du monde entier », Paris, Gallimard, 1974.

Otto WEININGER, *Sexe et caractère*, trad. Daniel Renaud, av.-pr. Roland Jaccard, coll. « Le Sphinx », Lausanne, L'Âge d'homme, 1975.

Stephan ZWEIG, *La Guérison par l'esprit : Mesmer, Baker-Eddy, Sigmund Freud*, trad. Alzir Hella et Juliette Pary, Paris, Stock, 1934 ; rééd. sous le titre *Freud : La Guérison par l'esprit*, trad. A. Hella et J. Pary, Paris, Stock, 1978 (coll. « Stock plus »).

# INDEX



---

*Certains des ouvrages cités par M. Robert ont été traduits depuis 1964. Ils figurent, dans cet index, sous leur titre original suivi du titre de la traduction française (lequel n'est pas toujours identique à celui proposé par M. Robert dans son texte).*

## F

## G



## H



## I



## J

N



O



P



R

## S



## T

U



V



W



Z

## TABLE

Petite Bibliothèque Payot

**François Burgat,** L'islamisme au Maghreb / **241**
**Louis-Jean Calvet,** Georges Brassens / **129**
**Véronique Campion-Vincent/Jean-Bruno Renard,**
Légendes urbaines / **338**
**Henri Carré,** Sully / **355**
**Olivier Carré,** Le nationalisme arabe / **285**
**Bernard Cathelat**, Publicité et société / **83**
**Léonce Chaleil,** La mémoire du village / **192**
**Jean-Pierre Chartier,** Introduction à la pensée freudienne / **162**
**Jean-Pierre Chartier,** Les parents martyrs / **163**
**Roger Chartier,** Pratiques de la lecture / **167**
**Malek Chebel,** L'esprit de sérail / **265**
**Malek Chebel**
Le livre des séductions, *suivi de* Dix aphorismes sur l'amour / **284**
**Malek Chebel,** La formation de l'identité politique / **331**
**Léon Chertok,** L'hypnose / **10**
**Louis Chevalier,** Juanito / **213**
**Bernard Chevallier / Christophe Pincemaille**
L'impératrice Joséphine / **309**
**Victor Chklovski,** Le voyage de Marco Polo / **127**
**Noam Chomsky,** Le langage et la pensée / **31**
**George Clare,** Dernière valse à Vienne / **345**
Commission « Efficacité de l'État » du Xe Plan présidée par
**François de Closets,** Le pari de la responsabilité / **21**
**A. Cohen,** Le Talmud / **65**
**Peter Collier / David Horowitz,** Les Kennedy / **101**
**Edward Conze,** Le bouddhisme / **223**
**Coran,** t. I / **349**
**Coran,** t. II / **350**
**Egon C. Corti,** Élisabeth d'Autriche / **125**
**Egon C. Corti**
Vie, mort et résurrection d'Herculanum et de Pompéi / **268**
**Bernard Cottret,** Calvin / **348**
**Youssef Courbage / Philippe Fargues**
Chrétiens et Juifs dans l'Islam arabe et turc / **310**
**Jean-Jacques Courtine / Claudine Haroche,** Histoire du visage / **185**
**Maurice Croiset,** La civilisation de la Grèce antique / **206**
**Roger Dadoun,** Cent fleurs pour Wilhelm Reich / **359**

**Liza C. Dalby,** Geisha / **106**
**Christian David,** L'état amoureux / **36**
**Christian David,** La bisexualité psychique / **326**
**Marie-Madeline Davy,** Encyclopédie des mystiques I / **273**
**Marie-Madeline Davy,** Encyclopédie des mystiques II / **274**
**Marie-Madeline Davy,** Encyclopédie des mystiques III / **275**
**Marie-Madeline Davy,** Encyclopédie des mystiques IV / **276**
**Hélène Deutsch,** Problèmes de l'adolescence / **67**
**Paul Diel,** Le symbolisme dans la mythologie grecque / **7**
**Paul Diel,** Éducation et rééducation / **19**
**Paul Diel,** Le symbolisme dans la Bible / **20**
**Paul Diel,** Psychologie de la motivation / **66**
**Paul Diel,** La divinité / **71**
**Paul Diel,** La peur et l'angoisse / **78**
**Paul Diel / Jeanine Solotareff**
Le symbolisme dans l'Évangile de Jean / **200**
**Françoise Dolto / J. D. Nasio,** L'enfant du miroir / **110**
**Henri Dontenville,** Mythologie française / **332**
**Jean Doresse,** Les livres secrets de l'Égypte / **329**
**Albert Einstein,** La relativité / **25**
**Frank Elgar,** Cézanne / **253**
**Mircea Eliade,** Religions australiennes / **352**
**Christine Fauré,** Les déclarations des droits de l'homme de 1789 / **81**
**Sandor Ferenczi,** Thalassa / **112**
**Thomas Ferenczi,** L'invention du journalisme en France / **279**
**Marc Ferro,** Nicolas II / **62**
**Marc Ferro,** Comment on raconte l'histoire aux enfants / **82**
**Moses I. Finley,** Démocratie antique et démocratie moderne / **35**
**James G. Frazer,** Mythes sur l'origine du feu / **48**
**Sigmund Freud**
Cinq leçons sur la psychanalyse, *suivi de* Contribution à l'histoire du mouvement psychanalytique / **1**
**Sigmund Freud,** Totem et tabou / **9**
**Sigmund Freud,** Psychopathologie de la vie quotidienne / **11**
**Sigmund Freud,** Essais de psychanalyse / **15**
**Sigmund Freud,** Introduction à la psychanalyse / **16**
**Sigmund Freud / William C. Bullitt**
Le Président T. W. Wilson. Portrait psychologique / **27**

**Marc-Alain Ouaknin,** Méditations érotiques / **187**
**André Parrot,** L'archéologie / **303**
**Willy Pasini,** La qualité des sentiments / **243**
**Willy Pasini,** Éloge de l'intimité / **306**
**Willy Pasini,** Nourriture et amour / **335**
**Michel Perrin,** Le chemin des Indiens morts / **297**
**Michel Pinçon / Monique Pinçon-Charlot,** La chasse à courre / **269**
**Danielle Porte,** Le prêtre à Rome / **255**
**Jean Poueigh,** Le folklore des pays d'oc / **212**
**Paul C. Racamier,** Les schizophrènes / **32**
**Otto Rank,** Le traumatisme de la naissance / **22**
**Otto Rank,** Don Juan, *suivi de* Le double / **23**
**Jean-Jacques Rassial,** L'adolescent et le psychanalyste / **305**
**Wilhelm Reich,** Écoute, petit homme ! / **29**
**Wilhelm Reich,** Reich parle de Freud / **343**
**Wilhelm Reich,** La psychologie de masse du fascisme / **344**
**Wilhelm Reich,** L'éther, Dieu et le diable / **357**
**Wilhelm Reich,** L'irruption de la morale sexuelle / **358**
**Wilhelm Reich,** La superposition cosmique / **368**
**Theodor Reik,** Le besoin d'avouer / **325**
**Claude Revault d'Allonnes,** Être, faire, avoir un enfant / **182**
**Emmanuel Ringelblum,** Chronique du ghetto de Varsovie / **246**
**François Rivenc,** Introduction à la logique / **14**
**Jean-Noël Robert,** Les plaisirs à Rome / **197**
**Marthe Robert**
La révolution psychanalytique. La vie et l'œuvre de Freud / **2**
**Jean Ropars,** Au pays d'Yvonne / **138**
**Jean Ropars,** L'amour de la terre / **233**
**Marie Rouanet,** Les enfants du bagne / **214**
**Catherine Salles,** Lire à Rome / **196**
**Catherine Salles,** Les bas-fonds de l'Antiquité / **220**
**Pierre Sansot,** Cahiers d'enfrance / **191**
**Pierre Sansot,** Jardins publics / **257**
**Pierre Sansot,** La France sensible / **258**
**Gershom G. Scholem,** La Kabbale et sa symbolique / **12**
**Albert Schweitzer,** Les grands penseurs de l'Inde / **38**
**Marcel Scipion,** L'homme qui courait après les fleurs / **249**
**Jacques Semelin,** Sans armes face à Hitler / **340**
**Idries Shah,** La magie orientale / **204**

*Ouvrage imprimé sur presse Cameron*
*par* ***Bussière Camedan Imprimeries***
*à Saint-Amand-Montrond (Cher)*
*en janvier 2000*

ISBN 2-228-88109-0
N° d'impression : 000038/1.
Dépôt légal : janvier 2000.
*Imprimé en France*